Nosotros, los programadores

Una crónica desde Ada a la IA

Nosotros, los programadores

Una crónica desde Ada a la IA

Robert C. Martin

ANAYA
MULTIMEDIA

Prólogo

```
vim .
```

Cinco caracteres simples inician mi editor de texto favorito. No es un editor de texto cualquiera, es NeoVim. La experiencia actual de NeoVim incluye combinaciones de teclas, LSP, resaltado de sintaxis, diagnóstico de errores en el editor y mucho más. Con toda esa personalización, NeoVim se inicia en solo unos milisegundos y permite la edición de archivos en lo que parece un instante. Incluso con miles de archivos, los LSP enseguida informan del estado del proyecto y los errores se cargan en menús de corrección rápida para una navegación veloz. Un par de pulsaciones del teclado me permiten crear e iniciar o ejecutar pruebas. ¡Mi ordenador produce código a partir de un inglés simple a través de la IA! Además, esa misma IA puede escribir código junto a mí mientras tecleo, lo que proporciona grandes cantidades de código (muy cuestionable) en un abrir y cerrar de ojos. Todo esto suena impresionante. La experiencia con NeoVim es maravillosa, fluida y rapidísima. Sin embargo, utilizar NeoVim se considera primitivo y, según algunos, vulgar. "¡Ludita!", gritan algunos desarrolladores si alguien elige utilizar NeoVim y dedicar tiempo a configurar su editor cuando existen entornos que ya vienen con todo incluido. ¡IntelliJ soporta acciones que mi mente NeoVim ni siquiera puede comprender!

Le cuento todo esto porque es impactante. No, no es impactante que yo use lo que algunos llamarían tecnologías anticuadas. No es impactante que los ingenieros de software discutan sobre sus preferencias; eso es lo normal. Lo que me deja atónito de verdad es cómo el poder absoluto de la edición es mundano para nosotros, los ingenieros. Un mero parpadeo en la rutina diaria de la programación, las reuniones y los mensajes Slack. La edición de texto es ordinaria. La autocompleción, el resaltado de sintaxis, los documentos fiables (a veces) son solo cosas que esperamos. Antes de los editores de texto, los ingenieros pasaron décadas sin un lenguaje de alto nivel, más tiempo incluso sin el resaltado de sintaxis y prácticamente 70 años sin LSP para proporcionar herramientas de autocompleción y refactorización en casi cualquier lenguaje. La edición de texto es, en verdad, una maravilla de la humanidad.

Además de vivir en el pasado con mi editor de texto, también me encanta leer sobre el pasado. Los "auténticos programadores" que podían sincronizar su código con la memoria de tambor magnético para conseguir unas velocidades de lectura óptimas. ¡Lo que daría por ver a uno de esos grandes expertos artesanos en acción! Quizá solo sea la nostalgia, pero las aventuras pasadas parecen más grandiosas, los descubrimientos más relevantes y el trabajo más significativo. En *Nosotros, los programadores,* he tenido la oportunidad de recorrer ese pasado junto a los creadores de cada salto significativo en la historia de la informática. He podido ver las cenas organizadas por Charles Babbage, que inspiraba y aterrorizaba a sus invitados con la Máquina Diferencial, ese monstruo mecánico gigante que tintineaba y rechinaba cuando producía lo que entonces debía parecer magia. Es probable que ver la Máquina Diferencial en acción fuese similar a lo que experimentamos con nuestro primer *prompt* de un LLM o autocompleción de Copilot. Estoy seguro de que habríamos oído a algún comensal exclamar: "¡Las máquinas pueden pensar de verdad!". He podido sentir la presión de los equipos trabajando día y noche y la necesidad urgente de una computación mejor durante los cálculos críticos de la Segunda Guerra Mundial que permitieron la existencia de la bomba atómica. No, no tenían sillas Herman Miller ni escritorios elegantes. ¡Es que ni siquiera tenían monitor ni teclado! Y, aun así, consiguieron lo inimaginable y cambiaron el curso de la historia. *Nosotros, los programadores* es uno de los relatos más cautivadores de la historia de la informática.

Me sorprendería mucho conocer a un programador que no hubiese escuchado nunca el nombre de Uncle Bob o no estuviese familiarizado con su trabajo. Es muy prolífico en nuestra industria. Durante muchos años, yo solo lo conocía por el nombre, su foto de perfil de Twitter y sus trabajos destacados sobre el código limpio y la filosofía ágil. En mi mente, era el avatar de AbstractBuilderFactory. Todo eso cambió cuando empezamos a interactuar en Twitter, lo que dio lugar a correos electrónicos, llamadas de teléfono e incluso un *podcast*. A través de estos intercambios, toda mi perspectiva cambió. Robert C. Martin es muchísimo más de lo que me llevaron a pensar mis estudios universitarios. Es pragmático y está dispuesto a hacer concesiones cuando es necesario. Durante y después de nuestro *podcast*, uno de los comentarios más frecuentes era: "¡Se ríe y sonríe mucho!". Esto da testimonio de su carácter y de una vida bien vivida. Es un ingeniero de software genuino y alguien de quien todos podemos aprender.

Personalmente, estoy cansado de las discusiones interminables sobre espacios en blanco, editores de texto y las comparaciones entre la programación orientada a objetos y la programación funcional que se propagan por X en 280 caracteres o menos. Lo que me parece interesante es quién creó las tecnologías tras los argumentos que nos han formado a muchos de nosotros. *Nosotros, los programadores* ofrece algo que es mucho más significativo, una conexión con el pasado y esperanza para el futuro, y Uncle Bob es, quizá, el mediador perfecto para esta historia.

—The name is ThePrimeagen

PREFACIO

Estoy a punto de contarle la historia de cómo empezó todo. Es un relato lleno de giros de las vidas y retos de personas destacables, los tiempos destacables en los que vivieron y las máquinas destacables que dominaron.

Pero, antes de sumergirnos en esos pasajes tan diferentes, es pertinente ofrecer una breve visión general, solo para abrir boca.

Puede que la necesidad sea la madre del ingenio, pero no hay nada que alimente la necesidad como la guerra. El ímpetu para nuestra industria surgió de los paroxismos de la guerra, en especial de la Segunda Guerra Mundial.

En los años cuarenta, la tecnología de la guerra había superado a nuestros recursos informáticos. Simplemente, no había forma de que batallones de humanos manejando calculadoras de sobremesa pudiesen seguir el ritmo de las exigencias computacionales que llegaban de todos los sectores de la guerra.

El problema era la gran cantidad de sumas, restas, multiplicaciones y divisiones necesarias para aproximar la trayectoria de un proyectil disparado desde un cañón hasta su objetivo. Los problemas de ese tipo no podían resolverse con una simple fórmula matemática como $d = vt$ o $x = ½at^2$. Estos problemas requerían que el tiempo y la distancia se descompusiesen en miles de segmentos diminutos y que la ruta del proyectil se simulase y aproximase de segmento a segmento. Una simulación así exigía una gran cantidad de cálculos de primaria hechos a lo bruto. En siglos pasados, todos esos cálculos los realizaban ejércitos de humanos equipados con papel y lápiz. Hasta el siglo pasado, no contaban con máquinas que los ayudasen en esa tarea. Organizar los cálculos y los equipos de personas que los realizaban era una tarea hercúlea.[1] Los equipos podían tardar semanas, incluso meses, en realizar los cálculos en sí.

Las máquinas que podían llevar a cabo esos logros se habían soñado en el siglo XIX. Incluso se habían creado algunos prototipos débiles, pero eran juguetes y rarezas. Eran dispositivos para mostrarse en las cenas de la élite. Muy pocos los consideraban herramientas cuyo uso mereciese la pena, sobre todo teniendo en cuenta su coste.

Pero la Segunda Guerra Mundial cambió todo eso. La necesidad era urgente. El coste era irrelevante. Esos sueños tempranos se hicieron realidad y se crearon grandes máquinas de cálculo.

Las personas que programaban y manejaban esas máquinas fueron las pioneras de nuestro campo. Al principio, se vieron obligadas a utilizar las condiciones más primitivas. Las instrucciones de programación se perforaban, literalmente, de agujero en agujero, en largas cintas de papel que la máquina consumía y ejecutaba. Este estilo de programación era abrumadoramente laborioso, detallado hasta el extremo y muy despiadado. Además, la ejecución de esos programas podía abarcar varias semanas que requerían una monitorización detallada e intervenciones constantes. Por ejemplo, un bucle en un programa se ejecutaba recolocando de forma manual la cinta de papel para cada iteración del bucle e inspeccionando a mano el estado de la máquina para ver si debería terminarse el bucle o no.

Con el paso de los años, las máquinas electromecánicas dieron paso a las máquinas de tubos de vacío electrónicos que almacenaban sus datos en ondas de sonido que viajaban a través de largos tubos de mercurio. La cinta de papel dio paso a las tarjetas perforadas y, al final, a los programas almacenados. Estas nuevas tecnologías estuvieron impulsadas por esos primeros pioneros y permitieron más innovaciones.

Los primeros compiladores de principios de la década de los cincuenta eran poco más que ensambladores con palabra clave especiales que cargaban e invocaban subrutinas preescritas, a veces desde cintas de papel o cintas magnéticas. Los compiladores posteriores experimentaban con expresiones y tipos de datos, pero seguían siendo primitivos y lentos. Para finales de los cincuenta, el FORTRAN de John Backus y el COBOL de Grace Hopper introdujeron una

1. Para ver esta tarea en acción, recomiendo la celebración del Día de Pi 2024, donde un equipo bien coordinado de unos cientos de individuos calculó más de 100 dígitos a mano en un periodo de una semana. En el momento de escribir esto, Stand-up Maths publicó en YouTube "The biggest hand calculation in a century! [Pi Day 2024]" el 13 de marzo de 2024.

nueva mentalidad. El código binario que los programadores habían escrito con anterioridad a mano podía generarse ahora mediante un programa informático que podía leer y analizar sintácticamente texto abstracto.

A principios de los sesenta, el ALGOL de Dijkstra elevó el nivel de abstracción. Unos años después, el SIMULA 67 de Dahl y Nygaard lo volvió a elevar. La programación estructurada y la programación orientada a objetos surgió de esos inicios.

Mientras tanto, John Kemeny y su equipo acercaron la informática a los ciudadanos de a pie mediante la creación de BASIC y el tiempo compartido en 1964. BASIC era un lenguaje que casi todo el mundo podía entender y utilizar. El uso compartido permitía que muchas personas usasen de forma conveniente y simultánea un solo ordenador caro.

Y después llegaron Ken Thompson y Dennis Ritchie, que, a finales de los sesenta y principios de los setenta, abrieron de par en par el mundo del desarrollo de software con la creación de C y Unix. Después de eso, nos lanzamos a la carrera.

A la revolución de los *mainframes* en los sesenta la siguieron la revolución de los miniordenadores en los setenta y la revolución de los microordenadores en los ochenta. El ordenador personal conquistó la industria en los ochenta, seguido pronto por la revolución de la programación orientada a objetos, luego la revolución de Internet y, después, la revolución de la metodología ágil. El software estaba empezando a dominarlo todo.

El 11-S y el fiasco de las puntocom nos ralentizaron unos años, pero después llegó la revolución de Ruby/Rails y, más tarde, la revolución de los dispositivos móviles. Y entonces Internet estaba por todas partes. Las redes sociales florecieron y luego se marchitaron mientras la IA levantó la cabeza para amenazarlo todo.

Y eso nos trae al ahora y a los pensamientos de futuro. Todo esto y más es lo que abordaremos en las páginas de este libro, así que, si está listo, abróchese el cinturón, porque el viaje va a ser movidito.

CRONOLOGÍA

Las personas y los acontecimientos descritos en las narraciones de este libro están indicados en esta línea de tiempo. A medida que lea las historias y acontecimientos, puede ponerlos en contexto buscándolos aquí. Por ejemplo, puede resultarle interesante saber que FORTRAN y el Sputnik coinciden en el tiempo, o que Ken Thompson se unió a Bell Labs antes de que Dijkstra dijera que las sentencias GOTO eran nocivas.

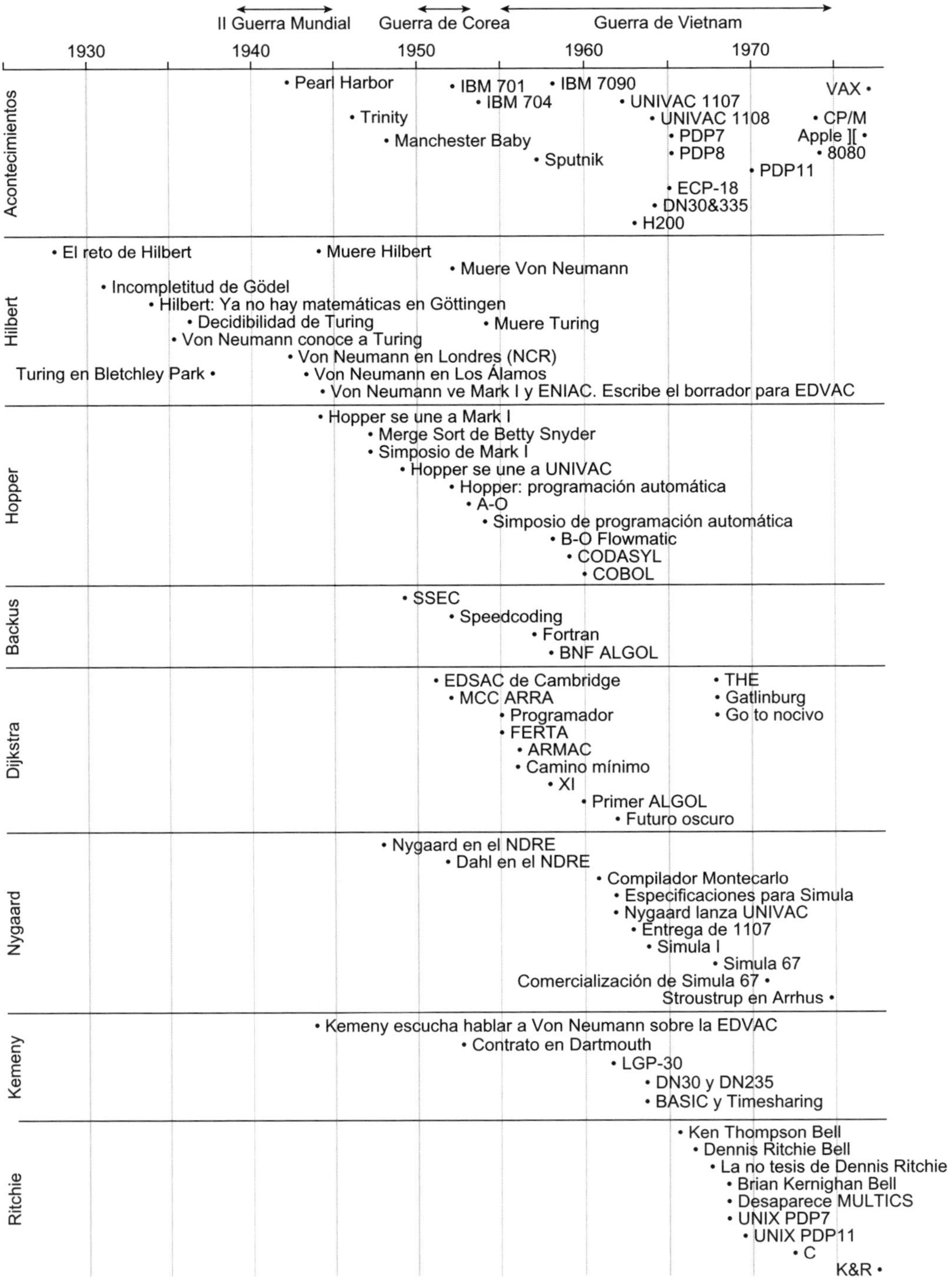
II Guerra Mundial
Guerra de Corea
Guerra de Vietnam
1930
1940
1950
1960
1970
Acontecimientos
• Pearl Harbor
• Trinity
• Manchester Baby
• IBM 701
• IBM 704
• IBM 7090
• Sputnik
• UNIVAC 1107
• UNIVAC 1108
• PDP7
• PDP8
• PDP11
• ECP-18
• DN30&335
• H200
VAX •
• CP/M
Apple][•
• 8080
Hilbert
• El reto de Hilbert
• Muere Hilbert
• Muere Von Neumann
• Incompletitud de Gödel
• Hilbert: Ya no hay matemáticas en Göttingen
• Decidibilidad de Turing
• Muere Turing
• Von Neumann conoce a Turing
• Von Neumann en Londres (NCR)
Turing en Bletchley Park •
• Von Neumann en Los Álamos
• Von Neumann ve Mark I y ENIAC. Escribe el borrador para EDVAC
Hopper
• Hopper se une a Mark I
• Merge Sort de Betty Snyder
• Simposio de Mark I
• Hopper se une a UNIVAC
• Hopper: programación automática
• A-O
• Simposio de programación automática
• B-O Flowmatic
• CODASYL
• COBOL
Backus
• SSEC
• Speedcoding
• Fortran
• BNF ALGOL
Dijkstra
• EDSAC de Cambridge
• MCC ARRA
• Programador
• FERTA
• ARMAC
• Camino mínimo
• XI
• Primer ALGOL
• Futuro oscuro
• THE
• Gatlinburg
• Go to nocivo
Nygaard
• Nygaard en el NDRE
• Dahl en el NDRE
• Compilador Montecarlo
• Especificaciones para Simula
• Nygaard lanza UNIVAC
• Entrega de 1107
• Simula I
• Simula 67
Comercialización de Simula 67 •
Stroustrup en Arrhus •
Kemeny
• Kemeny escucha hablar a Von Neumann sobre la EDVAC
• Contrato en Dartmouth
• LGP-30
• DN30 y DN235
• BASIC y Timesharing
Ritchie
• Ken Thompson Bell
• Dennis Ritchie Bell
• La no tesis de Dennis Ritchie
• Brian Kernighan Bell
• Desaparece MULTICS
• UNIX PDP7
• UNIX PDP11
• C
K&R •

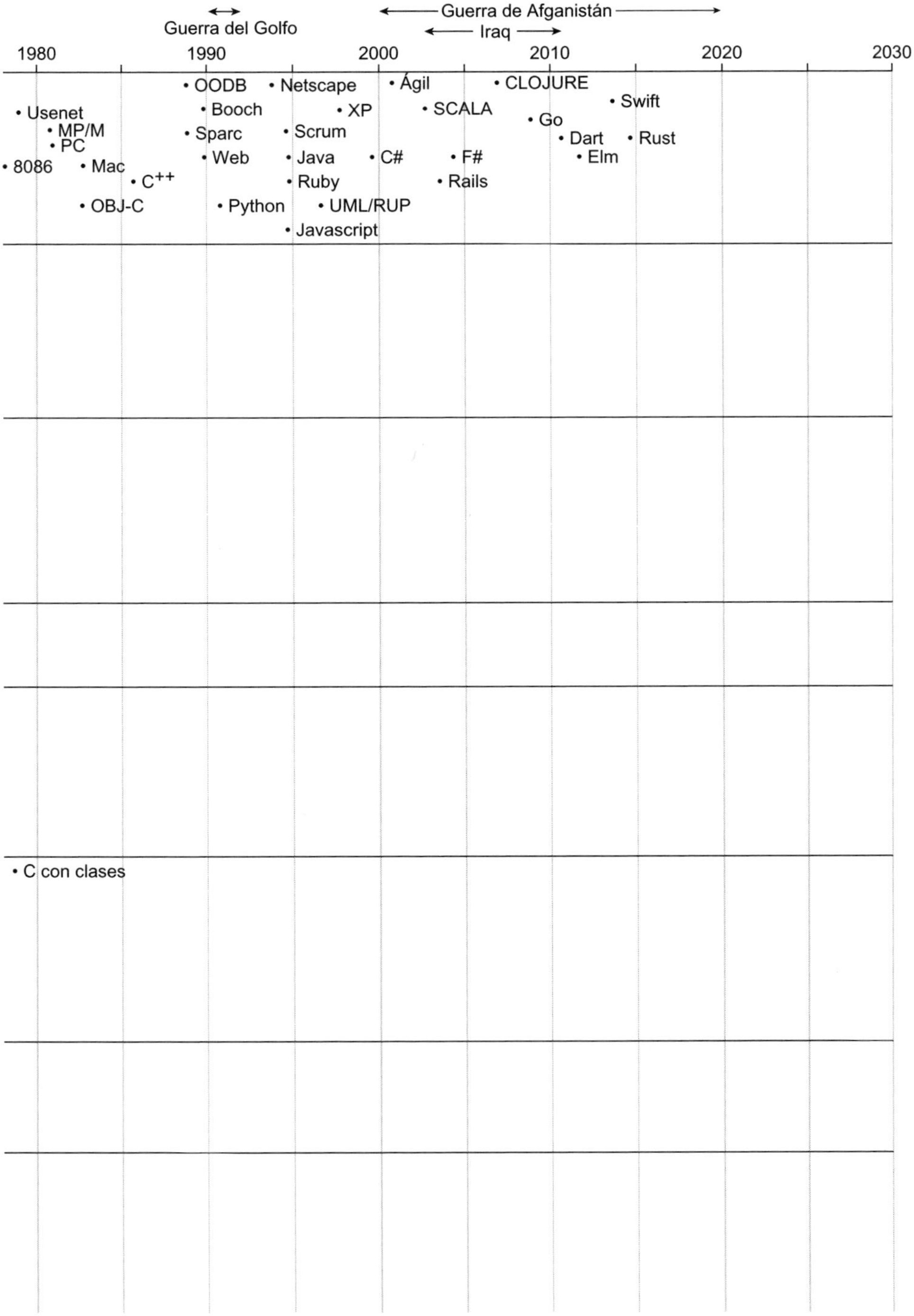

Guerra del Golfo
Guerra de Afganistán
Iraq
1980
1990
2000
2010
2020
2030
• Usenet
• MP/M
• PC
• 8086
• Mac
• C++
• OBJ-C
• OODB
• Booch
• Sparc
• Web
• Python
• Netscape
• XP
• Scrum
• Java
• Ruby
• UML/RUP
• Javascript
• C#
• Ágil
• SCALA
• F#
• Rails
• CLOJURE
• Go
• Dart
• Elm
• Swift
• Rust
• C con clases

SOBRE ESTE LIBRO

Antes de empezar, hay algunas consideraciones sobre el libro y el autor que creo que debería tener en cuenta:

- En el momento de escribir esto, llevo 60 años siendo programador, aunque quizá el periodo entre los 12 y los 18 años debería contarse de otra manera. Aun así, desde 1964 hasta hoy, he participado de la mayor parte de la "era informática". He visto y vivido muchos de los acontecimientos importantes e incluso fundacionales de este ámbito, así que lo que está a punto de leer está escrito por alguien que forma parte de un (cada vez más) reducido grupo de pioneros en este campo. Y, aunque no puede decirse que ese grupo esté entre los más pioneros de los pioneros, sí podemos afirmar que aquellos nos pasaron el testigo.
- Este trabajo abarca dos siglos. Muchos no reconocerán los nombres y las ideas mencionadas en la narración de estas historias, perdidos en las sombras del tiempo. Por tanto, al final del libro, hay un "Glosario de términos" y un "Reparto de personajes secundarios".
- El "Glosario de términos" contiene una descripción de la mayoría del hardware mencionado en el texto. Si ve un ordenador o un dispositivo que no reconoce, pruebe a buscarlo ahí.
- El "Reparto de personajes secundarios" es un listado de las personas mencionadas en las siguientes páginas. Se trata de una lista bastante larga pero demasiado corta al mismo tiempo. Nombra solo a algunas de las personas que tuvieron una influencia directa o indirecta en la industria de la programación informática. Algunas de las personas mencionadas en el libro se han perdido en la bruma del tiempo y la niebla de los motores de búsqueda de Internet. Eche un vistazo a esos nombres y se asombrará de quiénes aparecen ahí. Vuelva a mirar y se dará cuenta de que la lista apenas roza la superficie. Mire de nuevo los nombres y las fechas en las que esas personas fallecieron. En realidad, la mayoría de ellas nos dejaron hace poco.

Parte I

Allanando el camino

¿Quiénes somos los programadores y por qué estamos aquí? ¿Y qué son esas máquinas que nos esforzamos tanto por dominar?

I

¿Quiénes somos?

Nosotros, los programadores, somos los que hablamos a las máquinas y las hacemos funcionar. Somos los que hacemos que cobren vida, y así damos vida a nuestras economías y sociedades. No pasa nada en el mundo sin nosotros. ¡Nosotros gobernamos el mundo!

Otras personas creen que gobiernan el mundo y que después nos pasan esas reglas a nosotros y nosotros escribimos las reglas que se ejecutan en las máquinas que lo gobiernan todo. Pero esta posición ascendente y necesaria no siempre ha sido así. En los primeros días de la programación, los programadores eran invisibles. Todas las miradas estaban puestas en los ordenadores y sus grandes promesas. Eran las máquinas, y aquellos que las construían, los que eran ascendentes e impresionantes. Nadie se fijaba en los programadores que simplemente hacían que las máquinas funcionasen. Éramos poco más que ruido de fondo.

Acerca de aquellos primeros años, Dijkstra dijo:[1]

> "Puesto que [cada ordenador] era una máquina única, [el programador] sabía demasiado bien que sus programas solo tenían un significado local y también, puesto que era muy evidente que esta máquina tendría una vida limitada, sabía que muy poco de su trabajo tendría un valor duradero".

1. *The Humble Programmer*, ACM Turing Lecture, 1972.

Es más, lo que hacíamos en aquellos tiempos apenas podía considerarse una profesión, o una disciplina, ni siquiera un empleo bien definido. Éramos, a todos los efectos, duendecillos. De algún modo, cogíamos esos gigantes carísimos, gruñones y poco fiables, con velocidades de procesamiento lentas y memorias diminutas, para hacer de verdad algo útil, a veces. Y lo hacíamos de las formas más feas y molestas. De nuevo, Dijkstra dijo:[2]

> "Y en esos días, muchos programadores inteligentes obtenían una inmensa satisfacción intelectual de los trucos ingeniosos mediante los cuales se las apañaban para hacer encajar lo imposible dentro de las limitaciones de sus equipos".

Esta imagen de los programadores cambió con lentitud. De hecho, en los sesenta y los setenta, la imagen empeoró. Pasamos de las batas blancas de laboratorio en cuartos trasteros a obreros empollones que se mantenían fuera de la vista en montones de cubículos. Solo hace unos años que los programadores volvimos a ascender al estatus de oficinistas. E incluso ahora nuestra civilización no se da cuenta del todo de cuánto depende de nosotros y nosotros no nos damos cuenta del todo del poder que ostentamos.

Durante años, fuimos un mal necesario. Ejecutivos y directores de producto soñaban con los días en los que los programadores ya no serían necesarios. Y tenían motivos para la esperanza, porque el poder y la capacidad de las máquinas seguían creciendo, no solo un poco, sino por docenas de órdenes de magnitud.

Aun así, el sueño de una realidad libre de programadores nunca se materializó. En realidad, la necesidad de contar con programadores nunca se redujo; solo creció para seguir el ritmo al poder de las máquinas. En vez de volverse menos necesarios y capacitados, los programadores se han vuelto más necesarios y requieren aún más habilidad. Lo cierto es que los programadores se han especializado, como los médicos. Hoy en día, hay que contratar al tipo adecuado de programador.

Pese a sus esfuerzos por eliminar la necesidad de programadores, esta solo ha aumentado y se ha diversificado. Y, ahora, creen que la solución será la IA, pero, créame, el resultado será el mismo. Con un poder mayor, la necesidad y la importancia de los programadores solo puede crecer. Esta transición de lo transparente a lo significativo puede verse en películas populares de cada época.

2. *Ibidem.*

Robby, el robot de *Planeta prohibido* (1956), era el flemático mayordomo británico. La máquina era el personaje. El hecho de que el código lo hubiese escrito el científico loco apenas se tenía en cuenta.

El robot de *Perdidos en el espacio* (1965) es similar. El robot, aparentemente programado por el doctor Smith, era un personaje por derecho propio. El personaje era la máquina.

HAL 9000, de *2001: Odisea del espacio* (1968), era el personaje principal. El doctor Chandra, el programador, se mencionaba una vez: cuando la máquina cantaba *Daisy Bell* mientras la desconectaban.

Este patrón se repite una y otra vez. En *Colossus: El proyecto prohibido* (1970), la máquina es el personaje dominante. Los programadores son víctimas impotentes que acaban convirtiéndose en esclavos.

En *Cortocircuito* (1986), la máquina es el personaje principal. El programador ofrece un apoyo inocente, desafortunado y torpe.

En *Juegos de guerra* (1983), vemos el principio de una transición. El ordenador, Joshua (o WOPR), es el personaje, pero el programador está ahí para ayudar a resolver la situación, aunque es comparsa de un adolescente que es el verdadero héroe de la historia.

El cambio real llegó con *Parque Jurásico* (1993). Los ordenadores eran importantes, pero no eran personajes. Dennis Nedry, el programador principal, era el personaje, y el villano, en esa historia.

¡Cuánto han cambiado los tiempos! En agosto de 2014, di una charla a los programadores de Mojang en Estocolmo. Mojang es la empresa que nos dio Minecraft. Después de la charla, fuimos a tomar una cerveza y nos sentamos en una terraza rodeada por un seto. Un niño que iba por la calle, de unos doce años, corrió hacia el seto y llamó a uno de los programadores: "¿Eres Jeb?". El melenudo pelirrojo y con gafas Jens Bergensten asintió con estoicismo y firmó un autógrafo al niño.

Los programadores se han convertido en los héroes de los jóvenes que crecen queriendo ser como nosotros.

¿Por qué estamos aquí?

¿Por qué estamos aquí? ¿Para qué existimos los programadores?

Quizá esa pregunta es demasiado existencial. Vale, entonces: ¿por qué se nos necesita? ¿Por qué las personas nos pagan por hacer lo que hacemos? ¿Por qué no lo hacen ellas mismas?

Tal vez piense que es porque somos inteligentes. Lo somos, claro, pero esa no es la razón. Quizá piense que es porque somos expertos en tecnología. Y es cierto que lo somos, pero esa tampoco es la razón. Puede que la razón le sorprenda. Es probable que no sea lo que se espera. De hecho, es un aspecto de nuestras personalidades que probablemente le haga sentir vergüenza cuando acepte su verdad evidente.

Nos encantan los detalles. Nos regocijamos con los detalles. Nadamos contracorriente en ríos de detalles.

Atravesamos con esfuerzo ciénagas y pantanos de detalles. Y nos encanta. Vivimos para ello. Trabajamos duro y con alegría en ello. Somos... gestores de detalles.

Pero eso no responde a la pregunta de por qué somos necesarios. La respuesta a eso es que la sociedad ya no puede funcionar sin teléfonos.

Teléfonos. ¿Por qué los llamamos teléfonos? ¡No son teléfonos! No tienen nada que ver con los teléfonos. Alexander Graham Bell no señalaría un iPhone y lo aceptaría como descendiente directo de su invención conjunta con Watson.

No son teléfonos; son superordenadores de mano. Son los portales y las entradas a información y cotilleo y entretenimiento y... todo. Y no podemos imaginar la vida sin ellos. Nos acurrucaríamos como pequeños ovillos de depresión desesperada sin nuestro tiempo frente a la pantalla. Por supuesto, me estoy riendo de la situación, pero la gracia está en el hecho de que se trata de una verdad inalterable. Si nuestros teléfonos dejasen de funcionar de repente, nuestra civilización acabaría en ese momento.

Vale, entonces, ¿qué tiene que ver eso con nosotros? ¿Por qué se nos necesita para gestionar todos los detalles de los teléfonos? ¿Por qué no puede todo el mundo gestionar sus propios detalles?

Estoy seguro de que conoce a alguna persona que ha tenido la "Idea para la *App* Más Increíble" y quiere que la programe para ella. Esa persona sabe que va a ganar millones de dólares con su idea y está dispuesta a repartir esos millones con usted, 20-80, si le escribe el código, solamente.

Sí, eso es todo. Solo hay que escribir el código. No es gran cosa.

¿Por qué no escribe ella el código? Al fin y al cabo, es su idea. ¿Por qué no escribe ella el código "solamente"?

La respuesta obvia es que no sabe cómo. Pero eso no es cierto. Sí que sabe. Puede describir sin ambigüedades el comportamiento que busca, aunque sea en términos algo abstractos. ¿Por qué no puede convertir esas ideas abstractas en realidad?

Digamos que Jimmy, nuestro emprendedor entusiasta, está convencido de que hay millones de dólares esperándole si puede dibujar una línea roja[3] en la pantalla, sin más. Solo eso. Bueno, todo el mundo quiere una línea roja, ¿no? Así que, ¿cómo debería proceder Jimmy?

Jimmy mira su teléfono y lo único que ve es un prisma rectangular con algunas protuberancias pequeñas, hendiduras y cavidades. ¿Qué diablos va a hacer con eso? Por supuesto, necesita un programador, porque los programadores saben de esas cosas.

Pero espere. ¿Alguna vez ha estornudado con el teléfono en la mano? ¿Alguna vez se ha fijado en las gotitas que magnifican los detalles de esa pantalla? Un breve momento de reflexión acerca de lo que aparece dentro de esos glóbulos de exudado revelaría puntos. Puntos de colores. Para ser exactos, puntos rojos, verdes y azules organizados en lo que parece ser una cuadrícula rectangular.

Bueno, pues Jimmy estornuda y ve esos puntos y, por el más breve de los momentos, toma conciencia de algo. ¡Su línea roja se dibujará a partir de los puntos rojos!

Si se toma un momento más para pensar, se dará cuenta de que esos tres colores pueden combinarse. Si piensa un poco más, se dará cuenta de que debe haber alguna manera de controlar el brillo de esos puntos individuales para crear varios colores. Oh, es probable que no sepa nada de los colores RGB, pero cualquier colegial sabe que puedes mezclar unos colores para crear otros, así que el concepto no es tan difícil.

---

3. Lauris Beinerts. "The Expert (Short Comedy Sketch)". Publicado en YouTube el 23 de marzo de 2014. (Disponible en el momento de escribir este libro).

Si se toma otro momento más de consideración, se dará cuenta de que la cuadrícula rectangular implica que los puntos tienen coordenadas. Vale, a lo mejor no recuerda mucho de las clases de álgebra de primero, y tal vez no recuerde las coordenadas cartesianas, pero, igual que antes, cualquier colegial entiende el concepto de una cuadrícula rectangular. ¡O sea, por el amor de Dios, cuando marcas un número de teléfono, los botones están organizados en una cuadrícula rectangular!

Sí, ya lo sé, ya nadie marca números de teléfono y nadie sabe por qué se usa la palabra "marcar". Pero eso da igual. Con solo unos momentos valiosos de reflexión, Jimmy se ha dado cuenta de que puede dibujar su línea roja activando los puntos rojos que se alinean, uh, linealmente.

"¿Cómo se hace eso?", se pregunta Jimmy. ¿Recuerda la vieja fórmula lineal, $y = mx + b$? Es probable que no, pero, si lo pensase solo unos momentos más, se daría cuenta de que los puntos de su línea roja tendrían una proporción fija de vertical a horizontal. Es probable que no se dé cuenta de que está reinventando las raíces del cálculo, pero no pasa nada. "Pendiente" no es un concepto tan difícil de entender.

Si Jimmy sigue reflexionando, se dará cuenta de que la única razón por la que puede ver esos puntos es porque los mocos en la pantalla están actuando como el microscopio de Leeuwenhoek. ¡Esos puntos deben ser pequeños! Y eso significa que va a tener que dibujar muchos y todas sus coordenadas tendrán que seguir su fórmula para la pendiente. ¿Cómo va a hacer eso?

Es más, si dibuja solo una línea de puntos, esta va a ser muy fina. ¡Puede que ni siquiera sea visible! Así que va a tener que dibujarla con algo de grosor.

En este punto, la secuencia de momentos de reflexión de Jimmy ha durado una hora más o menos, y se da cuenta de que ha dejado de pensar en los millones de dólares que va a conseguir con su línea roja y lleva una hora centrándose en unos puntos. Quizá también se dé cuenta de que solo ha arañado la superficie del problema al que se enfrenta. Al fin y al cabo, no sabe cómo indicar al teléfono que encienda los puntos. No sabe cómo comunicar las coordenadas al teléfono. ¡No sabe cómo decir al teléfono que haga algo una y otra vez para poder encender todos esos dichosos puntos!

Y lo que es más importante, ¡ya no quiere pensar más en eso! Quiere volver a pensar en cómo su línea roja va a hacerle ganar millones de dólares y en cómo va a posicionar los anuncios de su línea roja en X y...

Así que a la porra con los malditos puntos. Jimmy dejará que sea un programador el que se preocupe por eso. Él no quiere pensar en ese nivel de detalle.

¡Pero nosotros sí! Es un defecto de nuestra personalidad y nuestro superpoder. Nos encantan todos esos detalles. Disfrutamos averiguando cómo juntar un puñado de puntos en la pantalla para formar una línea roja. No nos interesa tanto la línea roja en sí.

Lo que nos gusta es el desafío de unir todos esos detallitos diminutos para crear una línea roja.

Entonces, ¿por qué se nos necesita? Porque la sociedad necesita personas a las que les encante preocuparse por los detalles. Esas personas (nosotros) liberan a la sociedad para que piense en otras cosas, como el reto del cubo de agua helada, Angry Birds o jugar al solitario en la sala de espera de la consulta del dentista.

Mientras la gran mayoría de la gente huya de los detalles, necesitará a los que corremos hacia ellos. Eso es lo que somos. Somos los gestores de detalles del mundo entero.

Parte II

Los gigantes

La informática tiene una larga historia y tendemos a olvidarla e ignorarla. Pero, en realidad, son los gigantes que vinieron antes que nosotros los que nos dieron ejemplo de cómo actuar de forma ética en nuestra profesión.

—Kent Beck, 2023
(en referencia al reciente fallecimiento de Barry Dwolatzky)

Aquí, en la parte II, voy a entretenerle con relatos sobre algunos de esos gigantes. Las historias que voy a contar hablan de programadores que lograron un alto nivel de grandeza y tuvieron un efecto profundo en nuestra industria. Esas historias describirán algunos de los desafíos técnicos y personales a los que se enfrentaron. Mi objetivo con estos relatos es dar a conocer a estas personas a un nivel más personal y a un nivel más técnico.

La parte personal debería convencerle de que estas personas eran humanas, como usted y como yo. Sentían dolor y alegría, como usted y como yo. Cometían errores, como usted y como yo. Y superaron obstáculos y disfrutaron de éxitos, como usted y como yo.

La parte técnica está aquí porque usted es programador, y solo un programador puede entender de verdad los retos técnicos a los que se enfrentaron estas personas. Mi objetivo es que aprenda a respetar los logros de estos individuos a un nivel profundo, un nivel que solo un colega programador podría apreciar.

Hay muchos pioneros del pasado que no he incluido en esta parte. Su omisión no se debe a una falta de grandeza o valía, sino a que, por cuestiones de tiempo y espacio, he tenido que elegir. Espero haber escogido bien.

2

Babbage: el primer ingeniero informático

Una creencia popular entre programadores y aficionados a la informática es que Charles Babbage fue el padre del ordenador de propósito general y que Ada King Lovelace fue la primera programadora. Se han contado muchas historias extravagantes, tanto ficticias como casi reales. Pero, como siempre, la verdad es mucho más interesante que la creencia popular.

El hombre

Charles Babbage nació en Walworth, Surrey, el 26 de diciembre de 1791. Hijo de un banquero adinerado, formaba parte de la flor y nata de la sociedad británica de principios del siglo XIX y heredó una fortuna considerable[1] que le dio libertad para dedicarse a sus intereses, que eran muchos.

A lo largo de su vida, Babbage escribió seis libros y 86 artículos científicos y variados sobre temas como matemáticas, ajedrez, abertura de cerraduras, impuestos, seguros de vida, geología, política, filosofía, electricidad y magnetismo, instrumentación, estadística, vías férreas, fresadoras, economía política, equipos de submarinismo, submarinos, navegación, viajes, filología, criptoanálisis, artes industriales, astronomía y arqueología, por nombrar solo algunos.

1. Una herencia valorada en 100.000 libras esterlinas, lo que le hizo rico de forma independiente y le permitió mantener a su familia en una posición acomodada mientras financiaba sus investigaciones científicas.

Pero, sobre todo, Babbage era un manitas, un inventor de mecanismos de todo tipo. Inventó un sistema de calefacción de aire forzado, un oftalmoscopio, un sistema de reparto de correo dirigido por cable, una máquina para jugar al tres en raya y cualquier otro artilugio que despertase su interés. Pero, con todos esos trabajos, no logró crear nada que le reportase beneficios. En la mayoría de los casos, sus inventos eran dibujos que nunca abandonaban la mesa de diseño.

Babbage también era una persona sociable. Le gustaba contar historias y era un animador nato. Celebraba muchas veladas con cena en su casa, y su presencia en las fiestas de otros era muy apreciada. En un momento dado, en 1843, su agenda social incluía 13 invitaciones para cada día del mes, domingos incluidos.[2]

Sus contactos sociales incluían a personajes como Charles Dickens, Charles Darwin, Charles Lyell, Charles Wheatstone (muchos Charles), George Boole, George Biddell Airy, Augustus De Morgan, Alexander von Humboldt, Peter Mark Roget, John Herschel y Michael Faraday.

También logró un gran reconocimiento en su vida. Fue elegido Miembro de la Royal Society en 1816. En 1824 recibió la primera Medalla de Oro de la Sociedad Astronómica por su invento del motor de cálculo del que hablaremos enseguida. Fue elegido Profesor Lucasiano de Matemáticas de Cambridge[3] en 1828, puesto que mantuvo hasta 1839.

Basta decir que era un tipo popular y con buenos contactos.

Pese a su popularidad en la sociedad y el reconocimiento de sus colegas, Babbage no era una persona especialmente exitosa. La gran mayoría de sus esfuerzos no llegaban a nada. Tampoco era alguien con quien fuese agradable trabajar. Sus coetáneos lo consideraban quisquilloso y cascarrabias, propenso a los arrebatos desagradables y egoístas; un genio irascible.[4]

Era dado a publicar cartas que arremetían contra las personas en el poder; las mismas personas a las que pedía después ayuda financiera para sus proyectos. Digamos que la discreción refinada no era una de sus principales virtudes.

Al final, incluso sir Robert Peel, el primer ministro, preguntaba: "¿Cómo vamos a deshacernos del señor Babbage y su máquina de cálculo?".

---

2. Swade, p. 173.
3. El cargo de Profesor Lucasiano fue ocupado por muchos otros personajes ilustres, incluidos Isaac Newton (1669-1702), Paul Dirac (1932-1969), Stephen Hawking (1979-2009) y Data en algún momento posterior a 2395.
4. *Irascible Genius* es el título de un libro sobre Babbage, escrito por Maboth Moseley en 1964. Consulte `https://archive.org/details/irasciblegeniusl00mose/mode/2up`.

TABLAS

La historia de Charles Babbage, el programador, empieza en el verano de 1821. Babbage y su amigo de toda la vida, John Herschel, están colaborando para revisar un conjunto de tablas de la Sociedad Astronómica. Hay dos conjuntos de tablas creadas por dos equipos independientes. Si los dos equipos han hecho bien sus cálculos, las dos tablas deberían ser idénticas. Babbage y Herschel están comparándolas para detectar y resolver cualquier diferencia. Hay miles de números, cada uno con una docena de dígitos o más. Los dos hombres están enfrascados en horas de trabajo tedioso y laborioso que requiere la máxima concentración, diciéndose números el uno al otro y verificando que son idénticos. Cada vez que hay un error en un dígito escrito o se lee mal un número, deben hacer una pausa, volver a comprobar y, bien resolver, bien anotar la discrepancia. La tarea es aburrida, frustrante y agotadora.

Al final, Babbage exclama: "Ojalá estos cálculos se hubiesen hecho a vapor!".[5]

Y con eso, Babbage el programador se enganchó. Antes de que hubiese pasado un año, había pagado a artesanos para que construyesen piezas y, después, había montado un pequeño modelo que funcionaba de una máquina que podía calcular. Era un prototipo diminuto de su visión de una máquina mucho, mucho más grande. Una máquina que se ocuparía del horrible trabajo monótono de calcular tablas matemáticas.

HACER TABLAS

La necesidad de las tablas matemáticas estaba muy extendida. Los matemáticos las necesitaban. Los navegantes las necesitaban. Los astrónomos, ingenieros y topógrafos las necesitaban. Los tipos de tablas que necesitaban eran tablas de logaritmos, de trigonometría, de balística, de mareas. La lista era interminable. Además, hacía falta que fuesen exactas y precisas. Cada entrada de la tabla tenía que ser exacta y precisa teniendo en cuenta varios dígitos decimales.

¿Cómo se hacen tablas así? ¿Cómo se calculan decenas de miles de logaritmos con hasta seis, ocho o diez decimales? ¿Cómo se determinan los senos y cosenos y tangentes de un segundo de arco tras otro de un ángulo con tanta precisión? A primera vista, el problema parece insalvable.

Pero, aunque hay pruebas de lo contrario, los humanos somos animales inteligentes. Resulta que hay una manera.

5. Swade, p. 10.

La primera parte del truco es traer lo trascendente de vuelta a la Tierra. Los logaritmos, senos y cosenos son funciones trascendentes; eso quiere decir que no pueden calcularse utilizando un polinomio, pero pueden aproximarse con un polinomio.

Pensemos en una onda sinusoidal en un plano de coordenadas cartesianas. Ondula en el eje y entre 1 y –1 con un periodo de 2π en el eje x.

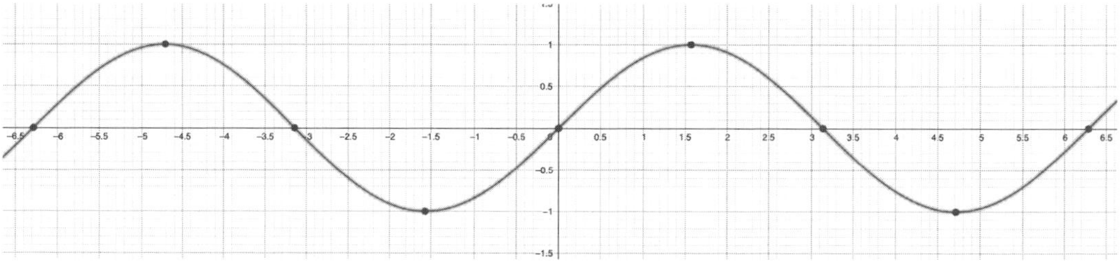

Ahora, pensemos en la gráfica de $y = -0{,}1666x^3 + x$ superpuesta a esa onda sinusoidal.

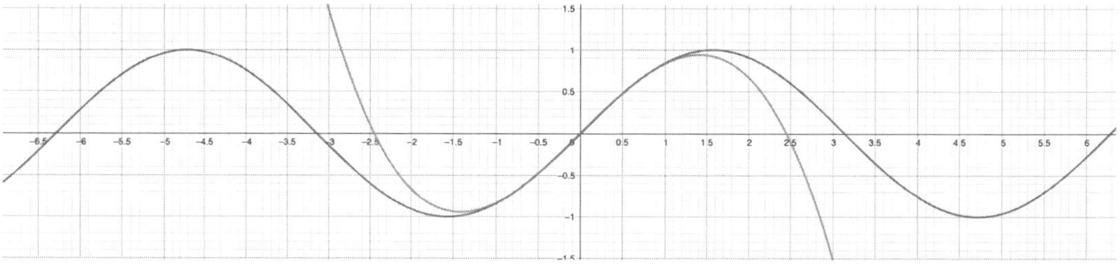

Eso está bastante bien cuando x está cerca de cero, pero podemos hacerlo mejor. Consideremos $y = 0{,}00833x^5 - 0{,}1666x^3 + x$.

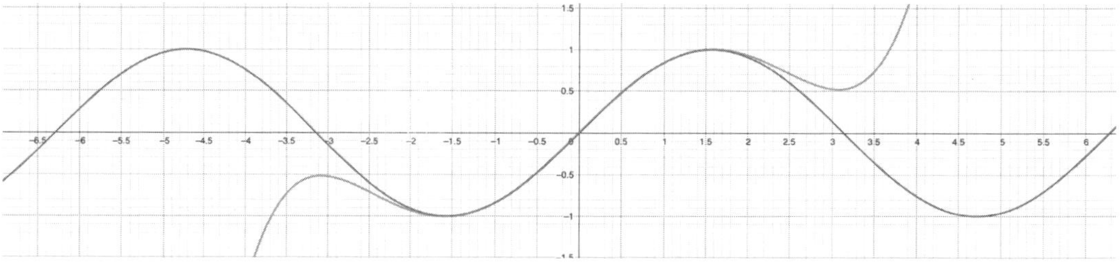

¡Hey! ¡Vamos progresando! Pero vamos a hacerlo aún mejor. Consideremos lo siguiente:

$$y = -0{,}0001984x^7 + 0{,}00833x^5 - 0{,}1666x^3 + x$$

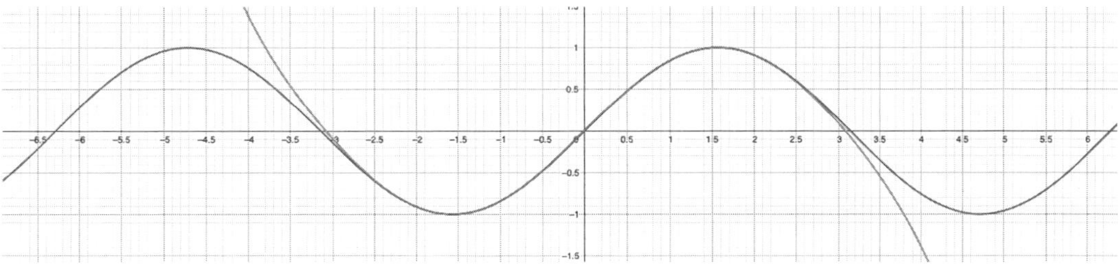

¡Vaya! Entre $-\pi/2$ y $\pi/2$, eso está muy, muy cerca. Para $-\pi/2$, el valor del polinomio es –1,00007. Eso se acerca mucho a una precisión de cuatro dígitos decimales.

Por supuesto, lo que estoy utilizando para obtener todos esos coeficientes interesantes es una simple expansión de Taylor:

$$sen(x) = x - x^3/3! + x^5/5! - x^7/7!...$$

Vale, ahora que hemos sacado la función seno del reino trascendental, ¿cómo vamos a calcular todos esos desagradables polinomios sin caer en distracciones y delirios?

Quiero decir, supongamos que queremos crear una tabla de senos para cada segundo de arco entre 0 y $\pi/2$. Hay 324.000 segundos de arco dentro de ese rango. Y el valor de un segundo de arco es 0,000004848136811 radianes. ¿De verdad le apetece elevar un número como ese a la tercera potencia, la quinta potencia y la séptima potencia, dividir entre 6, 120 y 5.040 y, después, sumarlos y restarlos 340.000 veces?

Por suerte, hay un modo mejor: el método de las diferencias finitas.

DIFERENCIAS FINITAS

Imagine un polinomio simple como $f(x) = x^2 + 3x - 2$. Vamos a evaluar esto del 1 al 5.

x	$x^2 + 3x - 2$
1	2
2	8
3	16
4	26
5	38

Ahora, vamos a tomar la primera diferencia entre esos valores.

x	$x^2 + 3x - 2$	$d1$
1	2	
2	8	6
3	16	8
4	26	10
5	38	12

Y, ahora, la segunda diferencia.

x	$x^2 + 3x - 2$	$d1$	$d2$
1	2		
2	8	6	
3	16	8	2
4	26	10	2
5	38	12	2

¡Ajá! La segunda diferencia es la constante 2. Para cualquier polinomio de grado n, la enésima diferencia será constante.

Vale, entonces, ¿cuál es el valor de nuestra función si x es 6? Antes de que se moleste en calcular el polinomio, observe que la primera diferencia debería ser 14 porque solo sumamos la segunda diferencia (2) a la primera diferencia (12). Pero, ahora, podemos sumar la primera diferencia nueva a 38 para obtener 52, que es la respuesta correcta. ¡Solo han hecho falta dos sumas!

Y esto puede continuar: $f(7)$ es 68 porque 14 + 2 es 16 y 16 + 52 es 68; $f(8)$ es 8 6 porque 16 + 2 es 18 y 18 + 68 es 86. Si queremos una tabla de todos los valores de f, solo necesitamos sumar dos números para obtener cada entrada sucesiva en esa tabla. Sin multiplicaciones ni restas: ¡solo dos sumas simples!

¿Funciona esto para los senos? Pongamos que queremos una tabla de senos de 0 a $\sim\pi/2$ por 0,005. Pongamos también que estamos usando nuestra expansión de Taylor de grado 7. Lo único que tenemos que hacer es calcular los ocho primeros valores y, después, deberíamos ser capaces de sumar sin más las diferencias para los valores restantes.

Así pues, primero vamos a evaluar nuestro polinomio para 0,005:

$$0{,}005 - 0{,}005^3/6 + 0{,}005^5/120 - 0.005^7/5040$$

En vez de expandir estas fracciones a decimales y, por tanto, perder precisión, vamos a mantenerlas intactas hasta el último momento:

```
0,005 - 0,000000125/6 + 3,125E-12/120 - 7,8125E-17/5040
5/1000 - 125/6000000000 + 3125/1200000000000000000 - 78125/504000000000000000000000
1/200 - 1/48000000 + 1/38400000000000 - 1/6451200000000000000
32255865600167999/6451200000000000000
```

La expansión decimal de esa última fracción es:

```
0,004999979166692708
```

Y ese es el valor de *sen*(0,005) con 12 dígitos aproximadamente.

Pero ahora vemos algo importante. Esos denominadores son grandes. Eso lleva al numerador final a tener muchos dígitos significativos (18). Eso significa que vamos a tener que llevar lejos nuestros cálculos y trabajar duro para no perder precisión.

Trabajar con un puñado de fracciones con denominadores grandes no parece mucho más fácil que evaluar la expansión de Taylor. Intentemos algo diferente. Vamos a multiplicar todas esas fracciones por 1030 y reducir esos denominadores a algo más razonable.

Ahora nuestro primer valor es `314998687501640624023437500000/63`. Si hacemos esa división e ignoramos la parte fraccional, obtenemos el siguiente entero: `4999 979166692708317832341269`. Eso se acerca mucho a *sen*(0,005) veces 10^{30}.

Así, al reducir tanto los denominadores, podemos ignorar las partes fraccionales sin perder mucho significado. Ahora, vamos a utilizar esta técnica para calcular los siete siguientes senos, lo que nos dará los ocho primeros:

```
314998687501640624023437500000/63
314990812550859250976562500000/63
314975062846169864257812500000/63
314951438781314260742187500000/63
314919940946892831054687500000/63
314880570130349793945312500000/63
314833327315953508789062500000/63
314778213684771866210937500000/63
```

Ahora podemos calcular las siete primeras diferencias:

```
-124999218751953125000000
-7499859375898437500000000/3
-11249554693144531250000000/3
-14999896877210937500000000/3
-18748007877636718750000000/3
-22496578283945312500000000/3
-26244586276972656250000000/3
```

Después, la segunda, tercera, cuarta, quinta y sexta diferencias, que acaban en constantes, como debe ser:

```
-374988281333984375000000/3
-124989843908203125000000
-124980469298828125000000
-374903910552734375000000/3
-124952346876953125000000
-124933599767578125000000
18749609375000000000/3
9374609375000000000
37497343750000000000/3
46869921875000000000/3
18747109375000000000

9374218750000000000/3
9373515625000000000/3
9372578125000000000/3
9371406250000000000/3
```

```
-234375000000000
-312500000000000
-390625000000000

-78125000000000
-78125000000000
```

Así pues, las siete primeras diferencias son:

```
3149986875016406240234375000000/63
-124999218751953125000000
-37498828133398437500000/3
1874960937500000000/3
937421875000000000/3
-234375000000000
-78125000000000
```

Una vez más, con numeradores tan grandes y denominadores pequeños, es probable que sea seguro ignorar la parte fraccional y considerar solo la parte entera, porque los decimales que se repiten en posiciones de bajo orden tienen pocas probabilidades de causar muchos daños cuando hagamos las sumas. Así, esas diferencias se convierten en los siguientes enteros:

```
49999791666927083178323412690
-124999218751953125000000
-12499609377799479166666
624986979166666666
312473958333333333
-234375000000000
-78125000000000
```

Y, ahora, lo único que tenemos que hacer es sumar estos enteros para rellenar cada fila sucesiva de la tabla. Esto nos da un conjunto muy bonito de senos multiplicados por 1030:

```
0,005    49999791666927083178323412690
0,01     99998333341666646825396825380
0,01    149994375063280910993303571410
0,02    199986666933330793650793650780
0,025   249973959147123306516617063480
0,03    299955002024956607142857142820
0,035   349928546043361925998263888760
0,04    399893341866341587301587301240
0,045   449848140376602342354910713510
0,05    499791692706783234126984125460
0,055   549722750270677211836557536950
0,06    599640064794445714285714281140
```

Así es más o menos como se creaban las tablas antes de los ordenadores automáticos. Los maestros matemáticos, que eran responsables de la generación de las tablas, determinaban los polinomios que se ajustaban mejor a las funciones trascendentales que querían aproximar. Encargaban esos polinomios a media docena de matemáticos expertos, que dividían esas funciones en rangos relativamente pequeños y calculaban las tablas de diferencias para cada rango.

Por último, pasaban las tablas de diferencias a un ejército de muchas docenas de individuos con la habilidad suficiente para hacer sumas y restas simples. Esos individuos se denominaban "computadores"[6] y se encargaban de realizar todas las sumas, creando las entradas de la tabla dentro de cada rango.

Miles y miles y miles de filas. Decenas de miles de sumas trasladadas a una gran cantidad de lugares. La paga era baja, el trabajo era arduo y todo se hacía con pluma[7] y papel.

Por lo general, los "computadores" se dividían en dos equipos y a cada uno de ellos se le daba la misma tarea. Si ambos equipos hacían su trabajo a la perfección, los dos resultados eran iguales. Eso es lo que Babbage y Herschel estaban comprobando aquel trascendental día de verano de 1821.

La visión de Babbage

El significado de su exclamación de frustración respecto al vapor debería estar claro a estas alturas. Si los "computadores" pudiesen sustituirse por una máquina fiable, entonces él y Herschel no necesitarían cotejar nunca más el trabajo de los "computadores".

Pero, más allá de eso, Babbage podía ver un futuro en el que el uso de mecanismos computacionales sería esencial para el avance de la ciencia.

En 1822, poco después de su queja del "vapor", escribió precisamente:

"Voy a aventurarme a predecir que llegará un tiempo en el que el trabajo acumulado que surge de la aplicación aritmética de las fórmulas matemáticas, actuando como una fuerza constantemente retardadora, acabará impidiendo

6. A principios del siglo XIX, eran con frecuencia expeluqueros franceses que habían perdido a sus clientes porque sus clientes habían perdido la cabeza.

7. La primera fábrica de lapiceros abrió en EE. UU. en 1861. Por supuesto, hubo predecesores, pero, hasta que no se dio una producción en masa, el lapicero no se convirtió en un objeto doméstico.

el progreso útil de la ciencia, a menos que se diseñe este[8] método u otro equivalente para aliviarla del estorbo abrumador [sic] de los detalles numéricos".

Por desgracia para Babbage, para ese tiempo aún faltaba más de un siglo. Pero llegó. Y, como veremos en capítulos posteriores, llegó con sed de venganza.

LA MÁQUINA DIFERENCIAL

La máquina que Babbage visualizó originalmente era una gran máquina de sumar, con un giro. Habría tenido seis registros de 20 dígitos decimales para representar seis diferencias. Así, podría haber manejado polinomios de sexto orden. Cada ciclo de la máquina (cada giro de la manivela) haría que el sexto registro se sumase al quinto, luego el quinto al cuarto, después el cuarto al tercero, etc. Sumar. Solo sumar.

La máquina habría tenido 25.000 piezas individuales y habría medido unos 2,5 metros de alto, unos 2,1 metros de largo y más o menos un metro de ancho, y habría pesado unas 4 toneladas.

¿Por qué era la suma una tarea tan difícil? ¿Por qué se requeriría una máquina a escala industrial para realizarla?

El problema era doble. En primer lugar, la máquina tenía que ser exacta. Había que impedir que las partes móviles se movieran a menos que ese movimiento fuese necesario en ese momento. No podía permitirse que hubiese vibraciones, fricciones ni ningún otro tipo de movimiento parásito que zarandease una pieza de forma accidental. Por tanto, Babbage añadió muchos mecanismos para bloquear y desbloquear piezas para mantener la integridad de la máquina durante los miles de ciclos de la manivela que tendría que soportar.

El segundo problema es el problema de los acarreos típico del colegio. Cuando un 9 va a un 0, nos llevamos un 1 a la siguiente posición de la izquierda. En los mecanismos tradicionales de la época, esto se hacía representando cada dígito con una rueda y haciendo que una pestaña en cada rueda engranase con la siguiente cuando se movía la primera de 9 a 0. De este modo, el esfuerzo requerido para girar una rueda dependía de cuántos acarreos fuesen a propagarse. Añadir 1 a 999999999999 requeriría mucha fuerza. Las cargas de mucha fuerza

8. Refiriéndose a sus ideas para una máquina diferencial.

son una fuente de errores y desgaste. Además, puesto que había que girar la manivela de la máquina a mano, el pobre operario experimentaba unas cargas de fuerza muy variadas en los brazos.

Por tanto, Babbage concibió un mecanismo muy inteligente para recordar acarreos y, después, propagarlos de uno en uno durante una parte diferente del ciclo. Esa memoria tenía la forma de una palanca pequeña asociada a cada rueda. La palanca podía estar en uno de dos estados: acarreo o sin acarreo. Entonces, los acarreos se propagaban mediante un conjunto de varas, cada una de las cuales comprobaba el estado de su palanca correspondiente y sumaba 1 a la rueda de encima si la palanca estaba en el estado de acarreo. Esas varas se extendían en una especie de forma de escalera de caracol de manera que cada acarreo se producía después de que se completase el acarreo anterior.

Era todo bastante ingenioso.

Babbage era un programador. El programa que escribió tenía la forma de palancas y ruedas y engranajes y manivelas, pero, de todos modos, era un programador. Su máquina ejecutaba un pequeño procedimiento adorable de sumas sucesivas.

El código que podríamos utilizar hoy en día para ese programa podría ser algo como:

```
(defn crank [xs]
  (let [dxs (concat (rest xs) [0])] (map + xs dxs)))
```

Sí, tres líneas de código, unos 74 caracteres, sustituyen a 25.000 piezas mecánicas que pesan 4 toneladas.

Pero quizá eso no es justo. Al fin y al cabo, estoy ejecutando ese código en un MacBook Pro. Y, aunque ese portátil no pesa más de un kilo, es mucho más complicado que la pobre Máquina Diferencial de Babbage.

Por cierto, puede que se haya fijado en que algunas de las diferencias en el ejemplo de los senos de la sección anterior eran negativos. Pero la máquina de Babbage solo podía representar enteros positivos, así que ¿cómo resolvió eso Babbage?

No sé a ciencia cierta cómo lo hizo, pero yo pude hacerlo usando el complemento de nueves. Si solo tenemos 20 dígitos e ignoramos el acarreo del 20.º dígito, podemos representar números negativos "nueveándolos".

Por ejemplo, el complemento a diez de 1 es 9999999999999999999. Sume esos dos, ignore el acarreo final y obtendrá 0. Así, el complemento a diez de 1 se comporta como –1.

El procedimiento general es tomar cada dígito del número y restárselo a 9, convirtiéndose ese resultado en el dígito correspondiente del complemento. Después, cuando haya hecho eso con todos los dígitos, sume 1 al número final.

Por ejemplo, si nos dan el número 3141592653587932384, "nueveamos" cada dígito, creando el complemento a nueve 6858407346412067615 y, a continuación, sumamos 1, lo que da el complemento a diez, 6858407346412067616. Cuando sumamos esos dos números e ignoramos el acarreo final, obtenemos 0.

Así, el complemento a diez es una manera efectiva de crear un número negativo y convertir una resta en una suma.

NOTACIÓN MECÁNICA

Otro indicio de que Babbage era un programador era que tuvo un problema de una escala a la que ningún otro ingeniero mecánico se había enfrentado: las dinámicas. Las piezas de su máquina se movían de maneras complicadas y en momentos complejos. También se engranaban y se desengranaban entre sí de modos igual de complicados. Esta escala de complejidad mecánica era totalmente nueva y requería alguna forma de representación.

Por eso, Babbage creó un formalismo de notación para las dinámicas de su máquina. Este formalismo incluía diagramas de tiempo, diagramas de flujo lógico y una variedad de convenciones simbólicas para identificar las partes en movimiento, las que no estaban en movimiento y las que estaban en cualquier otro estado necesario para describir su intención. Babbage consideraba que esta notación era un "lenguaje abstracto universal" de piezas que interactuaban. De hecho, le parecía que era aplicable a cualquier forma de interacción, mecánica o de otro tipo.

Dijo de esta notación:[9]

"La dificultad de retener en la mente todos los movimientos contemporáneos y sucesivos de una máquina complicada, y la dificultad aún mayor de cronometrar movimientos que ya se habían establecido, me indujeron a buscar un método a través del cual pudiese seleccionar a simple vista

9. Swade, p. 119.

una pieza concreta y encontrar en cualquier momento dado su estado de movimiento o reposo, su relación con los movimientos de cualquier otra pieza de la máquina y, si fuese necesario, rastrear las fuentes de su movimiento a través de todos sus estados sucesivos hasta el impulso del movimiento inicial".

A menudo se ha dicho que Babbage no se dio cuenta de que los números que sus máquinas manipulaban podrían representar símbolos de otros formalismos, pero aquí vemos que Babbage estaba bastante cómodo con la invención de un formalismo simbólico totalmente nuevo de dinámicas. Así pues, la manipulación de símbolos no era algo a lo que fuese ajeno.

TRUCOS DE SALÓN

Otro indicio más de que Babbage era un programador era su capacidad para programar los prototipos de sus máquinas para hacer trucos de salón para los invitados a sus cenas.

Como ejemplo elaborado de sus bromas, digamos que reunía a un grupo de celebridades de Londres alrededor de la pequeña máquina prototipo en su salón. Les enseñaba un 0 en el registro final y, después, giraba la manivela. El número aumentaba de 0 a 2. Preguntaba a sus invitados qué número aparecería después, y aquellos que adivinaban que era el 4 se llevaban una agradable sorpresa. Preguntaba otra vez, y todo el mundo adivinaba el 6, luego el 8 y después, el 10. Pero, antes de que se aburriesen demasiado, el siguiente giro de la manivela daba como resultado el 42.

Una vez que se entiende cómo funciona una máquina diferencial, no es muy difícil preparar sorpresas como esa. Al fin y al cabo, la secuencia 0, 2, 4, 6, 8, 10, 42 tiene un conjunto de diferencias que, cuando se van añadiendo hacia delante, reproducen esa secuencia.

Entonces, Babbage decía a sus invitados que la máquina estaba obedeciendo leyes ocultas que solo él conocía. Después les decía que el "milagro" del 42 era similar al de la separación del Mar Rojo o la cura de los enfermos. Ya sabe, Dios es un programador que creó el universo con leyes ocultas que solo Él conocía.[10]

10. Swade, p. 79.

LA MUERTE DE LA MÁQUINA

En 1823, Babbage, que era miembro de pleno derecho de la Sociedad Astronómica y la Royal Society de Londres, y que tenía un contacto simpatizante en el parlamento, logró un encargo financiado por el gobierno para construir su máquina.

La decisión de la financiación fue controvertida. Algunos pensaban que su dispositivo podía ser útil, mientras que a otros les parecía que el gasto no merecía la pena para ese beneficio. Después de todo, los peluqueros sin trabajo no eran muy caros y sabían sumar. Pero Babbage era un defensor apasionado y un orador carismático. A menudo, entretenía a la gente con las ventajas de la máquina y los increíbles poderes que poseía. Incluso afirmaba que él mismo no conocía todos esos poderes. Podía mantener al público hechizado con su entusiasmo y sus explicaciones sobre el proyecto.

Y, por supuesto, hay algo mágico en la idea de que, con solo aplicar una fuerza física a una máquina, esa máquina hará algo que antes pertenecía al dominio del pensamiento. Entonces, como ahora, el que una máquina pudiese pensar era algo que asombraría a cualquiera que lo viese. A través de esos esfuerzos y del respaldo entusiasta de sus amigos y simpatizantes, Babbage se aseguró el éxito y una promesa de financiación. Dicha financiación empezó con 1.500 libras esterlinas y aumentó a más de 17.000 con el tiempo. Babbage también aportó bastante de su propia fortuna.

El esfuerzo empezó bien y los prototipos no tardaron en llegar. A lo largo de la siguiente década, se fabricaron muchas piezas y se produjeron pequeñas máquinas de demostración. Sin embargo, la escala del dispositivo era grande y Babbage se distraía con facilidad y no era agradable trabajar con él. Era susceptible y orgulloso, nunca olvidaba un desprecio o un agravio y levantó unas cuantas ampollas. Después de una década de retrasos, disputas con su contratista, huelgas y sobrecostes importantes, acabaron retirándole la financiación.

Sus amigos y defensores que lo apoyaron al principio estaban consternados y avergonzados por ese fracaso. Se había invertido una gran cantidad de dinero público y no se había conseguido nada. No era probable que ninguno de ellos volviese a apoyarlo.

Así, la máquina de Babbage nunca llegó a construirse.[11] Bueno, sí se construyeron algunas partes. De hecho, esa máquina con la que entretenía a sus invitados estaba hecha de piezas pensadas para la máquina a escala completa.

11. Su diseño muy mejorado, la Máquina Diferencial 2, se construyó finalmente en el Museo de Ciencias de Londres a finales de los ochenta y principios de los noventa. Se expone allí y funciona como diseñó Babbage, aunque la depuración fue todo un desafío.

Al final, sin embargo, por recomendación de George Biddell Airy, el astrónomo real, el gobierno rehusó dar más financiación. La carta de la oficina del primer ministro decía:[12]

> "Los proyectos del señor Babbage parecen ser tan indefinidamente caros, su éxito final tan problemático y su gasto tan grande y tan imposible de calcular, que el gobierno no tendría justificación para asumir más responsabilidad".

Así, después de los gastos de una década, y de 17.000 libras esterlinas, se abandonó el esfuerzo.

En mi humilde opinión, aunque creo que es probable que Babbage lo negase, creo que el fracaso definitivo se debió a que su atención se dispersaba continuamente hacia otras ideas más ambiciosas. Para Babbage, acabar no era tan divertido como empezar.

El argumento de la tecnología

Se ha dicho que el fracaso a la hora de completar la Máquina Diferencial se debió a la incapacidad de la tecnología de metalistería de principios del siglo XIX para crear piezas con la precisión necesaria. Sin embargo, no hay pruebas reales que respalden esta versión. Las piezas supervivientes son muy precisas y hay prototipos de la máquina que siguen funcionando hoy en día.

Si Babbage hubiese tenido la voluntad, la concentración y los recursos para terminar esa máquina, hay motivos para pensar que habría funcionado tal y como estaba diseñada. Aunque, como veremos, conseguir que la máquina funcione de verdad es muy diferente a construirla sin más.

La Máquina Analítica

> *... y, sin embargo, en la inmensidad de mis circuitos rebosantes puedo recorrer los infinitos cauces de las probabilidades futuras y reconocer que un día existirá un ordenador cuyos meros parámetros operativos no seré digno de calcular, aunque será mi destino llegar a diseñarlo.*
>
> —Pensamiento Profundo, *Guía del autoestopista galáctico*

12. Swade, p. 176.

¿Qué era lo que estaba distrayendo a Babbage de la compleción de la Máquina Diferencial?

Imagine una máquina del tamaño de una locomotora. En vez de 6 columnas de 20 dígitos, tiene 1.000 columnas de 50 dígitos. Tiene un *bus* mecánico que transfiere los valores de esas columnas a los dos canales de salida de lo que Babbage llamó "el molino" (*mill*). El molino puede sumar, restar, multiplicar y dividir esos números en precisión simple o doble (de 100 dígitos). Entonces, el *bus* transfiere los valores resultantes de vuelta al almacén de 1.000 columnas.

Imagine que esta máquina está controlada por un conjunto de instrucciones en tarjetas perforadas que están unidas formando una cadena, como las tarjetas perforadas en un telar de Jacquard. Esas tarjetas de instrucciones dirigen el *bus* para extraer valores de columnas particulares del almacén y moverlas por el *bus* a las salidas del molino. Ordenan al molino que opere sobre los valores proporcionados por el *bus*. Ordenan al *bus* que mueva los resultados desde el modelo de vuelta al almacén.

Cargan constantes en el almacén. Ordenan que los valores se impriman en una impresora, se representen en un gráfico a través de un trazador o hagan sonar una simple campana.

Y, lo que es más importante, hay tarjetas que ordenan al lector de tarjetas que salte hacia delante o hacia atrás *n* tarjetas si la última operación del molino ha acabado en un desbordamiento.

Con dos excepciones gigantes, esta es la arquitectura de un ordenador moderno. Esas dos excepciones son que el programa se guarda en tarjetas en vez de en el almacén de 1.000 columnas y que la máquina es totalmente mecánica y funciona... lo ha adivinado... a vapor.

Babbage se esforzó mucho por aumentar la eficiencia del molino más allá del de la Máquina Diferencial. Al final, calculó que podían sumarse o restarse números de 50 dígitos en menos de un segundo. Babbage diseñó el molino para multiplicar utilizando una técnica de desplazamiento y suma y para dividir utilizando una técnica de desplazamiento y resta. Así, incluso las multiplicaciones y divisiones de precisión doble podían ejecutarse en menos de un minuto.[13]

Imagine esta monstruosidad *steampunk* en funcionamiento. Imagine el chirrido, el rechinido y el gruñido de sus órganos internos impulsados por el chasquido de las tarjetas a través de los lectores. Imagine seguir los valores desde el almacén, a través del *bus*, al molino y de vuelta. ¡Podía verlos moverse!

Imagine el molino, desplazando y sumando, desplazando y sumando, raspando productos y repiqueteando cocientes y restos. Imagine ver un programa ejecutarse, ejecutarse y ejecutarse, mientras la máquina mueve valores de acá para allá por el almacén y el molino, de vez en cuando para imprimir un valor, mover la aguja del trazador o hacer sonar una campana.

¿Dejaría de mirar alguna vez? Babbage no podía. Babbage veía el funcionamiento de esta máquina en su mente y entendía las implicaciones. Dijo: "Ahora, la aritmética en su totalidad parece al alcance del mecanismo".[14] Razonó que la máquina podría programarse incluso para jugar al ajedrez.[15] En 1832 escribió en *The Life of a Philosopher*: "Cualquier juego de habilidad es susceptible de ser jugado por un autómata".

Por supuesto, esta máquina nunca se construyó. Babbage creó prototipos pequeños del molino y, después, jugueteó con varios mecanismos que quería probar. Pero, en el fondo de su corazón, sabía que nunca encontraría el tiempo, la energía y los fondos casi infinitos que requeriría la construcción de esa bestia.

13. Swade, p. 111.

14. Swade, p. 91.

15. Swade, p. 179.

Al final, el jugueteo y la optimización le llevaron a reflexionar sobre los errores de la Máquina Diferencial; y diseñó la Máquina Diferencial 2, que tenía un tercio de las piezas, era tres veces más rápida y tenía más del doble de capacidad que la original. Incluso entonces, el espíritu de Moore[16] estaba vivito y coleando.

Por supuesto, Babbage tampoco construyó esa máquina jamás, pero fue esta, la Máquina Diferencial 2, la que la gente del Museo de Ciencias de Londres construyó a finales del siglo pasado.[17]

SÍMBOLOS

Una vez más, debemos refutar la afirmación de que Babbage no se dio cuenta de que sus máquinas podían manipular símbolos. En primer lugar, el hecho de que pensase que la Máquina Analítica podía programarse para jugar al ajedrez indica su capacidad para simbolizar un tablero, piezas y movimientos.

Babbage también se daba cuenta de que la máquina, programada de forma adecuada, podría utilizar álgebra simbólica. En sus propias palabras:[18]

> "En este día, he tenido por primera vez una concepción general, pero poco clara, de la posibilidad de hacer que una máquina resuelva un desarrollo algebraico, quiero decir sin ninguna referencia al valor de las letras".

No. Babbage era programador. Entendía la conexión entre símbolos y números y que cualquier máquina que pudiese manipular números podría, por medio de esa conexión, manipular esos símbolos.

ADA: LA CONDESA DE LOVELACE

Si, caído en días aciagos con lenguas malditas, Milton apeló al Tiempo vengador...

Fue, quizá, un día aciago cuando nació George Gordon Byron. Fue un escritor y poeta talentoso y prolífico: uno de los mejores de Inglaterra. Escribió obras maestras como *Don Juan* y *Melodías hebreas*. Cuando tenía 10 años, heredó la baronía de Rochdale y se convirtió así en Lord Byron.

---

16. Gordon Moore, el creador de la "ley de Moore", que predijo que la densidad de un circuito integrado se duplica cada año.

17. Swade, p. 221 y ss.

18. Swade, p. 169.

Byron no era un personaje agradable. Era un mujeriego irritable que tuvo muchos hijos ilegítimos, incluso con la hermanastra de Mary Shelley[19] y con su propia media hermana Augusta Maria Leigh.

Para aliviar la presión de sus deudas crecientes, buscó un matrimonio apropiado. Entre los muchos objetivos de su búsqueda estaba Annabella Milbanke,[20] la probable heredera de un tío rico. Aunque al principio ella lo rechazó, al final cedió y se casó con Lord Byron en enero de 1815. Con ella tuvo a su única hija legítima. El nombre de la niña, nacida ese diciembre, fue Augusta Ada Byron.

A Byron no le agradó este nacimiento; él esperaba "un glorioso niño".

Ya fuese como un insulto o un honor, le puso el nombre de su amante y media hermana, pero siempre se refirió a ella como Ada.

Una biógrafa[21] de Byron describió su matrimonio con Annabella como uno de los más miserables de la historia.[22] El comportamiento de Byron era atroz. Continuó su *affaire* con su media hermana y tuvo muchas otras aventuras sexuales con varias mujeres, incluyendo algunas actrices famosas.

Byron intentó forzar a Annabella en cuatro ocasiones diferentes, así que esta hizo que sus sirvientes cerrasen su puerta con llave para que él no entrase.

Él continuó su abuso de borracho y, al final, incluso intentó echar a Annabella de su casa. Ella consideraba que estaba loco y se marchó, llevándose a Ada, que entonces tenía 5 semanas.

Fue un gran escándalo público. La sociedad de Londres estaba en vilo. En abril, Byron huyó al continente para no regresar, y nunca más volvió a ver a su hija Ada.

Pero la reacción pública a Ada fue la opuesta a la negligencia de su padre. La gente nunca tenía suficiente. Ada se convirtió en una celebridad al instante, y la asociación con su famoso padre donjuán siempre estuvo en primer plano.

Annabella había recibido formación en matemáticas, y utilizó esa formación como una manera de alejar el interés de Ada en su padre y su locura. Ada tenía un don y llegó a amar las matemáticas, quizá más que su madre; pero nunca perdió

19. Mary estaba visitando la casa de Byron cerca del lago de Ginebra, en Suiza, durante el verano de 1816, el año sin verano. La explosión del Tambora el año anterior había sumido al planeta en una devastadora ola de frío volcánico. Durante esos lluviosos días y noches, ellos y un grupo de amigos de la élite se sentaban alrededor de la hoguera y leían cuentos de fantasmas. Byron los desafió a todos a escribir una historia de terror, lo que inspiró a Mary para escribir *Frankenstein*.

20. Anne Isabella Milbanke; Annabella era un apelativo cariñoso.

21. Benita Eisler, *Byron: Child or Passion, Fool of Fame*.

22. Swade, p. 156.

interés en su padre y, al final, puso su nombre a sus hijos y pidió que su tumba estuviese al lado de la de Byron. Tal vez su afinidad por el recuerdo de su padre se viese amplificada por las ausencias frecuentes de Annabella y su aparente falta de afecto. Cuando Annabella hablaba de Ada, a veces se refería a ella como "eso". La mayor parte del tiempo dejaba a Ada al cuidado de su abuela materna,[23] que la mimaba y que fue quien la crio en realidad.

Ada fue una niña enfermiza. Sufría dolores de cabeza y visión borrosa. Durante su adolescencia, estuvo paralizada tras contraer el sarampión y estuvo postrada en cama casi un año entero. Pero continuó sus estudios matemáticos, quizá demasiado bien. Cuando tenía 17 años trató de fugarse para casarse con uno de sus tutores.[24]

Otra de sus tutoras, Mary Somerville, le presentó a muchas figuras importantes de las matemáticas y las ciencias de la época, incluido Charles Babbage.

Más tarde, en una de las muchas cenas de Babbage, Ada vio el prototipo de la Máquina Diferencial y quedó fascinada por su funcionamiento.

A partir de entonces, visitaba a Babbage con frecuencia para ver y hablar de sus máquinas y sus grandes planes. Él le habló del ambicioso objetivo de la Máquina Analítica. A ella le encantaba la complejidad y las posibilidades.

Había mordido el anzuelo. Era una programadora.

A los 19 años, se casó con William King, el octavo Lord Ockham y el primer conde de Lovelace, y, así, Ada se convirtió en la condesa de Lovelace. Pese a la carga de las enfermedades y las responsabilidades de los niños y la vida doméstica, siguió dedicándose a las matemáticas y las ideas de Babbage. Le pidió a Babbage que le recomendase a un tutor, y él dispuso que Augustus De Morgan[25] asumiese ese papel.

Poco después, Babbage recibió una invitación del matemático Giovanni Plana para presentar el concepto de su Máquina Analítica en una convención de científicos italianos en Turín, Italia. Babbage aceptó con alegría. Fue la primera y la última vez que describió esta gran idea en público.

La charla fue bien recibida y Plana prometió publicar un informe sobre la sesión. Babbage esperó ese informe durante casi dos años. Es posible que el retraso se debiese a complicaciones en la vida de Plana y también a que Plana no

23. La honorable Judith Lamb Noel.

24. William Turner. Ada afirmaba que el *affaire* nunca se consumó.

25. Sí, ESE De Morgan. Ya sabe: AB = ~(~A + ~B).

estaba tan entusiasmado como había dado a entender, así que, al final, delegó la tarea en Luigi Menabrea, un ingeniero de 31 años que había asistido a la sesión. El informe, escrito en francés, se publicó por fin en una revista suiza en 1842.

Charles Wheatstone,[26] amigo de Ada y Babbage, leyó el informe y sugirió que él y Ada colaborasen para hacer una traducción al inglés para que se publicase en *Scientific Memoirs*.[27] Ada accedió y aprovechó su dominio del francés y su profundo conocimiento de la Máquina Analítica. Bajo la atenta supervisión de Wheatstone, la traducción se completó y se presentó a Babbage como una sorpresa, un esfuerzo realizado por sus amigos en su nombre.

Babbage se alegró, pero le dijo a Ada que ella estaba más que capacitada para escribir un artículo original sobre el tema y le sugirió que usase esa capacidad para añadir algunas notas a la traducción.

Entusiasmados ante la perspectiva, Ada y Babbage se enfrascaron en una colaboración frenética que incluía visitas, cartas y mensajes. De hecho, Ada "trabajaba con una energía enardecida, [volviéndose] exigente, mandona, coqueta e irritable".[28] Cuanto más trabajaba, más entusiasmada estaba.

Y aquí fue donde el asunto dio un giro extraño. Ada, la condesa de Lovelace, tenía una vena maníaca. Una vez escribió, en una carta a su madre, una bizarra descripción monomaníaca de sí misma. Incluía los siguientes fragmentos:[29]

> "Creo que poseo una combinación de lo más singular de cualidades perfectamente adecuadas para convertirme de forma preeminente en una descubridora de las realidades ocultas de la naturaleza".
>
> "... Debido a alguna peculiaridad de mi sistema nervioso, tengo percepciones de algunas cosas que nadie más tiene..."
>
> "... mis inmensas facultades de razonamiento..."
>
> "... [tengo] el poder no solo de dedicar toda mi energía y existencia a cualquier cosa que elija, sino también de aplicar a cualquier tema o idea un vasto sistema a partir de todo tipo de fuentes aparentemente irrelevantes y superfluas. Puedo lanzar rayos desde cualquier rincón del universo a un vasto foco..."

26. Sí, ESE Wheatstone. Ya sabe: el puente de Wheatstone.
27. Una revista especializada en artículos científicos extranjeros.
28. Swade, p. 161.
29. Swade, p. 158.

De esta carta, dice al final que, aunque parezcan locuras, son "las composiciones más lógicas, sobrias y tranquilas, (creo), que he escrito nunca; el resultado de mucha reflexión y estudio precisos y objetivos".

A la luz de esto, fíjese en los siguientes fragmentos de las cartas que escribió a Babbage durante el frenesí de la actividad de las notas (carta que a veces firmaba como "Tu Lady Hada"):

> "Cuanto más estudio, más insaciable siento que es mi genio al respecto".[30]

> "No creo que mi padre fuese (o pudiese haber sido jamás) tan poeta como yo seré analista (y metafísica)".

Al final, hubo siete notas, etiquetadas de la A a la G. Combinadas, ocupan el triple que el artículo original. Se publicaron en 1843 y son brillantes. De hecho, son efusivas. Por ejemplo, en la nota A escribe:

> "La Máquina Analítica no ocupa la misma categoría que las simples 'máquinas de cálculo'. Tiene una posición propia; y las consideraciones que sugiere son las que tienen una naturaleza más interesante, al permitir al mecanismo combinar símbolos generales".

Por esto, y por otras muchas referencias a la capacidad de la máquina para representar símbolos y no solo valores puramente numéricos, a Ada la llaman con frecuencia "la primera programadora".

¿La primera programadora?

Si lee las notas, verá con claridad que Ada Lovelace era una programadora. Entendía la máquina. De hecho, estaba cautivada por la máquina. Podía visualizar su modo de operar y seguir su ejecución. Si hubiese podido tocarla, es probable que la hubiese dominado.

Imagine saber (¡saber!) lo que podía hacer esa máquina; y, aun así, saber que nunca la vería funcionar, que no la vería en absoluto. ¡Qué mezcla tan frustrante de alegría y decepción, de gran visión y vana esperanza debe haber sido!

Pero, pese a su competencia, Ada, la condesa de Lovelace, no fue la primera programadora. Babbage llegó antes que ella, y no era menos capaz que ella de ver la naturaleza simbólica de la máquina. No hay ninguna información significativa que ella tuviera y él no.

30. Swade, p. 161.

Sí, las notas son brillantes. Sí, Ada describe de manera formal programas que la máquina podría ejecutar. Y, aunque depuró uno de ellos, no los escribió; Babbage lo hizo.

Es más, está muy claro que no fue la única autora de las notas. La colaboración entre ella y Babbage fue tan intensa que no hay modo de que eso pueda ser así.

Pero, debido a esa colaboración, podríamos decir algo diferente. Puede que Ada, la condesa de Lovelace, no fuese la primera programadora, pero, desde luego, Ada y Babbage fueron casi con total seguridad la primera pareja de programadores.

Los buenos mueren jóvenes

Nueve años después, tras un largo calvario físico y emocional, Ada sucumbió a un cáncer cervical a los 36 años. Fue enterrada según sus deseos: junto al padre que la había abandonado.

Un final mixto

Al final, las conclusiones de los esfuerzos de Babbage y Lovelace son mixtas. En su época, no llegaron a nada. Ada nunca volvió a publicar y Babbage no volvió a buscar más exposición para sus ideas. La gran visión languideció durante un siglo.

Resulta tentador sugerir que las ideas de esa pareja de programadores desafortunados fueron la chispa que encendió la era de la información, que los pioneros que llegaron más de un siglo después se inspiraron en sus escritos y visiones. Pero, por desgracia, no es exactamente así. Si esos pioneros posteriores los mencionan, es como una ocurrencia tardía o un saludo a través del tiempo a personas con ideas afines.

Babbage, por su parte, respondió a ese saludo con un mensaje enviado al futuro desde 1851, un mensaje que da a entender el dolor y la decepción que debió sentir al saber que sus grandes ideas eran ignoradas por sus colegas:

> "La certeza de que una era futura reparará la injusticia del presente, y el conocimiento de que, cuanto más lejos quede el día de preparación, más habrá superado los esfuerzos de sus contemporáneos, bien podrá sostenerlo frente a las burlas de los ignorantes o la envidia de los rivales".

Como veremos en los capítulos siguientes, los pioneros más tardíos veneraron más a Babbage y Lovelace. Veremos incluso una especie de repetición de su relación en la colaboración entre Howard Aiken y Grace Hopper, que crearon y programaron una analogía electromecánica de la Máquina Analítica de Babbage: el Harvard Mark I. Aun así, sigue siendo exagerado decir que esos pioneros se vieron influidos o guiados por Babbage y Lovelace de una manera significativa.

Babbage no era una persona que terminase las cosas. Empezó la Máquina Diferencial. Empezó la Máquina Analítica. Empezó la Máquina Diferencial 2. Dibujó diseños. Jugueteó con piezas y fragmentos. Incluso montó porciones. Pero nunca terminó ninguna. Sus coetáneos se quejaban de que les enseñaba una idea con entusiasmo, pero después les mostraba su siguiente idea mejor, y luego su siguiente idea mejor, y utilizaba cada una como excusa para justificar por qué la anterior quedaba inacabada.

¿Quién sabe lo que habría pasado si Babbage hubiese completado de verdad el proyecto de la Máquina Diferencial? Ahora sabemos que la máquina habría funcionado. ¿Podría ese éxito haber llevado a otras máquinas más grandes? ¿Podría Babbage haber visto al final su Máquina Analítica, de un modo u otro?

La realización de la Máquina Diferencial 2

Si Babbage hubiese terminado la primera máquina, seguro que habría descubierto que no había proporcionado medios para depurarla y probarla durante su montaje.

A finales de los ochenta y principios de los noventa, los empleados del Museo de Ciencias de Londres crearon una versión funcional de la Máquina Diferencial 2. Es una máquina preciosa, una estructura metálica brillante de latón y acero. Cuando se mueve la manivela, las columnas de los números giran en las hileras y los ejes llevan los acarreos a los totales. Es una maravilla verla en acción.

Pero la historia que cuentan quienes la construyeron es un relato de frustración.

Tras el montaje, la máquina se atascaba sin más después de girar la manivela más de un grado o dos. Todas las piezas necesitaban estar alineadas a la perfección entre sí en función de los tiempos de la máquina y eso es algo que el diseño de Babbage no permitía. No está claro que previese siquiera el problema.

El depurado, la alineación y la reparación graduales de la máquina llevó 11 meses. A veces implicaba un giro pequeño de la manivela hasta que se atascaba y, después, enredar en sus entrañas con destornilladores o alicates para encontrar un poco de holgura aquí o falta de holgura allá. Otras veces implicaba romper piezas a propósito para encontrar el punto exacto de la resistencia. En ocasiones, implicaba incluso pequeños rediseños.

Doron Swade, el conservador del área de informática del Museo de Ciencias de Londres y la persona que dirigió el proyecto de principio a fin, dijo esto acerca del diseño de Babbage:

> "Babbage no había previsto ninguna opción de depuración. No hay una manera sencilla de aislar una sección de la máquina de otra para poder localizar el origen de un atasco. Toda la máquina es una unidad monolítica con conexiones directas. Las barras y los eslabones están clavados o remachados de forma permanente en sus posiciones y son difíciles de desmantelar una vez que se han montado".

Pero, al final, con las 4.000 piezas alineadas y todas las mejoras pequeñas instaladas, la máquina funcionó a la perfección.

Hay vídeos realmente asombrosos que muestran el funcionamiento de la máquina. Para empezar, le recomiendo buscar en YouTube. (En el momento de escribir esto, Computer History Museum. "The Babbage Difference Engine #2 at CHM". Publicado en YouTube el 17 de febrero de 2016).

CONCLUSIÓN

Babbage era un inventor, un manitas, un visionario y... un programador. Por desgracia, como muchos de nosotros, permitía que lo perfecto fuese enemigo de lo bueno. Como muchos de nosotros, confiaba en exceso en sus diseños y no tenía en cuenta el incrementalismo. Como muchos de nosotros, se quedaba fascinado con facilidad por una idea y estaba feliz de pensar en ella durante el 80 por ciento del recorrido, pero no mantenía ese entusiasmo cuando llegaba al último 20 por ciento, que requiere el 80 por ciento del esfuerzo.

Se atribuye a Edison haber afirmado que la invención es un 1 por ciento de inspiración y un 99 por ciento de transpiración. Le gustaba pensar en cosas. Incluso le gustaba construir partes de cosas. Le gustaba hablar sobre cosas y hacer demostraciones de las partes que había construido. Pero, cuando llegaba el momento de hacer el auténtico trabajo duro, estaba más interesado en la Próxima Gran Idea™.

REFERENCIAS

- Adam, D. *The Hitchhiker's Guide to the Galaxy*. Pan Books, 1979. (Traducción al español: *Guía del autoestopista galáctico*, Anagrama, 1983).
- Beyer, K. W. *Grace Hopper and the Invention of the Information Age*. MIT Press, 2009.
- Eisler, B. *Byron: Child or Passion, Fool of Fame*. Knopf, 1999.
- Jollymore, A. "Ada Lovelace, an Indirect and Reciprocal Influence". Publicado por O'Reilly Media, Inc., 14 de octubre de 2013. `www.oreilly.com/content/ada-lovelace-an-indirect-and-reciprocal-influence`.
- Moseley, M. *Irascible Genius: The Life of Charles Babbage*. Hutchinson, 1964.
- Scoble, R. "A Demo of Charles Babbage's Difference Engine", 24:09. Publicado en YouTube el 17 de junio de 2010. (Disponible en el momento de escribir este libro).
- Swade, D. *The Difference Engine*. Penguin Books, 2000.
- University of St Andrews. "The early history of computing | Professor Ursula Martin (Lecture 1)", 1:01:46. Publicado en YouTube el 26 de febrero de 2020. (Disponible en el momento de escribir este libro).
- Wikipedia. "Sketch of the Analytical Engine Invented by Charles Babbage, L. F. Menabrea, translated and annotated by Ada Augusta, the Countess of Lovelace". `https://en.wikisource.org/wiki/Scientific_Memoirs/3/Sketch_of_the_Analytical_Engine_invented_by_Charles_Babbage,_Esq`.
- Otros recursos relevantes incluyen las páginas de Wikipedia sobre Babbage, la Máquina Diferencial, la Máquina Analítica, Ada Lovelace, Lord Byron y otros.

3

Hilbert, Turing y Von Neumann: los primeros arquitectos computacionales

Un aspecto importante de la Máquina Analítica de Babbage era el hecho de que las instrucciones y los datos se almacenaban en lugares muy diferentes. Los datos se guardaban en los registros de Babbage formados por contadores giratorios. Las instrucciones se codificaban en los orificios perforados en una fila de tarjetas de madera.

Esta separación de las instrucciones y los datos tenía mucho sentido tanto a nivel filosófico como a nivel pragmático. Las instrucciones son verbos. Los datos son sustantivos. Los datos cambian durante la ejecución, pero las instrucciones no. Así, es evidente que son muy diferentes tanto en naturaleza como en intención. Y, lo que es quizá más importante, la memoria modificable era cara y los orificios en las tarjetas de madera eran baratos. Un programa con cientos de tarjetas requería muy poco material y mecanismo, mientras que el almacenamiento de un centenar de números requería una enorme cantidad de maquinaria cara y compleja.

Por tanto, llama la atención en cierto modo que la idea de que las instrucciones y los datos deberían almacenarse en la misma memoria apareciese tan pronto como lo hizo. De hecho, apareció mucho antes de que pudiese construirse cualquier máquina para utilizar esa idea.

El hombre que ideó la arquitectura de ordenadores que combinaba instrucciones y datos fue Alan Turing, pero fue la influencia de John von Neumann la que guio la adopción de esa arquitectura.

La historia de estos dos hombres y la sinergia de sus ideas es un relato digno de hogueras de campamento y nubes asadas. Y en el humo sobre la hoguera da vueltas el fantasma de David Hilbert.

DAVID HILBERT

El origen del auge de la informática en el siglo XX puede encontrarse en el fracaso abyecto de un hombre concreto: David Hilbert.

De todos los matemáticos de principios del siglo XX, es posible que no hubiese ninguno mejor considerado que Hilbert. Desde 1895 hasta el ascenso del partido nazi, la universidad de Gotinga, donde Hilbert era profesor de matemáticas, era el centro del mundo matemático, su círculo de colaboradores y estudiantes incluía a celebridades como Felix Klein, Hermann Weyl, Emanuel Lasker, Alonzo Church, Emmy Noether, Hermann Minkowski y John von Neumann.

Hilbert adoptó y defendió la teoría de conjuntos de Georg Cantor y los números transfinitos. En aquella época, no era una postura muy popular y Hilbert tuvo que aguantar un buen chaparrón. Pero, al final, fue la visión que prevaleció.

Estoy seguro de que la mayoría de los lectores recordarán los rudimentos de la teoría de conjuntos. Causó furor entre los profesores de matemáticas de primaria en los sesenta. Formaba parte de las "nuevas matemáticas". Es probable que sean menos los que recuerden qué son los números transfinitos, si es que llegaron a aprenderlos.

Cantor demostró que hay más de un tipo de infinito. De hecho, demostró que hay un número infinito de infinitos, cada uno de ellos un poco más grande que el siguiente. Los dos infinitos a los que estamos más acostumbrados son el infinito de los números contables y el infinito del continuo.

Es posible colocar todos los números racionales y algebraicos en una correspondencia uno a uno con los números naturales, demostrando así que el conjunto de todos los números es contablemente infinito. Cantor demostró que ninguna correspondencia uno a uno así es posible con el conjunto de todos los números reales, probando por tanto que el tamaño del conjunto de todos los números reales es mayor que el del conjunto de todos los números naturales.

NOTA: Como comentario adicional, me parece gracioso que nuestras dos teorías principales sobre la realidad, la mecánica cuántica y la relatividad general, estén alineadas con uno de estos dos infinitos, y que sea ese alineamiento el que hace que las dos teorías sean incompatibles de una forma tan frustrante. Como verá más adelante, fue Von Neumann quien cerró la brecha entre estos dos infinitos en el caso muy específico de la falta de correspondencia entre la ecuación de Schrödinger y el análisis matricial de Heisenberg.

Hilbert estaba fascinado por la idea de axiomatizar[1] las matemáticas del mismo modo que Euclides había axiomatizado la geometría del plano. En 1899, Hilbert publicó *Fundamentos de la geometría*, que axiomatizaba geometrías no euclidianas con una formalidad que superaba en mucho a la de Euclides y que estableció el estándar para los formalismos matemáticos a partir de entonces.

Pero Hilbert no estaba satisfecho con solo axiomatizar la geometría. Quería aplicar el mismo nivel de formalismo a todas las matemáticas, derivándolo a partir de unos pocos axiomas fundamentales. Argumentaba que toda pregunta matemática tenía una respuesta definida que podía deducirse a partir de esos axiomas.

Las palabras grabadas en su lápida son: *Wir müssen wissen. Wir werden wissen* ("Debemos saber. Sabremos").

Pero, después del éxito de Hilbert con la geometría, empezaron a aparecer las primeras grietas en su objetivo para las matemáticas. En 1901 Bertrand Russell demostró que era posible, al utilizar el formalismo de la teoría de conjuntos, expresar un enunciado que no era ni verdadero ni falso. Contradiciendo la afirmación de Hilbert de que "sabremos", Russell creó un enunciado[2] que era incognoscible.

Hilbert alentó desesperadamente a los matemáticos de todo el mundo a rescatar la teoría de conjuntos de la catástrofe de Russell, exclamando: "Nadie nos echará de este paraíso que Cantor ha creado para nosotros". La cuestión se volvió tan

1. Axiomatizar es crear un conjunto de axiomas o postulados y un conjunto de reglas lógicas a partir de los cuales puede derivarse por completo el área que se estudia.

2. Ese enunciado puede parafrasearse como: "El conjunto de todos los conjuntos que no se contienen a sí mismos ¿se contiene a sí mismo?". O, por decirlo de manera más simple: este enunciado es falso.

relevante para Hilbert que reaccionó con ira a los matemáticos que pensaban que quizá no había solución, e incluso intentó dañar[3] sus carreras. Einstein intervino diciendo, en esencia, que todo el asunto era demasiado trivial como para generar tanta angustia, pero Hilbert no estuvo de acuerdo: "Si el pensamiento matemático es defectuoso, ¿dónde vamos a encontrar la verdad y la certeza?".

Después de una década más o menos, en 1921, John von Neumann, de 17 años, creó un rayo de esperanza para Hilbert. En un artículo matemático que ponía de manifiesto su brillantez, aplicó el enfoque axiomático de Hilbert para demostrar que los números naturales, al menos, no están sujetos a la paradoja de Russell. Este fue el primer paso del afecto largo y duradero que Hilbert desarrolló por John von Neumann.

Cuatro años después, Von Neumann consolidó ese afecto al publicar su tesis doctoral con el modesto título "La axiomatización de la teoría de conjuntos".[4] Este trabajo rescataba la teoría de conjuntos de la paradoja de Russell al crear el concepto de (redoble de tambores) las clases.[5]

Hilbert estaba, por supuesto, encantado. Se sentía vindicado respecto a su afirmación de que "sabremos". Mientras tanto, Russell y Alfred North Whitehead habían demostrado, en un tomo masivo titulado *Principia Mathematica*, que prácticamente todas las matemáticas podrían axiomatizarse dentro de la lógica y la teoría de conjuntos. Y, así, en 1928, Hilbert desafió a los matemáticos a probar el objetivo axiomático definitivo: las matemáticas eran completas, consistentes y decidibles. Una vez que se hubiesen completado esos desafíos, las matemáticas serían el lenguaje de la verdad pura, un lenguaje que describiese todo lo que era cierto, que nunca llevase a contradicciones o ambigüedades y que poseyese un mecanismo para identificar todos los enunciados que podían demostrarse.

Y fue este objetivo grande y glorioso el que supuso la derrota de Hilbert. Y fue en esa derrota donde la era de la computación automática encontró su comienzo.

GÖDEL

A finales de febrero de 1930, Kurt Gödel insinuó la destrucción del reto de Hilbert sobre la completitud durante una conferencia en Königsberg. En una charla de 20 minutos, Gödel esbozó su prueba de que el sistema de lógica de

3. La cultura de la cancelación es tan antigua como la sociedad humana.

4. El título formal en alemán era *Die Axiomatisierung der Mengenlehre*.

5. Pasaron otras cuatro décadas hasta que Nygaard y Dahl reconocieron que necesitaban las clases de Von Neumann en SIMULA.

primer orden,[6] desarrollado por Hilbert y su alumno Wilhelm Ackermann, era, en verdad, completo. Eso no fue una sorpresa para nadie; todo el mundo esperaba que se demostrase.[7]

Fue durante la discusión en la mesa redonda del último día de la conferencia, y justo la víspera del discurso de jubilación de Hilbert, "*Wir müssen wissen, wir werden wissen*", cuando Gödel soltó con calma esta bomba: "Incluso pueden darse ejemplos de proposiciones (y, de hecho, de las del tipo de Goldbach[8] o Fermat[9]) que, aunque son ciertas a nivel del contenido, son indemostrables en el sistema formal de las matemáticas clásicas". Dicho de otro modo, hay enunciados verdaderos en matemáticas que no pueden demostrarse mediante las matemáticas; las matemáticas son incompletas.

Quizá Gödel esperaba que esa bomba causase estragos en la conferencia, pero se quedó en nada. Solo un asistente a la conferencia entendió de verdad la importancia de la afirmación de Gödel. Esa persona, uno de los principales acólitos de Hilbert, fue John von Neumann. Von Neumann se quedó atónito y llevó a Gödel a un lado para interrogarle acerca de sus métodos.

Von Neumann pensó mucho en esta cuestión durante varios meses y concluyó que los cimientos mismos del edificio matemático de Hilbert estaban destruidos. Declaró que Gödel era el mayor lógico desde Aristóteles, y que el programa de Hilbert era "en esencia, imposible".

A partir de entonces, Von Neumann abandonó su búsqueda de los fundamentos de las matemáticas. Se había trasladado a Princeton y, como veremos, consideró que la mecánica cuántica era un esfuerzo más interesante.

Gödel publicó su prueba sobre la incompletitud[10] el año siguiente. Su enfoque debería resultar familiar a cualquier programador informático, porque lo que hizo en esa prueba es lo que hacemos nosotros con cada programa que escribimos. Se le ocurrió una manera de representar la notación lógica de los *Principia Mathematica* de Russell y Whitehead utilizando solo los números naturales: es decir, los enteros positivos.

Los programadores utilizamos enteros para representar caracteres, coordenadas, colores, coches, trenes, pájaros o cualquier otra cosa para la que estemos escribiendo nuestros programas. *Angry Birds* no es más que una manipulación

6. Es decir, el cálculo de predicados.

7. Bhattacharya, p. 112.

8. Christian Goldbach, matemático prusiano (1690-1764).

9. Pierre de Fermat, matemático francés (1607-1665).

10. *Sobre proposiciones formalmente indecidibles de los Principia Mathematica y sistemas afines.*

bastante compleja de enteros. Esto debe ser cierto, puesto que todos los datos de un ordenador se albergan en enteros. Un byte es un entero. Una cadena de texto es un entero. Un programa es un entero. Todo lo que hay en un ordenador es un entero. De hecho, todos los contenidos de la memoria de un ordenador son un único entero gigante.

Así pues, Gödel hizo lo que los programadores hacen siempre: representó su dominio desde el punto de vista de los enteros. Asignó a cada símbolo dentro de *Principia* un número primo. Para cada variable, asignó otro número primo elevado a una potencia. Aquí no nos interesan mucho los detalles salvo para decir que, al hacer esas asignaciones, Gödel pudo describir cada enunciado dentro de la simbología de *Principia* como un único entero

Gödel también ideó una manera reversible de combinar secuencias de esos números en números aún más grandes. Así, los enunciados de una prueba podían convertirse en una secuencia de números y, a continuación, esos números podían combinarse para formar otro número que representaba la totalidad de la prueba.

Puesto que su método de combinación era reversible, podía descomponer el número de cualquier prueba otra vez en sus enunciados originales.

Los enunciados al principio de cada prueba válida eran los axiomas del sistema. Así, al aplicar de manera recursiva el método de descomposición de Gödel, pasó a ser solo una cuestión de simple manipulación algorítmica para determinar si un número particular representaba una prueba válida basada en los axiomas.

Lo único que se necesitaba era continuar la descomposición hasta que no quedase nada más que axiomas. Si una descomposición así no lograba tener axiomas como resultado, el enunciado original no podía probarse.

Por último, formó el número para "El enunciado g no es probable". Llamemos a ese número p. Demostró entonces que el número para el enunciado g podría ser p.

Voy a dejar que piense en ese resultado. A mí me dio dolor de cabeza. Leí partes de la prueba de Gödel y me dolió más la cabeza. Puedo afirmar con seguridad que, si entiendo alguna porción pequeña de esa prueba, es el tipo de comprensión que tienen mis chihuahuas de la salida del sol por la mañana.

Tras haber demostrado que los formalismos matemáticos eran incompletos, Gödel se propuso desmontar el segundo desafío de Hilbert. Demostró que no se puede probar que los formalismos matemáticos sean consistentes, es decir, no se puede probar, dentro del formalismo, que no hay enunciados que pueden ser simultáneamente ciertos y falsos.

El último de los desafíos de Hilbert, la decidibilidad, caería cinco años después a manos de Alonzo Church y Alan Turing. Hablaremos de ese evento más adelante.

Por ahora, y para nuestros propósitos, es importante reflexionar acerca de la naturaleza del gran fracaso de Hilbert. Las pruebas de Gödel, Church y Turing que destruyeron el sueño de Hilbert eran algorítmicas por naturaleza. Todas dependían de mecanismos repetitivos que transformaban un grupo de datos en otro mediante una serie de pasos bien definidos. En un sentido abstracto, todas son programas informáticos.

Gödel, Church y Turing eran programadores, y David Hilbert y la lógica de primer orden que él defendía fueron su inspiración.

Nubes de tormenta

Pero los vientos del fascismo y el antisemitismo que soplaban en los años veinte se convirtieron en un huracán durante los años treinta. Los judíos de Europa, que habían sabido interpretar esos vientos, buscaron refugio en otros lugares, a menudo en EE. UU.

Von Neumann ya se había trasladado a Princeton para cuando Gödel publicó sus pruebas. Gödel, acusado de moverse en círculos judíos, siguió sus pasos en 1938. La mayoría de los alumnos y asociados judíos de Hilbert fueron expulsados de la institución de Gotinga en 1933 y huyeron a EE. UU., Canadá o Zúrich.

Hilbert permaneció en Gotinga. En 1934, se encontraba en un banquete sentado junto al ministro de Educación nazi,[11] quien le preguntó por el estado de las matemáticas en Gotinga ahora que se había eliminado la influencia judía. Hilbert respondió: "¿Matemáticas en Gotinga? En realidad, ya no hay".

Desde 1925, Hilbert había sufrido anemia perniciosa, un déficit de vitamina B12, que en aquel momento era intratable. Era una enfermedad debilitante que provocaba una enorme fatiga. Murió en 1943. Había tantos de sus asociados y amigos que habían sido judíos, estaban casados con judíos o, en general, se movían en "círculos judíos" que solo algo más de una docena de personas asistió a su funeral. De hecho, la noticia de su fallecimiento no fue de conocimiento general durante muchos meses.

11. Bernhard Rust.

En su lápida aparece escrito su sueño fallido: *Wir müssen wissen. Wir werden wissen*. Sin embargo, tras la muerte de su sueño, llegó una de las mayores revoluciones tecnológicas y transformaciones sociales que la humanidad ha experimentado jamás. Hilbert lideró el camino, pero nunca llegó a pisar la tierra prometida.

JOHN VON NEUMANN

Neumann János Lajos (John Louis Neumann) nació en la opulencia en Budapest el 28 de diciembre de 1903. Su padre, Max,[12] era un banquero judío rico y el padre de su madre era el propietario de una empresa de herramientas y equipamiento pesado. Los Neumann vivían en un apartamento de 18 habitaciones en el corazón de una de las ciudades más boyantes de la Europa de la época.

12. Neumann Miksa (1867-1929).

La familia Neumann era judía. Los judíos eran tolerados en Budapest, pero los Neumann entendían que los vientos políticos en Europa no soplaban a su favor. Por eso, pese a su riqueza y sus privilegios en aquel momento, Max decidió que sus hijos recibiesen una buena educación y estuviesen bien preparados para los malos tiempos que vaticinaba.

Su casa familiar resultaba estimulante a nivel intelectual y político. Las conversaciones durante la cena iban desde ciencia a poesía a antisemitismo. John y sus hermanos contaban con tutores de francés, inglés, griego antiguo y latín. En matemáticas, era una especie de niño prodigio, capaz de multiplicar de cabeza dos números de 8 dígitos cuando tenía 6 años.

En 1919 hubo una breve toma de poder comunista en Hungría. Grupos armados de "chicos de Lenin" con chaquetas de cuero recorrían las calles y se encargaban con violencia de la confiscación de propiedades basada en la ideología de equidad[13] ("facilidades iguales para todos"). Este periodo solo duró unos meses, pero la experiencia y las muertes violentas de 500 personas convencieron a John de posicionarse en contra del marxismo en todas sus formas.

Aquel periodo fue malo, pero el rebote fue aún peor. Los comunistas habían sido en gran parte judíos, así que se propagó el horror antisemita, miles de judíos fueron asesinados, y más aún fueron violados y torturados.[14] Por suerte, John también sobrevivió a esa destrucción.

La destreza matemática de John creció con rapidez. A veces, sus tutores se conmovían hasta las lágrimas por sus habilidades innatas y algunos estaban tan contentos que incluso rechazaban recibir el pago por sus servicios. A los 17 años había publicado su primer artículo relevante sobre matemáticas. Y, como hemos visto en la sección anterior, a los 19 años su tesis doctoral "La axiomatización de la teoría de conjuntos" atrajo la atención y el aprecio de David Hilbert.

Mientras obtenía ese doctorado en matemáticas en Budapest, también estaba estudiando la carrera de ingeniería química en Berlín y, más tarde, en Zúrich. Tras su doctorado, estudió con Hilbert en Gotinga. Su educación implicó moverse continuamente entre esas ciudades a partir de 1923.

En la defensa de su tesis, Hilbert fue uno de los miembros del tribunal de John. Solo hizo una pregunta a su nuevo estudiante favorito: "En toda mi vida nunca había visto un traje tan bonito: por favor, ¿quién es el sastre del candidato?".

---

13. ¿Empieza a sentirse incómodo ya?

14. Irónicamente, escribí esa línea antes del 7 de octubre de 2023.

En 1928 Hilbert presentó sus tres grandes retos a la comunidad matemática: demostrar que las matemáticas son completas, consistentes y decidibles. Estos desafíos empezaron un periodo de actividad matemática frenética que iba a culminar con el nacimiento de la informática moderna.

Mientras tanto, el mundo de la física estaba agitado. La relatividad general de Einstein apenas tenía una década. Había ganado a Hilbert en el planteamiento de esa teoría por una cuestión de días. Werner Heisenberg acababa de publicar una descripción matemática de la mecánica cuántica basada en manipulaciones de matrices.

Erwin Schrödinger acababa de describir el mismo fenómeno utilizando ecuaciones de ondas. Esos dos enfoques eran incompatibles a nivel matemático y, sin embargo, producían los mismos resultados.

Fue Von Neumann (adoptó el "von" en Alemania) quien resolvió la cuestión al demostrar que las ecuaciones de Schrödinger eran similares a parte del trabajo de Hilbert en las matemáticas puras de dos décadas antes y que las matrices de Heisenberg podían incluirse en el mismo marco matemático. Las dos teorías eran equivalentes.

Así, para 1927, Von Neumann había realizado contribuciones destacables tanto a las matemáticas puras como a la mecánica cuántica. Su nombre estaba empezando a difundirse. Fue el *privatdozent* más joven que había nombrado jamás la universidad de Gotinga. Impartía clases a las que asistían muchos estudiantes; se codeaba con Edward Teller, Leo Szilard, Emmy Noether y Eugene Wigner, y paseaba con Hilbert por el jardín de este. Y, por supuesto, como hombre joven en la veintena, disfrutaba de la decadente vida nocturna de Weimar y Berlín. ¿Qué podría salir mal?

Desde luego, para John von Neumann, las cosas iban viento en popa.

En aquel momento, Europa era el epicentro de las matemáticas y las ciencias. EE. UU. apenas estaba en el mapa. La universidad de Princeton pretendía cambiar eso. Su estrategia, concebida e impulsada por Oswald Veblen, era convencer a algunos de los mejores científicos y matemáticos europeos de que fuesen a Princeton. Veblen recaudó millones de la Fundación Rockefeller, la familia Bamberger[15] y otros donantes anónimos e hizo ofertas muy generosas a los mejores de Europa. Dado el creciente antisemitismo en Europa y los salarios tan elevados que se les ofrecían, esta estrategia de captación resultó muy efectiva.

15. Los Bamberger habían vendido su cadena de grandes almacenes a Macy's justo antes del crac del 29.

Von Neumann aceptó la oferta de Princeton y llegó con su mujer en enero de 1930. Su amigo Eugene Wigner llegó un día antes. Cuando Hitler ascendió al poder, otros matemáticos y científicos de renombre siguieron a Von Neumann y Wigner a Princeton. Veblen fundó el Instituto de Estudios Avanzados (Institute for Advanced Studies, IAS) en Princeton y reclutó a celebridades como Albert Einstein, Hermann Weyl, Paul Dirac, Wolfgang Pauli, Kurt Gödel, Emmy Noether y muchos más.

Mientras estaba dentro de esta cohorte selecta de cerebros, Von Neumann publicó su libro de 1932, *Fundamentos matemáticos de la mecánica cuántica*. Este título más bien ostentoso no era una exageración. En este libro, Neumann demostró,[16] con su típica precisión matemática, que no hay variables ocultas que guíen los destinos de las partículas cuánticas y que las superposiciones extrañas de los estados cuánticos no se limitan al reino de lo ultrapequeño, sino que se extienden a todos los conjuntos de esas partículas, incluidos los seres humanos.

Los argumentos matemáticos en el libro de Von Neumann sacudieron el mundo de la física e incentivaron los conceptos del entrelazamiento cuántico, las preguntas de Schrödinger sobre si un gato puede estar al mismo tiempo vivo y muerto y las hipótesis sobre los muchos mundos. Los debates sobre estas cuestiones se mantienen en la actualidad.

Hubo un joven digno de mención que leyó este libro y quedó profundamente impresionado. Su nombre era Alan Turing. Se unió al IAS en Princeton unos años después.

ALAN TURING

Necesitaremos una gran cantidad de matemáticos capacitados.

Una de nuestras dificultades será el mantenimiento de una disciplina apropiada, para que no perdamos la noción de lo que estamos haciendo.

—Alan Turing, 1946,
conferencia en la Sociedad Matemática de Londres.

Alan Mathison Turing nació en el seno de una familia noble en junio de 1912, una época en la que la nobleza ya no se valoraba tanto como en las décadas anteriores. El padre de Alan estaba destinado en la India, donde Alan fue concebido.

16. Solo para que se demostrase después que no era sí, pero luego se demostrase otra vez que sí, pero después...

La madre de Alan volvió a Inglaterra para el nacimiento, pero se marchó para reunirse con su marido un año después. Alan y su hermano fueron criados por los Ward, una pareja militar jubilada y amable, pero austeros, que vivía en St. Leonards-on-Sea en la costa suroeste de Inglaterra, justo en el Canal de la Mancha.

Su madre regresó cuando estalló la Primera Guerra Mundial y se quedó con los niños y los Ward durante los años del conflicto, pero volvió a la India cuando terminó la guerra.

Cuando tenía 5 años, Alan encontró el libro *Reading without Tears* de 1861. Tres semanas más tarde, se había enseñado a sí mismo a leer. Desarrolló un interés tan grande en los números que, para disgusto de sus mayores, se paraba a inspeccionar los números de serie de cada farola con la que se encontraba. Le gustaban los mapas y los gráficos y los estudiaba durante horas. Disfrutaba de fórmulas y recetas detalladas para remedios y brebajes herbales y hacía sus propias listas de ingredientes. Valoraba la estructura, el orden y las reglas, y se enfadaba bastante si se rompían.

Los años entre 1917 y 1921 fueron difíciles para Alan. Sus padres estaban lejos y St. Leonards-on-Sea no tenía mucho que ofrecer a un genio floreciente. Su rendimiento escolar se resintió, probablemente debido al aburrimiento. Pasó de ser un niño alegre y jovial a ser un adolescente taciturno.

A su regreso en 1921, la madre de Alan se alarmó tanto al ver comportamiento y falta de progreso (todavía no había aprendido divisiones largas) que se lo llevó a Londres para educarlo ella misma.

Al año siguiente, lo enviaron a un internado privado de secundaria en Sussex.

A Alan no le gustaba Hazelhurst. El horario le dejaba poco tiempo libre para sus propios intereses, y esos intereses estaban empezando a evolucionar. En un momento de 1922, encontró el libro *Natural Wonders Every Child Should Know* de Edwin Tenney Brewster. Más tarde diría que aquel libro le abrió los ojos a la ciencia.

Se volvió bastante inventivo, y creó cosas como plumas estilográficas mejoradas y herramientas para visualizar historietas. Este tipo de pensamiento científico creativo no se alentaba en Hazelhurst, que estaba más interesado en fomentar el deber con el imperio; pero nada podía desanimar a Alan.

Su interés por las rectas y las fórmulas se convirtió en una fascinación por la química. Le regalaron un juego de química y encontró una enciclopedia como ayuda; llevó a cabo muchos experimentos.

En 1926, al entrar en la adolescencia, lo enviaron a Sherborne School, en Dorset. El primer día en ese nuevo colegio hubo una huelga general en el Reino Unido; no circulaba ningún tren. Así, movido solo por el entusiasmo por ir al colegio, recorrió los casi 100 kilómetros que había desde Southampton en su bicicleta.

Sherborne trató de orientar a Alan hacia una educación clásica, pero Alan hacía caso omiso. Le interesaban las ciencias y las matemáticas, y no había más vuelta de hoja. Para cuando cumplió 16 años, era capaz de resolver problemas matemáticos complejos y había leído, y entendido, el popular trabajo de Einstein[17] sobre la relatividad general. Uno de sus profesores pensaba que era un genio; pero la mayoría, incluso aquellos que impartían ciencias y matemáticas, estaban decepcionados. Alan no era un buen estudiante, ni siquiera en asignaturas que le gustaban. Simplemente le daban pereza los conceptos básicos.

La actitud de Alan respecto al colegio lo llevó al borde de la expulsión de Sherborne, pero lo salvaron varias semanas de aislamiento debido a las paperas, después de las cuales aprobó sus exámenes parciales y mostró una mejora.

Fue en Sherborne, en 1927, donde Alan conoció a Christopher Morcom, por quien sentía una particular atracción. Se ha especulado con la posibilidad de que Christopher fuese el primer amor de Alan y quizá le hiciese consciente de su propia homosexualidad. Si es cierto, es probable que Christopher no conociese los sentimientos de Alan. No hay pruebas de que tuviesen una relación física. Sin embargo, compartían intereses similares por las matemáticas y las ciencias y, a menudo, se reunían en la biblioteca para hablar de la relatividad o del cálculo de π con muchos decimales.

Alan organizó las cosas para poder sentarse con Christopher en clase y se convirtieron en compañeros de laboratorio en química y astronomía. Cuando se separaban, intercambiaban cartas frecuentes sobre química, astronomía, relatividad y mecánica cuántica.

Christopher había contraído la tuberculosis cuando era un niño y desde entonces siempre estaba en riesgo. Murió al poco de cumplirse el tercer aniversario de su amistad con Alan. Alan intercambió muchas cartas con la madre de Christopher durante años, sobre todo para el cumpleaños de Christopher y los aniversarios de su muerte.

Turing estudió matemáticas aplicadas en el King's College de Cambridge y estudió bajo la tutela de Eddington y G. H. Hardy. Más allá de sus estudios, era corredor y remador y gozaba de la resistencia física requerida para esas

17. Una traducción al inglés de *Sobre la relatividad especial y general*. Se trataba de una popularización que utilizaba matemáticas básicas.

actividades. Inspirado por una de las clases de Eddington, Turing trabajó en una prueba independiente del teorema límite central.[18] Lo presentó para su tesis de licenciatura en noviembre de 1934 y fue recompensado con una beca de investigación en Cambridge, que incluía un estipendio de 300 libras esterlinas al año, habitación, pensión completa y un asiento para cenar en la Mesa Principal.

Estudió los trabajos de Hilbert, Heisenberg, Schrödinger, Von Neumann y Gödel, y se quedó fascinado por los tres retos de Hilbert. En una clase sobre ese tema impartida por M. H. A. Newman, Turing oyó las palabras "mediante un proceso mecánico". Eso le llevó a pensar en máquinas y mecanismos. Después de una de sus habituales carreras de larga distancia, mientras se relajaba en un prado, se le ocurrió el modo de utilizar un mecanismo para abordar el tercer reto de Hilbert.

La arquitectura Turing-Von Neumann

Antes de Turing y Von Neumann, todas las máquinas de cálculo mantenían los datos separados de las instrucciones. La Máquina Analítica de Babbage, por ejemplo, almacenaba los números decimales en pilas cilíndricas de contadores mecánicos, mientras que las instrucciones estaban codificadas en filas de tarjetas perforadas. Como veremos en un capítulo posterior, el Harvard Mark I y el SSEC de IBM utilizaban una estrategia similar. Los números se almacenaban dentro del mecanismo en sí, mientras que las instrucciones se almacenaban en algún tipo de papel perforado o, a veces, en cinta magnética.

La razón para esta separación era obvia en aquel momento. Los programas constaban de muchas instrucciones y las tarjetas perforadas eran baratas. En aquel entonces, la mayoría de los programas no manipulaban grandes cantidades de números, y los medios para almacenar esos números eran caros. Y, en general, nadie había pensado mucho en la idea de que pudiese haber alguna ventaja en poner las instrucciones y los datos en el mismo dispositivo de memoria.

Alan Turing y John von Neumann idearon el ordenador de programas almacenados a través de medios muy distintos y por motivos muy diferentes. La máquina de Turing es extraordinariamente simple. La arquitectura de Von Neumann no tiene ninguna intención de pensar en la simplicidad. Y, sin embargo, las dos están relacionadas por el hecho destacable de que ambas guardan sus programas y datos en la misma memoria. Fue una revolución en la arquitectura de los ordenadores y lo cambió todo.

18. Un teorema importante en probabilidad y estadística.

LA MÁQUINA DE TURING

Alan Turing describió su máquina en su artículo de 1936, "On Computable Numbers, with an Application to the Entscheidugnsproblem". El propósito de este artículo era responder al tercer reto de Hilbert, y dio una respuesta negativa: no hay modo de decidir si una proposición matemática arbitraria es demostrable o no.

No vamos a analizar aquí los detalles de la prueba. Existen muchos recursos buenos para ello. Le recomiendo el maravilloso libro de Charles Petzold *The Annotated Turing*.

Como parte de su demostración, Turing necesitaba una forma de convertir cualquier programa en un número. Para hacerlo, escribió un programa para su máquina que simulaba su máquina, pero me estoy adelantando a los hechos.

Una máquina de Turing es un mecanismo muy simple que consta de una cinta de papel infinitamente larga dividida en celdas, parecida a una cinta de película antigua. La cinta se encuentra sobre una plataforma que permite que se mueva solo a izquierda o derecha. Piense en un trozo de madera con una ranura larga horizontal dentro de la que cabe la cinta y donde se puede deslizar. En esa plataforma hay una ventana bajo la cual se desliza la cinta. La ventana es solo un cuadrado del tamaño de una celda.

Ya está. El dispositivo no es más que eso. Es un dispositivo con una cantidad infinita de memoria y una manera de posicionar esa memoria en una ventana de lectura. Así pues, lo único que necesitamos ahora es un procesador central, y eso es un ser humano que actúa como operador.

El operador humano tiene un rotulador y una goma de borrar. El humano puede trazar o borrar una marca arbitraria en la celda de la cinta bajo la ventana. El humano también puede mover la cinta a la izquierda o a la derecha de celda en celda.

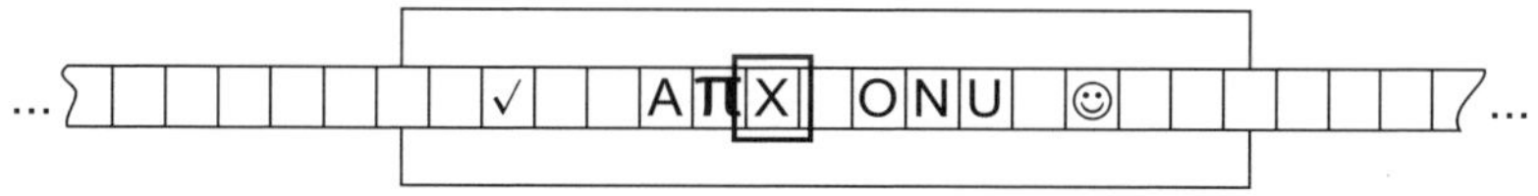

Bueno, tenemos memoria y un procesador. Ahora lo único que necesitamos es un programa, así que vamos a escribir un programa que duplique la longitud de una cadena de X. Empezamos con una cinta que tiene este aspecto:

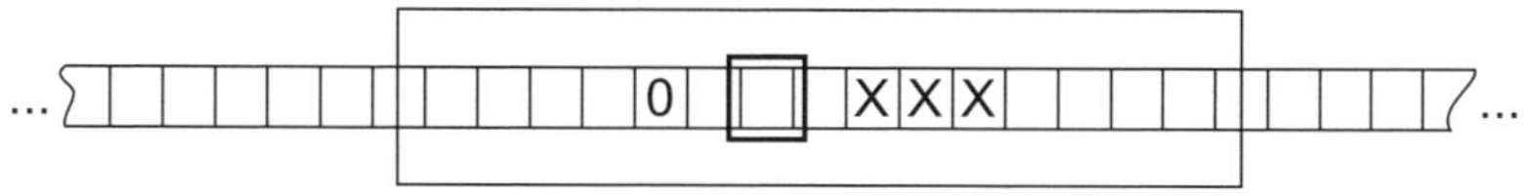

Y queremos que acabe teniendo este aspecto:

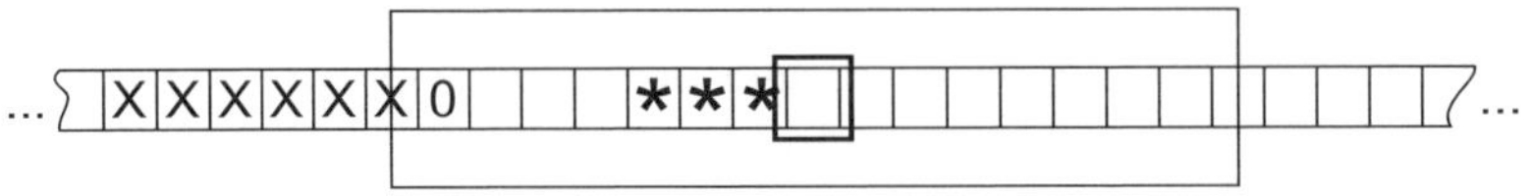

En resumen, el programa contará el número de X a la derecha de la ventana de lectura, las convertirá todas en un * y escribirá el doble de la cantidad de X a la izquierda de la O. Este es el programa:

Actual	Marca	Siguiente	Acción
Inicio	blanco, O	Inicio	Izquierda
	X	EncontrarO	*,Derecha
EncontrarO	blanco,•	EncontrarO	Derecha
	O	EncontrarB	Derecha
EncontrarB	X	EncontrarB	Derecha
	Blanco	Encontrar*	X,Derecha,X
Encontrar*	X,O,blanco	Encontrar*	Izquierda
	*	EncontrarX	X,Derecha,X
EncontrarX	*	EncontrarX	Izquierda
	X	EncontrarO	*,Derecha
	Blanco	DETENER	

Estoy seguro de que reconoce esto; es solo una tabla de transición de estados. Se indica al operador humano que empiece en el estado Inicio y siga las instrucciones. Cada fila es una de las transiciones. Así pues, si estamos en el estado Inicio y vemos una celda en blanco o una O en la ventana, nos quedamos en el estado Inicio y movemos la cinta hacia la izquierda. Si estamos en el estado Inicio y vemos una X en la ventana, cambiamos la celda debajo de la ventana por un *, movemos la cinta hacia la derecha y, después, pasamos al estado EncontrarO.

A cualquier humano este procedimiento le parecería muy aburrido, pero, si ese humano siguiese las instrucciones al pie de la letra, el programa duplicaría de manera fiable el número de X a la izquierda de la O.

¿Por qué querríamos duplicar el número de X? Además de hacer una simple demostración de la máquina, esto también muestra que la máquina puede calcular. La multiplicación por 2 que muestro aquí es muy primitiva, claro. Pero es posible crear programas que realicen todo tipo de cálculos, ya sean binarios, decimales, hexadecimales o jeroglíficos egipcios.

Por supuesto, semejantes tablas de transición de estados serían enormes. Turing soluciona este problema mediante la introducción de subrutinas[19] a partir de las cuales pasa a construir máquinas aún más complejas sin generar tablas de transición de estados gigantes. El nivel de compresión que consiguió es impresionante.

Una vez que tiene estas herramientas en orden, Turing hace el truco de Gödel: convierte todo en números. No es difícil ver que cada estado, cada marca, cada acción podría representarse mediante un número. Cada fila de la tabla podría, por tanto, convertirse en un solo número con solo concatenar los números para los estados, marcas y acciones. Y, si concatenamos todas esas filas de números, obtenemos un solo número para el programa completo. Turing llamó a este número "descripción estándar" (*standard description*). Yo voy a usar el término SD.

Puesto que una SD es un número, puede codificarse en la cinta de una máquina de Turing. Podríamos codificarlo en binario, en decimal o de alguna otra manera. Turing eligió una secuencia de los dígitos 1, 2, 3, 5 y 7, por sus propias razones.

Después, escribió un programa que ejecutaría una SD en la cinta. Vamos a llamar a ese programa U de *Universal Computing Machine* (máquina de cálculo universal). Un humano que ejecutase U en una máquina con una SD codificada en la cinta ejecutaría el programa codificado por esa SD, colocando la salida de ese programa en un área en blanco de la cinta.

Si alguna vez ha escrito un programa que ejecutase una tabla de transición de estados, ese es el tipo de programa que es U. U solo busca por la SD la fila de transición que se corresponda con el estado actual y la marca y, después, ejecuta las acciones especificadas en esa fila. Está chupado.

19. Son más como macros. Son mecanismos simples de sustitución de texto que Turing utilizaba para evitar repetir las mismas tablas de transición de estados una y otra vez.

Turing pasa a utilizar esa noción de SD para demostrar que no existe ningún programa D que pueda determinar, en un tiempo finito, si una SD arbitraria tendrá un comportamiento particular. Una vez más, esa prueba queda fuera de nuestro ámbito. Sin embargo, para lo que a nosotros nos interesa, lo que Turing ha inventado es un ordenador de programas almacenados. La SD es el programa almacenado en la cinta y U es el programa que ejecuta esa SD. Así, si U pudiese mecanizarse (convertirse en una máquina automática en vez de estar controlado por un humano), esa máquina automática sería, a todos los efectos, un ordenador de programas almacenados.

Por tanto, es probable que, en 1943, cuando John von Neumann visitó Inglaterra, Alan Turing tuviese mucho que decir acerca de la maquinaria de computación y la visión de lo que podría ser un ordenador.

Se ha escrito mucho sobre el subsiguiente trabajo de Turing en Bletchley Park descifrando los códigos de la máquina alemana Enigma y sus diseños de las máquinas de cálculo que lograron ese objetivo. Basta con decir que todos esos esfuerzos resultaron muy útiles para la causa de los Aliados.

Tras la guerra, Turing siguió trabajando en muchos otros proyectos informáticos. Diseñó la ACE (*Automatic Computing Engine*, máquina computadora automática) y escribió muchos informes detallados sobre sus esfuerzos. También participó en proyectos informáticos en Manchester.

También se ha escrito mucho sobre su trágico final y las crueles circunstancias que llevaron a él. No voy a contar aquí esa historia. Basta con decir que Alan Turing era tan humano como cualquiera de nosotros y que, en esa época, la homosexualidad no era tan tolerada en el país que ayudó a salvar.

Sin embargo, pese a la indignidad a la que se le sometió, mantuvo vivos sus intereses y su sexualidad (aunque esta requiriese viajes al extranjero). Su final, no obstante, no está claro.

Aunque oficialmente se considerase un suicidio, fue inusual. No hubo ningún augurio ni nota ni comportamiento que sugiriese que estaba planteándose ese acto. Según Hodges:[20]

> "No había una conexión simple en las mentes de aquellos que lo habían visto en los dos años anteriores. Por el contrario, su reacción había sido tan diferente de la figura marchita, deshonrada, asustada y desesperanzada que esperaba la ficción y el drama que quienes lo habían visto apenas podían creer que estuviese muerto. Simplemente 'no era el tipo' de los suicidas".

20. Hodges, p. 487.

Yo prefiero la teoría de su madre de que su envenenamiento fue accidental, al utilizar cianuro en uno de sus experimentos químicos domésticos y contaminarse los dedos sin darse cuenta.

EL VIAJE DE VON NEUMANN

Es probable que John von Neumann conociese a Turing en 1935, el año antes de que se publicase el artículo de Turing "On Computable Numbers". Von Neumann se había tomado un descanso de Princeton para impartir clases en Cambridge, y Turing asistió a algunas de esas clases. No sabemos si los dos se sentaron a hablar sobre el trabajo de Turing, pero parece probable. Si fue así, no llegó a nada en aquel momento.

En cualquier caso, Turing escribió más adelante a Von Neumann y le pidió una carta de recomendación para convertirse en profesor invitado en Princeton. Turing llegó allí en septiembre de 1936, y las pruebas de artículo llegaron cinco días después. Von Neumann quedó impresionado con el artículo y con el propio Turing. Los dos trabajaron en oficinas contiguas durante varios meses.

Al final, Von Neumann ofreció a Turing un trabajo como su ayudante, pero Turing lo rechazó, diciendo que tenía trabajo que hacer en Inglaterra.

¡Y vaya si lo hizo! Regresó a casa en julio de 1938. En cuestión de meses, estaba en Bletchley Park. Allí, jugó un (por no decir el) papel crucial en el diseño de las máquinas que descifraron el código Enigma alemán y, de ese modo, adelantó el final victorioso de la guerra en Europa.

El Laboratorio de Investigación Balística

Con la guerra fraguándose en Europa, Von Neumann dirigió su atención a los problemas balísticos. En guerras anteriores, la trayectoria de los proyectiles de artillería era fácil de calcular. Era sobre todo una cuestión de gravedad y resistencia del aire. Pero las armas de finales de los años treinta eran tan potentes que los proyectiles que disparaban podían alcanzar altitudes donde el aire era bastante más fino. Las trayectorias de esos proyectiles solo podían ser aproximadas y las aproximaciones requerían cantidades enormes de cálculos.

La balística no era el único problema que requería ese esfuerzo en los cálculos. Calcular los efectos de la explosión de las ondas de choque producidas por proyectiles y bombas muy explosivos era una tarea similar.

El Laboratorio de Investigación Balística (*Ballistics Research Lab*, BRL) se creó para abordar estas cuestiones. Al principio, utilizaban el mismo enfoque con el que estaba familiarizado Babbage; habitaciones llenas de "computadores", sobre todo mujeres, armados con calculadoras de sobremesa, haciendo sumas y multiplicaciones sin parar.

Viendo los problemas a los que se enfrentaban, y pensando en el futuro, Von Neumann predijo: "Va a haber un avance en las máquinas de cálculo que tendría que funcionar en parte como el cerebro. Esas máquinas se conectarían a todos los sistemas grandes, como los sistemas de telecomunicaciones, tendidos eléctricos y grandes fábricas".[21] Era un sueño, un germen de una idea. Emocionante, pero incompleto: era demasiado para que ese germen empezase a creer.

En septiembre de 1940, Von Neumann fue nombrado miembro de la junta de asesores del BRL. Para diciembre, también se había convertido en el asesor jefe de balística del comité de preparación para la guerra de la American Mathematical Society. En resumen, estaba muy solicitado.

A lo largo de los dos años siguientes, Von Neumann se convirtió en un experto en las ondas de choque creadas por las municiones, incluyendo la carga hueca. A finales de 1942, fue enviado a Inglaterra en una "misión secreta". No se sabe mucho sobre esto, ni siquiera en la actualidad, pero está claro que estaba aprendiendo más acerca de las ondas de choque explosivas.

La máquina NCR

Durante este viaje, Von Neumann vio la máquina de contabilidad NCR en acción en la Oficina del Almanaque Náutico de Bath. Este dispositivo era una calculadora mecánica con un teclado, una impresora y seis registros. Era capaz de realizar ~200 sumas por hora. No era programable, pero, debido a los registros y un ingenioso mecanismo de tabulación, un operador podía recorrer una secuencia de operaciones repetitivas con relativa rapidez. Von Neumann estaba tan intrigado que en el tren de vuelta a Londres escribió un "programa" de aproximación mejorado para la máquina.

Unos meses antes de su precipitado regreso a Princeton, Von Neumann escribió que había "desarrollado un interés obsceno en las técnicas de computación". Si ese interés se vio estimulado por la máquina NCR o por un posible encuentro con Turing sigue siendo objeto de debate.

---

21. Bhattacharya, p. 103.

La evidencia es escasa, pero hay una probabilidad razonable de que Turing y Von Neumann se reuniesen durante ese periodo y hablasen de maquinaria de computación. Quizá fue la unión de ideas de estos dos hombres la que fertilizó el germen en la mente de Von Neumann para que empezase a moverse y crecer.

Los Álamos: el Proyecto Manhattan

En julio de 1943, mientras todavía estaba en Inglaterra, Von Neumann recibió una carta urgente que decía: "Necesitamos su ayuda desesperadamente". La carta estaba firmada por J. Robert Oppenheimer.

Von Neumann ya había contribuido, sin saberlo, al Proyecto Manhattan debido a su investigación sobre las ondas de choque explosivas. Había demostrado que las explosiones en el aire eran más destructivas que en tierra y mostraba cómo calcular la altitud óptima.

Llegó a Los Álamos en septiembre y se puso manos a la obra. La necesidad desesperada que había mencionado Oppenheimer tenía que ver con el diseño teórico del arma de implosión de plutonio. La experiencia de Von Neumann con la carga hueca le llevó a sugerir rodear el núcleo de plutonio con cargas en forma de gajos que concentraría las ondas de choque hacia dentro de manera esférica.

El ejército y la Marina afirmaron que su trabajo sobre ondas de choque y balística fue tan importante como su trabajo con la bomba. Por tanto, Von Neumann tenía el privilegio exclusivo de ir y venir de Los Álamos cuando le apeteciese. Y eso le dio una visión única del entorno informático de EE. UU. que nadie más tenía.

El dispositivo de implosión debía modelarse y la carga de cálculo era enorme. Así pues, se compraron a IBM diez calculadoras con tarjetas perforadas.[22] Estos dispositivos se programaban con tableros de conexiones que especificaban los campos en las tarjetas, las operaciones que realizar en esos campos y dónde perforar los resultados.

Imagine un mazo de mil tarjetas, cada una con la posición inicial de una partícula dentro de la implosión. Imagine pasar ese mazo por una máquina para producir un mazo de mil tarjetas con los resultados y, después, pasar ese mazo por la siguiente máquina, y luego la siguiente, y después la siguiente. Y continuar esa operación 24 horas al día, seis días a la semana, semana tras semana.

---

22. "Imagínese un monstruo negro amenazador, que llena un cubo de casi dos metros cuando se cierra. La parte delantera era un reproductor 512 muy modificado: dos alimentadores de tarjetas de cien por minuto y dos apiladores. Había dos tableros de conexiones de doble panel cubiertos de cables, en la parte delantera, y un panel de interruptores numéricos en el lado derecho. Sujeta a la parte trasera de la perforadora había una caja de miles de relés de Lake y, acoplada a esa, una segunda caja". (Herb Grosch, `www.columbia.edu/cu/computinghistory/aberdeen.html`)

Von Neumann aprendió a operar y programar estas máquinas, pero no se fiaba del complicado baile manual de los lotes de tarjetas al pasar de una máquina a la siguiente. Una tarjeta fuera de su sitio, un lote colocado en la máquina equivocada o una clavija mal conectada en el tablero de conexiones podían hacer que se perdiesen días de trabajo. Su sueño germinal de máquinas de cálculo empezaba a echar raíces.

Von Neumann empezó a extender este sueño por Los Álamos. Se lo mencionó a los científicos y directores de allí. Escribió a Warren Weaver, el jefe de la Oficina de Investigación y Desarrollo Científicos (*Office of Scientific Research and Development*, OSRD), pidiéndole que le ayudase a encontrar dispositivos de computación más rápidos. Weaver le remitió a Howard Aiken, que era el director del ordenador electromecánico Harvard Mark I, del que hablaremos en el siguiente capítulo.

El Mark I y el ENIAC

En uno de sus muchos viajes a casa desde Los Álamos en el verano de 1944, Von Neumann decidió visitar a Aiken y el Mark I, además de sus clientes de la Marina. Mientras estaba en un andén del tren cerca de Aberdeen Proving Grounds, tuvo un encuentro fortuito. Herman Goldstine estaba en el andén y reconoció a Von Neumann de una conferencia a la que había asistido. Estuvieron charlando mientras esperaban el tren. Goldstine mencionó que estaba trabajando en un dispositivo de computación que utilizaba tubos de vacío en vez de relés electromecánicos y que podía realizar más de 300 multiplicaciones por segundo.[23]

Ya se imaginará la reacción de Von Neumann. El tenor de la conversación pasó de ser charloteo educado a ser un intenso interrogatorio repentino. Cuando se separaron, Goldstine tenía una tarea: organizar una visita.

El 7 de agosto de 1944, Von Neumann visitó a Aiken, que accedió a darle una cantidad limitada de tiempo con la máquina Mark I. A lo largo de las siguientes semanas, trabajó con Grace Hopper y el equipo del Mark I para diseñar, programar y ejecutar uno de los problemas de la implosión.[24] La máquina era más fiable que las máquinas de tarjetas perforadas por las que Von Neumann estaba tan preocupado, pero era bastante más lenta. Tan lenta, de hecho, que Von Neumann consideró que profundizar en su uso no era práctico. En cualquier caso, la máquina ya estaba comprometida para ocuparse de una gran cantidad de tareas pendientes para la Marina.

23. Bhattacharya, p. 105.

24. El problema estaba enmascarado y nadie del equipo del Mark I conocía el propósito.

Este era el primer ordenador verdaderamente automático que Von Neumann había visto. Vio cómo funcionaba e incluso ayudó en la programación y operación. Observó como esa máquina masiva estaba guiada de forma automática por instrucciones en cinta de papel. Las raíces del germen estaban creciendo en su mente.

El mismo día en que empezó a visitar el Mark I, recibió una invitación de Herman Goldstine para visitar el proyecto que le había interesado tanto cuando coincidieron en el andén. Así, en los días siguientes, Von Neumann viajó a la Escuela Moore de Ingeniería Eléctrica de la universidad de Pensilvania. Lo que vio fue una máquina electrónica gigante compuesta por paneles de cables, interruptores, indicadores y bastidores de circuitos que contenía 18.000 tubos de vacío. Ocupaba una habitación con 9 metros de ancho y 17 metros de largo, y tenía 2,5 metros de altura. Era el ENIAC, y cambió su vida para siempre. Estaba claro que esa era la dirección que debían seguir los ordenadores. Pero no con esa forma. La programación mediante tableros de conexiones y cables tenía que desaparecer. Las raíces del germen acababan de encontrar agua.

La experiencia de Von Neumann con el Mark I y el ENIAC incentivó una amplia búsqueda por EE. UU. para encontrar máquinas de cálculo mejores y más rápidas. Pero el trabajo en Los Álamos no podía esperar.

Pese a la preocupación de Von Neumann respecto a las máquinas de tarjetas perforadas, y debido, en parte, a la capacidad organizativa del joven Richard Feynman, que trabajó en esas máquinas, los cálculos acabaron completándose y fueron verificados por varias pruebas de implosión no nuclear.

Trinity

Con la compleción de esas pruebas, se planificó la verdadera prueba nuclear de la implosión de la bomba de plutonio. Se le dio el nombre en clave Trinity. A las 5:29 de la mañana del 16 de julio de 1945, John von Neumann presenció la explosión del dispositivo que sus cálculos y teorías habían ayudado a crear. Mientras observaba la bola de fuego nuclear, dijo: "Eso han sido por lo menos 5.000 toneladas, probablemente mucho más". Fue mucho más. El resultado fue de al menos 20.000 toneladas de TNT.

Antes de Trinity, Von Neumann estuvo en el comité que hizo la preselección de objetivos japoneses. Su voto, y la recomendación final del comité, fue Kioto, Hiroshima, Yokohama y Kokura. El daño emocional de elegir esos objetivos debe de haber sido penoso. En un momento dado, se marchó de Los Álamos para volver a su casa en la Costa Este. Llegó por la mañana y durmió 12 horas seguidas. Al despertar, en mitad de la noche, comenzó una diatriba inusual e histérica acerca del futuro.

Su asustada esposa, Klári,[25] recuerda sus palabras así:[26]

> "Lo que estamos creando ahora es un monstruo cuya influencia va a cambiar la historia, si es que queda alguna historia, y, aun así, sería imposible no llegar hasta el final, no solo por razones militares, sino también porque no sería ético desde el punto de vista de los científicos no hacer lo que sabes que es factible, sin importar las terribles consecuencias que pueda tener. ¡Y esto es solo el principio! La fuente de energía que está empezando a estar disponible hará que los científicos sean los ciudadanos más odiados y también los más deseados de cualquier país".

Y, de repente, pasó a un tema diferente, siguiendo con su profecía frenética:

> "[Las máquinas de cálculo] no solo van a volverse más importantes [que la energía atómica], sino que serán indispensables. Seremos capaces de ir al espacio más allá de la Luna si las personas [pueden] seguir el ritmo a lo que crean, [y si no lo hacen] esas mismas máquinas podrían ser más peligrosas que las bombas".

Y, así, su sueño había germinado y echado raíces, y los pétalos de la flor estaban abriéndose.

La Super

Después de Trinity y de Hiroshima y Nagasaki, Von Neumann continuó trabajando en armas atómicas. Su breve experiencia con el comunismo en Hungría cuando era un niño lo había convencido de que la Unión Soviética era el siguiente enemigo y de que se necesitaban bombas más grandes y mejores para resistir ante ella. Así, empezó a trabajar con Edward Teller en la bomba de hidrógeno, la llamada "Super".

Modelar la cadena de acontecimientos de fisión a fusión en una detonación termonuclear iba mucho más allá de las habilidades de cálculo de las calculadoras de tarjetas perforadas que habían sido tan indispensables para las primeras bombas atómicas. Las máquinas que Von Neumann había visto en el verano de 1944 le habían abierto el apetito sobre lo que se necesitaba de verdad.

25. Klára Dán von Neumann (1911-1963).

26. Bhattacharya, p. 102.

La velocidad del ENIAC era asombrosa. Podía calcular mil veces más rápido que Mark I. Sin embargo, la capacidad para programar estaba muy limitada por el enfoque del tablero de conexiones. La máquina solo podía realizar algunos pasos en cualquier procedimiento antes de detenerse. Después, los siguientes pasos tenían que codificarse de manera tediosa reorganizando los cables del tablero de conexiones. Así, la alta velocidad del ordenador se desperdiciaba por culpa de los largos periodos de programación entre ejecuciones.

Por otra parte, los procedimientos largos con cintas de papel que podían crearse para el Harvard Mark I eran una ventaja enorme. Era fácil imaginar la aplicación del enfoque con cinta de papel al ENIAC, pero, entonces, la velocidad de la máquina no sería superior a la de la cinta de papel.

La conclusión era obvia. La única manera de conseguir auténtica potencia computacional y velocidad era poner las instrucciones y los datos en un medio que fuera igual de rápido o más que el propio procesador. El programa tenía que almacenarse con los datos. El programa tenía que ser los datos.

Los inventores del ENIAC, John Mauchly y J. Presper Eckert,[27] propusieron la construcción de un nuevo ordenador llamado EDVAC (*Electronic Discrete Variable Automatic Computer*, calculador discreto electrónico automático variable) en agosto de 1944, más o menos al mismo tiempo que Von Neumann visitaba el ENIAC, que aún estaba sin completar.

Eckert había inventado hacía poco una ingeniosa línea de retardo de mercurio que se utilizaba para grabar y después restar el ruido de fondo en los sistemas de radar. Se dio cuenta, mientras construía el ENIAC, de que el mismo enfoque podría utilizarse para almacenar cantidades bastante grandes de datos binarios. Puesto que la amplia mayoría de los tubos de vacío inestables del ENIAC eran para la memoria, una memoria de línea de retardo de mercurio reduciría mucho el número de tubos de vacío y, de ese modo, reduciría el coste y aumentaría la fiabilidad y la capacidad del EDVAC.

Es probable que hablase de esto con Von Neumann en aquella época. Y, de hecho, se añadió a Von Neumann al proyecto del EDVAC como asesor.

El borrador del EDVAC

Menos de un año después, Von Neumann escribió un curioso documento titulado "The First Draft of a Report on the EDVAC". En ese primer borrador, describía una máquina compuesta de cinco unidades principales: entrada, salida,

27. John Adam Presper Eckert Jr. (1919-1995).

aritmética, control y memoria. La unidad de control leía las instrucciones de la memoria, las interpretaba y dirigía los valores desde la memoria a la unidad aritmética y, después, de vuelta a la memoria. Era, por supuesto, el modelo de un ordenador de programas almacenados que seguimos utilizando en la actualidad.

Este documento estaba inacabado y era relativamente informal. No estaba pensado para una distribución amplia. Pero Goldstine no cabía en sí de alegría. Lo llamó el primer borrador lógico completo para la máquina. Y, después, sin decir nada a Von Neumann, Mauchly ni Eckert, envió copias a docenas de científicos de todo el mundo.

La flor se había abierto y sus semillas estaban esparciéndose por todas partes. La arquitectura de Von Neumann podía campar a sus anchas por el mundo. Y eso fue lo que hizo. Y, dondequiera que llegase, echaba raíces y crecía.

Turing vio el informe y empezó a planificar la máquina ACE (*Automatic Computing Engine*) en Manchester. El propio ENIAC se transformó, a instancias de Von Neumann, y comenzó a funcionar con su nueva forma en 1947.

La primera persona de la historia contratada solo para programar un ordenador fue Jean Bartik (su nombre de nacimiento era Betty Jean Jennings), una de los programadores/operadores originales del ENIAC.

La esposa de Von Neumann, Klári, se convirtió en programadora y se movía entre Los Álamos y la Costa Este escribiendo y ejecutando programas para el modelado de la Super de Teller utilizando la invención de Von Neumann y Stanislaw Ulam del análisis Montecarlo.[28]

En este punto, Von Neumann abandona nuestra historia. Sin embargo, sería una negligencia por mi parte no señalar que los acontecimientos de los que he hablado aquí solo describen lo mínimo de todos sus logros. Este hombre era un genio y una maravilla. Realizó contribuciones significativas a las matemáticas, la física, la mecánica cuántica, la teoría de juegos, la dinámica de fluidos, la relatividad general, la dinámica, la topología, la teoría de grupos y tantos campos más que un solo libro, y mucho menos un solo capítulo, serían suficientes para abarcarlo todo de manera adecuada.

John von Neumann murió de cáncer a la edad de 53 años el 8 de febrero de 1957. Hay una probabilidad razonable de que el cáncer que acabó con su vida fuese resultado de la exposición a la radiación mientras estaba en Los Álamos. Le aterraba la muerte y se negó a aceptar sus circunstancias hasta el final.

---

28. Consulte la entrada del análisis Montecarlo en el "Glosario de términos".

Hay una placa en el muro de su lugar de nacimiento que dice, en parte: "... uno de los matemáticos más destacados del siglo XX". Creo que, como este capítulo, eso se queda muy corto.

Pero debemos volver a nuestra historia y al legado de los tres grandes hombres que dan título a este capítulo. La arquitectura de Von Neumann estaba avanzando con rapidez por el paisaje informático. Empezó a funcionar una máquina tras otra a finales de los cuarenta. Con el final de la guerra llegó el inicio de la era de la información.

El Manchester Baby empezó a funcionar en 1948 utilizando memoria de tubos Williams.[29] El EDSAC de Cambridge empezó a estar operativo en 1949 utilizando memoria de línea de retardo de mercurio. Mauchly y Eckert dejaron la universidad para empezar a trabajar en el UNIVAC. Y la industria de los ordenadores comerciales se lanzó a la carrera.

Y, como veremos, fue una carrera realmente frenética.

REFERENCIAS

- Atomic Heritage Foundation. "Computing and the Manhattan Project". Publicado por la Atomic Heritage Foundation el 18 de julio de 2014. `https://ahf.nuclearmuseum.org/ahf/history/computing-and-manhattan-project`.
- Beyer, K. W. *Grace Hopper and the Invention of the Information Age*. MIT Press, 2009.
- Bhattacharya, A. *The Man from the Future*. W. W. Norton & Co, 2021. (Traducción al español: *El hombre del futuro*, Anaya Multimedia, 2022).
- Brewster, E. T. *Natural Wonders Every Child Should Know*. Doubleday, Doran & Co, 1912.
- Gilpin, D. "The Extraordinary Legacy of Oswald Veblen". s. f. Publicado por *Princeton Magazine*. `www.princetonmagazine.com/the-extraordinary-legacy-of-oswald-veblen`.
- Gödel, K. *On Formally Undecidable Propositions of Principia Mathematica and Related Systems*, 1931. Dover Publications, Inc. `https://monoskop.org/images/9/93/Kurt_G%C3%B6del_On_Formally_Undecidable_Propositions_of_Principia_Mathematica_and_Related_Systems_1992.pdf`.

29. Un tipo especial de tubo de rayos catódicos que podía escribir y leer áreas de carga utilizando un haz de electrones.

- Hodges, A. *Alan Turing: The Enigma*. Walker Publishing, 2000.
- Kennefick, D. "Was Einstein the First to Discover General Relativity?". Publicado por Princeton University Press el 9 de marzo de 2020. https://press.princeton.edu/ideas/was-einstein-the-first-to-discover-general-relativity.
- Lee Mortimer, F. *Reading without Tears. Or, a Pleasant Mode of Learning to Read*. Harper & Brothers, 1857.
- Lewis, N. "Trinity by the Numbers: The Computing Effort That Made Trinity Possible". *Nuclear Technology* 207, n.º. supl. 1: S176-S189, 2021. www.tandfonline.com/doi/full/10.1080/00295450.2021.1938487.
- Petzold, C. *The Annotated Turing*. Wiley, 2008.
- Todd, J. "John von Neumann and the National Accounting Machine". California Institute of Technology. s. f. https://archive.computerhistory.org/resources/access/text/2016/06/102724632-05-01-acc.pdf.
- Turing, A. M. "On Computable Numbers, with an Application to the Entscheidugnsproblem", 1936. https://www.cs.virginia.edu/~robins/Turing_Paper_1936.pdf.
- Wikipedia. "Alan Turing". https://en.wikipedia.org/wiki/Alan_Turing.
- Wikipedia. "David Hilbert". https://en.wikipedia.org/wiki/David_Hilbert.
- Wikipedia. "EDVAC". https://en.wikipedia.org/wiki/EDVAC.
- Wikipedia. "John von Neumann". https://en.wikipedia.org/wiki/John_von_Neumann.

4

Grace Hopper: la primera ingeniera de software

Grace Hopper se inició en nuestro campo en una época en la que los programadores perforaban orificios literalmente en cinta de papel, orificios que correspondían a las instrucciones numéricas que guiaban al ordenador para ejecutar un procedimiento. Llegó a ser muy hábil en esta tarea y, de manera gradual, se dio cuenta de que había un modo mejor.

Ese modo mejor, al que llamó programación automática, implicaba hacer que un programa informático determinase las instrucciones numéricas a partir de un lenguaje más abstracto que era más cómodo para el programador. Escribió el primer programa de ese tipo y lo llamó compilador.

No es exagerado afirmar que Grace Hopper fue la primera programadora "real". Otros habían escrito programas antes que ella, pero fue Hopper quien primero elaboró la disciplina[1] de la programación. Por tanto, quizá sería más adecuado decir que Grace Hopper fue la primera ingeniera de software auténtica.

Fue la primera programadora en enfrentarse a directores obstinados e ignorantes, no solo por ser mujer, sino por ser programadora.

---

1. Recordando la súplica de Turing de que los matemáticos capacitados mantengan la disciplina apropiada.

También por un periodo de alcoholismo debilitante tan grave que se planteó, y llegó a intentar a veces, el suicidio. Por suerte para todos nosotros, ese fue un demonio al que consiguió derrotar con la ayuda de sus compañeros y amigos.

Podemos atribuirle el mérito de inventar o contribuir a la invención de los comentarios, las subrutinas, el multiprocesamiento, las metodologías disciplinadas, la depuración, los compiladores, el código abierto, los grupos de usuarios, los sistemas de gestión de información y mucho más.

Gracias a sus esfuerzos, utilizamos términos estándar como dirección, binario, bit, ensamblador, compilador, punto de interrupción, carácter, código, depurar, editar, campo, archivo, coma flotante, diagrama de flujo, entrada, salida, salto, clave, bucle, normalizar, operando, desbordamiento, parámetro, parche, programa y subrutina.

Su historia es fascinante, y sus logros, en los mismísimos inicios de la industria del software, establecieron los cimientos sobre los que el resto de nosotros apenas nos damos cuenta de que estamos. Ella fue el Atlas que cargó la industria del software sobre sus hombros, y pocos programadores conocen sus verdaderas contribuciones. También sería justo decir que, en algún momento, Atlas se encogió de hombros.

LA GUERRA Y EL VERANO DE 1944

Grace Brewster Murray nació en la ciudad de Nueva York el 9 de diciembre de 1906. A los 7 años, empezó a desmontar despertadores para ver cómo funcionaban. La admitieron en Vassar cuando tenía 17 años y se graduó con honores,[2] obteniendo el título de matemáticas y física. Dos años después, en 1930, consiguió un máster en Yale. Aún no había cumplido 25 años.

Se casó con Vincent Foster Hopper ese mismo año.

Continuó en Yale y en 1934 se convirtió en la primera mujer en obtener un doctorado en matemáticas en esa prestigiosa institución. Mientras conseguía ese doctorado, volvió a Vassar para enseñar matemáticas. Al final, ejerció como profesora asociada de matemáticas en 1941.

Su enfoque innovador respecto a la enseñanza de la geometría no euclidiana y la relatividad general a los estudiantes levantó ampollas entre algunos veteranos aburridos en Vassar.

2. Phi Beta Kappa.

Sus superiores, irritados, trataron de controlarla, pero se vieron boicoteados por los estudiantes que asistían en masa a sus clases y la alababan con efusividad. Consideraban que era una inspiración. A ella le encantaba ser educadora y, de hecho, acabaría volviendo a la educación. Pero el destino se entrometió y cambió el curso de su vida.

El bombardeo de Pearl Harbor y la entrada de EE. UU. en la Segunda Guerra Mundial fueron lo que impulsó a Grace Murray Hopper, que entonces tenía 36 años, a abandonar su plaza de profesora titular de matemáticas en Vassar, y su marido durante 12 años, para unirse a la Marina. Esa fue la decisión que, de manera bastante accidental, la llevó por el camino de convertirse en la primera ingeniera de software auténtica.

Tras unirse a la Marina, terminó primera de su clase en la Escuela de Guardiamarinas y obtuvo el rango de teniente júnior. Debido a su profunda formación en matemáticas, esperaba que le ordenasen trabajar en comunicaciones descifrando códigos. Sin embargo, sus órdenes la enviaron a Harvard para ser la segunda al mando, y la tercera[3] programadora, en el proyecto del ASCC (*Automatic Sequence Controlled Calculator*): el primer ordenador de EE. UU. y, quizá, el segundo del mundo.

El ASCC también era conocido como el Harvard Mark I. Era una creación de Howard Aiken, que había embaucado[4] al profesorado de Harvard y convencido a la Marina para que le dejase construir una máquina de cálculo gigante. Aiken propuso el proyecto a IBM, y el propio Thomas J. Watson[5] accedió a financiar el diseño y la construcción. Después de cinco años, IBM entregó un montaje de 4.200 kilos, 2,5 metros de alto, 1 metro de ancho y 15,5 metros de largo con 750.000 relés y una plétora de engranajes, levas, motores y contadores conectados por 82 kilómetros de cables. Se instaló en el sótano del Cruft[6] Laboratory de Harvard. Esta monstruosidad[7] tenía una memoria de 72 registros compuestos de 23 dígitos decimales. Cada dígito era un contador electromecánico con diez posiciones, de 0 a 9. Los registros también eran sumadores que utilizaban un mecanismo de acarreo retardado que recordaba a los brazos de acarreo en espiral de Babbage.

---

3. Los otros dos fueron Robert Campbell y Richard Bloch. Después hablaremos más de ellos.
4. Beyer, p. 78.
5. Thomas J. Watson Sr., un delincuente condenado de guante blanco y alguien que vendió equipamiento a la Alemania nazi para ayudar a que los trenes fuesen puntuales. Era el "Dios Rey" (presidente y director ejecutivo) de IBM en aquella época.
6. Piénselo un minuto.
7. Para ver unas imágenes maravillosas de esta máquina, consulte "Aiken's Secret Computing Machines" en la sección "Referencias" de este capítulo.

El Mark I funcionaba con un motor de 200 rpm, lo que le permitía sumar un registro a otro en 300 milisegundos. También tenía un motor aritmético aparte que podía multiplicar en 10 segundos, dividir en 16 segundos y resolver un logaritmo en 90 segundos. El aparato completo estaba controlado, como el telar de Jacquard, por instrucciones perforadas en una cinta de papel larga de algo más de 7 centímetros de ancho.

Aiken todavía no había oído hablar de la Máquina Analítica de Babbage, pero Babbage habría mirado esta máquina y se habría sentido íntimamente conectado a ella.

Esto era la Marina. El Mark I era un barco y Howard Aiken era el capitán. Y así era como dirigía esa operación. Todos iban a trabajar de uniforme y seguían el protocolo y la etiqueta militares. Había una guerra y todos eran soldados en ella.

Aiken no era un hombre fácil de tratar, y no todo el mundo apreciaba su estilo militar. Una de esas personas era Rex Seeber.[8] Seeber se unió al equipo en 1944, pero preguntó a Aiken si podría retrasar su incorporación para disfrutar de unas merecidas vacaciones. Aiken rechazó la solicitud y se sintió ofendido por ella.

A partir de entonces, sin importar lo duro que Seeber trabajase, Aiken ignoraba sus sugerencias e ideas. Cuando acabó la guerra, Seeber dimitió y aceptó un puesto en IBM para diseñar y construir la máquina que eclipsaría a Aiken y el Mark I.

Aiken estaba decepcionado porque la Marina hubiese puesto a Grace Hopper, una mujer oficial, como segunda al mando de su barco.[9] Cuando ella se presentó al servicio el 2 de julio de 1944, las primeras palabras que el comandante Aiken dirigió a la teniente júnior Grade Hopper fueron: "¿Dónde ha estado?".[10] Después, le ordenó que utilizase el Mark I para calcular los coeficientes de interpolación para calcular arcotangentes con una exactitud de 23 decimales. Le dio una semana.

En una semana, Hopper, una mujer que una vez dijo que no podía distinguir un ordenador de una cesta de tomates, tenía que programar una máquina de un tipo que pocos habían siquiera imaginado antes. Una máquina sin tutoriales de YouTube, ni siquiera un manual de instrucciones en papel. Lo único que el equipo de Aiken le dio fue un cuaderno improvisado con prisas que describía los códigos de instrucciones.

---

8. Robert Rex Seeber (1910-1969).
9. Beyer, p. 39.
10. Beyer, p. 39.

El Mark I se programaba perforando códigos en una cinta de papel. La cinta de papel constaba de filas horizontales con 24 posiciones. Cada posición podía tener un orificio en ella o no. Esto, por supuesto, se correspondía a 24 bits, aunque ellos no pensaban en eso de esta forma.

Los 24 bits se separaban en tres grupos de ocho. Los dos primeros grupos eran las direcciones binarias de los registros de memoria de entrada y salida. El tercero era la operación que había que realizar. La operación 0 era "sumar", así que `0x131400` era la instrucción para sumar el número en el registro `0x13` al número en el registro `0x14`.

Pero no era así como lo escribían. Lo escribían así: `| 521| 53| |`. Fíjese bien en esto y probablemente lo entenderá.

¿Ya lo tiene? ¿No? Es probable que esto le ayude. Los orificios en la cinta de papel serían:

```
| | | |o| | |o|o| | |o| |o| | | | | | | | | | |
 8 7 6 5 4 3 2 1 8 7 6 5 4 3 2 1 8 7 6 5 4 3 2 1
       1       3       1       4       0       0
```

Ahora lo ve, ¿no? ¿Ya está gritando?

Así pues, la tarea de Hopper era perforar una cinta con los orificios situados de manera adecuada para calcular todas esas interpolaciones de arcotangentes. Tenía a su disposición instrucciones para sumar, restar, multiplicar, dividir e imprimir. No tenía forma de crear bucles[11] ni de ramificar. La cinta debía ser una lista lineal larga de instrucciones que calculase todos los coeficientes de uno en uno: un solo torrente repetitivo de instrucciones perforadas a mano en una larga cinta de papel.

Y todos los orificios tenían que ser correctos.

¿Por qué utilizaban un código como `| 521| 53| |`? Porque la máquina que perforaba la cinta tenía un teclado con tres filas de ocho botones etiquetados como `87654321`, que presionaban las teclas correspondientes de una en una y, después, hacían avanzar la cinta a la siguiente fila.[12]

¿Ya está tirándose de los pelos? ¡Pues espere!

El Mark I no era una máquina inactiva. Las fuerzas armadas tenían muchas tareas para que desempeñase el equipo de Aiken. Tenían que imprimir tablas de tiro para diversas armas de artillería y cañones navales. Tenían que imprimir tablas de navegación y análisis de distintas aleaciones de acero. Había una lista enorme de tareas pendientes y el comandante Aiken no toleraba el retraso. Estaba librándose una guerra y había que terminar el trabajo.

De algún modo, en la semana que tenía de plazo, Hopper consiguió pasar ratos breves con los otros dos programadores para que le ayudasen a aprender algunos de los entresijos. También logró colar algunas ejecuciones de su programa en momentos entre las ejecuciones más importantes.

Y tuvo éxito en su primera tarea. Pero ese no sería su último éxito, con mucha diferencia.

DISCIPLINA: 1944-1945

Hopper y su equipo de Richard Bloch y Robert Campbell se pusieron a trabajar y aprendieron el funcionamiento interno de esa máquina. Eso llevó a algunos descubrimientos embarazosos. Por ejemplo, Aiken había invertido mucho dinero y esfuerzo en la creación de un hardware de trigonometría y logaritmos automático.

11. Que no fuese reposicionar la cinta a mano o pegar los extremos de la cinta entre sí para hacer un bucle.

12. En realidad, el teclado tenía dos matrices de 24 botones porque la máquina perforaba dos filas en la cinta al mismo tiempo. Consulte la página 45 y ss. de *A Manual of Operation for the Automatic Sequence Controlled Calculator* (1946), `https://chsi.harvard.edu/harvard-ibm-mark-1-manual`.

Sin embargo, el equipo se dio cuenta enseguida de que los 200 ciclos máquina que ese hardware requería para calcular esas funciones llevaban más tiempo que hacer unas interpolaciones simples con sumas y multiplicaciones. Por tanto, esas instalaciones tan caras apenas se utilizaban.

Otra peculiaridad de la máquina era que el resultado de una multiplicación se desplazaba hacia la derecha un número determinado de dígitos decimales en función de la configuración del tablero de conexiones. Esto se hacía para hacer un seguimiento de manera automática de la coma decimal que se asumía en un programa particular. Piénselo unos minutos y entenderá por qué era necesario.

Otra era el hecho de que la resta se hacía tomando de forma automática el complemento a nueve del sustraendo y sumando el minuendo. La suma del complemento a nueve permite dos representaciones de cero. La primera es todo ceros, que es un cero "positivo", mientras que la otra es todo nueves, que es un cero "negativo".

Luego estaban los problemas con el redondeo y el truncamiento que podían producirse durante ejecuciones matemáticas largas.

Lidiar con estas optimizaciones, trucos y puntos débiles se convirtió en parte de un repertorio de disciplinas que Hopper y su equipo empezaron a crear y propagar. Eran las "reglas colgadas en la pared" que todo el mundo seguía.

Mientras tanto, la Marina seguía añadiendo cada vez más problemas computacionales a la lista de tareas pendientes. Los tres programadores necesitaban una manera de resolver todos esos problemas con rapidez y eficiencia. Para asegurarse de que eso estaba claro, la oficina del comandante Aiken estaba al lado de la máquina y Aiken armaba un escándalo si alguna vez oía la máquina detenerse o hacer un ruido inesperado.

La tarea de programar y manejar la máquina era abrumadora, así que adoptaron un esquema de división del trabajo. Se añadieron al equipo marineros alistados para que se ocupasen del funcionamiento cotidiano de la máquina, mientras los tres programadores escribían el código y producían instrucciones de funcionamiento para un problema determinado.

Esas instrucciones de funcionamiento eran el verdadero programa, y eran intensas. Representaban una simbiosis entre el humano y la máquina que ejecutaban juntos un algoritmo. Funcionaba así:

El bit 7 de la mayoría de las instrucciones era el bit "continuar". Si se configuraba, la máquina continuaría a la siguiente instrucción. Si no, la máquina se detendría.

La instrucción 64, sin embargo, solo detendría la máquina si el último cálculo que implicaba al registro 72 no se desbordaba. El equipo utilizaba estos mecanismos de detención para descomponer un programa en una serie de lotes para dirigir la operación. Se escribían notas, algunas en la propia cinta, pero más a menudo en papel, que decían a los operadores qué hacer cuando la máquina se detenía.

Si el programa tenía un bucle,[13] la máquina se detenía al final de cada iteración y se indicaba a los operadores que comprobasen la condición de salida; si no se cumplía, debían volver a llevar la cinta al inicio del bucle, que solía estar marcado en ella. La condición de salida estaba determinada por la inspección del operador de uno o más registros de memoria.

Si el programa requería una operación condicional, la máquina se detenía cuando la condición estaba lista para que el operador la valorase y las instrucciones de funcionamiento indicaban al operador cómo reposicionar la cinta o, quizá, cargar una cinta totalmente nueva.

Así, eran los operadores quienes ejecutaban los bucles y las operaciones condicionales del programa, mientras que la máquina solo ejecutaba instrucciones matemáticas secuenciales.

Los operadores mantenían esa máquina funcionando 24/7, y los programadores estaban de guardia 24/7. Era una carga de trabajo extenuante, pero había una guerra.

¿Le gustaría ser uno de esos operadores que cargaban cintas, esperaban a que se detuviesen, leían las instrucciones, recorrían los 15,5 metros de longitud de la máquina, inspeccionaban los registros y decidían cómo mover la cinta?

Aún peor, ¿le gustaría estar en el equipo de programación de Hopper, convirtiendo problemas matemáticos complejos en secuencias de orificios en cintas de papel e instrucciones de funcionamiento complejas que esperaba que fuesen lo bastante claras para que operadores con la vista borrosa las interpretasen a la perfección?

Bueno, no responda todavía, porque ¿qué pasaría si estuviese trabajando en un problema para el que 72 celdas de 23 dígitos fuesen insuficientes? ¿Qué pasaría si necesitase leer muchos lotes de datos de tarjetas perforadas, actuar sobre cada lote y, después, perforar lotes de resultados intermedios en otras tarjetas para que se leyesen en la siguiente fase del cálculo?

---

13. De manera ocasional, los extremos de la cinta se conectaban para formar un bucle, pero era muy poco habitual.

Las secuencias de instrucciones que acababan perforándose en las cintas se escribían primero con lapicero en hojas de codificación. Los códigos escritos en esas hojas eran numéricos. Todavía faltaban años para la idea de una representación simbólica. Para hacer esa lista de números de tres columnas infinitas más inteligible, Hopper instituyó una disciplina de adición de comentarios y puso una columna en las hojas de codificación para esos comentarios.

Una vez que se escribía el código y se comprobaba, y otro programador lo volvía a comprobar, esas hojas de codificación se perforaban en la cinta.

La perforación de las cintas era una labor horriblemente ardua. Cada orificio tenía que ser correcto. Cada orificio tenía que comprobarse. Y, así, requería una cantidad de tiempo extrema.

Por supuesto, los programadores no tenían tiempo de perforar a mano la cinta de instrucciones ellos mismos, así que se nombraban ayudantes para que utilizasen los dispositivos de perforación para reproducir las hojas de codificación en las cintas.

Hopper gestionaba este proceso, asignando un equipo para que perforase la cinta y otro para comprobar que las perforaciones eran correctas. Las tarjetas y las cintas de datos se gestionaban de manera similar.

Una vez que las cintas se perforaban y las instrucciones de funcionamiento se escribían, era hora de "probar" el programa. Se utilizaban ejecuciones pequeñas con entradas de muestra. A menudo, no salían bien. La máquina podía detenerse, atascarse, imprimir basura o colgarse (en inglés se utiliza la palabra "*crash*", chocar, que se adoptó debido al sonido producido por determinados modos de fallo que según Hopper era similar al de un avión chocando con un edificio).

Al principio de una prueba, los operadores sacaban una alfombra de oración islámica, la ponían mirando al este y rezaban para tener éxito. Después, ejecutaban la prueba. Si salía mal, escribían todos los valores de los 72 registros, anotaban la posición de la cinta que había fallado y enviaban esa "descarga de datos" a los programadores para que hiciesen un diagnóstico y propusiesen soluciones.

La propia máquina podía sufrir fallos mecánicos. A menudo, estos eran muy sutiles. Los contactos se corroían; los cepillos se doblaban; a veces, se quedaban atrapados bichos (en inglés, *bugs*) en la máquina. Una de sus mejores herramientas de diagnóstico era el espejito de mano de Hopper que se utilizaba para inspeccionar contactos y mecanismos que eran difíciles de ver.

Tanto los problemas de software como los de hardware se diagnosticaban con frecuencia escuchando sin más la máquina mientras funcionaba. Era posible oír cuándo se incrementaban los contadores o se acoplaban los embragues. Un operador o programador muy familiarizado con el funcionamiento interno de la máquina podía detectar cuándo este hacía el sonido equivocado en el momento correcto o el sonido correcto en el momento equivocado.

Si la prueba producía una salida, los resultados debían comprobarse a mano con calculadoras de sobremesa. Podía ser un proceso largo y propenso a errores. Por eso, Hopper instituyó una disciplina para utilizar la máquina para que se comprobase a sí misma.[14] Escribían secuencias de instrucciones que comprobaría la salida con mayor rapidez que los humanos.

Una vez que el programa estaba funcionando, la salida típica solía ser solo una lista larga de números impresos en un teletipo. Entonces, los humanos cogían esa impresión, la interpretaban y la convertían en informes y documentos para que otros humanos los consumiesen. Hopper aprendió a utilizar la máquina para contar números de página y columnas y añadir espacio y finales de línea para dar formato a la salida y hacer que el trabajo de los humanos fuese más fácil y menos propenso a errores. El comandante Aiken estaba furioso porque Hopper perdiese tiempo en cuestiones de formato, pero, al final, ella lo convenció de que aplicar formato ahorraba tiempo y evitaba tener que repetir el trabajo.

La máquina era imposiblemente lenta. Los programas podían ejecutarse durante días o semanas, así que Hopper y su equipo inventaron la canalización y el multiprocesamiento. Por ejemplo, el multiplicador podía tardar 10 segundos en producir un resultado. En este tiempo, la máquina podría ejecutar 30 instrucciones, así que buscaron la manera de utilizar esos ciclos intermedios para preparar la siguiente fase del problema mientras la operación lenta estaba realizándose.

Por supuesto, eso hacía los programas mucho más complicados. Ahora tenían múltiples procesos en ejecución y debían tener mucho cuidado al contar los ciclos y garantizar que las instrucciones no interferían entre sí.

Para empeorar las cosas, algunas operaciones que duraban mucho tiempo utilizaban el *bus* en momentos concretos de su procesamiento, así que los programadores tenían que cronometrar con cuidado las instrucciones intermedias para evitar la colisión de *buses*.

14. Un presagio del TDD (*test-driven development*, desarrollo guiado por pruebas).

Pese a la complejidad y el riesgo asociado, esos esfuerzos producían mejoras en el rendimiento de hasta un 36 por ciento. Cuando un programa tarda tres semanas en ejecutarse, se trata de una mejora significativa.

Mientras tanto, el flujo de tareas nunca cesaba y todas tenían que estar hechas para ayer. Había incluso un teléfono especial conectado directamente a la Oficina de Artillería (Bureau of Ordenance) en Washington, D.C. Cuando ese teléfono sonaba, por lo general significaba que había que adelantar fechas y reducir plazos.

El trabajo era tan exigente que, a menudo, el equipo no podía acudir a la cantina y tenían que buscar comida a última hora de la noche, así que Hopper mantenía una reserva de comida en su oficina y hacía que uno de los marineros alistados la repusiera cada semana.

Ese era el mundo en el que Hopper y su equipo trabajaban. Y era un mundo infernal en guerra 24/7. Por suerte, desarrollaron y mantuvieron una disciplina apropiada para "perder la noción de lo que estaban haciendo".[15] Eran capaces de mantener esa máquina realizando un trabajo productivo con un periodo de funcionamiento del 95 por ciento.

Como resultado del modo en que organizaba el equipo y mantenía las disciplinas apropiadas, al final el comandante Aiken puso a Hopper al mando de toda la operación del Mark I.

SUBRUTINAS: 1944-1946

Los tipos de trabajos que se daban al Mark I eran de naturaleza matemática y tenían una densidad de datos muy elevada. Se les pedía que creasen tablas de tiro para artillería naval y de tierra, tablas de navegación para fechas y ubicaciones en el mar y una plétora de tareas variadas. Por supuesto, eso significaba que había muchas subtareas que esos problemas tenían en común.

Al principio, solo dejaban a un lado fragmentos de código como material de referencia para problemas futuros. Guardaban esos fragmentos, también llamados rutinas, en sus cuadernos de ingeniería individuales. Pero, con el paso del tiempo, se dieron cuenta de que podían reutilizar esas rutinas casi palabra por palabra, así que las reunieron en una biblioteca.

15. La cita de Turing en el capítulo anterior.

Por supuesto, estas rutinas operaban sobre los registros en el Mark I y, en cada programa, era probable que operasen en registros diferentes. Por ejemplo, si había un fragmento que calculaba 2sen(x), ese fragmento necesitaba saber en qué registro estaba almacenado x. En un programa podría ser el registro 31, y en otro podría ser el registro 42. Así pues, el equipo adoptó la convención de basar los registros en las rutinas de su biblioteca en cero. De ese modo, cuando copiaban las rutinas en un programa, solo tenían que añadir las direcciones "reubicables" en la rutina a la base de registro real utilizada en el programa. Llamaron a esto "codificación relativa".

Naturalmente, todas estas copias y adiciones se hacían a mano en hojas de codificación. Sin embargo, ahorraban una cantidad de tiempo enorme. Hopper empezó a ver los programas como ensamblajes de esas rutinas unidas por un código extra que hoy en día llamaríamos "código pegamento".

Pese a la amplia biblioteca de subrutinas que crearon, las limitaciones operativas eran desalentadoras. Los bucles se completaban deteniendo y reposicionando o simplemente repitiendo el mismo segmento de código una y otra vez en la cinta. Los bucles y las operaciones condicionales creaban una carga de trabajo operativa que era casi insoportable. La situación llegó a su punto crítico cuando John von Neumann pidió al equipo que calculase los resultados de las ecuaciones diferenciales que describían la implosión del núcleo de plutonio de una bomba atómica.

Este problema requería cientos de intervenciones y manipulaciones de los operadores solo para ocuparse de los bucles y las operaciones condicionales del problema. Al final, el cálculo tuvo éxito, pero todos los implicados, incluido Von Neumann, se dieron cuenta de que tenía que haber un modo mejor.

Así, en el verano de 1946, Richard Bloch, el número dos de Hopper, empezó a trabajar en un hardware que permitiría al Mark I leer de hasta diez lectores de cinta de papel diferentes. Se añadieron instrucciones que cambiarían de un lector a otro y permitirían que la rutina en el nuevo lector se ejecutase. Las cintas en estos lectores extra eran "relativas" y el Mark I se encargaba de reubicar las direcciones de los registros. Así, implementaron una biblioteca de subrutinas reubicables en línea.

Pero Hopper veía algo más. Veía cada una de las rutinas como nuevos comandos que un programador podía especificar sin preocuparse por el código real dentro de esos comandos. La idea de un "compilador" estaba empezando a tomar forma en su mente.

EL SIMPOSIO: 1947

La seguridad y el secretismo impuestos requeridos por la guerra impedían que los distintos equipos que investigaban y manejaban los ordenadores se comunicasen.

La gente del ENIAC no había sabido nada de la gente del Mark I durante la guerra, y viceversa. El único punto de contacto entre los dos grupos era John von Neumann, y él tenía órdenes estrictas de guardarse la información para sí mismo.

Pero, después de la guerra, se levantó el velo del secretismo y los pequeños grupos de personas implicadas en el trabajo con ordenadores empezaron a hablar entre sí.

Ahora, Aiken había desviado su atención desde las operaciones en tiempos de guerra a los ascensos y las relaciones públicas. Se veía a sí mismo como el descendiente lógico de Charles Babbage, y veía a Hopper como su Ada. Hopper siempre estaba dispuesta a complacer a Aiken, así que aceptó ese papel participando en giras de conferencias y visitando a personas importantes. Y se le daba bien. Era una educadora nata y una conferenciante inspiradora, por lo que esas giras eran muy populares.

Aiken vio una oportunidad para que su equipo de Harvard liderase el camino de la informática, así que invitó a investigadores y partes interesadas del mundo académico, empresarial y militar a un simposio llamado "Maquinaria de cálculo digital a gran escala". Asistieron personas del MIT, Princeton, GE, NCR, IBM y la Marina. Aiken invitó incluso al nieto de Charles Babbage para que diese una charla, añadiendo así más peso a su asociación con Babbage.

A Aiken le gustaba que lo considerasen el "sucesor intelectual" de Babbage, que fue Profesor Lucasiano de matemáticas en Cambridge, el mismo puesto que ocupó Isaac Newton. Sin embargo, en años posteriores, Hopper dijo que Aiken oyó hablar de Babbage mucho tiempo después de que el Mark I empezase a funcionar, así que su invento no estaba inspirado por Babbage.

Aiken presentó el Mark I a los asistentes y se atribuyó el mérito del diseño y la implementación. No hubo ningún reconocimiento para IBM. Thomas J. Watson, que estaba entre el público, se puso furioso; al fin y al cabo, IBM había diseñado, construido y financiado ese proyecto. Entonces, Watson planeó su venganza.[16]

---

16. Consulte el capítulo 5. Lorenzo, p. 30.

Pese a esa metedura de pata, el simposio tuvo un éxito arrollador. Se hicieron demostraciones con el Mark I. Bloch habló sobre el hardware que permitía múltiples subrutinas y ramificación. Pero el tema real del simposio era la memoria.

La gente de ENIAC había mostrado que un ordenador electrónico que utilizaba tubos de vacío podía mantenerse en funcionamiento y era al menos 1.500 veces más rápido que el Mark I. El problema con el ENIAC, que Von Neumann señaló, era que el tiempo de configuración para el ENIAC era más largo que la programación y el tiempo de ejecución del Mark I.

El ENIAC no se programaba de la misma manera que el Mark I. No se le daba un torrente de instrucciones para ejecutar. El ENIAC se programaba del modo en que se programaban los ordenadores analógicos de la época, con cables y tableros de conexiones. Esto limitaba mucho lo que podía hacer el ENIAC en una ejecución dada e imponía tiempos de reconfiguración muy largos entre ejecuciones.

Un problema del tamaño de los cálculos de implosión de Von Neumann habría tardado más en el ENIAC que en el Mark I.

Si se hubiera dado al ENIAC un lector de cinta de papel del tipo utilizado por el Mark I, la velocidad de cálculo de la máquina superaría con mucha diferencia a la capacidad del lector de cinta de papel para leer las instrucciones. La máquina se quedaría simplemente esperando durante 100 milisegundos o más entre instrucciones, lo que haría que fuese solo un poco más rápida que el Mark I.

La solución estaba clara. Von Neumann había descrito esa solución en junio de 1945 en su primer borrador de un informe sobre el EDVAC. El programa tenía que almacenarse en una memoria que fuese tan rápida como el propio ordenador. Puesto que el ordenador debía tener memoria para almacenar valores, esa misma memoria también podría almacenar el programa.

Pero ¿qué clase de memoria utilizar? Algunas personas pensaban que los bits podían almacenarse en ondas sonoras de mercurio; otras creían que los tambores magnéticos o los tambores electrostáticos serían opciones mejores. Se plantearon incluso los tubos de rayos catódicos y la memoria fotográfica.

Pero, a pesar de esos debates y deliberaciones de alto nivel, la conferencia "real" tuvo lugar a altas horas de la noche en el bar. Respecto a aquellas charlas aderezadas por el alcohol, Hopper dijo: "No creo que ninguno [de nosotros] dejase de hablar en ningún momento. Todos nos quedamos despiertos toda la noche hablando de cosas. Era una conversación constante".[17]

17. Beyer, p. 154.

Gran parte de esta conversación no oficial trataba sobre los usos potenciales de los ordenadores. Hablaron de comandos y control automatizados, aeronáutica, medicina, seguros y todo tipo de aplicaciones empresariales y sociales. También les preocupaba saber dónde iban a encontrar todos los programadores que necesitarían.

A Aiken no le convenció el argumento de la memoria frente a la velocidad. Consideraba que la velocidad de lo electrónico era superflua y que el futuro de la informática era electromecánico. Y, así, una a una, las personas que habían estado bajo su mando durante la guerra, y bajo su dirección después de la guerra, se marcharon para encontrar oportunidades mejores en otra parte.

La lealtad de Hopper hacia Aiken era tal que se quedó otro año, más o menos. Pero los indicios eran muy claros. Había múltiples empresas construyendo ordenadores de programas almacenados y muchas de ellas empezaron a ofrecerle empleos muy bien pagados. También estaba recibiendo ofertas de usuarios de alto perfil, como la Oficina de Investigación Naval.

En el verano de 1949, aceptó un trabajo en una empresa emergente llamada The Eckert and Mauchly Computer Corporation (EMCC), fundada por los dos inventores del ENIAC. Su objetivo era construir el ordenador automático universal (*UNIVersal Automatic Computer*, UNIVAC).

EL UNIVAC: 1949-1951

Cuando Hopper se unió a EMCC, no había UNIVAC. Aún faltaba más de un año para que existiese. Pero tenían una versión más pequeña del UNIVAC en funcionamiento, llamada BINAC. EMCC estaba creando el BINAC para la Northrup Aviation. El BINAC era una máquina binaria. El UNIVAC iba a ser una máquina decimal.

El UNIVAC I se construyó con 6.000 tubos de vacío, pesaba más de 7 toneladas y consumía 125 kilovatios de electricidad.

Tenía 1.000 palabras de 72 bits[18] almacenadas en líneas de retardo de mercurio que tenían que mantenerse a una temperatura constante de 40 °C. Cada palabra albergaba, bien dos instrucciones, bien un valor de 12 caracteres. Cada carácter tenía 6 bits y era alfanumérico. Una palabra albergaba un valor numérico si los 12 caracteres eran números.

18. Esté atento a ese número: 72. Quizá le sorprenda con qué frecuencia y en qué contexto lo encuentra.

Los miles de tubos de vacío calientes y los tanques de mercurio a 40 °C provocaban que hiciese tanto calor en la planta de montaje sin aire acondicionado que los trabajadores del UNIVAC tenían que quedarse en camiseta y pantalón corto y mojarse frecuentemente con botellas de agua.

Las líneas de retardo de mercurio almacenan bits en las ondas sonoras que se propagan a través de un tubo de mercurio. Un altavoz deposita bits en un extremo y un micrófono los recoge en el otro. Así, la memoria es una secuencia rotatoria de bits y el tiempo de obtención era la media de la latencia rotacional. Esto permitía al UNIVAC ejecutar hasta 1.905 instrucciones por segundo.

La unidad aritmética tenía cuatro registros: *rA*, *rX*, *rL* y *rF*. Cada uno podía albergar una sola palabra y se utilizaban para albergar los operandos y resultados de operaciones aritméticas. La máquina podía sumar dos números de 12 dígitos en 525 µs, y podía multiplicarlos en 2.150 µs.

El código alfanumérico para los dígitos decimales se codificaba en XS-3, que es BCD (*binary-encoded decimal*, decimal codificado en binario) más 3. Sí, ha leído bien. Así 0 = 00112, 1 = 01002, 5 = 10002, etc. ¿Por qué XS-3?, se preguntará. Bueno, resulta que el UNIVAC I restaba sumando el complemento a nueve, y es muy fácil tomar el complemento a nueve de XS-3 con solo invertir los bits. Pruebe y verá.

Esto deja la complicación menor de que cada suma tiene como resultado un número que es tres demasiado grande, así que UNIVAC debía tener circuitos para restar tres después de cada suma. (No haga más preguntas sobre esto; acabará perdiendo la cabeza).

Puede que le parezca que 1.000 palabras no bastan para hacer mucho, y tendría razón. Por eso, el UNIVAC I también tenía una matriz de unidades de cinta magnética a las que llamaron UNISERVO. Estas unidades albergaban cintas con una capacidad de 2 millones de caracteres (los caracteres eran bits; en aquella época todavía no conocían los bytes). La velocidad de transferencia era de 1.200 caracteres por segundo en bloques de 60 palabras.

A Hopper la contrataron por su experiencia en programación y gestión. Por supuesto, se trataba de una empresa emergente y, en una empresa emergente, todo el mundo hace de todo. Hopper enseguida formó equipo con Betty Snyder,[19] una de los programadores originales del ENIAC. Snyder introdujo a Hopper en el uso de los diagramas de flujo para planear el control de los programas.

19. Frances Elizabeth Snyder Holberton (1917-2001).

Los diagramas de flujo se utilizaban porque, en un ordenador de programas almacenados, el flujo de un programa puede llegar a ser muy complicado, sobre todo cuando los programas modifican sus propias instrucciones. Esa automodificación era necesaria cuando se programaba el UNIVAC porque la máquina no tenía direccionamiento indirecto.[20]

Sin direccionamiento indirecto, la única manera de que un programa pueda leer una matriz secuencial de palabra es incrementar la dirección dentro de la instrucción que lee las palabras. Así pues, gran parte de los esfuerzos de los programadores consistían en gestionar esas instrucciones modificadas.

El código para el UNIVAC I se escribía en hojas de codificación de una forma semimnemotécnica. Las instrucciones tenían una anchura de seis caracteres (36 bits). Los dos primeros caracteres eran la operación y los tres últimos eran una dirección de memoria y se interpretaban como dígitos decimales. El tercer carácter no se utilizaba y estaba configurado de forma convencional como el carácter 0. En la mayoría de las instrucciones, el segundo carácter de la instrucción también era 0.

Así, una instrucción tenía la forma `II0AAA` (`I` de *instruction*, instrucción, y `A` de *address*, dirección). El hecho de que las palabras albergasen caracteres significaba que las operaciones podían tener un significado mnemotécnico. Así, la instrucción B00324 hacía que el procesador trajese (`Bring`) los contenidos de la dirección 324 tanto a *rA* como a *rX*. La instrucción `H00926` hacía que el procesador almacenase (`Hold`) el valor de *rA* en la ubicación 926. La instrucción `C00123` almacenaba el valor del registro *rA* en la ubicación 123 y borraba (`Cleared`) rA.

`A` significaba *Add* (sumar), `S` era *Subtract* (restar), `M` era *Multiply* (multiplicar), `D` era *Divide* (dividir) y `U` era *Unconditional Jump* (salto incondicional). Por supuesto, como sabrá cualquier buen usuario de Emacs, después de un rato nos quedamos sin letras significativas. Así, `J` significaba almacenar *rX*, `X` significaba sumar *rX* a *rA* (la dirección se ignoraba), `5` imprimía los 12 caracteres en la palabra referenciada y `9` detenía la máquina. Y, por supuesto, había muchas otras instrucciones.

Los programadores escribían las instrucciones en un formulario de codificación, pero las escribían en parejas porque, como quizá recuerde de antes, cada palabra albergaba dos instrucciones.

Por tanto, un programa para sumar los contenidos de 882, 883, 884 y 885 y almacenar la suma en 886 podía tener este aspecto:

20. Dicho de otro modo, no había manera de desreferenciar un puntero. Había que modificar la dirección dentro de una instrucción.

```
B00882        Bring 882 into rA
       A00883 Add 883 to rA
A00884        Add 884 to rA
       A00885 Add 885 to rA
H00886        Hold rA in 886
       900000 Halt
```

Había unas cuantas complicaciones que estaban relacionadas con los ciclos internos de la máquina. Por ejemplo, determinadas instrucciones tenían que ejecutarse desde la posición uno de una palabra. Por eso, la instrucción `0` se llamaba *skip* (omitir). Hoy la llamaríamos `nop`. No hacía nada y permitía a los programadores alinear instrucciones si era necesario. Las instrucciones de salto siempre transferían el control a la primera instrucción de la palabra referenciada, así que alinear bucles y condicionales utilizando *skip* era bastante importante.

Aquí, por ejemplo, hay un fragmento del manual de programación. Compruebe si puede seguirlo. El símbolo ~ es la notación convencional para *skip*.

```
000   500003
                 ~
001   B00000
                 A00005
002   C00000
                 U00000
-----------------------
003   ΔΔELEC
                 TRONIC   ⎫
004   ΔCOMPU              ⎪
                 TER.ΔΔ   ⎬ Constantes
005   000001              ⎪
                 900000   ⎭
```

La ejecución de este código imprimirá:

ELECTRONIC COMPUTER.

y detendrá el ordenador.

Vale, voy a ayudarle. `500003` imprime los contenidos de la ubicación 3, que es la cadena `" ELECTRONIC"`[21]. Después, ~ hace el salto. `B00000` trae los contenidos de la ubicación 0, que es la instrucción `500003`, a *rA*. Después, `A00005` añade el contenido de la ubicación 5, que es `000001900000`, a *rA*, haciendo que ahora tenga el valor `500004900000`. Entonces, este valor es almacenado por la instrucción `C00000` otra vez en la ubicación 0. Y, por último, la instrucción `U00000` salta

21. No había minúsculas en aquellos tiempos.

incondicionalmente a la ubicación 0. Pero, ahora, la ubicación 0 tiene `500004` como su primera instrucción, lo que imprime la cadena " `COMPUTER.` " y, después, se ejecuta `900000` en la segunda mitad de la ubicación 0, lo cual detiene la máquina.

¿Lo pilla? ¿Entiende por qué *skip* era necesario? ¿Ya tiene miedo? Debería.[22]

En cualquier caso, a esto es a lo que se enfrentaban Hopper y Snyder, y esa es la razón por la que necesitaban la ayuda de los diagramas de flujo. Respecto a la ayuda de Snyder, Hopper dijo: "Ella [...] me hizo pensar en otra dimensión, porque todos los programas del Mark [I] habían sido lineales".[23]

El lenguaje del UNIVAC I que acabo de mostrarle se conocía cariñosamente como C-10. Las palabras de las instrucciones se tecleaban en una consola que escribía en una cinta magnética. Después, esa cinta podía leerse en el UNIVAC I y ejecutarse. Hoy diríamos que el lenguaje C-10 era una especie de lenguaje ensamblador muy primitivo, incluso aunque no hubiese un programa ensamblador que convirtiese la fuente a binario. La fuente y el binario eran iguales debido a la convención del UNIVAC I de almacenar 12 caracteres alfanuméricos por palabra.

El uso de los códigos mnemotécnicos y las direcciones decimales tuvo un profundo efecto en Hopper. Escribir `A` para `Add` en vez de recordar y escribir los códigos numéricos utilizados por el Mark I hacía la programación mucho más fácil. Dijo: "Me sentí como si hubiese adquirido toda la libertad y todos los placeres del mundo; el código de las instrucciones era hermoso".[24]

No sé si le parecerá que el código que hemos visto antes es hermoso. Si lo piensa, creo que quizá requiera atención médica. Pero no es difícil entender por qué Hopper, que venía de la austeridad extrema del Mark I, lo pensaba.

Después de aprender a hacer diagramas de flujo y el C-10, la función de Hopper era dirigir a un equipo de programadores para escribir una biblioteca de subrutinas y aplicaciones útiles para el UNIVAC I, una máquina que todavía no existía. Aquí fue donde su experiencia con la biblioteca de subrutinas del Mark I, y la estrategia de utilizar el direccionamiento relativo, dieron grandes frutos. Ahora no eran solo las direcciones de 72 registros lo que había que gestionar; eran las 1.000 palabras que incluían las direcciones de las instrucciones en sí. Mantener todas las subrutinas relativas era esencial para mantener la cordura.

Recuerde que estas subrutinas las copiaban a mano en el código los programadores. Todo ese direccionamiento relativo tenía que resolverse a mano.

---

22. Estoy canalizando a Yoda.

23. Beyer, p. 193.

24. Beyer, p. 194.

La máquina BINAC estaba disponible para probar algunas de esas subrutinas, pero era una máquina muy diferente. Tenía 512 palabras de 30 bits y hacía todos sus cálculos en binario. Las palabras de 30 bits no se organizaban en caracteres alfanuméricos de 6 bits, así que las instrucciones eran códigos numéricos, más que mnemotecnia alfanumérica.

No obstante, el equipo de Hopper escribía las subrutinas en C-10 y, después, las traducía para el BINAC y las probaba ahí.

Por supuesto, la máquina BINAC todavía estaba en producción. Dudo que la tuvieran a su disposición de inmediato y es probable que tuviese que negociar "tiempo en la máquina" con todas las demás personas que estaban intentando tener la máquina lista para enviarla a Northrup. Probablemente, el envío de la máquina tenía prioridad sobre las pruebas de una biblioteca de subrutinas para cuya aplicación aún faltaba un año.

Sin embargo, la carga descomunal de trabajo que conllevaba preparar esta biblioteca para el UNIVAC I convenció a Hopper de que le faltaba mucho personal. Simplemente, no había suficientes programadores buenos[25] en el mundo, así que decidió que iba a tener que crearlos.

Hopper y Mauchly trabajaron juntos para crear pruebas de aptitud. Se pusieron de acuerdo acerca de 12 características deseables y tres esenciales que debería tener un buen programador. Entre ellas se incluían rasgos bastante obvios, como la creatividad y el razonamiento concienzudo. Poco a poco, empezaron a formar y añadir programadores a su equipo.

LA ORDENACIÓN Y EL INICIO DE LOS COMPILADORES

Mientras tanto, Betty Snyder hizo un gran avance. El equipo de ventas de IBM de aquel entonces estaba diciendo a la industria que los ordenadores no podían ordenar los registros en cinta magnética porque no se pueden mover las cosas por la cinta igual que se mueven las tarjetas, así que Snyder escribió el primer programa de ordenación por mezclas (*merge sort*) que ordenaba registros en cinta magnética.

Creó este algoritmo ordenando tarjetas en el suelo y asignándolas a la gestión de varias unidades de cinta UNISERVO conectadas al UNIVAC I.[26]

---

25. Matemáticos capacitados, como había dicho Turing.

26. En realidad, lo hizo funcionar por primera vez en el BINAC.

Entonces tuvo una idea que tendría profundas implicaciones. La ordenación funciona con parámetros. Si vamos a ordenar un montón de registros, necesitamos conocer la ubicación y el tamaño de los campos que contienen las claves de ordenación, así como la dirección de la ordenación. De modo que Snyder escribió un programa que tomaría estos parámetros y luego (espere... espere...) generaría un programa que ordenaría los registros.

Así es, damas y caballeros, escribió el primer programa que escribía otro programa basándose en parámetros. En cierto sentido, fue el primer compilador. Compilaba parámetros de ordenación en un programa de ordenación.

Esto dio que pensar a Hopper.

ALCOHOL: APROXIMADAMENTE 1949

Los años en torno a 1949 fueron tiempos difíciles para Hopper. Era una mujer de mediana edad que lo había dejado todo, incluidos su marido y su carrera, para entrar en un campo nuevo y volátil con una arriesgada empresa emergente. Aquella empresa, EMCC, no iba bien. Las finanzas eran precarias en el mejor de los casos, y rondaba la quiebra. Los contratos llegaban tarde y carecían de fondos suficientes. La EMCC subestimó el coste de construcción de un UNIVAC por un factor de tres o más.

Al final, Remington Rand compró la empresa por un precio irrisorio. Su director de investigación avanzada, Leslie Groves,[27] pensaba que todo el concepto no estaba probado y era poco fiable.

El estrés acabó pasando factura a Hopper, que recayó gravemente en el alcoholismo. La primera mujer graduada en Yale, con un doctorado en matemáticas, una de las primeras oficiales navales y una pionera con talento y alta ejecutiva en el campo de la programación informática cayó tan bajo que andaba escondiendo botellas de alcohol por la oficina.

Era imposible ocultar su adicción. Los rumores de que "empinaba el codo" circulaban por la oficina y entre amigos y conocidos. De hecho, a veces sus episodios de embriaguez eran tan graves y la dejaban tan debilitada que tenía que suplicar a amigos que se quedasen con ella hasta que se recuperase.

Al acercarse el invierno de 1949, fue arrestada por embriaguez y alteración del orden público. Fue enviada al Philadelphia General Hospital y luego puesta en libertad bajo custodia de un amigo. Se planteó el suicidio.

27. Sí, ESE Leslie Groves. Ya sabe, el general que supervisó el Proyecto Manhattan.

Edmund Berkeley, el amigo que se hizo cargo de la custodia, escribió una carta de intervención abierta a Hopper. La envió a algunos de sus amigos, y también a su jefe, John Mauchly. En esa carta, afirmaba:

> "Muchas otras personas y yo sabemos muy bien la maravillosa capacidad intelectual y emocional que tienes. Incluso cuando funcionas bien solo el 70 por ciento del tiempo... Imagino las cosas maravillosas que podrías lograr con el 30 por ciento restante de tu tiempo (ahora desperdiciado)...".[28]

COMPILADORES: 1951-1952

¿Cómo se vende un ordenador a alguien que no tiene ni idea de lo que es un ordenador? ¿Cómo se les convence para pagar millones de dólares por algo que les requerirá gastar otros tantos millones en programadores solo para que hagan funcionar el cacharro? ¿De dónde se sacan esos brillantes programadores, para empezar?

Si ha seguido mi explicación del lenguaje C-10 en el apartado anterior, es probable que vea el problema. La programación en ese lenguaje requería "un gran número de matemáticos capacitados", y esa gente no crece en los árboles.

Pese a todo, había clientes en abundancia. Para 1950, todo el mundo veía la potencia y los beneficios de estas máquinas, pero nadie tenía la más remota idea de cómo usarlas. Y esto incluía al equipo de ventas de Remington Rand, que acababa de comprar EMCC. Aquellos comerciales no sabían nada sobre estas máquinas y se mostraban reacios a mencionarlas siquiera a sus clientes.

Un cliente dijo que la única manera de que un comercial de UNIVAC le hablase era invitándole a tomar algo fuera del trabajo.[29]

Para empeorarlo más todavía, cuando se hacía una venta, asaltaban al equipo de Hopper para que ayudase al nuevo cliente a escribir los programas que necesitaba.

Nadie había entendido la cantidad de trabajo que llevaba dar soporte a los clientes de estas máquinas. Con frecuencia, llamaban a la propia Hopper para que pasase tiempo con los clientes, instruyéndoles en las disciplinas necesarias para crear software funcional.

---

28. Beyer, p. 207.

29. Beyer, p. 207.

En el poco tiempo libre que podía encontrar, daba vueltas en la cabeza al generador de ordenación de Betty Snyder. Si un programa podía generar otro programa a partir de un conjunto de parámetros, ¿había un conjunto de parámetros para fines más generales a partir del cual un programa pudiese generar otro? ¿Se podría enseñar a un ordenador a generar programas de manera automática?

En mayo de 1952, presentó un artículo[30] ante la ACM.[31] El artículo se llamaba "The Education of a Computer" y acuñaba el término "programación automática". La programación automática es el uso de un ordenador para traducir lenguajes de nivel más alto a código ejecutable. Dicho de otro modo, es lo que hacemos hoy en día. Todos somos programadores automáticos.

En este artículo, Hopper esbozaba la idea. Escribió: "El objetivo actual es reemplazar, en la medida de lo posible, el cerebro humano por un ordenador digital electrónico". Esa afirmación no resultó sorprendente para el público ni debería serlo para nosotros. Todos utilizamos ordenadores para reemplazar cerebros humanos, aunque quizá reemplazar no sea la palabra adecuada. Tal vez sería mejor utilizar "aliviar".

Todos utilizamos ordenadores para aliviar la pesada carga de usar nuestros cerebros para trabajos mundanos y repetitivos. ¿Quién quiere multiplicar números de 6 dígitos sin la ayuda de una calculadora?

Pero, en su artículo, Hopper lleva esta idea a un nivel más profundo. Dice que el ordenador quita al matemático la tarea aritmética y la sustituye por la tarea de escribir el programa. Aunque puede ser estimulante al principio, "la novedad se va desgastando y se convierte en el trabajo aburrido de escribir y comprobar programas".

Después, afirma: "El sentido común dice [que] el programador vuelve a ser un matemático". Dice que eso será posible proporcionando al matemático un "catálogo de subrutinas" que el matemático puede entretejer para resolver el problema que tiene entre manos. (Meses después, llamaría a esa especificación entretejida "pseudocódigo"). Decía que el ordenador podría entonces ejecutar una "rutina de compilación" que tomaría las subrutinas especificadas por el matemático y produciría el programa que el matemático desease. Llamó a esto "rutina de compilación de tipo A".

30. Consulte la sección "Referencias" de este capítulo.

31. Association for Computing Machinery, una organización que ella había ayudado a formar y que había dirigido solo unos años antes.

Y, después, dejó a todo el mundo boquiabierto al decir que, obviamente, podría haber rutinas de compilación de tipo B que tomarían especificaciones de un nivel aún más alto y las compilarían para reducirlas al tipo A. Y, después, podría haber compiladores de tipo X que producirían código de tipo B. Estaba en racha.

En ese artículo, en 1952, describió el futuro completo de los lenguajes informáticos. Ahora, si lee el artículo, verá que tenía los ojos puestos en un compilador de tipo A bastante bajo. El "matemático" especificaba las subrutinas utilizando códigos numéricos y tenía que organizar de manera adecuada los argumentos y las salidas. Usted y yo seguiríamos considerando eso trabajo monótono de programación, pero, para ella, y para los programadores de la época, era revolucionario. Hablaba acerca de cómo los programas podrían construirse en horas, en vez de en semanas.

Los compiladores de tipo A

Y, así, Hopper y su equipo empezaron a trabajar en la versión 0 del compilador de tipo A: A-0. Unos meses después, estaba funcionando.

Llevó a cabo una comparación cronometrada entre un programador que utilizaba A-0 y un equipo de programadores experimentados que solo escribían código C-10 bruto. El problema consistía en producir una tabla de resultados para la función matemática simple $y = exp(-x) * sen(x/2)$.

Utilizar C-10 bruto requirió que tres programadores trabajasen algo más de 14,5 horas (~44 horas-persona). Usando A-0, un solo programador completó la tarea en 48,5 minutos. ¡Eso es un factor de más de 50!

Quizá piense que semejante comparación haría que todo el mundo estuviese dispuesto a ofrecer dinerales a Hopper para obtener una copia de A-0. Pues no. Ni de lejos. Y por dos razones.

Para empezar, los programas producidos por A-0 eran más lentos que los programas de C-10 bruto por un factor del 30 por ciento, aproximadamente. Puede no parecer mucho, pero, cuando el tiempo en el ordenador se alquila a cientos de dólares por hora, todo el mundo quiere tiempos de ejecución muy rápidos. Tenga en cuenta que, en aquel entonces, el tiempo en el ordenador costaba al menos diez veces más que el tiempo del programador.

Cuando el análisis de los costes consideraba la vida útil de un programa, resultaba que contratar a un equipo de programadores para escribir código C-10 bruto era más barato que utilizar a un programador para escribir A-0.

En segundo lugar, a los programadores les daba miedo que compiladores como A-0 pudiesen dejarlos sin trabajo. Si solo se necesita una quincuagésima parte de programadores, va a haber muchos programadores pasando hambre ahí fuera.

Pero Hopper no había terminado. A lo largo de los meses siguientes, ella y su equipo crearon A-1 y, después, A-2. Eran las mejoras que hacían que el pseudocódigo (el código fuente) fuese más fácil y menos engorroso, aunque a nosotros seguiría pareciéndonos muy primitivo. El lenguaje utilizaba "números de llamada" alfanuméricos para las subrutinas y todavía seguía el formato de palabra de 12 caracteres de C-10. Era como si Hopper viese el compilador de tipo A solo como una máquina que ejecutaba instrucciones, una especie de UNIVAC I más que un auténtico lenguaje.

Por ejemplo, `APN000006012` eleva el valor en la ubicación 0 a la potencia en la ubicación 6, y almacena el resultado en la ubicación 12. ¿Qué significa `APN`? Creo que significa *Arithmetic-Power-N* (aritmética-potencia-*N*). De manera similar, `AAO` es *Arithmetic-Add* (aritmética-sumar), `ASO` es *Arithmetic-Subtract* (aritmética-restar) y supongo que ya se imaginará qué son `AMO` y `ADO`. Todas estas son instrucciones de tres direcciones de la forma `IIIAAABBBCCC`. El `III` es el código de la instrucción, mientras que `AAA`, `BBB` y `CCC` son direcciones de memoria.[32] Por lo general, la operación implicaría a `AAA` y `BBB` y produciría el resultado en `CCC`.

Había muchas instrucciones así. `TSO`, `TCO`, `TTO` y `TAT` eran las funciones trigonométricas correspondientes a seno, coseno, tangente y arcotangente. `SQR` era la raíz cuadrada, `LAU` era el logaritmo, etc. Desde el punto de vista de Hopper, se trataba de un desarrollo muy innovador. Era algo vanguardista. Estaba compilando las llamadas a subrutinas, que había tardado meses y años en crear, en programas cortos y efectivos en una fracción de ese tiempo.

Observe el código que escribe y fíjese en que es, en su mayor parte, un ensamblaje de llamadas a funciones que llaman a otras funciones que llaman a otras funciones. Lo que hoy consideramos el árbol de llamadas de funciones todavía no se había concebido en aquel momento, pero no tardaría mucho en llegar.

LENGUAJES: 1953-1956

En este punto, Hopper empezó a vislumbrar una nueva posibilidad. Se dio cuenta de que el pseudocódigo no necesitaba estar relacionado con el hardware del ordenador.

32. A nadie se le había ocurrido todavía dar nombre a las variables o, si lo habían hecho, no creían que pudiese permitirse el almacenamiento.

No era necesario que siguiese esclavizado por la palabra de 12 caracteres del UNIVAC I. También se dio cuenta de que contextos distintos requerían simbología diferente. Aunque "sen" y "cos" tenían sentido para los matemáticos, símbolos distintos podrían tener sentido para contables o empresas. Estaba empezando a ver que la programación podría ser un lenguaje; un lenguaje humano.

Hopper no trabajaba en esto sola. Había creado una red de expertos en muchas empresas y disciplinas diferentes y fomentaba el debate activo y la conversación. La innovación prosperaba en este entorno.

La dirección de Remington Rand no estaba interesada en la innovación de los lenguajes. Desde su punto de vista, los ordenadores trabajaban con matemáticas, no con lenguaje, así que la idea era ridícula.

Mientras tanto, el problema de la escasez de personal seguía empeorando. Los programadores eran difíciles de encontrar, y aún más difíciles de formar. El coste de escribir y mantener programas en C-10 seguía disparándose con cada nueva instalación informática.

En 1953, una Grace Hopper muy frustrada escribió un informe[33] para los ejecutivos de Remington Rand, exigiendo un presupuesto para el desarrollo de los compiladores como un modo de superar los problemas de personal y de crear un entorno en el que los ordenadores pudiesen utilizarse para dar información a los directores.

Este último punto fue revolucionario. A la mayoría de los ejecutivos de principios de los años cincuenta no se le había ocurrido que un ordenador pudiera utilizarse para reunir y ordenar datos con tanta rapidez que pudieran utilizarse para tomar decisiones de mercado, ventas y operaciones en el momento justo. Pero Hopper dejó claro que esta revolución en la información para los directores sería imposible sin los compiladores.

Terminó su informe con una solicitud de un presupuesto grande y una dedicación del 100 por ciento de su personal para seguir trabajando en A-3. Y los ejecutivos cedieron ante esa demanda. Hopper se convirtió en directora del departamento de programación automática de Remington Rand.

El estilo de gestión de Hopper era colaborativo y alentador. Valoraba la creatividad y la innovación, y estaba a favor del enfoque lúdico en las soluciones.

Delegaba la responsabilidad y permitía que sus subordinados se autodirigiesen. Y, sobre todo, mantenía la visión de lo que debería ser la informática.

33. Beyer, p. 243 y ss.

En mayo de 1954, Hopper organizó un simposio sobre programación automática. Allí, vio a dos jóvenes del MIT, Neil Zierler y J. Halcombe Laning Jr., hablar sobre su compilador algebraico. Se trataba de un programa que traducía fórmulas matemáticas a código ejecutable. John Backus asistió a esa presentación y la menospreció con ironía, comparando el trabajo con la locura. Pero Hopper lo vio todo con claridad.[34]

La demostración de la simple traducción de fórmula algebraica a código convenció a Hopper de que era posible hacer mucho, mucho más. Estaba convencida de que el lenguaje adecuado podría abrir la informática a un público mucho más amplio.

Como resultado, dirigió a su equipo para que empezara a utilizar fórmulas algebraicas y palabras en inglés en vez del formato UNIVAC I de 12 caracteres. Este nuevo lenguaje, llamado MATH-MATIC, era un compilador de tipo B que compilaba a A-3. Hopper también apaciguó a los programadores de bajo nivel al permitirle aceptar sentencias directas de A-3, además de C-10.

Como podrá imaginar, una vez que está trabajando en un lenguaje como ese, 1.000 palabras de memoria pueden empezar a parecer un lugar bastante pequeño para vivir, así que el equipo de Hopper inventó un esquema de superposición que trasladaba partes del programa dentro y fuera de una cinta magnética. No era rápido, pero mitigaba las limitaciones de memoria.

Por suerte, la Marina había revelado recientemente el trabajo que había con la memoria de núcleos,[35] y la industria cambió con mucha rapidez.

Comparada con las líneas de retardo de mercurio, la memoria de tubo de rayos catódicos y la memoria de tambor, la memoria de núcleos era rápida. El tiempo de acceso se medía en microsegundos y el acceso era totalmente aleatorio. Los núcleos no eran baratos en aquella época, pero la velocidad y el método de acceso hacían que los ordenadores fuesen 100 veces más potentes que antes. Además, la memoria de núcleos era relativamente pequeña y requería poca potencia. Cabía mucha memoria en un espacio pequeño.

Incluso con ordenadores más rápidos, el tiempo de ordenador seguía siendo caro. Los compiladores como MATH-MATIC hacían que los programas fuesen más fáciles de escribir, pero también que fuesen mucho más lentos. La ventaja seguía siendo para los programadores de lenguaje de máquina bruto.

34. Actas 9:18.

35. Consulte "memoria de núcleos" en el "Glosario de términos".

En 1954, un John Backus debidamente escarmentado, junto a Harlan Herrick e Irving Ziller, se propuso crear un nuevo lenguaje. Invitaron al joven dúo del MIT, Lanning y Zierler, a hacer una demostración de su compilador algebraico. La demostración fue aterradora porque el código generado era diez veces más lento que el código producido por un programador de lenguaje de máquina.

Pero Backus ya no se amilanaba. En noviembre de 1954, presentó su propuesta para FORTRAN a su jefe en IBM. Como veremos en un capítulo posterior, hizo falta un equipo de 12 programadores trabajando 30 meses para crear un compilador que funcionase.

FORTRAN superó en popularidad a MATH-MATIC, sobre todo debido al peso de IBM. Las ventas del IBM 704 habían superado ampliamente a las de los ordenadores UNIVAC de Remington Rand. IBM tenía el viento a favor, y esa situación se mantuvo durante al menos tres décadas.

Pero Hopper ya iba un paso por delante. Tenía los ojos puestos en algo muy diferente a FORTRAN. Para ella, el objetivo era el negocio, y el lenguaje tenía que ser algo con lo que las personas de negocios estuviesen cómodas.

COBOL: 1955-1960

El número de empresas fabricantes de ordenadores proliferaron con rapidez. Hopper se dio cuenta de que lenguajes como FORTRAN y MATH-MATIC permitían que los programas fuesen transferibles. Podía hacerse que un sistema de nóminas escrito para una máquina se ejecutase en otra con alteraciones mínimas, o sin alteraciones.

Pero Hopper sentía que la forma algebraica de MATH-MATIC y FORTRAN la habían creado personas como ella: matemáticos y científicos. Temía que la sintaxis algebraica de esos lenguajes fuese una barrera para un mercado mucho más grande: las empresas. No creía que las personas de negocios hablasen el lenguaje de los matemáticos de alto nivel y sentía que no estaban acostumbradas a la simbología que utilizaban los matemáticos. Así pues, fijó su objetivo en el lenguaje de los negocios. Y ese lenguaje era... el inglés.

Esta decisión no se tomó a la ligera. Hopper y su equipo estudiaron el modo en que los departamentos de negocios de los usuarios de UNIVAC escribían acerca de sus problemas. Descubrieron que diferentes departamentos utilizaban abreviaturas distintas y que el único denominador común era el inglés simple y directo. También se dieron cuenta de que los nombres largos, a diferencia de las variables algebraicas como *x* e *y*, permitirían a los programadores empresariales decir de manera más directa lo que querían decir.

En un informe de gestión de 1955 para Remington Rand llamado "The Preliminary Definition of a Data Processing Compiler", escribió que las personas de negocios preferirían ver:

```
MULTIPLY BASE-PRICE AND DISCOUNT-PERCENT GIVING DISCOUNT-PRICE
```

en vez de:

```
A x B = C
```

Hopper y su equipo empezaron a trabajar en B-0, un lenguaje basado en el inglés. A medida que trabajaba con el lenguaje, empezó a quedar claro que un lenguaje abstracto que oculta los detalles de la máquina a los programadores permite a los programadores colaborar con mucha más libertad. El compilador asume la carga de gestionar los detalles y, así, reduce mucho la carga de la comunicación entre programadores e incluso entre equipos.

Los clientes del UNIVAC empezaron a utilizar B-0 a principios de 1958. Se extendió a clientes como US Steel, Westinghouse y la Marina, y el departamento de marketing de Sperry Rand[36] le cambió el nombre por FLOW-MATIC.

Vender este lenguaje no fue fácil. A las empresas les gustaba lo suficiente, pero los programadores seguían siendo escépticos.

Sin embargo, Hopper había pasado la mayor parte de una década nutriendo y ampliando su red de contactos con programadores y usuarios. Hopper también parecía entender que la mejor forma de ganarse el corazón de los programadores era darles código, así que distribuyó el código para el compilador de manera gratuita y escribió manuales y artículos que lo respaldaban. Muchos programadores respondieron enviándole arreglos y ampliaciones del lenguaje.

Para facilitar las comunicaciones dentro de la red y en otras redes de programadores, trabajó con la recién formada ACM para crear el primer glosario de términos para la industria informática. Este glosario incluye términos que todavía utilizamos en la actualidad. Incluso define "bit".[37]

---

36. Sperry Gyroscope se fusionó con 1955.

37. Pero no byte. Eso aún estaba por llegar.

FLOW-MATIC tuvo éxito entre los clientes de UNIVAC, pero IBM estaba trabajando en un competidor al que llamó COMTRAN, y las fuerzas militares estaban trabajando en un lenguaje llamado AIMACO. Había un temor considerable a que se estuviese construyendo una Torre de Babel y a que la industria necesitase un lenguaje común.[38]

Para 1959, las empresas estaban empezando a sentir la rapidez con la que crecía el coste de la programación, y el consenso era que un lenguaje común reduciría mucho tanto el coste del desarrollo inicial como el coste de migrar sistemas a un hardware que cambiaba y avanzaba a gran velocidad.

Hopper lideró este esfuerzo. Su primer objetivo fueron los militares. En aquella época, el Departamento de Defensa estaba operando más de 200 ordenadores de varios fabricantes y tenía casi el mismo número encargado. El coste del desarrollo de software había superado los 200 millones de dólares. Hopper convenció a Charles Phillips, el director de investigación de sistemas de datos del Departamento de Defensa, de que un lenguaje empresarial transferible que no dependiese de un tipo de hardware específico era la solución a su problema. Con su respaldo, Hopper formó CODASYL (*Conference on Data Systems and Languages*), cuya primera reunión se celebró en la primavera de 1959 en el Departamento de Defensa. A ella asistieron 40 representantes de agencias gubernamentales, corporaciones y fabricantes de ordenadores. Entre ellos se incluían Sperry Rand, IBM, RCA, GE, NCR y Honeywell, por mencionar solo algunos.

Respecto a esa reunión, Hopper afirmó: "No creo que nunca hubiese visto, ni haya vuelto a ver desde entonces, tanto poder en una sola habitación para dedicar personal y dinero".[39]

Este grupo decidió un conjunto de restricciones para el nuevo lenguaje, que incluía lo siguiente:

- Uso máximo del inglés.
- Facilidad de uso por encima de potencia de programación.
- Máquina independiente y portátil.
- Fácil para formar a nuevos programadores.

No sería difícil encontrar algún defecto en esa lista, pero vamos a dejarlo para otra sección. Al mismo tiempo, el grupo estaba totalmente en desacuerdo respecto a la notación algebraica. Una facción opinaba que los símbolos

38. Y quizá todavía lo hacemos.

39. Beyer, p. 285.

matemáticos eran naturales, incluso para los negocios. La otra insistía en que incluso operadores básicos como la multiplicación y la suma deberían explicarse en inglés.

Hopper pertenecía al último grupo y, cuando la cuestión llegó a su punto crítico unas semanas después, amenazó con abandonar el grupo si se aceptaban símbolos matemáticos en el lenguaje.

Hopper solía esforzarse por encontrar compromiso y compañerismo, y aquel juego de poder no parece propio de ella. Debía tratarse de algo que provocaba un sentimiento muy fuerte en ella. En retrospectiva, no está claro que debiese haberlo hecho.

Hopper ganó la batalla, al menos a corto plazo, y el comité del lenguaje creó el *Common Business Oriented Language* (COBOL, lenguaje común orientado a negocios).

COBOL era un híbrido de muchos lenguajes e ideas diferentes. FLOW-MATIC jugó un papel importante, pero se extrajo mucho de COMTRAN de IBM y de AIMACO de las Fuerzas Aéreas, que había derivado de FLOW-MATIC.

La primera compilación de un programa de COBOL que tuvo éxito se realizó el 17 de agosto de 1960.

MI DIATRIBA SOBRE COBOL

He utilizado muchos lenguajes informáticos. He escrito en una docena de ensambladores diferentes. He usado FORTRAN, PL/1, SNOBOL, BASIC, FOCAL, ALCOM, C, C++, Java, C#, F#, Smalltalk, Lua, Forth, Prolog, Clojure, y muchas docenas más. Nunca he odiado[40] un lenguaje más que COBOL. Es un lenguaje horrible. Es verboso hasta el punto de ser soporífero. Es pesado para escribirlo y mucho más para leerlo. Hace que el programa parezca un informe militar. Separa cosas que deberían estar juntas y junta cosas que deberían estar separadas. Ese lenguaje es una absoluta abominación.

Creo que el éxito arrollador del lenguaje se vio impulsado por políticas corporativas más que por la excelencia técnica. De hecho, Hopper, de manera consciente y específica, impidió que los programadores tuvieran una influencia significativa en el lenguaje y dio preferencia a usuarios y directores. Y se nota.

40. ... a menos que sea XSLT.

Esto me resulta sorprendente, puesto que Hopper era una programadora por excelencia. Imagino que pensaba que la industria nunca sería capaz de encontrar, o crear, suficientes programadores que se acercasen a su nivel de inteligencia, así que tenía que simplificar el lenguaje a un denominador común casi estúpido.

UN ÉXITO ROTUNDO

Pese a mi odio por el lenguaje, fue un éxito. Y triunfó más allá de las expectativas. Para el año 2000, se calculaba que el 80 por ciento de todo el código escrito hasta la fecha era COBOL.

Hopper continuó su exitosa e intensa carrera. Siguió siendo directora del departamento de programación automática de la división del UNIVAC en Sperry Rand hasta 1965. Continuó como científica de personal sénior y se convirtió en colaboradora de la universidad de Pensilvania. Pasó otros 20 años trabajando como directora del grupo de lenguajes de programación de la Marina.

En 1973 recibió el ascenso a capitana. Entre 1977 y 1983, la destinaron en la sede de automatización de datos de la Marina en Washington, D.C. para supervisar los últimos avances en informática. A instancias de la Cámara de Representantes, el presidente Ronald Reagan la ascendió al rango de comodoro, rango que luego pasó a ser contraalmirante.

En 1986, la contraalmirante Grace Hopper se retiró de la Marina como la oficial en activo de mayor edad en ese servicio. Digital Equipment Corporation la contrató entonces como consultora sénior, puesto que ocupó hasta su muerte en 1992, a los 85 años.

A lo largo de su vida, recibió muchos premios, incluidas la Medalla por Servicio Distinguido en la Defensa, la Legión al Mérito, la Medalla al Servicio Meritorio y la Medalla Presidencial de la Libertad (reconocimiento póstumo).

En 1969 la Data Processing Management Association la nombró el primer "Hombre del Año" de las Ciencias Informáticas.

REFERENCIAS

- Association for Computing Machinery. *First Glossary of Programming Terminology*. Committee on Nomenclature, ACM, 1954.
- Beyer, K. W. *Grace Hopper and the Invention of the Information Age*. MIT Press, 2009.

- Computer History Archives Project ("CHAP"). "Harvard Secret Computer Lab -Grace Hopper, Howard Aiken, Harvard Mark 1, 2, 3 rare IBM Calculators", 13:55. Publicado en YouTube el 2 de junio de 2024. (Disponible en el momento de escribir este libro).
- Eckert-Mauchly Computer Corp. "The BINAC". 1949. `http://archive.computerhistory.org/resources/text/Eckert_Mauchly/EckertMauchly.BINAC.1949.102646200.pdf`.
- Harvard College. *A Manual of Operation for the Automatic Sequence Controlled Calculator*. Staff of the Computation Laboratory. Harvard University Press, 1946. `https://chsi.harvard.edu/harvard-ibm-mark-1-manual`.
- Hopper, G. M. *The Education of a Computer*. Remington Rand Corp, 1952.
- Lorenzo, M. J. *The History of the Fortran Programming Language*. SE Books, 2019.
- Remington Rand. *Preliminary Manual for MATH-MATIC and ARITHMATIC Systems for Algebraic Translation and Compilation for Univac I and II*, 1957. `http://archive.computerhistory.org/resources/access/text/2016/06/102724614-05-01-acc.pdf`.
- Remington Rand, Eckert-Mauchly Division, Programming Research Section. 1955. "Automatic Programming: The A 2 Compiler System, Part 2". *Computers and Automation* 4, n.º 110: 15-28. `https://archive.org/details/sim_computers-and-people_1955-10_4_10/page/16/mode/2up`.
- Ridgway, R. K. "Compiling Routines". Remington Rand, Eckert-Mauchly Division. s. f. `https://dl.acm.org/doi/pdf/10.1145/800259.808980`.
- Sperry Rand Corporation. "Basic Programming, UNIVAC I Data Automation System", 1959. `www.bitsavers.org/pdf/univac/univac1/UNIVAC1_Programming_1959.pdf`.
- Wikipedia. "UNIVAC I". `https://en.wikipedia.org/wiki/UNIVAC_I`.
- Wilkes, M. V., Wheeler, D. J, y Gill, S. *The Preparation of Programs for an Electronic Digital Computer*, 2.ª ed. Addison-Wesley, 1957.

5

JOHN BACKUS: EL PRIMER LENGUAJE DE ALTO NIVEL

La mayoría de nosotros hemos conocido a alguien que es muy inteligente, pero carece de ambición y propósito. Viven día a día y van por la vida rompiendo las reglas con astucia y fingida inocencia. No son mala gente; simplemente no parece importarles hacia dónde van ni cómo llegarán ahí. No les preocupa el futuro.

Y entonces, un día, se activa un interruptor y de repente pasan a tener una dirección y se vuelven productivas y motivadas. Empiezan a brillar como un diamante loco.

Así era John Backus.

JOHN BACKUS, EL HOMBRE

John Warner Backus nació el 3 de diciembre de 1924. Nació con todas las comodidades y su padre fue Cecil F. Backus: un químico autodidacta hecho a sí mismo que dirigía un grupo de fábricas de nitroglicerina para la Atlas Powder Company y que acabó determinando que la razón por la que las fábricas explotaban todo el tiempo eran los termómetros defectuosos que la empresa había comprado a Alemania. La vida familiar de John no era nada satisfactoria.[1]

1. Lorenzo, p. 23.

Su padre era desagradable y distante. Puede que su madre, que murió antes de que John cumpliese 9 años, abusase de él sexualmente.[2] Su madrastra era una alcohólica neurótica que a veces gritaba a los transeúntes desde la ventana.

De adolescente, John era un abusón al que le gustaba maltratar a sus compañeros. Al final, lo enviaron a un internado,[3] donde se dedicaba a hacer el tonto y romper todas las reglas que podía. Suspendía una y otra vez, así que tenía que quedarse en la escuela de verano, donde pasaba el tiempo navegando y divirtiéndose. Rara vez volvía a casa.

Pese a sus malas notas, logró graduarse y se matriculó en la universidad de Virginia. Estudió química a instancias de su padre, pero no completaba el trabajo en el laboratorio y apenas asistía a sus clases, ya que prefería salir de fiesta. Al final, lo expulsaron.

Era 1943, así que lo llamaron a filas y, en el ejército, lo destinaron a Fort Stewart, en Georgia. Fue en una prueba de aptitud del Ejército donde comenzó el cambio. Clavó la prueba, así que el ejército lo envió a aprender ingeniería en la universidad de Pittsburgh.

---

2. Una sospecha inducida por el LSD que creció cuando tenía más de 60 años.
3. The Hill School en Pottstown, Pensilvania.

Superó sin dificultad los cursos previos de ingeniería, pasando mucho tiempo en los bares, pero no a costa de descuidar sus estudios, que había empezado a disfrutar.

Otra prueba de aptitud convenció al ejército de que tenía madera de médico, así que lo enviaron a estudiar medicina al Haverford College, donde tuvo un gran rendimiento.

Como parte de su formación como médico, hacía una residencia de 12 horas al día en un hospital de Atlantic City. Pero, después de unos meses, un bulto que tenía en la cabeza fue diagnosticado como un tumor de crecimiento lento, cuya extirpación le dejó un orificio en el cráneo cubierto por placas de metal que no encajaban bien. Eso lo liberó de sus obligaciones como residente y lo llevó a ser licenciado con honores del ejército en 1946.

Tras su licenciatura, para poner algo de distancia entre él y su familia, se matriculó en una escuela de medicina en la ciudad de Nueva York. Mientras estaba allí, ayudó a diseñar un recambio mejor ajustado para la placa de su cabeza. Pero la escuela de medicina le resultó decepcionante. Detestaba la memorización repetitiva por la fuerza y, al final, abandonó.

Así, se encontró de nuevo sin dirección, o casi. El único interés que aún tenía era crear un sistema Hi-Fi,[4] así que utilizó la GI Bill (una ley de reajuste de militares) para conseguir una plaza en una escuela de tecnología de radio. Allí, conoció al "primer profesor bueno" que había tenido.[5]

Con la ayuda de ese profesor, Backus se dio cuenta de que le gustaban de verdad las matemáticas y, además, se le daban bastante bien. Así pues, se matriculó en el programa de posgrado de matemáticas en la universidad de Columbia.

LUCES DE COLORES QUE HIPNOTIZAN

En la primavera de 1949, mientras estudiaba para su máster en Columbia, se topó con "una cosa interesante". Un amigo suyo le había dicho que echase un vistazo a la *Selective Sequence Electronic Calculator* (SSEC, calculadora electrónica secuencial selectiva) de IBM, situada en la sala de exposiciones de IBM en la Avenida Madison.

4. Un sistema de música de alta fidelidad, a menudo estéreo. Suele encontrarse en un tocadiscos y, quizá, en una radio.

5. Lorenzo, p. 24.

Esta máquina, con sus luces parpadeantes y el clic clac de sus relés, determinó el estándar del aspecto y el sonido que debería tener un ordenador durante las décadas posteriores. Piense en el ordenador de *Star Trek*, o en Robby en *Planeta prohibido*.

La máquina SSEC era la venganza de Thomas J. Watson por el menosprecio de Howard Aiken en el simposio que presentaba el Harvard Mark I al mundo. SSEC era la manera de Watson de robar el protagonismo a Aiken.[6]

Se trataba de un conglomerado masivo de 21.000 relés y 12.500 tubos de vacío. Era un monstruo de Frankenstein en versión máquina compuesto de registros electrónicos, registros de relés y memoria perforada en cinta de papel.

Por lo general, las instrucciones se ejecutaban desde la cinta de papel, pero también podía ejecutarse desde los registros de la memoria electrónica o de relés. Los registros tenían una anchura de 76 bits y codificaban 19 dígitos BCD (*binary-encoded decimal*, decimal codificado en binario). El tiempo de suma era de 285 µs y el tiempo de multiplicación era de 20 ms. Desde la cinta de papel, podía ejecutar unas 50 instrucciones por segundo.

Aunque algunas instrucciones podían almacenarse en y ejecutarse desde sus registros, no se trataba, en realidad, de un ordenador de programas almacenados.

La máquina no estaba pensada para venderse, ni siquiera para reproducirse. Era, principalmente, el dedo de Watson en el ojo de Aiken. Se utilizaba de manera muy similar a como se usaba el Mark I y de la forma en que Babbage había concebido que se utilizasen sus máquinas: para calcular tablas.

En sus cuatro años de vida, calculó tablas de efemérides lunares e hizo cálculos GE y para la Comisión de Energía Atómica de EE. UU. Esta última la empleó en el proyecto NEPA[7] (para propulsar aeronaves con motores nucleares). También se usó para estudios sobre el flujo laminar y el modelado Montecarlo.[8]

Al final, no obstante, me parece que IBM obtuvo los mayores beneficios de esa sala de exposiciones a pie de calle en la Avenida Madison donde se exhibía la impresionante máquina con sus bobinas masivas de cinta de papel, armarios enormes de tubos de vacío, consolas futuristas llenas de luces parpadeantes y el incesante traqueteo de sus relés.

---

6. Lorenzo, p. 30.
7. *Nuclear Energy for the Propulsion of Aircraft* (energía nuclear para la propulsión de aeronaves).
8. Consulte la entrada del análisis Montecarlo en el "Glosario de términos".

Backus se quedó impresionado por las luces intermitentes, el clic clac de los relés y la evidente potencia de la máquina. Así pues, tras graduarse en Columbia con un máster en matemáticas, se presentó en la oficina de IBM a pedir trabajo y, milagrosamente, le dieron uno. Iba a ser uno de los programadores de la máquina SSEC, un trabajo que más tarde describiría como "un combate cuerpo a cuerpo".

El hombre que lo contrató era Robert Rex Seeber, Jr. Recuerde que a Seeber lo había contratado Howard Aiken para trabajar en el Mark I, pero que no se llevaban bien, probablemente porque Seeber había solicitado unas merecidas vacaciones antes de empezar. Aiken denegó esa solicitud. Seeber trabajó duro y durante muchas horas para Aiken, pero la animadversión entre ellos nunca desapareció y se volvió tan insoportable que Seeber dimitió en cuanto acabó la guerra y aceptó un trabajo en IBM para diseñar el SSEC. Parece que él y Watson tenían el mismo objetivo a la hora de ajustar cuentas con Howard Aiken.

El día que Backus fue contratado, todavía no había empezado a buscar trabajo y una representante de servicios de IBM estaba enseñándole las instalaciones. Backus le preguntó de manera informal si IBM estaba buscando personal y ella concertó en ese mismo momento una entrevista con Seeber, así que Backus, sin prepararse y desaliñado, se sentó con el inventor del SSEC. Seeber hizo a Backus resolver unos rompecabezas matemáticos y lo contrató de inmediato como programador del SSEC. Backus no tenía ni idea de qué significaba eso.

Programar el SSEC era muy similar a programar el Mark I. Las pequeñeces eran diferentes, por supuesto, pero las dos máquinas eran parecidas: calculadoras decimales gigantes dirigidas por instrucciones secuenciales perforadas de manera meticulosa en cinta de papel.[9] Era un trabajo duro, complicado, laborioso y extenuante a nivel intelectual, pero, durante dos años, a Backus le encantó. El cebo estaba echado. Backus era un programador.

SPEEDCODING Y EL 701

Con el comienzo de la Guerra de Corea, IBM se centró en satisfacer las necesidades informáticas del complejo militar/industrial. En 1952 la empresa anunció la "Calculadora de Defensa", también conocida como el IBM 701, el primer ordenador grande producido en masa.[10] Esa fue la siguiente máquina a la que se enfrentó John Backus.

El 701 era totalmente electrónico; empleaba unos 4.000 tubos de vacío. También era un ordenador de programas almacenados, que utilizaba 72 tubos Williams[11] electrostáticos, cada uno de los cuales albergaba 1.024 bits. El tamaño de palabra era de 36 bits, así que la máquina podía almacenar 2.084 palabras. Eso era ampliable a 4.096 si se añadía un segundo panel de 72 tubos Williams. Estos tubos podían leer y escribir memoria en ciclos de 12 µs, dando a la máquina un tiempo de suma de unos 60 µs y un tiempo de multiplicación de unos 456 µs. En general, la máquina podía ejecutar alrededor de 14.000 instrucciones por segundo.

Los periféricos incluían memoria de tambor y de cinta, una impresora y un lector/perforador de tarjetas. La máquina se alquilaba por 15.000 dólares al mes.

La máquina tenía un solo registro acumulador de 36 bits y otro registro multiplicador/cociente de 36 bits. Las instrucciones tenían una anchura de 18 bits con un bit de signo, un código de operación de 5 bits y una dirección de 12 bits.

¿Por qué una instrucción tendría un signo? Me alegro de que me haga esa pregunta. Verá, la máquina tenía direccionamiento a nivel de media palabra. Es decir, cada media palabra de 18 bits en la memoria electrostática era accesible

9. De manera similar al modo en que la iteración del Mark I podía crearse al pegar los dos extremos de la cinta de papel para formar un bucle. Backus describió un incidente en el que se añadió sin querer medio giro, convirtiendo el bucle en una banda de Möbius. ¡La depuración fue todo un desafío!

10. Fabricaron entre 20 y 30 de estas máquinas.

11. Consulte la entrada de la memoria de tubo Williams (TRC) en el "Glosario de términos".

mediante una dirección. Sin embargo, cada palabra completa también era accesible mediante una dirección. Una dirección negativa par se refería a una palabra completa.

Una dirección positiva par se refería a la media palabra izquierda en esa dirección, y la dirección impar adyacente se refería a la media palabra derecha.

Si se instalaba el segundo panel de tubos Williams, había que configurar un bit especial "de activación" en el control del programa para especificar ese panel. Simple, ¿no?

La máquina utilizaba matemáticas binarias, pero los datos se almacenaban como signo/magnitud, en vez de como complemento a dos o complemento a uno. Así, los 35 bits más bajos de una palabra eran el valor absoluto del número. Esto, por supuesto, significaba que había ceros positivos y negativos.

El 701 no tenía registros de índice ni medios de direccionamiento indirecto. Si se quería indexar a través de la memoria, había que escribir programas que modificasen las instrucciones que accedían a la memoria.

Los datos se introducían en el 701, bien a través de los interruptores del panel delantero, bien desde las primeras 72[12] columnas de las tarjetas perforadas. Cada una de las 12 filas de una tarjeta perforada contiene 72 bits, así que una tarjeta podía contener 24 palabras de 36 bits.

El 701 estaba diseñado para el tipo de trabajo científico y matemático que necesitaban las fuerzas armadas. Su trabajo era calcular cuestiones balísticas, soluciones de tiro, tablas de navegación y asuntos similares. Por tanto, gran parte del trabajo que tenía que hacer Backus era numérico e implicaba, de forma inevitable, fracciones. Pero el 701 utilizaba matemáticas de coma fija. Controlar la coma decimal era trabajo del programador.

No había ningún compilador para el 701, y solo contaba con los ensambladores más primitivos. Así pues, Backus tenía que perforar tarjetas que correspondiesen a instrucciones numéricas que un programa cargador simple pudiese leer de forma adecuada.

Al final, el tedio espantoso de esa tarea llevó a Backus[13] a escribir un nuevo tipo de programa. Lo llamó Speedcoding y lo justificó de la siguiente manera:

---

12. ¿Alguna vez se ha preguntado por qué las ocho últimas columnas de una tarjeta de 80 columnas no se utilizaban? Era porque el 701 podía leer dos palabras de 36 bits de las primeras 72 columnas.

13. Bajo la dirección de John Sheldon, Backus supervisó al equipo que creó Speedcoding.

"Fue pura vagancia. Escribir programas era una lata; había que tener en cuenta muchísimos detalles y lidiar con cosas con las que no deberías tener que lidiar. Quería hacer que fuese más fácil".[14]

Speedcoding era un intérprete de coma flotante que consumía 310 palabras de memoria. Dividía el resto de la memoria en unas setecientas palabras de 72 bits. Cada una podía contener, bien un número de coma flotante de 72 bits, bien una instrucción de 72 bits. Cada instrucción se dividía en dos operaciones: una matemática y una lógica. Las operaciones matemáticas utilizaban tres direcciones y la operación lógica usaba otra. Esta última era a menudo un salto o un salto condicional, pero también podía incrementar o decrementar registros de índice.

¡Sí, registros de índice! La máquina virtual de Backus tenía direccionamiento indirecto real controlado por registros de índice. ¡Recorrer una lista de números no requería que el programador modificase instrucciones!

Había una serie de operaciones de E/S que aumentaban de forma drástica la conveniencia de imprimir, leer y escribir tarjetas y almacenar los datos en tambor o cinta.

Backus implementó incluso un sistema simple de registro/rastreo con tres niveles de rastreo diferentes. Esto redujo de forma drástica el tiempo de depuración.

Por otra parte, la sintaxis seguía estando muy relacionada con un ensamblador y vinculada a las tarjetas perforadas. Las tarjetas tenían campos fijos para las direcciones decimales, banderas y códigos de operación simbólicos.

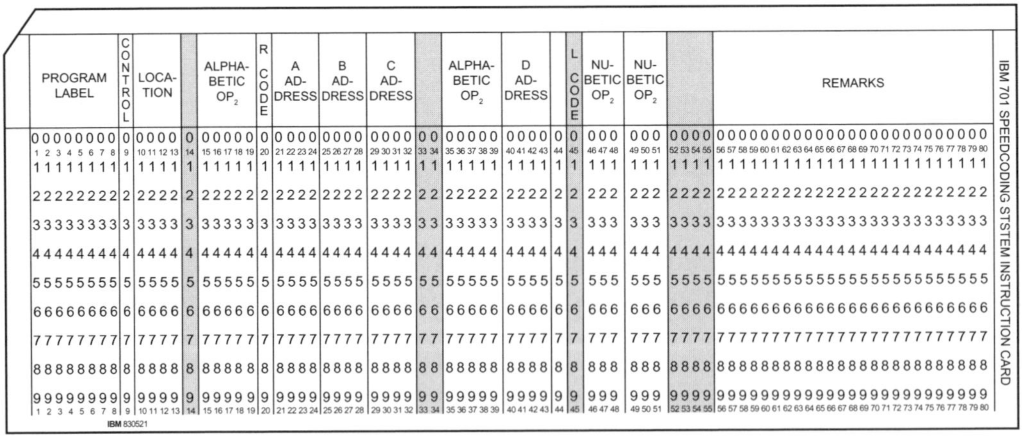

14. Lorenzo, p. 49.

Lo que era aún peor, el intérprete era lento. La suma requería 4 ms. Incluso un salto simple requería 700 µs. Las aplicaciones de Speedcoding se ejecutaban mucho más despacio que los programas codificados con eficiencia del 701.

Aun así, las ventajas estaban claras. El tiempo de programación se reducía drásticamente de semanas a horas.

Para muchas aplicaciones, la compensación entre tiempo de programación y tiempo de ejecución tenía sentido, pero, para muchas otras, no. El 701 era una máquina cara y el tiempo de ordenador era, con frecuencia, mucho más costoso que el tiempo del programador.

Pero las cosas avanzaban con rapidez. La memoria de núcleos era el sustituto evidente para los tubos Williams, y estaba haciéndose aún más obvio, debido en parte gracias a los logros de Backus con Speedcoding, que las máquinas necesitaban registros de índice, procesadores de coma flotante y espacios de direcciones más grandes. Y, así, el IBM 704 se anunció en 1954, y el 7090, basado en transistores de estado sólido, solo tardaría cuatro años en llegar.

NECESIDAD DE VELOCIDAD

Durante 1953, Backus se preocupó aún más por el coste de la programación. Las máquinas, aunque seguían siendo enormes y caras, era evidente que estaban abaratándose. Los transistores ya se vislumbraban en el horizonte y la memoria de núcleos era más rápida, densa y fiable que los tubos Williams. Así pues, el coste de alquilar o poseer un ordenador estaba empezando a reducirse, mientras que el coste de programar estaba, sin duda, al alza.

Backus también estaba al tanto de las ideas de Grace Hopper sobre la programación automática y, aunque había denigrado[15] su compilador A-0, estaba empezando a gustarle el concepto general. Su experiencia con Speedcoding le había demostrado que un cambio relativamente pequeño en la abstracción de la programación podía generar un cambio masivo en la productividad de los programadores.

Así pues, a finales de ese año, Backus escribió una circular a su jefe, Cuthbert Hurd, sugiriendo que IBM produjese un compilador para el 704, que iba a anunciarse pronto. Sugirió que podrían tardar seis meses en crearlo. Sorprendentemente, Hurd dio su aprobación, así que John Backus empezó a montar un equipo.

15. Dijo que era "torpe, se ejecutaba con lentitud y era difícil de utilizar" y, más adelante, respecto a Hopper, que "sus ideas eran tan ridículas...".

Backus entendía que el tiempo de ejecución iba a ser un factor crucial. Los programadores de esa época no iban a tolerar la lentitud 10 veces mayor de un intérprete como Speedcoding. De hecho, lo más probable es que no tolerasen una lentitud 2 veces mayor, ni 1,5 veces. En aquellos tiempos, los programadores se enorgullecían[16] de las maneras ingeniosas en que podían ganar unos pocos microsegundos en una secuencia de instrucciones.

Así, la primera regla de este nuevo esfuerzo de programación automática era crear un compilador que generase código eficiente. En realidad, el diseño del lenguaje era secundario respecto a este objetivo. La eficiencia de la ejecución era el objetivo por encima de todos los demás.

Dado este objetivo, su tarea era crear una forma de que los programadores se concentrasen en el problema en vez de en la máquina. En esencia, estaban intentando abstraer del programador los detalles de la máquina sin comprometer el tiempo de ejecución. Pero, como descubriría el equipo, los detalles del 704 no eran tan fáciles de borrar.

El equipo de Backus incluía a Irving Ziller, Harlan Herrick y Bob Nelson. Se trataba de un equipo un tanto zarrapastroso. IBM era un lugar bastante conservador, de camisa blanca y corbata prácticamente obligatorias. Pero Backus y su equipo, metidos en una zona anexa encima del decimonoveno piso, no eran tan formales. Incluso los ascensoristas bromeaban sobre su vestimenta.[17]

Trabajaban juntos en una sola habitación sin paneles separadores. Sus mesas estaban pegadas unas a otras. Estaban "unos encima de otros".[18]

Más tarde, Backus dijo: "Nos divertíamos mucho. Era un grupo de gente muy agradable. Mi trabajo principal era interrumpir partidas de ajedrez a la hora de comer porque no paraban". Mientras tanto, la directiva de IBM los dejaba a su aire. Consideraba que el proyecto era una investigación de final abierto y no esperaban realmente un resultado.

Cada cierto tiempo, alguien preguntaba qué tal iban, y el equipo respondía: "Vuelve dentro de seis meses".

La sintaxis que estaban considerando era muy simple y no estaba planeada en ningún sentido. Backus dijo una vez: "Simplemente íbamos creando el lenguaje sobre la marcha".[19]

---

16. Pregúnteme cómo lo sé.
17. Lorenzo, p. 75.
18. *Ibidem*.
19. Lorenzo, p. 76.

Puesto que la eficiencia era la meta principal y como la máquina objetivo era el 704, el lenguaje se desarrolló de una manera que le permitiese ser eficiente en el 704, sin pensar en otras máquinas.

Casi un año después de que Backus hubiese estimado un plazo de seis meses para la realización del proyecto, el equipo estuvo listo para publicar su "informe preliminar". No un compilador, no. Ni siquiera una especificación del lenguaje. Un informe preliminar. Pero, antes de poder publicarse, necesitaba un nombre. Fue Backus quien eligió FORmula TRANslation (traductor de fórmulas). La respuesta de Herrick fue que sonaba como algo escrito al revés.

El informe esbozaba la idea básica detrás del lenguaje, pero no era, de ninguna manera, una especificación del lenguaje. El equipo había decidido permitir cálculos con números de coma fija y de coma flotante y que las variables podían tener nombres con uno o dos caracteres. El tipo de una variable estaba dictado por el primer carácter del nombre. Así, los nombres que empezaban por I hasta N eran enteros, y el resto eran números "reales" de coma flotante.

Backus y el equipo querían implementar matrices de una o dos dimensiones y les preocupaban bastante las manipulaciones de matrices. Querían tener expresiones complejas con operadores, subíndices y paréntesis.

Eligieron números de línea para etiquetar las líneas porque esa era, con frecuencia, la forma en que se hacía en las demostraciones matemáticas. Su sentencia `if` incluía operadores de comparación, como =, < y >, y hacía referencia explícita a los números de línea para las ramas verdadera y falsa. Idearon una estructura de bucle arcana que involucraba hasta siete argumentos.

No pensaron en nada relacionado con E/S.

Podría parecer que no es un gran resultado después de casi un año de trabajo con un equipo de cuatro o cinco personas, pero es importante recordar que nunca se había hecho nada así, y ni siquiera se había contemplado. Estaban en un territorio muy nuevo.

Pero, después, se pusieron manos a la obra y el equipo empezó a crecer, hasta incluir al final a Roy Nutt, Sheldon Best, Peter Sheridan, David Sayre, Lois Haibt, Dick Goldberg, Bob Hughes, Charles DeCarlo y John McPherson.

Eran el Grupo de Investigación de Programas y se consideraban una pequeña familia de personas muy inusuales a las que había unido el destino. Y todas estaban guiadas por el "liderazgo tranquilo" de John Backus, que creó "un pequeño remanso de silencio" en el que el equipo inventó el primer lenguaje de alto nivel eficiente de la historia.

Una de sus primeras tareas fue decidir cómo representar la entrada al compilador. Usted y yo estamos pensando en el código fuente como archivos de texto. Esos archivos tienen nombres y residen en directorios dentro de nuestros sistemas de archivos. Pero Backus y su gente no tenían archivos de texto ni directorios ni sistemas de archivos.

Desde su punto de vista, un programa se perforaba en una cinta de papel o en un mazo de tarjetas perforadas. El 704 utilizaba tarjetas perforadas como dispositivo de entrada primario, así que parecía claro que las sentencias fuente de FORTRAN se perforarían en tarjetas. Pero ¿qué formato deberían tener?

En aquellos días, veían las 72 columnas utilizables[20] de una tarjeta perforada como un conjunto de campos con posiciones fijas. Si había cinco elementos de datos en una tarjeta, se perforaban en cinco campos en esa tarjeta, y cada campo empezaba y acababa en un número de columna específico.

Así, por ejemplo, si quería representar mi nombre, mi apellido y mi fecha de nacimiento en una tarjeta, podría organizarlo de la siguiente manera:

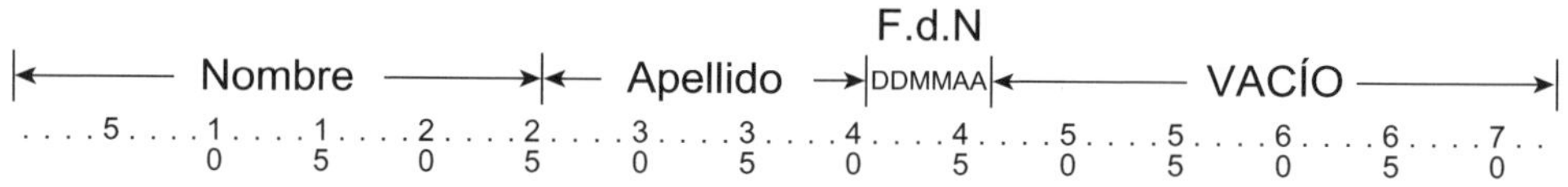

Dada esa mentalidad, no es sorprendente que decidiesen disponer las sentencias FORTRAN de la misma manera y hacer que el compilador dependiese de esa disposición.

Como se muestra en la figura siguiente, las cinco primeras columnas de cada tarjeta de FORTRAN eran para el número de la sentencia. La columna 6 era la columna de "continuación". Y las columnas de la 7 a la 72 eran para una sentencia FORTRAN.

Los números de sentencia eran opcionales y no ordinales. Se utilizaban cuando el programador quería hacer referencia a una sentencia. Por ejemplo, la sentencia `GO TO 23` transfería el control a la sentencia número 23.

20. El 704 solo podía leer las primeras 72 columnas de una tarjeta de 80 columnas, porque cada fila de orificios se leía en un registro de dos palabras (72 bits). Y, ahora, ya sabe que las ocho últimas columnas de una tarjeta no eran en realidad números de secuencia. Simplemente, no podían leerse.

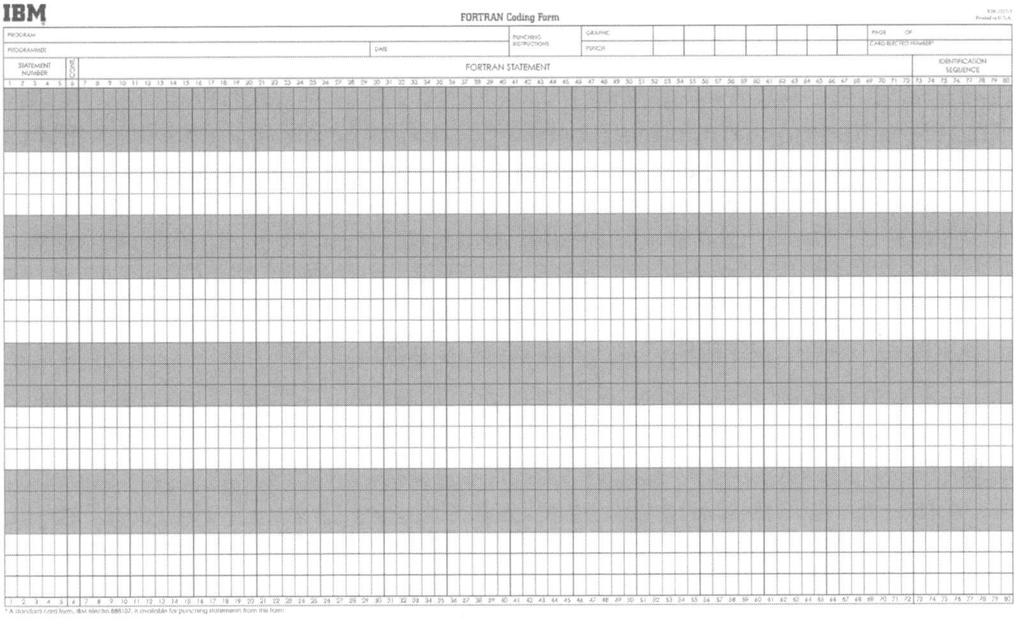

Por lo general, la columna de continuación estaba en blanco. Sin embargo, si una sola sentencia FORTRAN tenía una longitud superior a las 66 columnas asignadas en la tarjeta, la siguiente tarjeta podía albergar la continuación de esa sentencia. Para denotar esto, solían ponerse los números de 1 al 9 en la columna de continuación. La sentencia FORTRAN en sí tenía forma libre y los espacios se ignoraban por completo, así que, por ejemplo, la sentencia `GO TO 23` podía escribirse como:

```
GOTO23
```

LA DIVISIÓN DEL TRABAJO

Al principio, el equipo decidió que el compilador haría una sola pasada por el código fuente para generar un programa ejecutable para el 704.

Querían evitar los quebraderos de cabeza de hacer que el programador tuviese que introducir el mazo o mazos intermedios de tarjetas del programa en pasadas subsiguientes. Así, el compilador tenía que reducir el código fuente a un conjunto de estructuras de datos intermedias a las que llamaron tablas.

Backus dividió al equipo en seis grupos de trabajo, cada uno de ellos responsable de una sección específica del compilador. Cada sección produciría "tablas" para las otras secciones. Esas secciones eran las siguientes:[21]

1. **El analizador sintáctico:** Escrito por Herrick, Nutt y Sheridan. Leía el código fuente y lo separaba en aquellas sentencias que podían compilarse de inmediato y aquellas que tenían que esperar hasta más tarde. Esta es la sección en la que se analizaban sintácticamente las expresiones aritméticas, se determinaban los paréntesis y la prioridad, y las operaciones se convertían en tablas ordenadas. Esta sección también se ocupaba de las variables con subíndices.
2. **El generador de código:** Escrito por Nelson y Ziller. Generaba código máquina óptimo a partir de las tablas creadas. Los bucles se analizaban y reorganizaban para expulsar sentencias que no requerían una ejecución repetitiva. Esta sección comenzaba el proceso de etiquetar el uso de registros de índice. En esta fase, asumían que el 704 tenía un número infinito de registros de índice.
3. **Sin nombre:** Autores desconocidos. Esta sección integraba las salidas de las secciones 1 y 2 y fue una especie de ocurrencia tardía. Se improvisó para proporcionar una entrada consistente a la sección 4.
4. **Estructura del programa:** Escrita por Haibt. Esta sección tomaba la entrada de las secciones 1 y 2 (como se habían integrado en la sección 3) y partía el código ejecutable en bloques con una sola entrada y una sola salida.[22] Estos bloques se ejecutaban a través de una simulación Montecarlo[23] para determinar qué etiquetas de registros de índice se utilizaban con mayor frecuencia.
5. **Análisis de etiquetas:** Escrito por Best. Aplicaba los resultados de la sección 4 para reducir de manera óptima el número de registros de índice a los tres que ofrecía el 704. Después, creaba una versión en ensamblador reubicable del programa.
6. **Parte final (*back end*):** Escrita por Nutt. Ensamblaba el programa reubicable de la sección 5 y generaba el binario final en tarjetas perforadas.

---

21. Lorenzo, p. 135 y ss.
22. Sombras de Edsger Dijkstra, aunque, en aquel momento, el equipo no sabía nada de programación estructurada.
23. Consulte la entrada del análisis Montecarlo en el "Glosario de términos".

Es importante recordar que estos programas estaban funcionando en el más primitivo de los lenguajes ensambladores. Ese ensamblador se llamaba SAP y lo había escrito Nutt varios años antes.

Las seis secciones tardaron mucho tiempo en escribirse. Mucho más de seis meses. El primer programa FORTRAN I no se compiló ni ejecutó hasta principios de 1957. Pero el resultado hizo que la espera valiese la pena. El lenguaje FORTRAN I era fácil de escribir y el código generado para el 704 era extraordinariamente eficiente.

El resto, como dicen, es historia.

MI DIATRIBA SOBRE FORTRAN

Mi contacto con FORTRAN fue mínimo. Jugueteaba con él de vez en cuando, pero nunca lo utilicé con rabia. Aquí tiene, por ejemplo, un programita de FORTRAN IV que escribí en 1974, solo por diversión. Calcula los 1.000 primeros factoriales.

```
        INTEGER*2 DIGIT(3000)
        DATA DIGIT/3000*0/
        DIGIT(1)=1
        NDIG=1
        DO 10 I=1,1000
        ICARRY=0
        DO 11 J=1,NDIG
        DIGIT(J)=DIGIT(J)*I+ICARRY
        ICARRY=0
        IS=DIGIT(J)
        IF (IS.LE•9) GO TO 11
        DIGIT (J)=IS-IS/10*10
        ICARRY= IS/10
11      CONTINUE
9       IF (ICARRY.EQ.0) GO TO 7
        NDIG=NDIG+1
        DIGIT(NDIG)=ICARRY-ICARRY/10*10
        ICARRY= ICARRY/10
        GO TO 9
7       WRITE (6,1) I,NDIG,(DIGIT(NDIG+1-K),K=1,NDIG)
1       FORMAT (1H0, 30('*'),1X,I4,' FACTORIAL CONTAINS ', I4,' DIGITS ',
       -30('*'),30(/1X,130I1))
10      CONTINUE
        STOP
        END
```

En aquella época, este programa tardaba 15 minutos de tiempo de CPU en un IBM 370 enorme. El programa equivalente en Clojure tardó 253 ms en ejecutarse en mi portátil.

FORTRAN no era un lenguaje bonito en esos tiempos. Ni siquiera es especialmente bonito ahora. Hay demasiado bagaje del pasado para permitir que FORTRAN sea un lenguaje moderno de verdad. Incluso ahora, el viejo dicho sobre FORTRAN sigue siendo cierto: "Una colección de imperfecciones que se mantiene unidas por la sintaxis".[24]

El lenguaje sirvió para su propósito. Demostró que un lenguaje de alto nivel ahorraba mucho tiempo de programador con un aumento mínimo del tiempo de ejecución. Pero no es un lenguaje que yo quiera utilizar para un trabajo relevante. A todos los efectos, es un lenguaje muerto, o casi muerto.

Sí, sé que algunas personas en la NASA aún lo utilizan por bibliotecas o sondas espaciales existentes, pero no creo que el lenguaje tenga futuro.

ALGOL Y TODO LO DEMÁS

Backus trabajó en FORTRAN un tiempo más, añadiendo características como las subrutinas que podían compilarse de manera independiente y vincularse para FORTRAN II. Esas características hicieron que el lenguaje fuese utilizable para proyectos mucho más grandes que FORTRAN I.

Pero, después de eso, él y el resto del equipo emprendieron nuevas aventuras. Backus pasaba de un proyecto a otro, pero se dio cuenta de que nadie buscaba sus consejos y, si los daba, no se recibían especialmente bien. Durante un tiempo, se obsesionó con intentar demostrar el teorema de los cuatro colores.

FORTRAN fue un éxito, pero a Backus no le resultaba satisfactorio como lenguaje. Él lo había diseñado como un lenguaje para la ejecución eficiente en el 704 y tenía dudas acerca de su uso como lenguaje abstracto más general. Por eso, cuando la ACM decidió formar un comité para explorar la posibilidad de un lenguaje de programación universal, se unió a él, aunque más tarde dijo que, en realidad, no había contribuido demasiado. Como veremos, eso no es del todo cierto.

Este es el comité que acabó creando la especificación para ALGOL 60, pero, en sus primeros días, los miembros llamaban a su objetivo "lenguaje algebraico internacional" (*International Algebraic Language*, IAL).

24. Una cita escrita en una tarjeta de recuerdo del Día del Pionero en la National Computer Conference de Houston en 1982.

Todas las especificaciones que produjo el comité del IAL estaban en inglés. A Backus eso le resultaba frustrante y peligrosamente ambiguo: "Un desorden incoherente".[25] Le preocupaba que "es probable que se inviertan muchos años-persona en producir una serie de programas de traducción que no producirán de manera fiable programas en código máquina equivalentes".

Así pues, Backus se dispuso a inventar un formalismo con el que describir el lenguaje. Este formalismo era un metalenguaje simbólico que constaba de un conjunto de reglas de producción vinculadas de manera recursiva. Cada regla especificaba una construcción que se utilizaría en otras reglas. De este modo, podría construirse una sintaxis compleja a partir de comienzos simples. Utilizando este lenguaje, que pasó a ser conocido como "forma normal de Backus" (*Backus Normal Form*, BNF), publicó una especificación formal del IAL en 1959.

Esta publicación fue un fracaso completo. Al comité no le interesó en absoluto y siguieron con sus especificaciones en inglés.

Pero hubo un miembro que sí tomó nota. Se trataba de Peter Naur, un matemático danés. Compartía los miedos de Backus respecto al inglés, asumió la responsabilidad de modificar de algún modo la notación de Backus y produjo la especificación para ALGOL 60 a tiempo para la reunión del comité en enero de 1960 en París. Esta vez, la notación sí caló.

Cuatro años después, Donald Knuth recomendó cambiar el nombre de BNF por "Notación de Backus-Naur". Desde entonces, BNF se ha convertido en la notación estándar para describir la sintaxis del lenguaje y es, más o menos, el formato de entrada utilizado por los programas de analizadores sintácticos como yacc.

En los años setenta, Backus cayó en la misma trampa ideológica en la que había caído Dijkstra décadas antes. Trató de convertir la programación en un formalismo matemático que pudiese construir una jerarquía de demostraciones y teoremas. Pero, mientras que Dijkstra utilizó la programación estructurada como base de su formalismo, Backus eligió la programación funcional para el suyo. Sin embargo, la trampa se cerró sobre Backus con la misma efectividad con la que veremos que se había cerrado sobre Dijkstra.

Backus siguió trabajando en el departamento de investigación de IBM y, con el tiempo, recibió la Medalla Nacional de la Ciencia de EE. UU., el Premio Turing y el Premio Charles Stark Draper.

Falleció en 2007. Ese mismo año, se le puso su nombre a un asteroide: Asteroide 6830 Johnbackus.

---

25. Lorenzo, p. 230.

REFERENCIAS

- Backus, J. W. "The IBM 701 Speedcoding System". Association for Computing Machinery, 1954. https://dl.acm.org/doi/10.1145/320764.320766.
- Backus, J. "Can Programming Be Liberated from the von Neumann Style? A Functional Style and Its Algebra of Programs". IBM Research Laboratory, San José, CA. *Communications of the ACM* 21, n.º 8: 613-641, 1978.
- Beyer, K. W. *Grace Hopper and the Invention of the Information Age*. MIT Press, 2009.
- Computer History Archives Project ("CHAP"). "Computer History IBM Rare film 1948 SSEC Selective Sequence Electronic Calculator Original Dedicated", 10:36. Publicado en YouTube el 1 de mayo de 2024. (Disponible en el momento de escribir este libro).
- DeCaire, F. "Vintage Hardware-The IBM 701". Frank DeCaire, 27 de mayo, 2017. https://blog.frankdecaire.com/2017/05/27/vintage-hardware-the-ibm-701.
- International Business Machines Corporation. Principles of Operation: Type 701 and Associated Equipment. International Business Machines, 1953. Disponible en https://archive.org/details/type-701-and-associated-equipment.
- International Business Machines Corporation. *Speedcoding System for the Type 701 Electronic Data Processing Machines*, 1953. Disponible en https://archive.computerhistory.org/resources/access/text/2018/02/102678975-05-01-acc.pdf.
- Lorenzo, M. J. *The History of the Fortran Programming Language*. SE Books, 2019.
- Oficina de Investigación Naval, División de Ciencias Matemáticas. *Digital Computer Newsletter* 5, n.º. 4: 1-18, 1953. www.bitsavers.org/pdf/onr/Digital_Computer_Newsletter/Digital_Computer_Newsletter_V05N04_Oct53.pdf.
- Wikipedia. "IBM 701". https://en.wikipedia.org/wiki/IBM_701.
- Wikipedia. "IBM SSEC". https://en.wikipedia.org/wiki/IBM_SSEC.
- Wikipedia. "John Backus". https://en.wikipedia.org/wiki/John_Backus.

6

Edsger Dijkstra: el primer científico computacional

Edsger Dijkstra es uno de los nombres más famosos del software. Es el padre de la programación estructurada y el tipo que nos dijo que no utilizásemos GOTO. Inventó el mecanismo de los semáforos y fue autor de muchos algoritmos útiles. Coescribió la primera versión que funcionaba del compilador ALGOL 60 y participó en el diseño de los primeros sistemas operativos de multiprogramación.

Pero estos logros son meros hitos en un camino plagado de batallas. El verdadero legado de Edsger Dijkstra es el dominio de lo abstracto sobre lo físico, una batalla que libró contra sí mismo, contra sus colegas y contra la profesión en conjunto y que, al final, ganó.

Fue un pionero, una leyenda y un programador, y quizá no fue especialmente humilde. Alan Kay dijo una vez de él, con afecto: "La arrogancia en la informática se mide en nano-Dijkstras". Después, explicó: "Dijkstra era mucho más divertido que molesto para cualquiera que tuviese cierto sentido de sí mismo". En cualquier caso, la historia de Edsger Dijkstra es fascinante.

EL HOMBRE

Edsger Wybe Dijkstra nació en Róterdam el 11 de mayo de 1930. Su padre era profesor de química y presidente de la Sociedad Neerlandesa de Química y su madre era matemática, así que el muchacho estaba rodeado de cálculos y tecnología. Durante la ocupación alemana de Holanda, sus padres lo enviaron al campo hasta que las cosas se calmasen. Después de la guerra, había grandes heridas, pero también había mucha esperanza.

Dijkstra se graduó en el instituto en 1948 con las notas más altas posibles en matemáticas y ciencias. Como todos los jóvenes, supongo, al principio rechazó la vocación técnica de sus padres y pensó que sería mejor estudiar derecho y representar a Holanda en la ONU. Pero el gusanillo técnico le picó en la universidad de Leiden y sus intereses enseguida se centraron en la física teórica.

Esos intereses cambiaron otra vez en 1951 cuando su padre organizó su viaje a Cambridge, en el Reino Unido, para que asistiese a un curso de tres semanas que presentaba la programación en el EDSAC. Su padre pensaba que aprender acerca de las nuevas herramientas de la época mejoraría su carrera en la física teórica, pero el resultado fue bastante diferente.

Aunque tenía problemas con el inglés, disfrutó mucho la clase y aprendió muchísimas cosas. Dijo que aquellas tres semanas cambiaron su vida. Mientras estaba allí, conoció al director del Centro de Matemáticas de Ámsterdam, Adriaan van Wijngaarden, quien le ofreció un trabajo a media jornada como programador.

Dijkstra aceptó el empleo en marzo de 1952. Fue el primer programador de Holanda. Le enganchó lo implacables que eran los ordenadores.

El Centro de Matemáticas no tenía ordenador en aquella época. Estaban intentando construir el ARRA, una máquina electromecánica. Dijkstra ayudó a diseñar el conjunto de instrucciones y escribió programas que tendrían que esperar hasta que la máquina estuviese construida.

Allí fue donde conoció a Gerrit Blaauw, que había estudiado con Howard Aiken en Harvard en 1952 y que después ayudaría a diseñar el IBM 360 con Fred Brooks y Gene Amdahl. Blaauw importó tanto material como muchas técnicas docentes al Centro de Matemáticas desde el laboratorio de Aiken, Dijkstra y Blaauw trabajaron juntos en el ARRA[1] y otros proyectos. Sobre Blaauw, Dijkstra contó una vez la siguiente historia:[2]

1. Un ordenador electromecánico primitivo.
2. "A Programmer's Early Memories", de Edsger Dijkstra.

"Era un hombre muy puntual, y eso era bueno, porque durante un par de meses, [él] y yo depuramos el FERTA[3] que estaba instalado en Schiphol Aircraft.[4] Era un poco difícil llegar hasta ahí y, gracias a Dios, él tenía coche. Así que, por las mañanas, a las 7:00, me montaba en la bicicleta, iba a la autopista, escondía la bicicleta y esperaba en el arcén hasta que llegaba Gerrit y me recogía. Era un invierno sombrío, y solo podía hacerse gracias a un antiguo código del ejército canadiense y debido al hecho de que, como he dicho, Gerrit era un hombre muy puntual. Recuerdo una ocasión horrible en la que habíamos estado depurando el FERTA todo el día y eran las 10:00 de la noche y su [coche] era el último en el [...] aparcamiento; estaba empezando a nevar y ese trasto no arrancaba. No recuerdo con exactitud cómo llegamos a casa, supongo que Gerrit Blaauw arregló [...] otro fallo aquel día".

A Dijkstra le encantaba el desafío de "ser ingenioso y ser exacto". Pero, cuanto más profundizaba en los esfuerzos del Centro de Matemáticas, más temía que la programación no fuese un campo apropiado para él. Al fin y al cabo, estaban preparándolo como un físico teórico de primera clase, y programar ordenadores no tenía nada de primera clase en esa época.

Este dilema personal llegó a su punto crítico en 1955 cuando expresó sus temores a Wijngaarden. Dijkstra dijo:

"Cuando salí de su oficina horas más tarde, era un hombre diferente. [Wijngaarden explicó] con tranquilidad que los ordenadores automáticos habían llegado para quedarse, que nosotros solo éramos el principio y [yo podría] ser una de las personas destinadas a convertir la programación en una disciplina respetable en años venideros. Aquello fue un punto de inflexión en mi vida...".[5]

En 1957, Dijkstra se casó con Maria (Ria) Debets, una de las chicas que trabajaban como "computadoras" en el Centro de Matemáticas. Las autoridades de Ámsterdam se negaron a reconocer la profesión de "programador" que Dijkstra había escrito en su licencia de matrimonio. De esto, dice:

"¡Aunque no se lo crean, bajo el encabezado de 'profesión' en mi acta de matrimonio aparece la ridícula entrada 'físico teórico'!".

---

3. Un dispositivo electrónico primitivo derivado del ARRA.
4. Una manera informal de referirse a la Real Fábrica de Aviones de Holanda Fokker (Royal Dutch Aircraft Factory Fokker, en inglés), también conocida como Nederlandse Vliegtuigenfabriek, en el área holandesa de Schiphol.
5. "The Humble Programmer". *Communications of the ACM* 15, n.º 10 (octubre 1972), pp. 859-866.

EL ARRA: 1952-1955

Wijngaarden contrató a Dijkstra para programar el nuevo ordenador ARRA del Centro de Matemáticas. El problema era que el ARRA no funcionaba. Cinco años antes, Wijngaarden había visitado Harvard y había visto el Mark I de Aiken y sus sucesores. Impresionado, Wijngaarden contrató a varios ingenieros jóvenes para crear una máquina similar, pero mucho más pequeña: el ARRA.

El ARRA estaba diseñado para ser una bestia electromecánica de programas almacenados. Tenía una memoria de tambor, 1.200 relés y varios biestables de tubo de vacío para los registros. Los relés debían limpiarse con regularidad, pero los contactos se degradaban tan rápido que no se podía depender del tiempo de conmutación, lo que hacía que la máquina no fuese fiable. Después de cuatro años de desarrollo y reparaciones constantes, parecía que la pobre máquina solo servía para generar números aleatorios.

No tenía ninguna gracia. Habían escrito un programa de demostración que simulaba la tirada de un dado cúbico de 13 dimensiones.[6] En un momento dado, un ministro del gobierno acudió a ver esa demostración. Encendieron la máquina con miedo y, por una vez, empezó a imprimir números aleatorios correctos. ¡Funcionó! Por un momento. Luego se detuvo de manera inesperada. Wijngaarden, pensando con rapidez, explicó al ministro: "Esta es una situación extraordinaria: el cubo está balanceándose sobre una de sus esquinas y no sabe hacia qué lado caer. Si pulsa este botón, dará al cubo un empujoncito y el ARRA continuará la computación". El ministro pulsó el botón y la máquina empezó de nuevo a imprimir números aleatorios. El ministro respondió: "Esto es muy interesante", y se marchó poco después.

La máquina nunca volvió a funcionar.

Wijngaarden, frustrado, reclutó a Gerrit Blaauw, quien acababa obtener su doctorado en Harvard mientras trabajaba con Aiken en el Harvard Mark IV. Blaauw se unió al equipo y, en muy poco tiempo, los convenció de que su máquina no tenía posibilidades de éxito y de que necesitaban empezar desde cero con relés electrónicos y no electromecánicos.

Así pues, el equipo empezó a trabajar en el diseño del ARRA. Bueno, en realidad era el ARRA 2, pero no querían revelar que había existido un ARRA 1.

Por tanto, llamaron a la nueva máquina solo ARRA.

---

6. Solo a un puñado de friquis matemáticos se les ocurriría eso como demostración.

Al ser el "programador", Dijkstra proponía un conjunto de instrucciones a los tipos del hardware. Ellos, a su vez, valoraban si era práctico construir ese conjunto de instrucciones. Hacían correcciones y se lo devolvían a Dijkstra. Esta iteración continuó hasta que todos estuvieron listos para "firmar con sangre". Y, después, los tipos del hardware construyeron el hardware y Dijkstra empezó a trabajar en el manual de programación y a escribir las versiones primitivas de E/S.

Esta división del trabajo establecía la idea de que el hardware era una caja negra que ejecutaba el software y que el software era independiente respecto al diseño del hardware. Se trataba de un paso importante en la arquitectura informática y un ejemplo muy temprano de la inversión de la dependencia. El hardware dependía de las necesidades del software, en vez de que el software estuviese supeditado a lo que dictaba el hardware.

Consiguieron completar la nueva máquina 13 meses después, en 1953. Es más, funcionaba, y la pusieron a trabajar 24 horas al día calculando cosas como los patrones del viento, los movimientos del agua y el comportamiento de las alas de un avión. La máquina reemplazó por completo al equipo de las "computadoras" que habían estado haciendo esos cálculos antes con calculadoras de sobremesa. Esas mujeres se convirtieron en las programadoras de la nueva máquina.

En algún momento, añadieron un altavoz a uno de los registros y podían escuchar sus sonidos rítmicos mientras operaba. Era una buena herramienta de depuración, porque podía oírse cuándo estaba funcionado bien y cuándo se había quedado atascado en un bucle.

El ARRA se diseñó como una máquina binaria en un momento en el que la mayoría de los ordenadores estaban utilizando decimal (BCD). Los elementos electrónicos eran tubos de vacío. Tenía dos registros y 1.024 palabras de 30 bits de memoria de tambor, y podía ejecutar unas 40 instrucciones por segundo. El tambor giraba a 50 revoluciones por segundo. El dispositivo de entrada primario era cinta de papel de cinco canales. Por lo general, la salida se enviaba a una máquina de escribir automática.

El conjunto de instrucciones que Dijkstra diseñó para el ARRA 2 debería darnos cierta idea de lo que él y sus coetáneos pensaban que debería ser capaz de hacer un ordenador: era bastante minimalista y se centraba mucho más en la aritmética que en la manipulación de datos. ¡Los ordenadores posteriores revertirían esa decisión!

Las instrucciones en el ARRA 2 tenían una anchura de 15 bits, así que dos instrucciones cabían en una palabra de 30 bits. Esas dos instrucciones se denominaban a y b. Por tanto, la máquina podía albergar 2.048 instrucciones. Los cinco primeros bits de una instrucción eran el código de operación y los diez últimos eran la dirección de memoria (o un valor inmediato).

Los dos registros se llamaban A y S. Se manipulaban de manera independiente, pero también podían utilizarse como un número de 60 bits de doble precisión.

Había 24 instrucciones. Observe la falta de E/S y direccionamiento indirecto. Observe también que Dijkstra utilizaba decimales para denotar los códigos de operación. En aquella época, no se pensaba en octal o hexadecimal:

```
0/n replace (A) with (A)+(n)
1/n replace (A) with (A)-(n)
2/n replace (A) with (n)
3/n replace (A) with -(n)
4/n replace (n) with (A)
5/n replace (n) by -(A)
6/n conditional control move to na
7/n control move to after na
8/n replace (S) with (s)+(n)
9/n replace (S) with (S)-(n)
10/n replace (S) with (n)
11/n replace (S) with -(n)
12/n replace (n) with (S)
13/n replace (n) with -(S)
14/n conditional control move to nb
15/n control move to nb
16/n replace [AS] with [n].[s]+[A]
17/n replace [AS] with -[n].[S]+[A]
```

```
18/n replace [AS] with [n].[S]
19/n replace [AS] with - [n].[s]
20/n divide [AS] by [n]:, place quotient in S, remainder in A
21/n divide [AS] by -[n]:, place quotient in S, remainder in A
22/n shift A->S, i.e. replace [AS] with [A].2^(29-n)
23/n shift S->A, i.e. replace [SA] with [S].2^(30-n)
24/n communication assignment
```

Los dos movimientos de control condicionales (saltos) solo se ejecutaban si el resultado de la última operación aritmética era positivo. El ARRA era una máquina de complemento a uno, lo que significa que había dos representaciones de cero, una positiva y la otra negativa, así que comprobar el cero restando era peligroso.

Fíjese en que, si quiere saltar a la instrucción a o b, tiene que usar una instrucción de salto diferente. Debía ser una pesadilla lidiar con eso cuando se insertaba una instrucción en el programa.

La memoria de tambor se organizaba en 64 canales que contenían 16 palabras cada uno. Deduzco que cada canal correspondía a una pista del tambor. También deduzco que había 64 cabezales de lectura y que cada uno de ellos se dirigía a los elementos electrónicos a través de relés. Esos relés tardaban entre 20 ms y 40 ms en abrirse o cerrarse, así que el programador que tenía en mente la eficiencia debía tener cuidado de no ir saltando de una pista a otra.

Es más, parece que los elementos electrónicos para leer y escribir en el tambor eran capaces de leer de dos pistas al mismo tiempo: una para las instrucciones y otra para los datos. Esto permitía al programador agregar instrucciones en una pista y datos en otra sin tener que cambiar el estado de los relés.

Para sumar una complicación adicional, parece que las pistas reales del tambor solo podían albergar ocho palabras alrededor de la circunferencia del tambor, pero cada cabezal de lectura/escritura era en realidad un cabezal dual que podía leer y escribir en una o en otra de las dos pistas adyacentes. Así, leer un canal de 16 palabras requería al menos dos revoluciones del tambor.

Imagine tener que pensar en todo eso mientras está intentando escribir un programa matemático interesante.

Observe que el conjunto de instrucciones no permite el direccionamiento indirecto. O bien Dijkstra no se había dado cuenta todavía de la importancia de los punteros, o bien los diseñadores del hardware no podían implementar con facilidad el aspecto indirecto. Así pues, cualquier acceso indirecto o indexado debía lograrse mediante la modificación de las direcciones dentro de instrucciones insistentes.

Esta era también la estrategia para las subrutinas. El conjunto de instrucciones no tenía ninguna instrucción "de llamada" ni ninguna otra manera de recordar direcciones de retorno, así que era tarea del programador almacenar la instrucción de salto adecuada en la última instrucción de una subrutina, antes de saltar a esa subrutina.

Es probable que la naturaleza primitiva de estas máquinas y conjuntos de instrucciones tuviese un efecto dual sobre Dijkstra. En primer lugar, es probable que el hecho de estar tan abrumado por los horribles detalles y el entorno tan restringido le impidiese considerar con seriedad la informática. Pero, en segundo lugar, también es probable que le inculcara el fuerte deseo de desprenderse de todos esos detalles y avanzar hacia la abstracción. Como veremos, ese fue justo el camino que Dijkstra tomó.

En realidad, hay indicios de esta batalla entre el pensamiento centrado en los detalles y el pensamiento abstracto en el trabajo de Dijkstra "*Functionele Beschrijving Van De Arra*" ("Descripción funcional del ARRA") de 1953. En ese escrito, Dijkstra hace un gran esfuerzo por justificar y explicar los beneficios de las subrutinas a las que se puede llamar en oposición al tipo de "subrutinas abiertas" (duplicación del código) que Hopper había estado utilizando en el Mark I.

En su descripción de cómo hacer una llamada a una subrutina, dice: "Estaría bien tener el control a través de la misma serie de comandos" en vez de duplicar esos comandos una y otra vez dentro del programa, que "está bastante mal [y] es un desperdicio de espacio en la memoria". Pero, al mismo tiempo, se queja de que saltar a una subrutina de esa manera generará un tiempo de conmutación del tambor muy largo, añadiendo una revolución completa del tambor a cada llamada y cada retorno.

La aceptación de esta dicotomía es la historia, y el legado, de Edsger Dijkstra.

EL ARMAC: 1955-1958

El Centro de Matemáticas siguió haciendo mejoras en el diseño y crearon nuevas máquinas basadas en el ARRA.

El FERTA se construyó dos años más tarde (1955) y se instaló en la fábrica de Fokker junto al aeropuerto de Schiphol. Se empleaba para calcular matrices utilizadas para el diseño de las alas del F27 Friendship. La arquitectura era similar al ARRA, pero la memoria se amplió 4.096 de 34 bits y se duplicó la velocidad a unas 100 instrucciones por segundo, probablemente porque la densidad de cada pista del tambor se había duplicado.

El ARMAC era otro derivado del ARRA que le siguió un año después (1956). Podía ejecutar 1.000 instrucciones por segundo porque se utilizaba un banco pequeño de memoria de núcleos para almacenar temporalmente las pistas en el tambor. Esta máquina tenía 1.200 tubos y consumía 10 kilovatios.

Fue un periodo de experimentación y mejora intensas en el hardware, pero no tanta mejora en la arquitectura de software, en particular en el conjunto de instrucciones. Sin embargo, el aumento de la memoria y la velocidad permitió a Dijkstra considerar un problema que antes era insostenible.

EL ALGORITMO DE DIJKSTRA: EL CAMINO MÍNIMO

Cuál es el camino más corto para viajar de Róterdam a Groninga, en general: de ciudad dada a ciudad dada. Es el algoritmo del camino más corto, que diseñé en unos veinte minutos. Una mañana [de 1956] estaba de compras en Ámsterdam con mi prometida y, cansados, nos sentamos en la terraza para tomar un café y yo estaba pensando en si podría hacer esto y, entonces, diseñé el algoritmo para el camino más corto. Como he dicho, fue una invención de veinte minutos. De hecho, se publicó en 1959, tres años después. La publicación aún es legible y, de hecho, está bastante bien. Una de las razones por las que creo que está tan bien es que lo diseñé sin lápiz ni papel. Más tarde aprendí que una de las ventajas de diseñar sin lápiz ni papel es que te ves casi obligado a evitar todas las complejidades evitables. Al final, ese algoritmo se convirtió, para mi gran sorpresa, en una de las piedras angulares de mi fama.

—Edsger Dijkstra, 2001

Dijkstra eligió el problema porque quería demostrar el poder del ARMAC con un problema no numérico que la gente corriente pudiese entender. Escribió el código de demostración para encontrar el camino más corto de una ciudad a otra a través de una red de tráfico simplificada entre 64[7] ciudades de Holanda.

El algoritmo no es difícil de entender. Es cuestión de algunos bucles anidados, algo de ordenación y manipulación de datos. Pero imagine escribir este código sin punteros. Sin recursividad. Sin instrucciones de llamada para sus subrutinas. Imagine tener acceso a sus datos modificando las direcciones dentro de instrucciones individuales. Considere, además, los problemas de optimizar este programa para hacer un seguimiento de los datos desde que entran y salen del tambor desde la memoria intermedia. ¡Mi mente se rebela contra ese pensamiento!

7. Sí, representó cada ciudad con un entero de 6 bits.

Tras prescindir de la demostración, Dijkstra creó un algoritmo para resolver un problema más práctico. El conector posterior del siguiente ordenador, el X1, tenía una gran cantidad de interconexiones y el cobre es un metal precioso. Así pues, escribió el algoritmo de árbol de expansión mínima para minimizar la cantidad de cobre utilizado en ese conector posterior.

Resolver estos tipos de algoritmos de grafos fue un paso hacia la informática que reconocemos hoy en día. Dijkstra utilizó el ordenador para resolver problemas que no eran de una naturaleza estrictamente numérica.

ALGOL Y EL X1: 1958-1962

Los esfuerzos de Dijkstra en el Centro de Matemáticas estaban produciéndose en un periodo formativo para la computación. El simposio de Hopper en 1954 sobre programación automática[8] había generado un gran entusiasmo. En ese simposio, J. H. Brown[9] y J. W. Carr III[10] presentaron un artículo sobre sus esfuerzos por crear un lenguaje de programación universal que fuese independiente de la máquina. Saul Gorn[11] presentó un artículo similar. Ambos trabajos abogaban por separar la estructura del lenguaje de la estructura física del hardware.

Se trataba de un concepto revolucionario que contradecía el pensamiento de la época. Lenguajes como FORTRAN, MATH-MATIC y, al final, incluso COBOL, tenían una vinculación muy estrecha con la arquitectura física de las máquinas de entonces. Esa fuerte vinculación se consideraba necesaria para conseguir la eficiencia de la ejecución. Brown y Carr reconocían que los lenguajes universales podían ser más lentos, pero argumentaban que reducirían el tiempo de programación y los errores del programador.

Como ejemplo de la vinculación entre lenguaje y arquitectura física, piense en el tipo `int` en el lenguaje C. Dependiendo de la máquina, puede ser un entero de 16, de 32 o de 64 bits. Una vez trabajé en una máquina en la que era un entero de 18 bits. En C, un `int` está vinculado a la palabra de la máquina. Muchos lenguajes de aquella época asumían simplemente que el formato de los datos del lenguaje era el formato de los datos de la máquina, incluyendo la disposición de la memoria. A los argumentos de las subrutinas se les asignaban ubicaciones fijas, impidiendo cualquier tipo de recursividad o reentrancia.

8. Consulte "Compiladores: 1951-1952", en el capítulo 4.
9. Del Willow Run Research Center.
10. John Weber Carr III (1923-1997).
11. Del Ballistics Research Lab.

En mayo de 1958, Carr y otras personas se reunieron en Zúrich para empezar la definición de un lenguaje de programación universal independiente de la máquina. Lo llamaron ALGOL.[12] El objetivo establecido era crear un lenguaje basado en la notación matemática que pudiera utilizarse para la publicación de algoritmos y traducirse de forma mecánica a programas de máquina.

John Backus creó una notación formal para describir una versión primitiva (1958) del lenguaje. Peter Naur reconoció la genialidad de la notación y la llamó Forma Normal de Backus (BNF[13]). Después, la utilizó para especificar la versión de ALGOL de 1960.

Mientras tanto, Dijkstra y el Centro de Matemáticas estaban ocupados construyendo el ordenador X1. Se trataba de una máquina totalmente transistorizada, con hasta 32K de palabras de 27 bits. Los primeros 8K del espacio de direcciones era una memoria de solo lectura que contenía programas de arranque y un ensamblador primitivo. El X1 fue una de las primeras máquinas en tener una interrupción de hardware, algo de lo que Dijkstra haría un uso estratégico. ¡La máquina también tenía un registro de índices! ¡Al fin, punteros reales! Por lo demás, era similar en muchos aspectos al ARRA y al ARMAC.

El tiempo del ciclo de memoria era de 32 µs y el tiempo de suma era de 64 µs. Podía ejecutar más de 10.000 instrucciones por segundo.

12. *International ALGOrithmic Language* (lenguaje algorítmico internacional).

13. En 1964 Donald Knuth recomendó que se cambiase el nombre por Notación de Backus-Naur.

En 1959, Wijngaarden y Dijkstra se unieron al esfuerzo de definir el lenguaje ALGOL. En 1960, con la especificación BNF completa, Dijkstra y su colega cercano Jaap Zonneveld sorprendieron al mundo de la informática al escribir con rapidez un compilador para el X1.

Decir "sorprendieron" quizá sea quedarse corto. Naur escribió: "Las primeras noticias sobre el éxito del proyecto holandés, en junio de 1960, cayeron como una bomba en nuestro grupo".[14] Esa bomba podría explicar parte de la tensión que se generó después. Imagino que Dijkstra y compañía eran percibidos como advenedizos que se habían adelantado a todos los demás.

De su éxito, Dijkstra escribió:[15] "La combinación entre la falta de experiencia previa en la escritura de compiladores y una máquina nueva [el X1] sin formas de uso establecidas nos ayudó mucho a enfocar el problema de la implementación de ALGOL 60 con una mentalidad fresca".

Una de las técnicas que Dijkstra y Zonneveld utilizaron fue la "programación dual". Cada uno implementaba una característica de manera independiente y, después, comparaban los resultados. Dijkstra llamó a esto "enfoque de ingeniería". Se ha sugerido[16] que este enfoque redujo de manera tan significativa el tiempo de depuración que llevó a una reducción neta en el tiempo de desarrollo.

Esto sucedió en una época en la que la mayoría de los equipos que implementaban el lenguaje estaban debatiendo qué características mantener y cuáles dejar fuera. Dijkstra y Zonneveld no dejaron fuera nada. Implementaron la especificación completa, en seis semanas.

De hecho, implementaron incluso la parte de la especificación que prácticamente todo el mundo había planeado omitir: la recursividad.

Esto resulta irónico porque se había votado para que la recursividad se quedase fuera del lenguaje. Dijkstra y John McCarthy habían defendido enérgicamente su inclusión, pero el resto del comité consideraba que la recursividad era demasiado ineficiente y resultaba inútil. Sin embargo, la redacción de la resolución era lo suficientemente ambigua como para que Dijkstra pudiese colar la característica de todos modos. Esto le creó algunos problemas con los otros miembros del equipo de ALGOL. La cuestión de la recursividad frente a la eficiencia generó bastante

---

14. Daylight, p. 46.

15. Daylight, p. 57.

16. Correspondencia privada con Tom Gilb.

tensión. En una reunión en 1962, uno de los miembros[17] se levantó y dirigió un comentario desagradable a Dijkstra, Naur y otros partidarios de la recursividad,[18] un comentario que fue recibido con risas y un sonoro aplauso:

> "Y la cuestión es, por decirlo una vez más, que queremos trabajar con este lenguaje, trabajar de verdad y no jugar con él, y espero que no nos convirtamos en una especie de *playboys* de ALGOL".

Una de las razones por las que Dijkstra y Zonneveld tuvieron éxito mientras muchos otros equipos aún tenían problemas fue que Dijkstra creó un límite de abstracción entre el lenguaje y la máquina. El compilador convertía código fuente de ALGOL en un código intermedio,[19] y un sistema en tiempo de ejecución asociado interpretaba ese código intermedio. Hoy en día, llamaríamos a ese sistema en tiempo de ejecución una máquina virtual.[20]

Esta división permitía al compilador del lenguaje ignorar la máquina en sí, que era uno de los objetivos que perseguían originalmente Carr, Brown, Gorn y el equipo de ALGOL. Ignorar la máquina hacía que el compilador fuese mucho más fácil de escribir. En resumen, Dijkstra inventó una máquina que era perfecta para ALGOL y, después, compensó la diferencia en su sistema en tiempo de ejecución.

Por supuesto, esto generó algunas ineficiencias. Simular código intermedio es siempre más lento[21] que el lenguaje de máquina bruto. Pero Dijkstra lo justificó negándose en redondo a preocuparse por la eficiencia a corto plazo. Se centraba más en la dirección del lenguaje y la arquitectura de ordenadores a largo plazo. Así, dijo:[22]

> "Para obtener una imagen lo más clara posible de las necesidades reales del programador, tengo intención de no prestar atención, de forma temporal, al criterio bien conocido de 'espacio y tiempo'".

> Después, afirmó:

> "Estoy convencido de que [los] problemas [de corrección de los programas] demostrará ser mucho más urgente que, por ejemplo, la explotación exhaustiva de características específicas de la máquina...".

---

17. Gerhard Seegmüller.
18. Daylight, p. 44.
19. Código típicamente numérico que representa las instrucciones de una máquina virtual.
20. Una máquina virtual como JVM o CLR.
21. Sobre todo porque los compiladores JIT (*just-in-time*) todavía tardarían décadas en aparecer.
22. Daylight, p. 59.

Y para terminar:

> "[...] la recursividad es un concepto tan claro y elegante que no puedo imaginar que tenga una influencia marcada en el diseño de máquinas nuevas en el futuro cercano".

Y, por supuesto, tenía razón. El PDP-11, con todos sus bonitos registros de índice, uno de los cuales era un puntero a pila dedicado, llegaría solo una década después.

Al principio del proyecto de ALGOL, a Dijkstra y Zonneveld les preocupaba que Wijngaarden se llevase (como era su costumbre) un mérito inmerecido, así que los dos programadores que siempre iban afeitados conspiraron para quedarse sin afeitar hasta que el compilador funcionase. Solo aquellos con barba podían atribuirse el mérito del compilador. Seis semanas después, con el compilador funcionando, Zonneveld se afeitó, pero Dijkstra se dejó la barba siempre desde entonces.

La oscuridad creciente: 1962

Con el éxito de ALGOL 60 en su haber, Dijkstra miraba al futuro en 1962 con un artículo titulado "Some Meditations on Advanced Programming". Su primera afirmación es que el software es un arte que debe convertirse en una ciencia:

> "Por tanto, me gustaría atraer su atención en particular sobre aquellos esfuerzos y consideraciones que tratan de mejorar 'el estado del arte' de la programación, quizá hasta tal punto que en el futuro quizá hablemos del 'estado de la ciencia de la programación'".

Después, pasa a pintar un paisaje bastante pesimista del "estado del arte". Dice que este cambio de arte a ciencia es "muy urgente" porque:

> "... El mundo del programador es muy oscuro y solo ahora empiezan a aparecer en el horizonte claros de cielo brillante".

Explica esto describiendo cómo había sido, hasta ese momento, ser programador al que se daban "trabajos casi imposibles" utilizando máquinas cuyas capacidades "se han agotado hasta sobrepasar ligeramente sus límites máximos". Explica que los programadores en esas circunstancias recurren a formas "curiosas y engañosas" para engatusar a sus sistemas para que funcionen.

Define la disciplina de la programación como "extremadamente cruda y primitiva" y "antihigiénica" y se queja de que la creatividad y la astucia de los programadores animan a los diseñadores de hardware a "incluir todo tipo de instalaciones curiosas de dudosa usabilidad". Dicho de otro modo, las máquinas malas crean malos programadores que fomentan máquinas aún peores.

¿Contra qué máquinas estaba despotricando? Se rumorea que se refería a las máquinas fabricadas por IBM.

A leer el artículo, uno se da cuenta de que su queja específica es que la arquitectura de las máquinas de la época hace que la recursividad sea difícil e ineficiente y eso incita a los escritores de los compiladores a que restrinjan el lenguaje para evitar la recursividad.

Concluye el artículo con un llamamiento a la "elegancia" y la "belleza" y afirma que a menos que se dé a los programadores lenguajes que sean "cautivadores" y "merecedores de nuestro amor", es poco probable que creen sistemas de "calidad superior".

Este artículo apareció en una época en la que las preocupaciones de la industria se centraban en un problema bastante diferente. Eran los primeros tiempos de "la crisis del software". Estaba haciéndose cada más evidente que los proyectos, si se completaban, estaban excediendo los presupuestos y las fechas límite; eran ineficientes, tenían fallos y no cumplían los requisitos; además, no podían gestionarse ni mantenerse.

Imagino que le resulta familiar. La crisis del software nunca terminó del todo, en realidad. Hemos aprendido a aceptarla y vivir con ella, sin más.

La solución de Dijkstra era la ciencia, la elegancia y la belleza. Y, como veremos, no se equivocaba.

EL ASCENSO DE LA CIENCIA: 1963-1967

Con un compilador ALGOL que funcionaba y, por tanto, libre de las limitaciones del hardware físico, Dijkstra fue capaz de experimentar con todo tipo de cuestiones informáticas. Una de esas primeras cuestiones fue la multiprogramación. Dijkstra dirigió un equipo de otros cinco investigadores en la Universidad Técnica de Eindhoven que se embarcó en un proyecto para construir un sistema de multiprogramación llamado THE[23] Multiprogramming System.

23. Technische Hogeschool Eindhoven.

Dijkstra describió este sistema en un famoso artículo[24] que presentó a *Communications of the ACM* en 1968. La estructura de ese sistema era única en aquel entonces y mostraba cuánto había avanzado Dijkstra desde sus tiempos con el ARRA.

Este sistema se ejecutaba en el ordenador X8, que era un derivado mucho más rápido y capaz del X1. El X8 tenía un mínimo de 16K palabras de 27 bits, ampliable a 256K. Tenía un tiempo de ciclo de memoria de núcleos de 2,5 µs, lo que le permitía ejecutar cientos de miles de instrucciones por segundo. Contaba con direccionamiento indirecto e interrupciones[25] del hardware que incluían E/S y un reloj en tiempo real. En esa época, era una plataforma ideal para experimentar con el multiprocesamiento.

CIENCIA

La arquitectura del sistema THE era bastante moderna. Dijkstra tuvo mucho cuidado de separarla en capas de cajas negras. No quería que las capas de alto nivel conociesen las complejidades de las capas de niveles inferiores.

En la capa más baja (capa 0) era la asignación de procesadores; esta capa decidía qué procesador debería asignarse a un proceso en particular. Por encima de esta capa, el programa en ejecución no tenía ni idea de en qué procesador estaba ejecutándose.

La siguiente capa (capa 1) era el control de memoria. El sistema tenía una capacidad de memoria virtual primitiva. Las páginas del núcleo podían intercambiarse desde el tambor y viceversa. Por encima de esta capa, el programa simplemente asumía que todos los elementos de programa y datos son accesibles en la memoria.

La siguiente capa (capa 2) controlaba la consola del sistema.[26] Era responsable de garantizar que los procesos individuales pudiesen comunicarse con sus usuarios con el teclado y la impresora. Por encima de este nivel, el proceso simplemente asumía que tenía un acceso íntegro a la consola.

---

24. "The Structure of the 'THE'-Multiprogramming System". Consulte la sección "Referencias" de este capítulo.

25. Dijo que era "un sistema de interrupciones del que enamorarse". Supongo que esa fue la última vez que alguien dijo eso de las interrupciones.

26. Puede parecer extraño que se dedicase una capa entera a un solo dispositivo de E/S, pero la consola del sistema era el único dispositivo que se compartía entre todos los procesos y, por tanto, merecía una atención especial. Hoy en día, es probable que manejásemos esto de forma diferente, pero entonces no había una solución mejor clara. Recuerdo trabajar, en su momento, en sistemas que se enfrentaban al mismo problema.

La capa 3 controlaba la E/S y el almacenamiento en búfer de los dispositivos de E/S. Por encima de este nivel, los programas de usuario asumían simplemente que los datos que entraban y salían de varios dispositivos eran un flujo continuo que no necesitaba gestionarse.

La capa 4 era donde se ejecutaban los programas de usuario. A mediados de los sesenta, la disciplina requerida para diseñar un sistema operativo con una estructura dividida con cuidado en capas era totalmente nueva. La idea de crear capas de abstracción que aislaban la política de alto nivel del detalle de bajo nivel era revolucionaria. Era ciencia de la informática en estado puro.

SEMÁFOROS

Como parte de este desarrollo, el equipo se enfrentó al problema de la actualización concurrente y las condiciones de carrera. Para abordar esto, Dijkstra ideó la abstracción de semáforo que todos conocemos y adoramos.

Un semáforo es sencillamente un entero sobre el que se permiten dos operaciones.[27] La operación P bloquea el proceso de llamada si el semáforo es menor o igual que cero; de lo contrario, disminuye el semáforo y continúa. La operación V incrementa el semáforo y, si el resultado es positivo, simplemente continúa. De lo contrario, uno de los procesos bloqueados se libera antes de continuar.

Como parte de su composición sobre los semáforos, Dijkstra inventa los términos "sección crítica" y "acción indivisible". Una sección crítica es cualquier porción del programa que esté manipulando un recurso compartido de manera que no debe verse interrumpida por otra. Es decir, no permite la actualización concurrente. Una acción indivisible es una acción que debe completarse totalmente antes de que se permita una interrupción del hardware. En particular, las operaciones de incremento y disminución en los semáforos deben ser indivisibles.

Por supuesto, hoy en día los programadores conocemos bien estos conceptos. Nos los enseñaron cuando empezábamos a escribir código. Pero Dijkstra y su equipo tuvieron que derivar esos conceptos a partir de principios que se usaban por primera vez y formalizarlos para crear las abstracciones que ahora damos por hechas.

27. Llamadas P y V por motivos históricos.

ESTRUCTURA

Otro concepto radicalmente científico adoptado por Dijkstra fue la noción de que los programas eran estructuras de procedimientos secuenciales. Cada uno de esos procedimientos tenía una sola entrada y una sola salida. Todos los procedimientos adyacentes lo veían como una caja negra. Esos procedimientos podían ser secuenciales, cuando uno se ejecutaba después del otro, o podían ser iterativos, si un procedimiento se ejecutaba muchas veces en un bucle.

Esta estructura de caja negra de procedimientos secuenciales e iterativos permitía al equipo de Dijkstra probar los procedimientos individuales de forma aislada y crear demostraciones razonadas de que los procedimientos eran correctos.

Las pruebas habilitadas por este enfoque estructurado tuvieron tanto éxito que afirmó con orgullo:

> "Los únicos errores que aparecieron durante las pruebas fueron errores de código triviales (que se produjeron con una densidad de un error por cada 500 instrucciones), cada uno de los cuales localizado en 10 minutos [de] inspección (clásica) por parte de la máquina y cada uno de ellos fácil de remediar en consonancia".

Dijkstra estaba convencido de que este tipo de programación estructurada era una parte esencial de un buen diseño del sistema y era responsable del éxito significativo del sistema THE. Para disuadir a los detractores que afirmaban que el éxito se debía a su tamaño relativamente pequeño, Dijkstra escribió:

> "... Me gustaría aventurar la opinión de que, cuanto más grande es el proyecto, más esencial resulta la estructuración".

DEMOSTRACIÓN

Y aquí es donde las cosas empiezan a ponerse un poco raras. En su composición sobre el sistema THE, Dijkstra hace una afirmación destacable:

> "... Está garantizado que el sistema resultante no tiene fallos. Cuando el sistema se entregue, no viviremos con el miedo constante de que se produzca un descarrilamiento del sistema en una situación poco probable".

Dijkstra hizo esta afirmación porque creía que él y su equipo habían demostrado, de manera matemática, que el sistema era correcto. Esa fue una visión que Dijkstra mantuvo, promovió y evangelizó durante el resto de su carrera. Es también el origen de lo que yo considero su mayor error. En su visión, la programación era matemáticas.

De hecho, en *On the Reliability of Programs*,[28] Dijkstra afirma: "La programación se convertirá cada vez más en una actividad de naturaleza matemática". Y, respecto a esto, en mi opinión, Edsger Wybe Dijkstra se equivocaba por completo.

MATEMÁTICAS: 1968

La idea del software como una forma de matemáticas es seductora. Al fin y al cabo, hay muchas conexiones. Los primeros programas escritos por Hopper y su equipo en Harvard eran numéricos y de una profunda naturaleza matemática. De hecho, el uso del Harvard Mark I para calcular las soluciones de sistemas de ecuaciones diferenciales parciales que describían la implosión del núcleo de plutonio de la bomba Fat Man requería una habilidad matemática muy profunda.

Al fin y al cabo, fue Turing quien afirmó que los programadores eran "matemáticos capacitados". Y fue Babbage quien se vio impulsado por la necesidad de aliviar la carga de la creación de tablas matemáticas.

Así pues, cuando Dijkstra escribió que el software se convertiría cada vez más en una cuestión de matemáticas, lo afirmaba sobre una base histórica bastante firme. Por tanto, centró sus esfuerzos en demostrar de forma matemática que los programas de software eran correctos.

Podemos verlo con claridad en sus *Notes on Structured Programming*,[29] donde nos muestra los mecanismos matemáticos básicos para demostrar la corrección de un algoritmo simple. Esboza estos mecanismos como enumeración, inducción y abstracción.

Utiliza la enumeración para demostrar que dos o más sentencias de programa en secuencia consiguen sus objetivos deseados al tiempo que mantienen las invariantes declaradas. Usa la inducción para demostrar lo mismo acerca de un bucle. Utiliza la abstracción como su motivación principal para la estructura de cajas negras.

28. Dahl, Dijkstra y Hoare, p. 3.

29. Dahl, Dijkstra y Hoare, p. 12.

Y, después, utilizando esos tres mecanismos, presenta una demostración del siguiente algoritmo para calcular el resto entero de a/d:

```
a ⩾ 0 and d > 0.
"integer r, dd;
r: = a; dd: = d;
while dd ⩽ r do dd: = 2*dd;
while dd ≠ d do
    begin dd: = dd/2;
          if dd ⩽ r do r: = r − dd
    end".
```

Se trata de un algoritmo muy mono que se ejecuta en tiempo logarítmico utilizando un enfoque de desplazamiento y resta. Cualquier programador de PDP-8 estaría orgulloso.

La demostración que Dijkstra presentó ocupaba dos páginas, seguidas de otra página de notas. Mi propia demostración, basada en la de Dijkstra, es un poco más corta, pero no es menos imponente (consulte la siguiente imagen).

Debería estar muy claro que ningún programador[30] aceptaría esto como parte de un proceso viable de escritura de software. Como dijo el propio Dijkstra:

> "La pompa y la longitud de la demostración anterior me enfurecen [...]. No me atrevería a sugerir (¡al menos en este momento!) que es deber del programador proporcionar una demostración así cada vez que escriba un programa [...] simple. ¡Si fuese así, nunca podría escribir un programa de ningún tamaño!".

Pero, después, pasa a decir que sentía el mismo tipo de "furia" cuando examinaba los primeros teoremas de la geometría de planos de Euclides. Y aquí es donde aparece el sueño de Dijkstra.

Dijkstra soñaba con que, algún día, habría un cuerpo de teoremas, corolarios y lemas que los programadores podrían utilizar. Que los programadores no se verían relegados a proporcionar su código con ese nivel de detalle tan horrible, sino que se limitarían a técnicas que ya estuviesen probadas, y podría crear demostraciones nuevas basadas en las antiguas sin toda la "pompa y longitud".

30. Aparte de, quizá, aquellos en entornos académicos que realizan investigaciones sobre demostraciones formales de algoritmos.

Expand:

Given $2^xD > N \mid x=0$ $\qquad 2^xD \geq N$
Then $dd = D$
And while is not entered $\Rightarrow dd = D \times 2^0$ $\qquad D > N$

or

$2^{x+1}D \geq N > 2^xD$

Given $2^xD > N \geq 2^{x-1}D \mid x=1$
Then $dd = D$
The while is entered: $N \geq dd$
$dd = 2^1D$
The while exits: $2^1D > N \Rightarrow dd = 2^1D$

Assume $dd \Rightarrow 2^x \mid 2^xD > N \geq 2^{x-1}D \mid x>0$

IF $2^{x+1}D > N \geq 2^xD$
Then after the xth loop $dd = 2^xD$ (assumed)
The while is entered: $dd \leq N$
$dd = 2^{x+1}D$
The while exits: $dd > N$

Single Reduction

Given $dd = 2^{x+1}D \mid x \geq 0$
$0 \leq r < 2^{x+1}D$

$dd = 2^xD$
IF $dd > r$ Then $0 \leq r < 2^xD$ $\quad r = r - qD \quad q$ int $== 0$

IF $dd \leq r$
$r = r - dd$ AND $0 \leq r < 2 \cdot 2^{x+1}D - 2^xD$
$0 \leq r <= 2^xD \quad r = r - qD \quad q$ int > 0

Reduce:

Given $dd = D \rightarrow D > N$ by Expand
$r = N \Rightarrow r \mid r = N - qD \quad q == 0$
$0 \leq r < D \quad r == N$

Given $dd = 2^1D \rightarrow 2D > N \geq D$ by Expand

The loop is entered
$\Rightarrow 0 \leq r < D \quad r = N - qD \quad q$ int

Assume $dd = 2^xD \rightarrow 2^xD > N \geq 2^{x-1}D \mid x>0$
$\Rightarrow dd = 2^{x-1}D$
$0 \leq r \leq 2^{x-1}D \quad r = N - qD \quad q \geq 0$ int

IF $dd = 2^{x+1}D \rightarrow 2^{x+1}D > N \geq 2^xD \mid x>0$
The loop is entered: $x>0$
$\Rightarrow dd = 2^xD$
$0 \leq r \leq 2^xD \quad r = N - qD \quad q$ int

En resumen, pensaba que el software iba a ser como los *Elementos* de Euclides, una superestructura matemática de teoremas, una amplia jerarquía de demostraciones, y los programadores tendrían poco que hacer aparte de ensamblar sus propias demostraciones a partir de los recursos en esa amplia jerarquía.

Pero yo estoy aquí sentado, en los últimos meses de 2023, y no veo esa jerarquía. No hay una superestructura de teoremas. Los *Elementos* de software no se han escrito ni creo que jamás se escriban.

Existe un paralelismo extraño entre Hilbert y Dijkstra a este respecto. Ambos estaban buscando un gran edificio de verdad que, simplemente, no puede existir.

El sueño de Dijkstra no se ha cumplido. Lo más probable es que no pueda cumplirse. Y la razón es que el software no es una forma de matemáticas.

Las matemáticas son una disciplina positiva; demuestran que una cosa es correcta utilizando la lógica formal. Y resulta que el software es una disciplina negativa; demostramos que una cosa es incorrecta mediante la observación. Si eso le suena familiar, debería. El software es una ciencia.

En la ciencia, no podemos demostrar que nuestras teorías son correctas; solo podemos observarlas ser incorrectas. Realizamos esas observaciones con experimentos bien diseñados y controlados. De un modo similar, en el software, casi nunca intentamos demostrar que nuestros programas son correctos, sino que detectamos sus incorrecciones mediante la realización de observaciones en forma de pruebas bien diseñadas.

Las pruebas era algo sobre lo que Dijkstra se quejaba diciendo: "Las pruebas muestran la presencia, no la ausencia, de fallos". Y, por supuesto, estaba en lo cierto. En lo que se equivocaba, en mi opinión, es en que esa afirmación demostraba que el software no era matemáticas, sino ciencia.

PROGRAMACIÓN ESTRUCTURADA: 1968

En 1967, después de todos los éxitos que había disfrutado, el Centro de Matemáticas disolvió el grupo de Dijkstra porque les parecía que la informática no tenía futuro. Dijkstra, por esa razón entre otras, cayó en una depresión severa que duró seis meses y por la que fue hospitalizado.

Tras su recuperación, Dijkstra empezó a armar jaleo.

En un giro irónico, fue el sueño de las matemáticas de Dijkstra el que lo condujo a la que es, quizá, su contribución más valiosa a la informática y la artesanía del software: la programación estructurada. En retrospectiva, apreciamos ese valor, pero, en aquella época, despertó una polémica considerable.

En 1967, Dijkstra dio una charla en la conferencia de la ACM sobre principios de los sistemas operativos en Gatlinburg, Tennessee. Comió con algunos de los asistentes y la conversación se dirigió a la opinión de Dijkstra sobre la sentencia GOTO. Dijkstra les explicó por qué GOTO introducía complejidad en los programas. El grupo quedó tan impresionado por esta conversación que lo animaron a escribir un artículo para *The Communications of the ACM* sobre el tema.

Así pues, Dijkstra escribió un artículo breve describiendo su punto de vista. Lo tituló "A Case Against the Go To Statement" (Un caso contra la sentencia Go To). Lo presentó al editor, Niklaus Wirth,[31] quien estaba tan emocionado por publicarlo que, en marzo de 1968, lo incluyó a toda prisa como una carta al editor, en vez de como un artículo revisado por completo. Wirth también cambió el título por "Go To Statement Considered Harmful" (La sentencia Go To considerada nociva).

Ese título ha resonado a lo largo de las décadas.

También despertó la ira de una cohorte entera de programadores, que estaban horrorizados por la idea. No tengo muy claro si esos programadores habían leído de verdad el artículo antes de declarar su angustia. Sea cual sea el caso, las revistas de programación se encendieron como un árbol de Navidad.

Yo era un programador muy joven en aquella época y recuerdo bastante bien el tumulto que se formó. Entonces no había Facebook ni Twitter (X), así que las batallas se libraban en cartas a los editores por toda la industria.

Las aguas tardaron entre cinco y diez años en calmarse. Al final, Dijkstra ganó la guerra. Por norma general, los programadores no utilizamos GOTO.

EL ARGUMENTO DE DIJKSTRA

En 1966, Corrado Böhm y Giuseppe Jacopini escribieron un artículo titulado "Flow Diagrams, Turing Machines, and Language with Only Two Formation Rules". En este artículo, demostraban que "toda máquina de Turing es reducible a, o en un sentido determinado equivalente a, un programa escrito en un lenguaje que solo admite como reglas de formación la composición y la iteración". Dicho de otro modo, todo programa puede reducirse a sentencias en secuencia o sentencias en bucle. Punto.

31. Sí, ESE Niklaus Wirth. Ya sabe: el inventor de Pascal.

Se trataba de un hallazgo notable. En general, se ignoró porque era muy académico, pero Dijkstra se lo tomó muy en serio, y el argumento que defendió en su artículo es difícil de refutar.

En pocas palabras, si quiere entender un programa (si quiere demostrar que el programa es correcto), necesita ser capaz de visualizar y examinar la ejecución de ese programa. Eso significa que debe convertir el programa en una secuencia de eventos en el tiempo. Esos eventos deben ser identificables con algún tipo de etiqueta[32] que los vincule al código fuente.

En el caso de las sentencias secuenciales simples, esa etiqueta no es más que el número de línea de la sentencia del código fuente. En el caso de los bucles, esa etiqueta es el número de línea adornado con el estado del bucle; por ejemplo, la *enésima* ejecución de la línea *1*. Para las llamadas a funciones, es la pila de números de línea que representan la secuencia de llamada. Pero ¿cómo se construye una etiqueta razonable si cualquier sentencia puede saltar a cualquier otra sentencia utilizando una GOTO?

Sí, es posible construir esas etiquetas, pero tendría que consistir en una larga lista de números de línea, cada uno adornado con el estado del sistema.

Construir demostraciones utilizando unas etiquetas tan imposibles de gestionar no es razonable. Es demasiado pedir.

Así pues, Dijkstra recomendaba mantener la demostrabilidad eliminando las GOTO libres y sustituyéndolas por las tres estructuras que conocemos y amamos: secuencia, selección e iteración. Cada una de esas estructuras es una caja negra con una sola entrada y una sola salida y es probable que cada una de ellas esté compuesta por las mismas estructuras en un descenso recursivo.

Como ejemplo simple, fíjese en este algoritmo para el pago de nóminas:

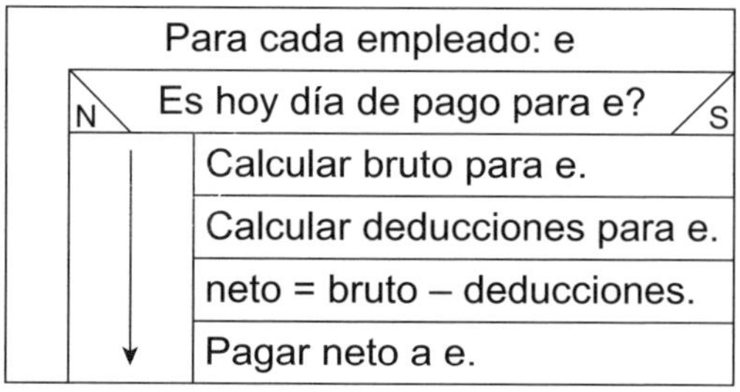

32. Él utilizó el término "coordinar". Considérelo en conjunción con la notación de Babbage para las dinámicas.

Los diagramas de Nassi-Shneiderman como este restringen el algoritmo a las tres estructuras. Puede ver la iteración por el exterior, la selección como el primer elemento de la iteración y las cuatro secuencias en la ruta Y de la selección. Cada una de esas cuatro secuencias son subsecuencias que están compuestas en sí mismas por secuencias, selecciones e iteraciones.

¿Por qué es valiosa esta estrategia si no vamos a seguir el sueño de Dijkstra de crear demostraciones? Porque, incluso aunque no escribamos demostraciones para nuestro código, queremos que sea demostrable. El código demostrable es código que podemos analizar y sobre el que podemos razonar. En realidad, si mantenemos nuestras funciones pequeñas, simples y demostrables, ni siquiera necesitamos crear las etiquetas de Dijkstra.

En cualquier caso, Dijkstra ganó la discusión de manera bastante decisiva; la sentencia GOTO ha desaparecido casi por completo de nuestra colección moderna de lenguajes.

Sin embargo, sería un error pensar que la visión de Dijkstra de la programación estructurada se reducía sin más a la ausencia de GOTO. Esa es la parte que recordamos la mayoría de nosotros, pero su intención implicaba mucho más que eso. Llegaba hasta las capas de arquitectura y las direcciones de las dependencias. Pero dejaré en sus manos, querido lector, descubrir eso usted mismo en los maravillosos escritos de Dijkstra.

REFERENCIAS

- Apt, K. R. y Hoare, T. (eds.). *Edsger Wybe Dijkstra: His Life, Work, and Legacy.* ACM, 2002.
- Belgraver Thissen, W. P. C., Haffmans, W. J., Van den Heuvel, M. M. H. P. y Roeloffzen. M. J. M. "Unsung Heroes in Dutch Computing History", 2007. `https://web.archive.org/web/20131113022238/http://www-set.win.tue.nl/UnsungHeroes/home.html`.
- Computer History Museum. "A Programmer's Early Memories by Edsger W. Dijkstra". Conferencia presentada en la First International Research Conference on the History of Computing, Los Álamos, Nuevo México, verano de 1976. Publicado el 10 de junio de 2022. 24:23. Publicado en YouTube el 10 de junio de 2022. (Disponible en el momento de escribir este libro).

- computingheritage. "Remembering ARRA: A Pioneer in Dutch Computing", 9:13. Publicado en YouTube el 4 de junio de 2015. (Disponible en el momento de escribir esto).
- Dahl, O. J., Dijkstra, E. W. y Hoare, C. A. R. *Structured Programming*. Academic Press, 1972.
- Daylight, E. G. *The Dawn of Software Engineering: From Turing to Dijkstra*. Lonely Scholar Scientific Books, 2012.
- Dijkstra, E. W. "Functionele Beschrijving Van De Arra". Mathematisch Centrum, Ámsterdam, 1953. https://ir.cwi.nl/pub/9277.
- Dijkstra, E. "The Structure of the 'THE'-Multiprogramming System". *Communications of the ACM*, 1968. www.cs.utexas.edu/~EWD/ewd01xx/EWD196.PDF.
- Dijkstra, E. W. "Edsger Dijkstra. Oral Interview for the Charles Babbage Institute-2001", 2:09:32. Publicado en YouTube el 3 de enero de 2023.
- Markoff, J. "Edsger Dijkstra, 72, Physicist Who Shaped Computer Era". *New York Times*, 10 de agosto de 2002. www.nytimes.com/2002/08/10/us/edsger-dijkstra-72-physicist-who-shaped-computer-era.html.
- Universidad de Cambridge, Laboratorio de Informática. "EDSAC99, EDSAC 1 y After: A Compilation of Personal Reminiscences", 1999. www.cl.cam.ac.uk/events/EDSAC99/reminiscences.
- Van den Hove, G. "Edsger Wybe Dijkstra, First Years in the Computing Science (1951-1968)". Trabajo de Fin de Máster en Informática, Universitē de Namur, 2009. https://pure.unamur.be/ws/portalfiles/portal/36772985/2009_VanDenHoveG_memoire.pdf.
- Van Emden, M. "Dijkstra, Blaauw, and the Origin of Computer Architecture". *A Programmer's Place*, s. f. https://vanemden.wordpress.com/2014/06/14/dijkstra-blaauw-and-the-origin-of-computer-architecture.
- Van Emden, M. "I Remember Edsger Dijkstra (1930-2001)". *A Programmer's Place*, s. f. https://vanemden.wordpress.com/2008/05/06/i-remember-edsger-dijkstra-1930-2002.
- Wikipedia. "Dijkstra's algorithm". https://en.wikipedia.org/wiki/Dijkstra's_algorithm.
- Wikipedia. "Edsger Dijkstra". https://en.wikipedia.org/wiki/Edsger_W._Dijkstra.

7

Nygaard y Dahl: el primer OOPL

La programación orientada a objetos, una de las revoluciones más significativas de nuestra industria, fue el fruto de los esfuerzos de dos personas muy diferentes: el tímido ratón de biblioteca Ole-Johan Dahl y el extrovertido elefante de la cacharrería Kristen Nygaard. A través de una serie de accidentes felices, manipulaciones políticas y opiniones profundas, esta extraña pareja reveló el paradigma del software que guio al diseño de lenguajes al siglo XXI.

Su historia es fascinante y es un ejemplo de cómo dos talentos tan dispares pueden lograr la sinergia para cambiar el mundo.

Kristen Nygaard

Kristen Nygaard nació en Oslo, Noruega, en 1926. Era hijo de William Martin Nygaard, que enseñó en el instituto, y trabajó como secretario de programación en la Corporación de Radiodifusión Estatal noruega y como consultor de literatura para el Teatro Nacional en Bergen.

Kristen era un niño brillante al que interesaban muchas cosas, incluidas las ciencias y las matemáticas. Cuando estaba en primaria, seguía clases de nivel universitario y ganó un premio nacional de matemáticas.

Asistió al instituto bajo la ocupación nazi y resistió a los bombardeos de Oslo y la toma de control por parte de los nazis del sistema educativo. Cuando terminó la guerra, Nygaard se matriculó en la universidad de Oslo para estudiar ciencias y obtuvo una licenciatura en astronomía y física.

En 1948 consiguió un puesto en el Instituto Noruego de Investigación para la Defensa (FFI por sus siglas en noruego), donde conoció a Ole-Johan Dahl. En sus primeros años allí, se centró en el análisis numérico y la programación de ordenadores.

En 1952 se unió al grupo de Investigaciones Operativas y pronto se convirtió en su director. Allí estuvo al frente de varios estudios orientados a la defensa. Como ejemplo, con la guerra todavía presente en la memoria de todos, le pidieron que estudiase la eficiencia en combate de los soldados para determinar lo lejos que podrían marchar por un terreno complicado y cuánta agua y comida deberían llevar para seguir siendo capaces de enfrentarse al enemigo después de un número de días determinado. Para garantizar la validez de los resultados, Nygaard y su grupo se unieron a soldados reales, marchando cuando ellos marchaban y comiendo lo que ellos comían.

La ambición declarada de Nygaard era "desarrollar la investigación operativa como una ciencia experimental y teórica en Noruega [...] para que se encuentre entre los mejores grupos del mundo en entre tres y cinco años". Con ese esfuerzo, se convirtió en uno de los principales expertos de Noruega en la investigación operativa. Más tarde, ayudó a fundar la Sociedad Noruega de Investigaciones Operativas, de la que fue presidente entre 1959 y 1964.

En 1956 obtuvo su título de máster en matemáticas en la universidad de Oslo. Su tesis se llamó "Theoretical Aspects of Monte Carlo Methods" (Aspectos teóricos de los métodos Montecarlo). Ese tema es importante para nuestra explicación por razones que descubrirá enseguida.

Nygaard era un animal político en todos los sentidos de la palabra. Era ambicioso, emprendedor y astuto en la política. En sus últimos años, se presentó a las elecciones con el Partido Laborista noruego, utilizó su experiencia para respaldar a los sindicatos noruegos y se convirtió en el líder nacional de la organización NO a la UE, dedicada a evitar que Noruega se uniese a la Unión Europea.

Le gustaba adoptar posturas polémicas. Una vez escribió: "¿Alguien se ha sentido resentido sobre el contenido de su trabajo hace poco? Si no es así, ¿cuál es su excusa?".

Alan Kay describió a Kristen Nygaard como "un tipo que es más grande que la vida en casi cualquier dimensión posible".

OLE-JOHAN DAHL

En octubre de 1931, Ole-Johan Dahl nació en la ciudad marítima de Mandal, en el seno de una familia de marineros. Su padre, Finn Dahl, era capitán de barco, al igual que casi todos sus parientes varones. La tradición marinera se remontaba a varias generaciones atrás.

Finn quería que su hijo Ole se convirtiese en un auténtico lobo de mar, pero, a menudo, las circunstancias frustran ese tipo de anhelos. Ole era un muchacho inadaptado y silencioso, un ratón de biblioteca que prefería tocar el piano y leer libros de matemáticas.

No le interesaba el mar ni los deportes ni los sueños de su padre.

Mandal era la ciudad más meridional de Noruega y sus habitantes tenían su propia forma de hablar. Cuando Ole tenía 7 años, la familia se mudó a más de 300 kilómetros al norte, a Drammen, a las afueras de Oslo. El dialecto de allí era bastante diferente, y Ole nunca llegó a dominarlo. Durante el resto de su vida, tuvo problemas con su forma de hablar y eso le cohibía.

Ole iba bien en el colegio. Los otros estudiantes le apodaban "el Profesor" porque, a veces, ayudaba a los maestros a explicar conceptos matemáticos. También era un pianista excepcional.

Entonces llegaron los nazis.

Cuando Ole tenía 13 años, su primo fue asesinado de un disparo por un soldado alemán y toda la familia huyó a Suecia. Allí, entró al instituto un año antes de lo que le correspondía y fue un estudiante sobresaliente.

Después de la guerra, en 1949, Ole se matriculó en la universidad de Oslo. Estudió matemáticas y tuvo contacto con un ordenador, el cual programó en lenguaje de máquina cuando se le dieron unos datos. En 1952, como parte del servicio militar obligatorio, empezó a trabajar a media jornada en el FFI mientras estaba en la universidad y, después, a tiempo completo tras su graduación.

Su supervisor en el FFI era Kristen Nygaard. Ambos estaban destinados a hacer algo grande.

Durante toda su vida, Ole-Johan Dahl fue profesoral, torpe a nivel social y tímido. Envidiaba el don de gentes de Nygaard, pero estaba lo bastante seguro de sus propias habilidades para mantener sus opiniones férreas y no dar su brazo a torcer cuando se le presionaba. Eso hizo que su relación profesional con Nygaard fuese bastante efectiva (y, en ocasiones, un poco ruidosa).

Dahl mantuvo y perfeccionó su talento musical, pero rara vez interpretaba solos en público. Prefería tocar música de cámara con otros. De hecho, era miembro de un club *amateur* internacional que estuvo de gira por Europa.

La música era el medio social favorito de Dahl. Podía comunicarse con la música sin la vergüenza que sentía por su forma de hablar. A menudo, llevaba partituras a las conferencias e intentaba encontrar a alguien que interpretase duetos con él. En ese entorno musical, conoció a su esposa y conoció a muchos de sus amigos de toda la vida.

SIMULA Y OO

SIMULA 67 fue el primer lenguaje de programación orientada a objetos. Influyó tanto a Bjarne Stroustrup para la creación de C++ como a Alan Kay para la creación de Smalltalk. La historia de cómo Nygaard y Dahl crearon este lenguaje es un relato considerable. Prepárese para tomar nota y llevar un registro de todas las fechas y acrónimos, porque se trata de una aventura enrevesada por los laberintos enredados de la burocracia escandinava, el capitalismo estadounidense y la pura ambición de Kristen Nygaard.

Para principios de los cincuenta, los líderes políticos de la mayoría de los países se habían dado cuenta de que necesitaban adquirir un buen dominio de la computación si no querían quedarse atrás en la carrera armamentística computacional. En Noruega, dos organizaciones se ocupaban de cubrir esta necesidad: el FFI y el recién creado Centro Noruego de Computación (NR por sus siglas en noruego).

Ole-Johan Dahl había llegado al FFI como soldado en 1952 y había trabajado como programador del ordenador Ferranti Mercury del FFI. El Mercury era una máquina de memoria de núcleos con 2.000 tubos de vacío y un procesador de coma flotante.

La memoria de núcleos tenía 1.024 palabras de 40 bits y estaba respaldada por cuatro unidades de memoria de tambor, cada una de las cuales contenía 4.000 palabras.

Durante los años siguientes, Dahl escribió un ensamblador para el Mercury. Después, inspirado por los primeros informes de ALGOL, escribió un compilador de alto nivel llamado MAC (*Mercury Automatic Coding*, codificación automática para Mercury). Para el final de esa década, Dahl se había convertido en uno de los expertos en programación informática más importantes de Noruega.

Nygaard había llegado al FFI, también como soldado, en 1948. Empleó métodos Montecarlo manuales para ayudar en la operación e investigación del primer reactor nuclear de Noruega. Su éxito con ese proyecto hizo que lo pusiesen al mando de las investigaciones operativas en el FFI, y se convirtió en un experto en ese campo en Noruega.

Los métodos Montecarlo dependen de simular el sistema que está estudiándose. La simulación manual es una labor intensiva y propensa a errores. Nygaard se dio cuenta de que los ordenadores podían utilizarse para hacer el trabajo de simulación que requería fuerza bruta. Así pues, Nygaard llevó a su equipo a crear varias simulaciones diferentes para el Mercury. Esta experiencia le hizo plantearse si podría formalizar el concepto de la simulación en un lenguaje matemático que fuese fácil de entender para el ordenador y aún más fácil de escribir para los analistas. Para 1961, había compilado un conjunto de notas al que denominó "Compilador Montecarlo".

Las ideas de Nygaard se basaban en dos tipos de estructuras de datos: una a la que llamó "clientes", que eran repositorios pasivos de atributos, y otra a la que llamó "estaciones". Los clientes se insertaban en colas dentro de las estaciones. Las estaciones realizaban operaciones sobre esos clientes y, después, los insertaban en las colas de estaciones diferentes. Cada inserción de un cliente en la cola de una estación estaba guiada por un "evento". La red de estaciones y clientes dirigidos por eventos se llamaba "red de eventos discretos".

Nygaard no era experto en programación. No estaba preparado para escribir un compilador. Así pues, pidió ayuda al mejor programador que conocía: Dahl. Los dos colaboraron para crear una definición de un lenguaje al que llamaron SIMULA, que terminaron en mayo de 1962.

Decidieron enseguida basar su trabajo en ALGOL 60. Su plan era que SIMULA fuese un preprocesador que tomase la descripción de la red de eventos discretos como entrada y produjese código en ALGOL 60 para ejecutar la simulación.

La sintaxis prevista implicaba palabras como `station`, `customer` y `system` organizadas de tal manera que definiesen la red de simulación. Como ejemplo, aquí tiene algunos fragmentos ofrecidos por Nygaard y Dahl en su artículo[1] de 1981. La influencia de ALGOL resulta evidente en esta sintaxis:

```
system Airport Departure := arrivals, counter, fee collector,
   control lobby;
customer passenger (fee paid) [500]; Boolean fee paid;
...more customers...
```

1. Consulte la entrada del análisis Montecarlo en el "Glosario de términos".

```
station counter;
   begin accept (passenger) select:
      (first) if none: (exit);
   hold (normal (2, 0.2));
   (if fee paid then control else fee
   collector) end;
station fee collector ...
```

Mientras tanto, Nygaard se encontraba en un entorno profesional que iba empeorando. Se oponía con vehemencia a la dirección de la gestión del FFI. Eso llevó a una animosidad personal significativa con el director del FFI. Así pues, en mayo de 1960, aceptó un puesto en el NR para crear un departamento de investigaciones operativas civiles.

Nygaard tanteó al equipo anterior en el FFI y convenció a seis de ellos para que se uniesen a su nueva aventura. Dahl se quedó donde estaba unos años más, pero acabó uniéndose al NR en 1963.

El NR había adquirido una máquina británica llamada Digital Electronic Universal Computing Engine (DEUCE)[2] en 1958. Utilizaba línea de retardo de mercurio para almacenar 384 palabras de 32 bits y un tambor que albergaba 8.000 palabras. La máquina era lenta. Las operaciones se medían en cientos de microsegundos o milisegundos. No era la máquina que Nygaard necesitaba para SIMULA.

En febrero de 1962, el NR cerró un trato con el Centro Danés de Informática en Copenhague para obtener un ordenador nuevo llamado GIER (*Geodætisk Instituts Elektroniske Regnemaskine*). Nygaard no estaba contento con ese trato, porque el ordenador no era mucho mejor que el DEUCE. Pero el trato se hizo por razones financieras.

Simplemente, el NR no podía permitirse el tipo de máquina multimillonaria que Nygaard quería.

Para empeorar las cosas, al NR no le hacían especial ilusión las ideas de Nygaard y Dahl para SIMULA. Sus objeciones eran que:

- A un lenguaje así no se le podía dar ningún uso.
- Si había un uso, ya debía haberse hecho antes.
- Dahl y Nygaard no eran competentes para embarcarse en semejante proyecto.

2. "The Development of the SIMULA Languages". Consulte la sección "Referencias" de este capítulo.

Trabajos como ese eran para países más grandes con más recursos. O, dicho de otro modo, los burócratas y los contables no eran partidarios de hacerlo.

Pero la historia tiene un modo de provocar accidentes felices. Sperry Rand acababa de empezar a comercializar su nuevo UNIVAC 1107, y la empresa quería atraer a clientes europeos. Así, en mayo de 1962, justo cuando el NR había regañado a Nygaard por SIMULA, este recibió una invitación a EE. UU. para ver la nueva máquina.

Nygaard aceptó la invitación, pero su objetivo no era tanto comprar una máquina como vender SIMULA. Cuando llegó, empezó a promocionar SIMULA como un lenguaje para las máquinas UNIVAC. Bob Bemer estaba en una de esas reuniones y escuchó el discurso comercial de Nygaard.

Bemer había trabajado para John Backus durante los años de FORTRAN y había trabajado con Grace Hopper durante los años de COBOL. También fue decisivo en la creación de ASCII y casi lo despidieron de IBM por proponer el concepto de tiempo compartido.

Pero, en mayo de 1962, Bemer se había convertido en un entusiasta de ALGOL y estaba buscando formas de promocionar ALGOL por encima de FORTRAN; SIMULA parecía ser una buena estrategia.

La gente de Sperry Rand estaba tan impresionada por la presentación de Nygaard que lo invitaron a presentar SIMULA en el siguiente Congreso Mundial de la IFIP[3] en Múnich. Y, así, el concepto de SIMULA obtuvo una credibilidad global casi instantánea.

Mientras tanto, el personal de Sperry Rand pensaba que SIMULA les daría una ventaja sobre sus competidores, así que idearon un plan que presentaron a Nygaard una tarde en un club nocturno griego "mientras sonaba la música del buzuki y una hermosa bailarina ejecutaba la danza del vientre".[4]

Necesitaban un sitio para hacer una demostración del 1107 en Europa, así que ofrecieron un 50 por ciento de descuento al NR, supeditado a que el NR crease SIMULA.

El 1107 era un ordenador de estado sólido con entre 16K y 64K de memoria de núcleos de 36 bits. Tenía un tambor que podía albergar 300.000 palabras. Utilizaba memoria de película delgada para los registros internos y tenía un tiempo de ciclo de memoria de núcleos de 4 μs. Era una máquina ideal para Nygaard y SIMULA.

---

3. International Federation for Information Processing, Federación Internacional para el Procesamiento de la Información.

4. Simula Session IX, sección 2.5.

Como podrá imaginar, eso convirtió a Nygaard y Sperry Rand en compañeros de conspiración que intentaban conseguir que el NR rompiese el trato que había hecho con el Centro Danés de Informática por el GIER. Si tenían éxito, Sperry Rand conseguiría su lugar para la demostración y el lenguaje SIMULA que podría utilizar para atraer a un amplio grupo de clientes interesados en las simulaciones Montecarlo (por ejemplo, laboratorios de investigación nuclear). Nygaard conseguiría la máquina que quería para SIMULA, y SIMULA se promulgaría a los clientes globales de Sperry Rand, con el nombre de Nygaard por todas partes. El valor en cuanto al prestigio era enorme.

Las oportunidades como esta no surgen todos los días, y Nygaard no iba a dejarla pasar, así que empezó a intentar plantar en la gente del NR la semilla de la idea de hacer un trato por el UNIVAC. A la mayoría les parecía que se había vuelto loco y desecharon la idea.

Entonces, Sperry Rand envió un contingente al NR en el verano de 1962 para presentar el trato de manera formal, pero el NR seguía mostrándose reacio. El descuento del 50 por ciento era tentador, pero, incluso así, costaba más dinero que el GIER. Además, tendrían que ocuparse de financiar SIMULA. Por eso, Bob Bemer mejoró la oferta al ofrecerse a pagar por el desarrollo de SIMULA mediante un acuerdo contractual.

Esa decisión era demasiado grande para el NR, así que la derivaron al Consejo Real Noruego para la Investigación Científica e Industrial (NTNF, por sus siglas en noruego).

Nygaard ya había estado promocionando la idea entre la gente del NTNF, así que respondieron enseguida y dijeron a Nygaard que escribiese un informe para ayudar al NTNF a tomar esta decisión.

Adivine lo que recomendó Nygaard. Formuló el texto con todas las palabras adecuadas, por supuesto. Su argumento era que la necesidad de potencia computacional en muchas áreas diferentes estaba creciendo con rapidez y que una máquina como el 1107 duraría en el futuro. Etcétera, etcétera.

El NTNF decidió cancelar el pedido del GIER y accedieron a aceptar el UNIVAC 1107. Sperry Rand estaba tan impaciente por cerrar el trato que hizo promesas muy agresivas sobre la entrega y respaldó esas promesas con penalizaciones contractuales.

Esas promesas de entrega no se cumplieron. La máquina que se prometió para marzo de 1963 no se entregó hasta agosto. El software del sistema operativo que se había prometido no fue aceptable hasta junio de 1964. Las penalizaciones fueron considerables, así que Sperry Rand accedió a actualizar y mejorar el hardware en vez de ofrecer dinero. Así, Nygaard consiguió mucha más máquina de la que preveía. Todo un golpe maestro.

Pero la frustración acechaba. Las condiciones que habían motivado que Nygaard abandonase el FFI estaban ahora entorpeciendo su trabajo en el NR. Esas condiciones eran, simplemente, que el NR necesitaba ingresos, y la investigación no generaba ingresos. Además, incluso aunque el desarrollo de SIMULA lo había financiado Sperry Rand, ese desarrollo no trajo consigo nuevos ingresos. Lo que es aún peor: el NR no tenía experiencia con el software para contratos y no se consideraba un contratista de software, así que no tenía ni idea de cómo lidiar con el contrato de Sperry Rand para SIMULA.

Esta situación se enconó durante casi un año. Y, como antes, las frustraciones personales de Nygaard llevaron a animosidades personales que, al final, condujeron a despidos y dimisiones en niveles altos. Pero, esta vez, no fue Nygaard quien se marchó. Cuando las aguas se calmaron, la junta del NT había creado un nuevo departamento para proyectos especiales y nombró a Nygaard director de investigación.

SIMULA I

Mientras Nygaard estaba envuelto en todas las maquinaciones políticas, Dahl estaba trabajando en el compilador SIMULA y las cosas no iban bien. Los problemas que le estaban amargando tenían que ver con las pilas.

ALGOL 60 era un lenguaje estructurado en bloques. Eso significa que las funciones podían tener variables locales que se almacenaban en una pila.

Usted y yo entendemos esto a un nivel profundo. Fíjese en el siguiente programa de Java:

```
public static int driveTillEqual(Driver... drivers)
{
   int time;
   for (time = 0; notAllRumors(drivers) && time < 480; time++)
      driveAndGossip(drivers);
   return time;
}
```

¿Dónde se almacena la variable `time`? Usted y yo sabemos que está en la pila. La mayoría de nosotros hemos crecido con el conocimiento común de que las variables locales se almacenan en la pila.

Pero, a finales de los cincuenta, se trataba de un concepto radical. Los ordenadores de la época no tenían pilas. No tenían registros de índice que pudiesen utilizarse como punteros a pila. Muchos ni siquiera tenían direccionamiento indirecto.

Recuerdo esto muy bien. Incluso a finales de los setenta, cuando trabajaba con microprocesadores Intel 8085 y ordenadores similares al PDP-8, la idea de almacenar variables en una pila era extraña y repugnante. Era repugnante porque el número de ciclos que tendría que quemar para gestionar una pila estaba fuera de mi alcance. La idea de que tendría que acceder a cada variable a través de un desplazamiento a un puntero a pila era aterradora.

Por eso me parece bastante destacable que las personas que diseñaron ALGOL 60 convirtiesen la pila en el medio de almacenamiento principal.

Pero era la pila la que estaba amargando a Dahl, y por una razón muy interesante.

Los lenguajes estructurados en bloques permiten la declaración de variables locales y de funciones locales.

Vamos a ver un programa escrito en un lenguaje mítico similar a Java que permite funciones locales:

```
public int sum_n(int n) {
   int i = 1;
   int sum = 0;

   public int next() {
      return i++;
   }

   while (n-- > 0)
      sum += next();
   return sum;
   }
}
```

La función `next` es local respecto a la función `sum_n`. Además, `next` tiene acceso a las variables locales de `sum_n`. Solo `sum_n` puede llamar a `next`.

Dahl veía el bloque de una función como `sum_n` como una estructura de datos que tenía funciones que podía manipular. Era algo muy similar a la noción de estaciones en la definición de SIMULA. Las estaciones eran estructuras de datos que contenían colas de clientes y podían operar sobre los clientes en esas colas.

Así pues, el plan de Dahl era escribir un preprocesador que crease bloques de ALGOL 60 que actuarían como las estaciones y clientes del modelo de simulación que había creado con Nygaard.

El problema, no obstante, eran las colas. Las colas no se comportan como las pilas. El tiempo de vida de un objeto en una pila es estrictamente mayor que el tiempo de vida del objeto encima de él en la pila. Esa es la naturaleza de una pila: primero en entrar, último en salir.

Sin embargo, el tiempo de vida de un objeto en una pila es lo contrario. El primer objeto en la cola es el primero en salir.

Dahl no podía hacer que los tiempos de vida de los objetos en la pila coincidieran con los tiempos de vida de los bloques de ALGOL 60, así que se vio obligado a considerar una estrategia diferente: la recolección de basura.

Su idea era asignar los bloques de ALGOL 60 a un montículo, en vez de a una pila. En efecto, quería cambiar ALGOL 60 para que funcionara de forma similar al siguiente programa de Java:

```
class Sumer {
   int n;
   int i = 1;
   int sum = 0;

   public Sumer(int n) {
      this.n = n;
   }

   public int next() {
      return i++;
   }

   public int do_sum() {
      while (n-- > 0)
         sum += next();
      return sum;
   }

   public static int sum_n(int n) {
      Sumer s = new Sumer(n);
      return s.do_sum();
   }
}
```

Dahl todavía estaba pensando en bloques ALGOL 60, pero ahora planeaba poner esos bloques en un montículo de recolección de basura en vez de en la pila.

El recolector de basura de Dahl no era la solución general a la que estamos acostumbrados usted y yo. Era más bien un arreglo entre una pila y un montículo. Consistía en varios grupos de bloques de memoria. Un grupo albergaba muchos bloques contiguos del mismo tamaño. Lo grupos en sí no eran contiguos y cada uno contenía bloques de un tamaño diferente.

Los bloques individuales tenían bits al principio y al final que los marcaban como usados o libres. Así, era muy fácil recuperar almacenamiento dentro de un grupo.

Y también era muy fácil tratar cualquier grupo particular como una pila. Por último, un asignador de almacenamiento como este no puede fragmentarse como un montículo tradicional.

La reclamación de bloques se conseguía a través del recuento de referencias y un recolector de basura como último recurso.

Una vez que se diseñó el asignador de almacenamiento, quedó claro que SIMULA no podía ser un preprocesador que generase ALGOL 60. En vez de eso, lo que Dahl necesitaba hacer era modificar ALGOL 60 para utilizar el nuevo asignador de almacenamiento e implementar las características de SIMULA en ese compilador.

Esa decisión tuvo repercusiones masivas en el propio SIMULA. Una vez que tenemos bloques en un montículo con tiempos de vida que están libres de las restricciones de una pila, surgen todo tipo de posibilidades. Por ejemplo, ¿por qué deberían los clientes ser estructuras de datos pasivas? ¿Por qué debería estar toda la actividad en las estaciones? En realidad, la actividad entre clientes y estaciones podía considerarse procesamiento cuasiparalelo.

Con esa generalización, llegó otra revelación. Las estaciones y los clientes eran solo instancias de una clase más amplia de procesos cuasiparalelos dentro de una simulación. Estaba empezando a quedar claro para Dahl y Nygaard que SIMULA podría llegar a ser un lenguaje de propósito general, no solo un lenguaje para simulaciones Montecarlo.

Ahora, quiero que se pare a pensar un momento en lo extraordinario que es que el mero acto de romper la restricción de los tiempos de vida impuesta por la pila de ALGOL 60 iniciase esta cascada de generalizaciones y revelaciones. Imagino que Dahl y Nygaard estarían entusiasmados por las posibilidades que se abrían ante ellos de repente. De hecho, al hablar de esos años, decían que fueron una combinación de "semilocura [...], trabajo muy duro, frustración y euforia".

La sintaxis prevista de SIMULA había cambiado muchísimo. En vez de clientes y estaciones, optaron por la generalización de actividades:

```
SIMULA begin comment airport departure;
set q counter, q fee, q control, lobby (passenger);
   counter office (clerk);...
activity passenger; Boolean fee paid; begin
   fee paid := random (0, 1) < 0.5...
      wait (q counter) end; activity clerk;

begin
counter: extract passenger select
   first (q counter) do begin
   hold (normal (2, 0.3));
      if fee paid then
      begin include (passenger) into: (q control);
         incite5 (control office) end
      else
      begin include (passenger into: (q fee); incite
         (fee office) end;
   end
   if none wait (counter office);
   goto counter
end...
end of SIMULA;
```

Fíjese en los verbos `wait`, `hold` e `incite`. Eran sentencias de control para la parte de programación de procesos de SIMULA. En esencia, las actividades en un programa SIMULA eran procesos independientes gestionados por un conmutador de tareas no preferente.

Era marzo de 1964 y, hasta ese momento, el diseño de SIMULA todavía estaba solo sobre el papel. Recuerde que, en aquellos tiempos, la programación no era una cuestión de teclear código en una pantalla y ejecutar un puñado de pruebas unitarias cada pocos minutos. Las compilaciones y las pruebas tardaban horas, por no decir días, en completarse, y el tiempo de ordenador era carísimo. Por tanto, el gran diseño por adelantado era la única solución viable a nivel económico.

El software lo escribió en su totalidad Dahl, aunque recibió algo de ayuda con ALGOL por parte de Ken Jones y Joseph Speroni, de Sperry Rand. Para diciembre de 1964, el primer prototipo de SIMULA I estaba listo.

---

5. Más tarde se cambió por *activate* (activar), pero me encanta la palabra *incite* (incitar).

Durante los dos años siguientes, Dahl y Nygaard se echaron a la carretera para enseñar SIMULA I a clientes de UNIVAC por toda Europa. Otras empresas tomaron nota y empezaron a hacer planes para usar compiladores SIMULA en sus máquinas.

En ese punto, SIMULA I todavía era un lenguaje de simulación y, a medida que más y más programadores iban utilizándolo para simulaciones, iba quedando más claro que era necesario hacer cambios significativos. Algunos de esos cambios mejorarían la creación de simulaciones, pero otros dirigirían el lenguaje hacia un propósito general.

Una de sus observaciones tiene un interés especial para nosotros. Se dieron cuenta de que, en las muchas simulaciones que había escrito, había procesos que compartían muchos atributos y operaciones, pero diferían en otros aspectos. Y así fue como se concibió la idea de las clases y las subclases.

También se reconsideró el asignador de almacenamiento, porque el uso de bloques de tamaño fijo hacía que se desperdiciase mucho espacio, y eso estaba volviéndose cada vez más problemático a medida que crecían los tamaños de las simulaciones. Por eso adoptaron el recolector de basura compactador introducido por John McCarthy en Lisp.

En mayo de 1967, Dahl y Nygaard presentaron un artículo sobre las declaraciones de clases y subclases en la IFIP Working Conference on Simulation. Ese artículo explicaba a grandes rasgos la primera definición formal de SIMULA 67 y utilizaba el término "objeto" en referencia a instancias de clases y subclases. También introducía el concepto de procedimientos (polimórficos) virtuales. Su presentación fue bien recibida. Unas semanas después, en otra conferencia, Dahl y Nygaard propusieron que las nociones de tipo y clase eran idénticas. Para febrero de 1968, la especificación de SIMULA 67 estaba congelada.

La sintaxis para SIMULA 67 tiene un parecido notable con lenguajes como C++, Java y C#. En el siguiente ejemplo, debería poder ver esa similitud:

```
Begin
   Class Glyph;
      Virtual: Procedure print Is Procedure print;;
   Begin
   End;

   Glyph Class Char (c);
      Character c;
   Begin
```

```
      Procedure print;
         OutChar(c);
   End;

   Glyph Class Line (elements); Ref
      (Glyph) Array elements;
   Begin
      Procedure print;
      Begin
         Integer i;
         For i:= 1 Step 1 Until UpperBound (elements, 1) Do elements
            (i).print;
         OutImage;
      End;
   End;

   Ref (Glyph) rg;
   Ref (Glyph) Array rgs (1 : 4);

   ! Main program;
   rgs (1):- New Char ('A');
   rgs (2):- New Char ('b');
   rgs (3):- New Char ('b');
   rgs (4):- New Char ('a');
   rg:- New Line (rgs);
   rg.print;
End;
```

Pese a esa similitud, SIMULA 67 seguía siendo un lenguaje de simulación y todavía mantenía muchos de los elementos de SIMULA I, por ejemplo, palabras clave como `hold` y `activate` para gestionar el conmutador de tareas. Al final, eso sería su ruina como lenguaje de propósito general.

Sperry Rand quería este nuevo lenguaje para el 1107, y la empresa encargó a sus propios programadores, Ron Kerr y Sigurd Kubosch, que se pusiesen a trabajar en la modificación del compilador ALGOL 60 existente. Ese esfuerzo estaba yendo bien hasta que, en septiembre de 1969, les ordenaron abandonar el 1107 para que se centraran en el nuevo UNIVAC 1108.[6]

El 1108 era una máquina mucho mejor. Tenía circuitos integrados, conectores posteriores envueltos en cables, memoria de núcleos más rápida, protección de memoria, capacidad multiprocesador, capacidad de 256K y un almacenamiento

6. Esa era la máquina que yo utilizaba en el instituto. Estaba situada en la zona sur de Chicago, en el Instituto de Tecnología de Illinois. Mi instituto estaba en las afueras en la parte norte y accedía a través de un módem de 300 baudios. Escribíamos programas IITRAN utilizando teletipos y cinta de papel. Me lo pasaba en grande.

masivo mucho mejor. Y tenía un sistema operativo de tiempo compartido. En muchos aspectos, el 1108 se encontraba en la transición entre lo antiguo y lo nuevo.

La primera versión comercial de SIMULA 67 se lanzó por fin en marzo de 1971 y tuvo un éxito considerable. Se implementó en muchas otras máquinas, como el IBM 360, el Control Data 3000 y 6000 y el PDP-10. Muchas universidades, sobre todo en Europa, lo adoptaron como un buen lenguaje para enseñar informática.

Solo unos años después de su lanzamiento inicial, Bjarne Stroustrup utilizó el lenguaje en la universidad de Aarhus, Dinamarca y, más tarde, en Edimburgo. Estaba muy impresionado por la manera en que podían utilizarse las clases para crear programas modulares con particiones bien hechas. También estaba muy decepcionado con el rendimiento real de los programas SIMULA 67 y con el compilador SIMULA 67 en sí. De hecho, temía que uno de sus proyectos importantes estuviese a punto de fracasar debido a esos problemas.

Por eso, en 1979, Bjarne Stroustrup decidió escribir un preprocesador para C que le diese cualidades "similares a SIMULA". Ese preprocesador se convirtió en C++.

Referencias

- Berntsen, D., Elgsaas, K. y Hegna, H. "The Many Dimensions of Kristen Nygaard, Creator of Object-Oriented Programming and the Scandinavian School of System Development". International Federation for Information Processing, 2010. `https://dl.ifip.org/db/conf/ifip9/hc2010/BerntsenEH10.pdf`.
- Dahl, O.-J., Dijkstra, E. W. y Hoare, C. A. R. *Structured Programming*. Academic Press, 1972.
- Holmevik, J. R. "Compiling SIMULA: A Historical Study of Technological Genesis". *IEEE Annals of the History of Computing* 16, n.º 4: 25-37, 1994.
- Lorenzo, M. J. *The History of the Fortran Programming Language*. SE Books, 2019.
- Nygaard, K. Curriculum Vitae for Kristen Nygaard. 2002. `http://kristennygaard.org/PRIVATDOK_MAPPE/PR_CV_KN.html`.

- Nygaard, K., y Dahl, O.-J. "SIMULA Session IX: The Development of the SIMULA Languages". ACM, 1981. www.cs.tufts.edu/~nr/cs257/archive/kristen-nygaard/hopl-simula.pdf.
- O'Connor, J. J. y Robertson, E. F. *Biography of Kristin Nygaard*. Escuela de Matemáticas y Estadística, Universidad de St. Andrews, Escocia, 2008. https://mathshistory.st-andrews.ac.uk/Biographies/Nygaard.
- Owe, O., Krogdahl S. y Lyche, T. (eds.). *From Object-Orientation to Formal Methods: Essays in Memory of Ole-Johan Dahl*. Springer, 1998.
- Stroustrup, B. *The Design and Evolution of C++*. Addison-Wesley, 1994.
- Universidad de Oslo. *Biography of Ole-Johan Dahl*. Universidad de Oslo. Departamento de Informática. Publicado el 10 de octubre de 2013. www.mn.uio.no/ifi/english/about/ole-johan-dahl/biography.
- Wikipedia. "Bob Bemer". https://en.wikipedia.org/wiki/Bob_Bemer.
- Wikipedia. "English Electric DEUCE". https://en.wikipedia.org/wiki/English_Electric_DEUCE.
- Wikipedia. "Monte Carlo method". https://en.wikipedia.org/wiki/Monte_Carlo_method.
- Wikipedia. "Ole-Johan Dahl". https://en.wikipedia.org/wiki/Ole-Johan_Dahl.
- Wikipedia. "Simula". https://en.wikipedia.org/wiki/Simula.
- Wikipedia. "UNIVAC 1100/2200 series". https://en.wikipedia.org/wiki/UNIVAC_1100/2200_series.

8

JOHN KEMENY: EL PRIMER LENGUAJE "POPULAR". BASIC

La historia de BASIC es la historia de programadores que pensaban que la programación debería estar disponible para todo el mundo. Es la historia de un sueño imposible y de una genialidad que, al final, acabó cegada por su propio brillo.

EL HOMBRE, JOHN KEMENY

Al igual que John von Neumann, János György (John George) Kemeny nació en Budapest, Hungría, en una familia judía. En 1926, el año de su nacimiento, los vientos del antisemitismo y el fascismo ya soplaban con fuerza. Cuando Hitler invadió Austria en 1938, János solo tenía 11 años. Su padre, Tibor, se dio cuenta de que Hungría era la siguiente. Tibor estaba en el negocio de la importación y la exportación y tenía contactos en EE. UU., así que cogió a su familia y la llevó a Nueva York. Se marcharon justo a tiempo, dejando todo atrás, incluidos algunos parientes de los que nunca más se supo.

John fue un muchacho precoz. A los 13 años, sin saber inglés, se matriculó en el segundo curso de un instituto de Nueva York. Tres años después, se graduó con las mejores notas de su clase. Obtuvo la ciudadanía estadounidense y estudió matemáticas en Princeton. En 1945, a los 19 años, consiguió un empleo en Los Álamos, en el Proyecto Manhattan, trabajando para Richard Feynman y junto a John von Neumann.

Feynman recordaba[1] que, en algún momento durante ese periodo, despertaron a Kemeny a medianoche y lo interrogaron bajo las luces fluorescentes para averiguar si su padre era comunista.

Kemeny trabajaba en el centro de computación, donde estaban 17 de las máquinas de cálculo con tarjetas perforadas de IBM mencionadas anteriormente,[2] manejadas por un grupo de 20 empleados. Mantenían esas máquinas funcionando 24 horas al día, seis días a la semana, resolviendo ecuaciones diferenciales parciales relacionadas con la implosión del núcleo de plutonio de las primeras bombas atómicas. Encontrar la solución para una sola ecuación requería que 20 miembros del personal y 17 máquinas trabajasen durante tres semanas completas.

Las máquinas tomaban tarjetas perforadas como entrada, aplicaban una función matemática simple a los datos de esas tarjetas y, después, producían tarjetas perforadas como salida. Un problema típico requería rastrear algo del orden de 50 puntos en tres dimensiones. Cada punto estaba representado por una tarjeta.

Cada máquina se programaba con un tablero de conexiones y las tarjetas tenían que trasladarse de máquina a máquina a máquina, con la configuración adecuada en cada máquina y los mazos de tarjetas correctos yendo a las máquinas adecuadas durante más de 400 horas.

Como hemos visto antes, John von Neumann estuvo muy implicado en estos cálculos y consultaba a menudo con el centro de computación. Estaba frustrado por el tiempo y el esfuerzo que requerían esos cálculos. Esa frustración, unida a su asociación con los equipos del Harvard Mark I y el ENIAC, hizo que desarrollase una nueva idea radical, que escribió de manera informal en junio de 1945. Su artículo "First Draft of a Report on the EDVAC" sacudió el mundo de la informática.

En 1946, mientras todavía trabajaba en Los Álamos, Kemeny asistió a una conferencia[3] ofrecida por Von Neumann en la que hablaba sobre las ideas de ese artículo. La visión de Von Neumann, como se describió en esa conferencia, era para ordenadores que tenían las siguientes características:

1. Consulte "Richard Feynman Lecture. Los Alamos from Below" en la sección "Referencias" de este capítulo.
2. En el capítulo 3.
3. Kemeny, p. 5.

- Eran totalmente electrónicos.
- Representaban números en binario.
- Tenían una memoria interna grande.
- Ejecutaban programas almacenados en la memoria junto con los datos.
- Tenían un propósito general.

Fue una conferencia en la que Babbage habría estado todo el tiempo asintiendo con entusiasmo al estar de acuerdo. También despertó algo en Kemeny. Sentía que se trataba de un sueño utópico y se preguntaba si viviría lo bastante para llegar a ver algo así.[4] Solo pasarían siete años hasta que ese sueño se hiciese realidad.

Poco después de asistir a esa conferencia, Kemeny regresó a Princeton para obtener sus títulos. Su tesis doctoral, titulada "Type-Theory vs. Set-Theory" (Teoría de tipos frente a teoría de conjuntos), estuvo supervisada por Alonzo Church. Como doctorando, fue nombrado ayudante matemático de Albert Einstein.

En 1953, mientras trabajaba como consultor para RAND Corporation, su sueño utópico se hizo realidad al poder jugar con el JOHNNIAC de Von Neumann y, más tarde, un ordenador de la serie IBM 700. Y "jugar" es la palabra apropiada. Kemeny dijo de aquella época: "Me divertí mucho aprendiendo a programar un ordenador, incluso aunque el lenguaje utilizado en esa época estaba diseñado para las máquinas y no para los seres humanos".[5] Ese sentimiento sobre el diseño del lenguaje acabaría impulsando una de las principales misiones de Kemeny: proporcionar acceso a los ordenadores a todo el mundo.

Tras su larga e ilustre carrera, recibió el Premio de la Academia de las Ciencias de Nueva York en 1984, la Medalla de la Computer Society del IEEE en 1986 y el Premio Louis Robinson en 1990. También recibió 20 doctorados *honoris causa*.

Se ha informado de que pagaba de manera anónima la matrícula de estudiantes desfavorecidos.

EL HOMBRE, THOMAS KURTZ

Si Kemeny era Batman, Tom Kurtz era Robin. Kurtz nació en 1928 en Oak Park, Illinois. De niño, estaba muy interesado en las ciencias y estudió física y matemáticas en la universidad de Knox en Galesburg, Illinois.

---

4. *Ibidem*.
5. Kemeny, p. 7.

En 1950, mientras asistía a un curso de verano en UCLA, descubrió el SWAC,[6] uno de los primeros ordenadores electrónicos de EE. UU. Esta máquina fue creada por la Oficina Nacional de Normas de Estados Unidos. Utilizaba 2.300 tubos de vacío y tenía 256 palabras de 37 bits. Esta fue la máquina para la que Kurtz escribió su primer programa, y se enganchó.

Obtuvo su doctorado en matemáticas en Princeton y Kemeny lo reclutó para Dartmouth para ayudar a promocionar la informática en la universidad. La asociación entre ambos fue duradera y está en el corazón mismo de la historia de BASIC.

LA IDEA REVOLUCIONARIA

En 1953 (el año después de que naciera yo), contrataron a Kemeny para que reconstruyera el departamento de matemáticas de la universidad de Dartmouth, ubicada en el Alto Valle de New Hampshire.

Ese departamento estaba envejeciendo con rapidez y necesitaba la energía y la perspectiva de la juventud para reinventarse. Tanto Einstein como Von Neumann recomendaron al joven Kemeny para el puesto.

Kemeny estaba ansioso por introducir a Dartmouth en el campo de la informática, así que, cuando el MIT consiguió un IBM 704, Kemeny solicitó acceso a él. Reclutó a Tom Kurtz para transportar cajas de acero llenas de tarjetas perforadas entre Cambridge, Massachusetts y Hannover, New Hampshire, cada dos semanas.

¿Se imagina esperar dos semanas por una compilación?

En un par de años, quedó claro que necesitaban algo mejor que un plazo de entrega de dos semanas. Así pues, utilizando 37.000 dólares del presupuesto para mobiliario, Kemeny compró un ordenador "de sobremesa" LGP-30.[7]

Esta máquina tenía 4.096 palabras, de 31 bits cada una, almacenadas en un tambor magnético. Había 113 tubos de vacío y 1.450 diodos de estado sólido.[8] Era una máquina de una sola dirección con multiplicación y división integradas. Tenía una frecuencia de reloj de 120 KHz y un tiempo de acceso a memoria de entre 2 ms y 17 ms. Los dispositivos de E/S eran un teletipo y un lector/perforador

6. *Standards Western Automatic Computer.*

7. Librascope General Purpose 30. Esta máquina me recuerda mucho al ECP-18. Consulte el capítulo 9.

8. La lógica de diodos es una manera exigente y hambrienta de poder de crear puertas AND y OR.

de cinta de papel. Se programaba utilizando un lenguaje de máquina muy simple o un lenguaje realmente bizarro llamado ACT-III que delimitaba todo con apóstrofos.[9]

A los pocos estudiantes que tenían acceso a la máquina les encantaba. Uno incluso escribió un compilador similar a ALGOL para ella. Otro escribió un programa para predecir con éxito el resultado de las elecciones primarias de New Hampshire en 1960. Esa predicción apareció en las noticias y dio a la universidad visibilidad positiva en los medios.

Pero, puesto que los estudiantes solo podían utilizar el ordenador de uno en uno, el acceso estaba muy limitado, así que siguieron utilizando también el 704 en el MIT. En uno de sus viajes llevando tarjetas perforadas y listados entre Hannover y Cambridge, Kurtz conoció a John McCarthy[10] y se lamentó por el hecho de que el acceso al LGP-30 estuviese tan limitado. McCarthy respondió que Dartmouth debería empezar a pensar en el tiempo compartido.

Un día, Kurtz decidió llevar a cabo un experimento. Hizo un uso físico del "tiempo compartido" del LGP-30 entre lotes de cinco estudiantes. Cada lote de cinco tendría 15 minutos para ejecutar tantas compilaciones y pruebas como pudiese, compartiendo a medida que avanzase. Cada estudiante tendría acceso durante un minuto, más o menos, para cargar, compilar e imprimir. Después pasaría el siguiente, luego el siguiente, y así sucesivamente.

Por extraño que parezca, la estrategia funcionó. Si se tenía la coordinación suficiente, la máquina podía compartirse. Eso dio a Kurtz la idea de que una máquina con muchos terminales y el software apropiado podría compartirse de forma masiva entre muchos alumnos, quizá entre todo el cuerpo estudiantil. Kurtz imaginó que la informática podría abrirse a todo el mundo.

Imposible

Kurtz dijo a Kemeny: "¿No crees que se acerca el momento en que todo estudiante debería aprender a utilizar un ordenador?".[11] A Kemeny le encantó esta idea, así que, en 1963, más o menos, encargó a Kurtz y Tony Knapp que viajasen a Phoenix para hablar con GE sobre la donación de un ordenador. La cosa no fue

9. Consulte `https://en.wikipedia.org/wiki/File:ACT_III_program.agr.jpg`.

10. Sí, ESE John McCarthy. Ya sabe: el inventor de Lisp, entre otras muchas cosas.

11. Kemeny y Kurtz, p. 3.

demasiado bien, así que hicieron peticiones similares a IBM, NCR y Burroughs. Entonces, GE se puso en contacto con una propuesta relativamente barata (300.000 dólares) para dos máquinas: un DATANET-30 y un DATANET-235.

El DN-30 era el procesador de comunicaciones *front end* para 128 terminales. Tenía 8K de palabras de 18 bits. El DN-235 era la máquina de lotes[12] que ejecutaría en realidad los programas. Tenía 8K de palabras de 20 bits. El sistema incluía también dos unidades de cinta magnética y un disco duro con una capacidad del orden de entre 5 MB y 10 MB.

El susto del Sputnik en 1957 abrió la puerta a una nueva financiación del gobierno para ciencias, tecnología, ingeniería y matemáticas, así que Kurtz escribió a la Fundación Nacional de Ciencias (NSF, por sus siglas en inglés) para pedir una subvención. La propuesta decía que utilizarían a una docena de estudiantes universitarios como programadores para escribir un sistema de tiempo compartido desde cero. La gente de la NSF opinaba que escribir un sistema así era un trabajo para expertos, no para universitarios y, por tanto, se mostraba muy escéptica ante el plan. Pero Kemeny era persistente y, al final, acabó convenciéndola.

Las máquinas se encargaron en el verano de 1963. Llegaron en febrero de 1964 y el Dartmouth Time Sharing System y el BASIC Compiler cobraron vida el 1 de mayo de ese año.

Este milagro de las fechas se consiguió al hacer que los universitarios, junto con Kemeny, quien escribió el compilador BASIC, escribieran todo el código en los meses anteriores a la llegada de las máquinas. Kemeny fue capaz de depurar partes de su compilador tomando prestado un poco de tiempo en un ordenador de la oficina de GE en Boston. Sin embargo, la amplia mayoría del código la escribieron los universitarios con lápiz y papel, mientras esperaban la máquina.

Ahora, vamos a volver a esto. Kemeny, Kurtz y un grupo de universitarios locos por los ordenadores escribieron un sistema de gestión de terminales *front end* que comunicaba con un sistema de tiempo compartido *back end* y un compilador, desde cero, en lenguaje ensamblador, en dos ordenadores de GE primitivos y estrafalarios, en menos de un año; y eso que solo tuvieron acceso a la máquina durante los tres últimos meses de ese año. Hicieron lo que los expertos decían que era imposible. Hicieron lo que equipos mucho más grandes y experimentados no habían logrado hacer. Y lo hicieron en su tiempo "libre".

---

12. Una máquina de lotes ejecuta los trabajos de uno en uno, de principio a fin. Un trabajo consistía en un lote de programas ejecutados en secuencia con instrucciones para los operadores de montar y desmontar cintas magnéticas, y cosas así.

No me diga que la era de los milagros ha terminado, porque eso fue un puñetero milagro.

Un recuerdo personal

Tengo muy poquita experiencia con el DATANET-30. La máquina era enorme, gigante, llenaba una habitación. Hacía un ruido tremendo. El disco estaba compuesto por media docena o así de platos de 91 centímetros de grosor. Hacía temblar el suelo y sonaba como el motor de un reactor al girar. Las capacidades de comunicaciones serie del DN-30 le permitían hablar con 128 terminales a la vez.

Pero, según recuerdo, el código en lenguaje ensamblador que manejaba los puertos de comunicación se activaba a través de interrupciones para cada bit que entraba desde las líneas serie.

El software tenía que ensamblar esos bits para formar caracteres, porque no había forma de que GE pudiese empaquetar 128 UART[13] en ese armatoste viejo.

BASIC

Kurtz hubiera querido que el lenguaje fuese FORTRAN, pero Kemeny insistió en que los lenguajes existentes no eran compatibles con la idea de que "todo estudiante" debería aprender informática. Así pues, Kemeny se propuso diseñar un lenguaje nuevo, más simple e inclusivo. Sospecho que primero eligió el nombre y luego pensó en qué sería cómo acrónimo: BASIC significa *Beginners All-purpose Symbolic Instruction Code* (código simbólico de instrucciones de propósito general para principiantes).

BASIC es una creación de Kemeny. No había visto nunca un compilador y no sabía nada de teoría sobre compiladores. Aun así, escribió el compilador en los meses entre la adquisición y la entrega de las máquinas.

Y era un compilador. Se ejecutaba en el DN-235 y compilaba programas BASIC en lenguaje de máquina.

13. Un UART (*universal asynchronous receiver/transmitter*, transmisor-receptor asíncrono universal) convierte un flujo serie de bits en un flujo paralelo de bytes. A principios de los años sesenta, los dispositivos como ese ocupaban una placa de circuito impreso grande y costaban bastante. En los sesenta, podían conseguirse en un solo chip por unos pocos dólares.

BASIC se diseñó para ser fácil, de propósito general, interactivo, rápido y abstracto, teniendo siempre en cuenta que estaba pensado para "todo estudiante".

Un sistema de numeración de líneas permitía que se editase con facilidad en un teletipo. El hecho de que todas las sentencias empezasen con una palabra clave garantizaba que la gramática y, por tanto, el compilador, se mantuviesen simples. El hecho de que los estudiantes pudiesen teclear un programa y verlo ejecutarse en segundos lo convertía en el primer lenguaje interactivo de acceso general jamás concebido.

Por supuesto, era 1964 y hubo que hacer concesiones respecto al hardware. La memoria era carísima en esa época, así que los nombres de variables se limitaban a una letra y un dígito opcional. No había funciones ni líneas con nombre. No había archivos de E/S. Había IF, pero no ELSE. Había DO, pero no WHILE. Todas esas cosas llegarían después; pero, en 1964, incluso esto era un milagro.

TIEMPO COMPARTIDO

Pero el milagro más grande era que el sistema podía soportar docenas y docenas de terminales. Veinte, treinta o cuarenta estudiantes podían estar introduciendo programas BASIC al mismo tiempo y viendo los resultados en segundos. Ese era tiempo compartido de verdad, y fue algo revolucionario.

¡Todo el mundo se fijó! Cada vez más personas querían terminales en sus oficinas, sus aulas, sus institutos, sus hogares. Aparecían terminales por todas partes.

Por supuesto, los estudiantes escribían juegos. Otros estudiantes jugaban a ellos. Había juegos de fútbol y de tres en raya. Bueno, si dejamos suelto al cuerpo estudiantil de una universidad para que escriba código, va a escribir juegos.

En GE estaban atónitos. Habían creído que eso era imposible o, al menos, que requeriría muchas décadas-personas de trabajo. Obtuvieron la licencia del software de tiempo compartido y BASIC de Dartmouth a cambio de más hardware y abrieron centros de servicio de tiempo compartido por todo el país y todo el mundo.

Gobiernos, negocios, ciencias, finanzas, lo que sea: todo el mundo quería un terminal de tiempo compartido.

Un recuerdo personal

En 1966 mi padre, profesor de ciencias, llevó a los alumnos de la escuela de verano a un tour por International Minerals and Chemicals, la gente que nos dio Accent, uno de los primeros condimentos de GMS[14] para consumidores. Uno de los investigadores estaba trabajando en un teletipo. Me acerqué furtivamente a ese hombre y me enseñó cómo funcionaban BASIC y el sistema de tiempo compartido. Me enganché. Llegué a casa y fingí que tenía un ordenador. Escribía los comandos en un papel y, después, escribía lo que esperaba que hiciese el ordenador. Jugaba a eso con mis amigos. Ellos escribían comandos y yo fingía ser el ordenador y escribía las respuestas.

En esos primeros años locos antes del miniordenador, el número de servicios de tiempo compartido en EE. UU. que ofrecían BASIC había aumentado a unos 80. Alrededor de 5 millones de personas habían aprendido BASIC para entonces.

LOS CHICOS DE LOS ORDENADORES

Cada vez más institutos adquirían terminales de tiempo compartido, y cada vez más chavales se enganchaban a los ordenadores. Fue la era de los chicos de los ordenadores.

A finales de los sesenta, mi instituto tenía una conexión de tiempo compartido a un UNIVAC 1108 en el IIT de Chicago. El lenguaje que utilizábamos era IITRAN, que se parecía mucho más a ALGOL que a BASIC.

Mis compañeros y yo nos hacíamos cargo de la operación del único terminal, un ASR-33 con un módem conectado a un teléfono tradicional. El teléfono tenía un candado en el marcador, pero cualquier buen aficionado a la tecnología sabe que puedes marcar un teléfono bloqueado mediante pulsaciones en el gancho que se correspondan con los dígitos del número en cuestión.

Los profesores de matemáticas estaban encantados de que nos ocupásemos nosotros. Ellos, desde luego, no querían cargar docenas de cintas de papel en la máquina a diez caracteres por segundo. Tampoco querían arrancar listado tras listado para ponerlos en la cesta de salida. ¡Pero nosotros sí! Y, cuando acabábamos de cargar y arrancar, jugábamos. Teníamos a nuestra disposición un terminal de tiempo compartido y carta blanca para utilizarlo. ¡Y vaya si lo aprovechamos!

14. Glutamato monosódico.

Y nuestra experiencia era solo una entre miles. En todos los institutos de la nación, los chicos de los ordenadores estaban haciéndose cargo de los terminales de tiempo compartido y bebiendo de la manguera.

¿Es sorprendente que toda la industria cambiase cuando todos esos chicos de los ordenadores se incorporaron a la población activa?

ESCAPE

Pero la revolución no había hecho más que empezar. Los miniordenadores estaban saliendo como setas por todas partes y sus usuarios querían BASIC, o algo como BASIC, para escribir programas pequeños, interactivos y rápidos. Y así, con la misma rapidez con la que había surgido, el tiempo compartido desapareció.

Las máquinas gigantes en salas de máquinas enormes que tenían conexiones establecidas con terminales por doquier por todo el país se vieron sustituidas por máquinas pequeñas del tamaño de un frigorífico pequeñito o un microondas, y después, al final, por ordenadores personales.

Pero los compiladores eran difíciles de escribir. Los intérpretes eran más fáciles, así que los intérpretes de BASIC corrieron como la pólvora.

Esto solo aceleró cuando los ordenadores personales entraron en liza. Al final, aunque las lenguas vernáculas de BASIC interpretado estaban por todas partes, el compilador BASIC de Dartmouth regresó a Dartmouth y se quedó allí, en su pequeño callejón sin salida.

EL PROFETA CIEGO

La amplia expansión de BASIC al mundo de los miniordenadores y, después, al de los ordenadores personales fue, al principio, ignorada por el equipo de Dartmouth.

Simplemente siguieron modernizando su versión de BASIC para mantenerse al día con las normas de la industria. Añadieron características para programación estructurada, trazado de gráficos, manipulación de archivos, funciones con nombre, módulos y muchas otras cosas. Para mediados de los 80, el Dartmouth BASIC era un lenguaje muy competente que podría haber rivalizado con Pascal. Pero seguía siendo BASIC. Los autores nunca abandonaron la naturaleza de palabras clave del lenguaje. Cada nueva característica añadía un conjunto nuevo de palabras clave. Nunca adoptaron la noción de C de que todo era una función y en todas las E/S deberían mediar funciones.

Cuando el equipo de Dartmouth se fijó por fin en la industria y vio todos los intérpretes de BASIC y todas las alteraciones que distintos vendedores habían añadido al lenguaje, se quedó horrorizado. Su solución fue inventar otra versión de BASIC a la que llamaron "True BASIC" (BASIC auténtico). Se lo ofrecieron al mundo, y el mundo respondió con silencio. A nadie le importó.

Me llama la atención que programadores con la clara genialidad de Kemeny y Kurtz, que empezaron la revolución del tiempo compartido y que llevaron la informática a las masas, cayesen en la vieja trampa del sesgo NIH.[15] ¿Cómo podían seguir promocionando un lenguaje basado en palabras clave a pesar del éxito de C? De hecho, en su defensa[16] de True BASIC, lo comparaban con FORTRAN, COBOL y Pascal, pero nunca mencionaban C. Aun así, para 1984, no solo era C el lenguaje preferido en la industria,[17] sino que C++ y Smalltalk ya estaban en el horizonte.

¿Simbiosis?

En 1972, Kemeny escribió un libro titulado *Man and the Computer*. La tesis central de este trabajo era que los ordenadores eran una nueva especie de vida que era simbiótica con la humanidad. Puede parecer una tontería, pero mire a su alrededor.

¿Cuántos ordenadores tiene al alcance de la mano? ¿Cuántas veces al día interactúa con algún ordenador? ¿Es su reloj un ordenador? ¿Es su teléfono un ordenador? ¿Son sus auriculares ordenadores? ¿Son las llaves de su coche ordenadores? ¿No está rodeado por completo de ordenadores con los que interactúa a cada momento? ¿Y acaso no está creciendo esa tendencia de forma dramática?

Quizá los ordenadores no están vivos según nuestra definición estricta de la vida, pero nadie puede negar que han evolucionado hasta llegar a una sinergia cada vez más profunda, por no decir simbiosis,[18] con nosotros.

---

15. *Not invented here*, No inventado aquí.
16. Kemeny y Kurtz, p. 89 y ss.
17. Excepto Apple, que se aferró a Pascal aproximadamente un año más.
18. ¿Simciberbiosis?

A lo largo del libro, Kemeny recurre al tiempo compartido como su solución para ofrecer acceso a la informática a todo el mundo. En vez de hablar sobre ordenadores domésticos, habla sobre terminales domésticos conectados a grandes centros de datos repartidos por todo el mundo. No parece prever (¿y quién podría culparlo?) que, en 50 años, los ordenadores de una potencia mucho mayor de lo que él podría imaginar se contarían por billones y serían parte de nuestras vidas en todo momento.

PROFECÍAS

En el libro, Kemeny hace varias predicciones. Aquí tiene algunas.

Inteligencia artificial

> *La década de los sesenta demostró que esta tarea es mucho más difícil de lo que algunos defensores de la inteligencia artificial habían supuesto.*
>
> *Aunque ha habido varios éxitos notables, en muchos casos el esfuerzo humano por enseñar al ordenador ha resultado ser horrible, y la cantidad de trabajo requerido para que un ordenador simule la inteligencia humana es enorme de una forma desalentadora. A menudo, llega un punto en el que el esfuerzo simplemente no merece la pena.*[19]

Me resulta fascinante que esta afirmación de 1972 sea tan cierta ahora como lo era entonces. Y lo digo mientras estoy editando este párrafo con una máquina que está comprobando todo el tiempo mi ortografía y mi gramática y ofreciéndome alternativas para las dos cosas.

También me parece fascinante que Kemeny estaba hablando en oposición directa a la noción mucho más común de que los ordenadores se volverían inteligentes en cuestión de años o décadas. Piense, por ejemplo, en la filmografía popular de la época: HAL 9000 de la película de Kubrick *2001: Odisea del espacio*, Colossus de *Colossus: El proyecto prohibido* o Número 5 de *Cortocircuito*.

En estos días de modelos de lenguaje grandes como ChatGPT y compañía, todavía vemos estas herramientas tan impresionantes como herramientas y no como seres inteligentes. Uno de los mayores insultos de 2023 fue cuando Chris Christie, durante el debate de las primarias del Partido Republicano, acusó a Vivek Ramaswamy de sonar como ChatGPT.

19. Kemeny, p. 49.

Teléfonos

... en un teléfono con botones para pulsar, debería ser posible 'teclear' el nombre de una persona y una dirección aproximada y hacer que el ordenador de la compañía telefónica encuentre su número y lo marque. Por supuesto, eso supondría un uso adicional del ordenador y, por tanto, debería cobrarse un precio adicional por el servicio....[20]

Ojalá Kemeny pudiese ver lo que consideramos un "teléfono" hoy en día. No solo podemos teclear el nombre de la persona; podemos decirlo sin más. Nuestros teléfonos contienen una lista de todos nuestros contactos. Ninguno nos molestamos ya en recordar los números de teléfono de nadie, ¡incluso aunque esos números todavía existen!

Y, en cualquier caso, ahora preferimos escribir mensajes, chatear, publicar en X o en Instagram o...

Privacidad y Gran Hermano

Si se permite a los gobiernos y las grandes empresas invadir nuestra privacidad, es culpa nuestra por permitírselo. Son perfectamente capaces de hacerlo sin ordenadores, aunque los ordenadores hacen que sea mucho más fácil hacer el seguimiento de millones de personas. Los ordenadores han bajado el precio para el Gran Hermano, pero no han traído un cambio en principio.[21]

Y aquí estoy, en 2023...

... con miedo a la censura gubernamental y la recopilación de información nacional a través de las redes sociales.

... con muchas plataformas de las que dependemos para acceder a noticias nacionales e internacionales que solo ofrecen su propio punto de vista como verdad y con cierto doblegamiento ante la presión del gobierno para ocultar información vital.

... con filtraciones de datos tan comunes como el parte meteorológico de mañana porque nadie podía (o quería) ver los puntos vulnerables evidentes en tecnologías como SQL.

20. Kemeny, p. 55.

21. *Ibidem*.

... con el riesgo constante de que nuestra información privada se recopile y se transmita, al tiempo que se hace que sea imposible proteger a nuestros hijos frente a la desinformación y la propaganda.

Y las palabras de Kemeny dan en el clavo. Culpa nuestra. Esto es culpa nuestra.

El fin de la ley de Moore

Suena plausible decir que, puesto que la velocidad de la computación se ha multiplicado por un millón en 25 años, cabe esperar un aumento similar de la velocidad en los próximos 25. Sin embargo, esto nos enfrenta a una de las limitaciones absolutas de la naturaleza, en concreto, la velocidad de la luz.[22]

Por supuesto, tenía razón. Los tiempos de ciclo de 1 μs de principios de los setenta solo se habían multiplicado por unos pocos miles, no un millón. Y no hay muchas esperanzas de que nuestras velocidades de reloj se incrementen mucho más de lo que ya lo han hecho.

Durante los últimos 20 años, hemos estado atascados en aproximadamente 3 GHz, y no hay nada[23] en el horizonte que parezca tener probabilidades de cambiar eso.

Estoy convencido de que en la siguiente generación veremos memorias de ordenadores capaces de albergar el contenido de la biblioteca más grande del mundo.[24]

Bueno, creo que podría tener la Biblioteca del Congreso de 1972 entera en mi teléfono. Kemeny esperaba que la memoria aumentase en volumen y en velocidad, pero no tenía ni idea de que ahora estaríamos utilizando terabytes por muy poco dinero.

Terminales/consolas/pantallas

El área que está quedándose rezagada respecto al resto en lo que respecta a las mejoras en los costes es una muy importante, la de los terminales. Un coste de 100 dólares al mes es bastante típico por el alquiler y la prestación de servicios de un terminal,

---

22. Kemeny, p. 63.

23. La computación cuántica puede crear eficiencia en determinadas aplicaciones muy limitadas, pero no en general.

24. Kemeny, p. 64.

y esos terminales son bastante primitivos. [...] No veo ninguna razón por la que un terminal muy fiable no pueda fabricarse para venderse al precio de una televisión en blanco y negro. Será algo necesario si queremos que los ordenadores lleguen a los hogares.[25]

Esta predicción se cumplió de sobra media década más tarde. El Sinclair ZX-81 era un ordenador pequeño con un teclado de membrana que se conectaba al televisor en blanco y negro. Se lanzó (como su nombre indica) en 1981. Yo tuve una de esas pequeñas bestias. Era divertido, pero no muy fiable.

Por supuesto, Kemeny no estaba pensando en un auténtico ordenador en una casa, sino en un terminal que se pondría en la encimera de la cocina y se conectaría mediante el teléfono a un centro de datos.

Redes

Es probable que en la próxima década veamos el desarrollo de redes informáticas enormes. De hecho, hoy en día existen varias redes modestas [...] La mayoría de la gente solo sentirá el impacto total de los ordenadores modernos cuando se construyan centros informáticos de multiprocesadores grandes por todos los Estados Unidos y se conecten de manera eficiente a la red de comunicaciones existente.[26]

Con esta acertó bastante. La era de finales de los setenta y principios de los ochenta fue la época de los servicios de tablón de anuncios (Bulletin Board Services). Personas con módems y terminales (por ejemplo, la impresora Silent 700 de Texas Instruments) podían conectarse a esos "centros de datos" diminutos y compartir software. Estos se vieron reemplazados en 1980 por servicios de acceso telefónico como CompuServe. Al final, esto proporcionó a la gente acceso al correo electrónico.

En 1998, el interés en los correos electrónicos se había extendido tanto que la comedia romántica *Tienes un e-mail*, con Tom Hanks y Meg Ryan, se convirtió en un taquillazo.

Pero ¿"el impacto total"? Kemeny apenas podría imaginar cuál ha sido el impacto total. Nuestros teléfonos, relojes, frigoríficos, termostatos, cámaras de seguridad y coches están conectados a una red inalámbrica de alta velocidad que se extiende por todo el mundo.

25. Kemeny, p. 66.

26. Kemeny, p. 67.

Educación

... para 1990, cualquier casa podrá convertirse en una miniuniversidad.[27]

Desde luego, la pandemia de COVID-19 lo demostró, aunque el hecho de que sea cierto o falso es objeto de debate y cierta preocupación. En cualquier caso, está claro que es cierto que hay una educación de la misma calidad que la universitaria disponible para cualquiera que tenga acceso a Internet y la voluntad de estudiar.

A TRAVÉS DE UN CRISTAL OSCURO

John Kemeny era programador. Se convirtió en programador en 1946 cuando soñó con la utopía de Von Neumann de un ordenador de programas almacenados. Demostró su dominio de la artesanía cuando escribió el compilador BASIC y guio a un grupo de universitarios para que creasen el primer sistema de tiempo compartido práctico con poco más que "cuchillos de piedra y pieles de oso". Su objetivo era la democratización de los ordenadores, llevar la informática a las masas. Creía que todo el mundo podía y debería utilizar ordenadores. Proporcionó acceso gratuito a los ordenadores de Dartmouth y recomendó que todas las instituciones educativas hiciesen lo mismo. Incluso propuso acceso gratuito a los ordenadores como una condición para la acreditación.

Kemeny vio el futuro a través de un cristal oscuro, pero lo vio. Y dedicó su vida a esa visión.

John Kemeny era programador.

REFERENCIAS

- Dartmouth. "Birth of BASIC". Publicado en YouTube el 5 de agosto de 2014. (Disponible en el momento de escribir este libro).
- IEEE Computer Society. "Thomas E. Kurtz: Award Recipient". s. f. `www.computer.org/profiles/thomas-kurtz`.
- Kemeny, J. G. *Man and the Computer*. Charles Scribner's Sons, 1972.
- Kemeny, J. G. y Kurtz, T. E. *Back to BASIC*. Addison-Wesley, 1985.

27. Kemeny, p. 84.

- Lorenzo, M. J. *Endless Loop: The History of the BASIC Programming Language*. SE Books, 2017.
- O'Connor, J. J. y Robertson, E. F. "John Kemeny: Biography". Escuela de Matemáticas y Estadística, Universidad de St. Andrews, Escocia, s. f. `https://mathshistory.st-andrews.ac.uk/Biographies/Kemeny`.
- The Quagmire. "Richard Feynman Lecture. 'Los Alamos from Below'", 1:18:00. Publicado en YouTube el 12 de julio de 2016. (Disponible en el momento de escribir este libro).
- Von Neumann, J. "First Draft of a Report on the EDVAC". Escuela Moore de Ingeniería Eléctrica, Universidad de Pensilvania, 1945.
- Wikipedia. "John G. Kemeny". `https://en.wikipedia.org/wiki/John_G._Kemeny`.
- Wikipedia. "LGP-30". `https://en.wikipedia.org/wiki/LGP-30`.
- Wikipedia. "Thomas E. Kurtz". `https://en.wikipedia.org/wiki/Thomas_E._Kurtz`.

9

Judith Allen

Esta historia me toca la fibra sensible. Es la historia del primer ordenador binario al que eché el ojo y los dedos. También es la historia fascinante, inspiradora y, a veces, perturbadora, de Judy Allen, una joven feminista que se convirtió en programadora a finales de los años cincuenta.

Sobre su feminismo, escribe:

> "[Nosotras] hicimos el trabajo por nuestras hijas y nietas, por todas las mujeres. Llegábamos con nuestros pintalabios, nuestros trajes y nuestros tacones altos, con todas nuestras habilidades, conocimientos y experiencias superiores, y las cualificaciones adicionales de la perspicacia y la intuición (que honrábamos) y el respeto por las relaciones humanas por encima de los beneficios. Exigíamos igualdad salarial y dignidad, y exigíamos que se aprobasen leyes. Nos manifestábamos en las calles y declarábamos en los tribunales y en el Congreso.
>
> Cabreábamos a nuestros colegas masculinos cuando no aceptábamos que nos mandasen 'a callar y a tomar notas'. Aprovechábamos cualquier oportunidad para avanzar, a menudo a expensas de nuestro tiempo libre y, veces, del tiempo con nuestra familia. Nunca pedíamos exenciones especiales por estar embarazadas o con el síndrome premenstrual, por ser madres solteras o por estar agotadas. Nos humillaban constantemente: nos faltaban al respeto, nos ignoraban, nos trataban con desconsideración. Teníamos que luchar por cada ascenso, tener mejor educación y mejores

cualificaciones y trabajar más duro que nuestros 'iguales' masculinos. Y, aun así, teníamos que luchar por recibir el mismo salario solo para conseguir incluso los ajustes más pequeños. Libramos batallas que no se ganaron en muchos años. Después de décadas de exigirla, perdimos la más importante: la Enmienda de Igualdad de Derechos".

Si le parece que esta afirmación es un poco exagerada, quizá su historia le convenza de lo contrario.

EL ECP-18

La máquina se llamaba ECP-18. Era una máquina muy simple de una sola dirección, con 1.024 palabras de 15 bits en una memoria de tambor. Tenía un panel frontal que parecía de *Star Trek* con botones que se iluminaban al pulsarlos. Había un conjunto de 15 botones para el acumulador, otro para el registro de dirección y otro para el contador de programa. Estos botones estaban dispuestos en una consola situada encima de un escritorio sobre el que se colocaba un teletipo ASR 33.

En 1967, una de estas máquinas pasó en un carrito por el comedor de mi instituto cuando yo estaba en primero. La empresa que las estaba vendiendo a los institutos iba a hacer una demostración. Yo ya era un friki de la informática para entonces, y la máquina me dejó embelesado. Incluso aunque estaba apagada, tuve que usar toda mi fuerza de voluntad para dejar de mirarla e irme a clase.

Durante la hora de estudio, me hice con un pase para salir al servicio y volví a mirarla.

En un momento dado, el ingeniero de ventas estaba probando la máquina repetidamente. Estuve revoloteando alrededor, como un mosquito molesto. Observé cómo pulsaba el ingeniero los botones de la máquina.

Describiré los detalles de mis interacciones con esta maquinita en la parte 2. Por ahora, basta con decir que, a través de mi observación del ingeniero de ventas, deduje la arquitectura de la máquina y cómo escribir programas simples para ella. Incluso conseguí hacer funcionar un programa simple usando a hurtadillas la máquina durante diez minutos cuando nadie miraba. El efecto que causó en mí fue profundo, incluso aunque nunca pude volver a tocar esa máquina.

Una semana después, más o menos, se llevaron el ECP-18 del instituto y nunca regresó. Fue un día duro para mí. No fue hasta hace poco, más de cinco décadas después de ese evento glorioso, cuando descubrí la historia que está usted a punto de leer.

JUDITH SCHULTZ

Lo que sigue lo he recopilado a partir de las memorias de Judith, que se escribieron en la primavera de 2012 mientras ella recibía tratamiento por la quinta reaparición de su cáncer de mama. No tengo claro que sobreviviese más allá del final de ese año. A medida que avanzan las memorias, se pasa de un relato de su vida a una historia de ficción que termina de manera abrupta.

Judith B. Schultz nació en 1940 en Oregón, cerca de la desembocadura del río Columbia. Su padre, Travis, era un cultivador de narcisos y ella se crio en la granja, realizando labores agrícolas. Pero su madre tenía otros sueños para ella.

Judith fue una niña precoz. Tenía facilidad para la escritura y se le daban bien las matemáticas y obtuvo una beca para la universidad estatal de Oregón.

Su padre se negó en redondo a permitir que asistiera.

"No necesitas esto", le dijo. "No vas a ir a la universidad. Es una pérdida de tiempo y de dinero que no tenemos. Solo tienes 16 años, perderías la inocencia. Te enseñarían un montón de nociones presuntuosas, te harían cuestionarte todas tus creencias. Volverías a casa con la cabeza llena de ideas, probablemente siendo atea. O comunista. No necesitas la universidad para ser esposa y madre. Quítate esa idea arrogante de la cabeza".[1] Pero su madre se la llevó aparte y le dijo: "Yo me ocupo de tu padre". Y, así, en el otoño de 1956, Judith fue a la universidad.

Estudió economía doméstica, con matemáticas y escritura como asignaturas optativas.

Su primer curso de escritura lo impartía un novelista publicado que "se interesó" por ella. Al principio, Judith pensó que ese interés era puramente académico. El profesor alababa su escritura, lo cual la hacía feliz. Pero, con el paso del tiempo, él interés más vulgar del profesor quedó claro, y Judith tuvo que escapar de su despecho tras rechazar sus insinuaciones. Después de eso, su interés académico se redujo.

Por otro lado, su profesor de matemáticas, Arvid Lonseth, era un caballero que reconoció su talento para el tema y la animó a cambiar de carrera. Así, a los 17 años, pasó a estudiar matemáticas.

En el otoño de 1957, el departamento de matemáticas adquirió su primer ordenador, un ALWAC III-E. Se trataba de una máquina de 32 bits con una memoria de tambor de 4K. Los registros internos se guardaban en un área especial del tambor, al igual que otros registros de almacenamiento en funcionamiento. La máquina tenía unos 200 tubos de vacío y unos 5.000 diodos de silicio. Tenía un tiempo de suma de 5 ms y un tiempo de multiplicación/división de 21 ms. El dispositivo de E/S era un teletipo y una cinta de papel. La programación se hacía accionando las filas de interruptores de palanca en el panel frontal. Es muy probable que fuese un desafío técnico profundo.

Judith era la única chica en la primera clase de programación informática que se impartió en la universidad estatal de Oregón. Los chicos rodeaban la máquina y no le permitían el acceso a ella. Judith aprendió mirando y escuchando, pero sin llegar a tocarla en realidad. Aun así, consiguió un sobresaliente y, después, cursó la asignatura por segunda vez.

En esta ocasión, sabía las respuestas antes que los chicos e iba abriéndose paso hasta la consola, donde accionaba los interruptores antes de que los chicos supiesen lo que estaba pasando.

1. *Memoir: Chapter 4: Corruption of Innocence.*

A Judith le encantaba. Estaba enganchada.

A los 18 años, se casó con Don Edwards, otro estudiante de matemáticas. Dejó la universidad y tuvo tres hijos muy seguidos. A los 22 años, en 1962, volvió a la universidad para terminar la carrera.

Una de sus clases era Programación informática, y fue ahí donde descubrió el ordenador inventado por el profesor, el doctor Allen Fulmer.

Era el ECP-18.[2]

Volvió a quedarse enganchada. Le encantaba trabajar con la máquina. Le encantaba programar en lenguaje de máquina binario.

Pero la vida se entrometió. Judith terminó su carrera y empezó a trabajar como profesora, pero, cuando sus hijos crecieron, decidió "probar a ser madre a tiempo completo",[3] así que abandonó la enseñanza y se quedó en casa con los niños.

Pero, después de cinco meses, estaba desperada por tener otra cosa. No quería ser ama de casa. Y entonces fue cuando sonó el teléfono.

Era el doctor Fulmer, con un plan. Iba a vender el ECP-18 a institutos y universidades, pero necesitaba que alguien escribiese un ensamblador simbólico. ¿Querría hacerlo ella?

2. Fulmer había construido la máquina en la cochera de su madre utilizando transistores donados por Tektronics.

3. *Memoir: Chapter 6: Metamorphosis*.

Vale, vamos a parar un momento. Estamos hablando de una máquina con 1.024 palabras de memoria de tambor. Una máquina que solo puede programarse accionando programas en binario a través del panel frontal. Una máquina cuyo único dispositivo de E/S es un teletipo ASR 33 con un lector/perforador de cinta de papel que funciona a diez caracteres por segundo.

Le estaba pidiendo que escribiese un ensamblador simbólico, en binario, y sin direccionamiento indirecto. No es moco de pavo.

Por supuesto, ella accedió. Era algo que podía hacer desde casa con visitas puntuales al laboratorio para ejecutar las pruebas.

Por supuesto, él no podía pagarle, pero ella se conformó con el 40 por ciento de la empresa.

A su marido no le hacía gracia, pero accedió. "Me parece bien, siempre que no descuides la casa. No quiero volver a casa y encontrármela sucia".[4]

Dos meses más tarde, tenía ese ensamblador funcionando. Era cuestión de dos pasadas. Imagino que era similar en algunos aspectos al ensamblador PAL-III que Ed Yourdon escribió para el PDP-8, salvo porque Yourdon tenía 4K de núcleo, direccionamiento indirecto y registros de índice automático con los que trabajar.

Judith aprendió a soldar y ayudó al doctor Fulmer a construir en la cochera el prototipo que se utilizaría en las demostraciones para las ventas.

Más tarde, en 1965, con el estipendio justo para la ropa y los viajes y todavía sin ingresos, Judith se echó a la carretera. Desde Seattle hasta San Francisco, llevó esa máquina construida en una cochera a universidades, institutos y convenciones de profesores. Incluso la llevó a una feria comercial en la ciudad de Nueva York, donde tuvo un altercado con los sindicatos, que destruyeron la máquina porque tuvo la osadía de desembalarla y enchufarla ella misma.

Para 1966, ella y el doctor Fulmer habían vendido ocho de las máquinas por 8.000 dólares cada una. Y vendieron la empresa a las industrias GAMCO, de Texas. Del 40 por ciento que recibió de esa venta, solo dijo: "Mereció la pena".

Para entonces, era la mayor autoridad del país en la enseñanza de informática a alumnos de instituto y universitarios. Estaba muy solicitada y podía pedir salarios con los que solo dos años antes no podía ni soñar.

Su carrera explotó, consiguió un doctorado y se convirtió en una voz importante en la educación informática desde los setenta hasta los noventa.

---

4. *Ibidem.*

UNA CARRERA ESTELAR

Me gustaría acabar este capítulo con una conclusión de tipo "fueron felices y comieron perdices". Y, en algunos aspectos, es probable que fuese apropiado decirlo. Tuvo una carrera estelar y una vida rica y plena.

Por desgracia, no había tenido su último encuentro con hombres "interesados". Uno de aquellos encuentros acabó de manera violenta y fue encubierto por sus compañeros hombres. Su batalla contra el cáncer aún no había empezado. Y jamás dejó de luchar por sus objetivos feministas.

Este libro no es el espacio adecuado para recoger sus historias más sórdidas y perturbadoras; le remito a sus memorias, que están repletas de ellas. Algunas son aterradoras. Por mi parte, solo siento gratitud por haber podido tocar esa maquinita a la que ella dedicó tanta energía. Ese simple toque causó un profundo impacto en mi vida y mi futura carrera.

Nunca conocí a Judy Allen, pero, gracias a ese ECP-18, el efecto que tuvo sobre mí fue profundo.[5]

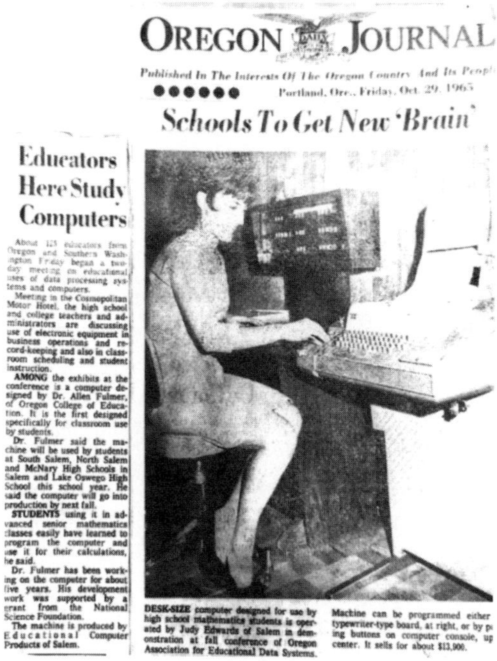
OREGON JOURNAL

Published In The Interests Of The Oregon Country And Its People

Portland, Ore., Friday, Oct. 29, 1965

Schools To Get New 'Brain'

Educators Here Study Computers

About 125 educators from Oregon and Southern Washington Friday began a two-day meeting on educational uses of data processing systems and computers.

Meeting in the Cosmopolitan Motor Hotel, the high school and college teachers and administrators are discussing use of electronic equipment in business operations and record-keeping and also in classroom scheduling and student instruction.

AMONG the exhibits at the conference is a computer designed by Dr. Allen Fulmer, of Oregon College of Education. It is the first designed specifically for classroom use by students.

Dr. Fulmer said the machine will be used by students at South Salem, North Salem and McNary High Schools in Salem and Lake Oswego High School this school year. He said the computer will go into production by next fall.

STUDENTS using it in advanced senior mathematics classes easily have learned to program the computer and use it for their calculations, he said.

Dr. Fulmer has been working on the computer for about five years. His development work was supported by a grant from the National Science Foundation.

The machine is produced by Educational Computer Products of Salem.

DESK-SIZE computer designed for use by high school mathematics students is operated by Judy Edwards of Salem in demonstration at fall conference of Oregon Association for Educational Data Systems.

Machine can be programmed either typewriter-type board, at right, or by p ing buttons on computer console, up center. It sells for about $13,900.

5. Imagen de un artículo en el *Oregon Journal*, cortesía de Allen Fulmer.

REFERENCIAS

- Allen, J. "New Writing: A Memoir of a Life and a Career in the Sixties and Seventies". 2012. `https://lookingthroughwater.wordpress.com/2012/05/25/foreword-a-memoir`.
- Edwards, J. B. *Computer Instruction: Planning and Practice.* Northwest Regional Educational Laboratory. `https://files.eric.ed.gov/fulltext/ED041455.pdf`.
- Documentos y folletos complementarios sobre el ECP-18.
- Correspondencia personal con Allen Fulmer.

10

Thompson, Ritchie y Kernighan

La creación de Unix y C se produjo entre 1968 y 1976 y fue, quizá, el acontecimiento de mayor calado en la historia de nuestra industria.

Los derivados de Unix controlan de todo, desde granjas de servidores hasta termostatos, y el software que hay en ellos está, casi con total seguridad, escrito en algún tipo de derivado de C.

C y Unix son inventos emparejados que surgieron en algún tipo de bucle recursivo bizarro. Unix forzó la invención de C, y C forzó la reinvención de Unix. Ese emparejamiento fue inevitable y se mantiene hasta la actualidad. Es, en cierto sentido, como el uróboro, la serpiente que se come su propia cola. Sin embargo, en vez de consumirse a sí mismo, este círculo virtuoso de creación genera una panoplia impresionante de ideas e inventos de gran utilidad.

La historia de ese círculo implica a más personas de las que puedo nombrar aquí, así que voy a centrarme en las tres que tuvieron el mayor impacto: Ken Thompson, Dennis Ritchie y Brian Kernighan.

Ken Thompson

Kenneth Lane Thompson nació en Nueva Orleans a principios de 1943. Creció en una familia militar, de la Marina, y pasó las dos primeras décadas de su vida viajando por el país y el mundo. Nunca vivió en un lugar durante más de un año o dos.

De joven, le encantaban las matemáticas y los problemas de lógica. Ya entonces debían de atraerle los ordenadores, porque, a veces, resolvía problemas matemáticos en binario. También le interesaba la electrónica, que fue su *hobby* durante la adolescencia.

Se unió al equipo de ajedrez cuando estaba en sexto de primaria en Texas. Leía muchos libros sobre ajedrez. Una vez dijo de broma: "Supongo que nadie en sexto había leído jamás un libro de ajedrez antes, porque, en cuanto lees un libro sobre ajedrez, eres mejor que todos los demás".[1] Y, después, lo dejó y nunca más volvió a jugar en persona, porque, aunque le gustaba ganar, no le gustaba hacer perder a otros.

Se graduó en el instituto en Chula Vista, California, y estudió ingeniería eléctrica en la universidad de California, Berkeley. Cuando estaba en la universidad, descubrió los ordenadores y se quedó completamente enganchado. "Consumía ordenadores, los adoraba",[2] dijo.

En aquella época no había plan de estudios de informática, así que siguió en la ingeniería eléctrica y obtuvo su licenciatura en 1965 y su máster un año después.

No tenía ambiciones más allá de la universidad. De hecho, su graduación fue una sorpresa para él; no estaba prestando atención a detalles insignificantes como ese. No solicitó plaza en la escuela de posgrado; uno de sus orientadores lo hizo por él. Lo aceptaron sin que él supiera que se había hecho la solicitud.

Su plan era simplemente seguir ignorando los detalles y quedarse en la universidad de California. "[Aquel lugar] me pertenecía, mis dedos estaban en todas partes. [...] casi dirigía la universidad en lo relativo a los ordenadores. [...] El monstruo que era el ordenador principal[3] de la universidad cerraba a medianoche, y yo iba con mi propia llave, lo abría y se convertía en mi ordenador personal hasta las 8 de la mañana. Era feliz. No tenía ambición. Era adicto al trabajo, pero sin objetivos". Tras obtener su máster, sus profesores conspiraron, sin su conocimiento, para conseguirle un trabajo en Bell Labs. Por recomendación suya, Bell Labs intentó en repetidas ocasiones, y fracasó otras tantas, reclutarlo;

1. De Computer History Museum. "Oral History of Ken Thompson", publicado en YouTube el 20 de enero de 2023. (Disponible en el momento de escribir este libro).

2. From Vintage Computer Federation. "Ken Thompson Interviewed by Brian Kernighan at VCF East 2019", publicado en YouTube el 6 de mayo de 2019. (Disponible en el momento de escribir este libro).

3. Un IBM 7094, un ordenador de 3 millones de dólares basado en transistores con un tiempo de ciclo de 2 μs, multiplicación y división con coma flotante y fija y 32K palabras de 36 bits. Fue el primer ordenador que cantó una canción. La canción era *Daisy Bell*, la que canta HAL 9000 mientras lo desconectan en la película *2001: Odisea del espacio*. El 7094 jugó un papel relevante en los programas Gemini y Apolo de la NASA, además de en los sistemas antimisiles de los años sesenta.

se saltaba las citas para entrevistarlo. "De nuevo, sin ambiciones". Al final, un reclutador llamó a su puerta. Ken le dejó entrar y le ofreció galletas de jengibre y una cerveza.[4]

El reclutador se ofreció a llevarlo en avión a Bell Labs y cubrir los gastos. Thompson accedió porque tenía amigos del instituto en la Costa Este a los que quería visitar. Le dijo al reclutador, de forma bien clara, que no iba a aceptar un trabajo.

Su recorrido por los pasillos del laboratorio de investigación informática de Bell le impresionó. Una tras otra, todas las puertas de los despachos tenían nombres que reconocía. "Fue asombroso". Pero, después, se fue para recorrer la costa en coche y ver a sus amigos, que estaban diseminados por diferentes puntos del trayecto.

En un punto de su tercera parada había una carta con una oferta esperándole. De algún modo, Bell Labs le había seguido la pista.[5]

Aceptó un puesto en Labs y empezó a trabajar en el proyecto Multics en 1966.

4. La imagen muestra el IBM 7094 de Columbia, como referencia.

5. Esta versión de la historia es de 2019. En una versión de 2005, cuenta que la carta estaba esperándolo cuando volvió a casa. Eso es más probable, pero menos extravagante. Las dos historias, contadas en momentos diferentes, ofrecen una perspectiva interesante de la psiquis y la memoria de Thompson.

Thompson era un piloto entusiasta que convenció a muchos de sus compañeros de que aprendiesen a volar y obtuviesen la licencia de piloto. Organizaba eventos de vuelo a restaurantes y otros lugares. En algún momento en el invierno de 1999, él y Fred Grampp pagaron a un equipo ruso para que le enseñase a pilotar un MiG-29.

Dennis Ritchie

Dennis MacAlistair Ritchie nació en Bronxville, Nueva York, el 9 de septiembre de 1941. Era hijo de un científico llamado Alistair Ritchie que trabajaba en sistemas de conmutación en Bell Labs.

Pese al hecho de que su profesor de sexto de primaria dijo una vez que su trabajo en matemáticas era "espasmódico", se graduó en el instituto Summit en Summit, Nueva Jersey, en 1959, y en Harvard en 1963 con una licenciatura en física. Mientras estaba en Harvard, hizo un curso llamado "Programación para el Univac I". Aquello despertó su interés en los ordenadores y preparó el camino para su trabajo para graduarse.

Tras la graduación, Ritchie entró en el programa de posgrado de matemáticas aplicadas en Harvard. Su campo de estudio era la teoría y el uso de equipos informáticos.

En 1967, Ritchie siguió a su padre a Bell Labs, empezó a trabajar en el proyecto Multics y participó en la creación del compilador BCPL para los ordenadores GE 635 que impulsaban Multics. En aquel momento, seguía trabajando en su doctorado y vivía y trabajaba en el ático y el sótano de sus padres.[6]

Ritchie casi consiguió ese doctorado. Digo "casi" porque, aunque la tesis estaba escrita y aprobada, nunca presentó una copia encuadernada, lo cual era un requisito. ¿Por qué no? Hay cierto debate en torno a esto. Algunos creen que fue por la considerable tasa de encuadernación que Ritchie no estaba dispuesto a pagar. Otros creen que simplemente Ritchie no quería molestarse. Su hermano John dijo que Ritchie ya tenía un trabajo deseado como investigador en Bell Labs, y que "nunca le gustó ocuparse de los detalles de la vida".

Albert Meyer, uno de los colaboradores de Ritchie durante su época de estudiante de posgrado, dijo de él: "[Dennis] era un chico dulce, de trato fácil, sin pretensiones. Estaba claro que era listo, pero también algo taciturno. [...] Me habría encantado [seguir] colaborando con él [...], pero, bueno, él estaba ya a

6. Su dormitorio estaba en el ático y su oficina estaba en el sótano.

otras cosas. ¡Se quedaba despierto toda la noche jugando a Space War!".[7] Un año después, en Bell Labs empezaron a preocuparse por el estadio del doctorado de Ritchie, así que, en febrero de 1968, escribieron a Harvard:[8]

"Caballeros:

... ¿Serían tan amables de confirmar nuestra información de que Dennis M. Ritchie recibirá su título de doctor en Matemáticas en febrero de 1968?

Muchas gracias".

A lo que Harvard respondió dos semanas después:

"En referencia a su consulta del 7 de febrero de 1968, le informamos de que el señor Dennis M. Ritchie no es candidato a la obtención del título de doctor en febrero de 1968".

¡Uy!

Bill Ritchie sospecha que debió de producirse algún tipo de acontecimiento traumático que hizo que su hermano bloquease la tesis. Dijo:[9]

"[...] algo ocurrió... a partir de ese momento, en febrero de 1968, toda mención de esa tesis o de cualquier cosa que tuviese que ver con ella se enterró y no se volvió a hablar de ella hasta después de su muerte. Eso incluye el hecho de que Dennis nunca contradijese al comité del premio Turing ni del Premio Japón cuando afirmaron de manera formal que poseía un doctorado. Eso no es algo que ocurriese hace 50 años, es un comportamiento de toda una vida. Y es muy diferente del modo en que Dennis llevaba la mayor parte de su vida, es difícil imaginar por qué mantuvo la historia del doctorado tan oculta, pero lo hizo".

Por otra parte, John, otro hermano de Ritchie, dice:[10]

"En muchos sentidos, era un hombre misterioso, y la falta de un doctorado es una representación perfecta del misterio. Nadie sabe cuál es la historia real [...]. Yo no lo atribuyo a ningún hecho traumático, como especula

7. De "Discovering Dennis Ritchie's Lost Dissertation". Esta afirmación me puso los pelos de punta, porque yo también lo hacía...
8. "Dennis Ritchie Thesis And the Typewriting Devices in the 1960s".
9. Correspondencia privada.
10. Correspondencia privada.

Bill, aunque quizá lo hubo. Tal vez fue la tasa de encuadernación. Quizá le aterrorizó la idea de defender la tesis ante el tribunal. Nunca lo sabremos".

En cualquier caso, lo cierto es que nunca importó. Dennis Ritchie simplemente se unió a las filas de aquellos programadores a los que nos han llamado[11] "doctores" sin tener el título en realidad.

La tesis de Ritchie estuvo perdida durante casi medio siglo. Tras su muerte, gracias a los esfuerzos de su hermana Lynn, se encontró una copia que ahora está disponible en Internet.[12] Vale la pena echarle un vistazo, aunque solo sea para apreciar el extraordinario cuidado con el que se mecanografió todo el simbolismo matemático. Según sus hermanos, convenció a Bell Labs de que le diesen un terminal IBM 2741 Selectric para escribir y una línea de datos WATS[13] alquilada que llegase a su oficina en el sótano de la casa familiar de los Ritchie para poder quedarse trabajando hasta las 4 de la mañana, "cosa que hacía". Parece ser que también utilizó ese terminal para preparar su tesis. Solo Dios sabe qué software podría haber utilizado, o escrito, ya que los procesadores de texto competentes a nivel matemático todavía tardarían años en aparecer.

Acerca de aquellos años, Ritchie escribió:[14] "Mi experiencia como universitario me convenció de que no era lo bastante listo para ser físico y de que los ordenadores eran geniales. Mi experiencia como estudiante de posgrado me convenció de que no era lo bastante listo para ser experto en la teoría de algoritmos y también de que me gustaban más los lenguajes procedimentales que los funcionales".

En otra ocasión, dijo: "Para cuando acabé la universidad, estaba bastante claro que [...] no quería quedarme en lo teórico. Me interesaban más los ordenadores reales y lo que podían hacer. Y, en particular, me llamaba la atención [...] lo mucho más agradable que era tener una computación interactiva, en vez de mazos de tarjetas y cosas así".

Thompson dijo de Ritchie una vez: "Era agudo. Era mucho más matemático que yo. Cuando tenía una idea, era casi como un perro de presa. Trabajaba en ella hasta que lograba que ocurriese".

---

11. Pregúnteme cómo lo sé.
12. Consulte `https://www.computerhistory.org/collections/catalog/102784979`.
13. *Wide Area Telephone Service* (servicio telefónico de área amplia), una conexión telefónica de larga distancia y tarifa plana.
14. "Dennis M. Ritchie", Bell Labs Biography.

Kernighan dijo: "Vi muchas facetas diferentes [de Ritchie], pero, en esencia, todas giraban en torno al trabajo, en vez de en la vida social. No era un tipo fiestero, pero era buenísimo para trabajar con él. Tenía un sentido del humor seco maravilloso que mostraba con frecuencia. Era reservado, amable y divertidísimo. [...] yo lo describiría como un hombre excepcionalmente agradable que podía parecer tímido, pero que era una de las personas más amables y generosas que he conocido".

Es cierto que debió de haber sido bastante reservado. En las raras ocasiones en las que escribió sobre sí mismo, solo lo hizo de manera breve y discreta. Sus hermanos se referían a su necesidad introvertida de privacidad como su "campo de fuerza" que bloqueaba cualquier tipo de conversación íntima.

Para ilustrar este punto, su hermano John contó una historia de principios de los 2000. Los tres hermanos de Ritchie estaban preocupados por él y conspiraron para hacer que su introvertido hermano hablase de sus sentimientos. Una mañana, cuando los cuatro estaban sentados en el porche de su casa en las montañas Pocono, John llevó a cabo su plan[15] sugiriendo que todos describiesen, por turnos, en una escala de 1 a 10, cómo se sentían respecto a su vida y lo felices que eran.

Lynn dijo que alrededor de un 7. Bill dijo que alrededor de un 8. John se inventó algo parecido. Entonces, se volvieron hacia Ritchie, que había estado sentado en silencio un rato, con aspecto angustiado, y al final dijo: "Bueno, hasta hace cuatro minutos, habría dicho que un 8".

John también escribió una canción sobre Ritchie que interpretó durante el Dennis Appreciation Day en Bell Labs en 2012:

He was the living epitome of self-effacement

Worked till the wee hours down in the basement

Mom sorta wondered what she did beget

She remained puzzled by the internet

Being his siblings made us lucky kids

Don't ask us to explain what the [heck] he did

His prose revealed him as an elegant styler

15. John lo describe como "el truco más estúpido y forzado que te puedas imaginar".

I have a vague sense that it dealt with compilers

[Estribillo]

Dennis our brother,

Unlike any other

The solar system's most unlikely star

Dear old DMR.

Dennis Ritchie falleció en octubre de 2011. Su hermano Bill lo elogió de la siguiente manera:

> "Tenía un intelecto increíble, era muy creativo y un visionario natural, y tenía una habilidad extraordinaria para escuchar y absorber, era muy compasivo y amable y, básicamente desde que nació, estuvo en el lugar adecuado, en el momento adecuado, con las personas adecuadas".

Ah, por cierto, según su hermano Bill, lo que más le gustaba escuchar a Ritchie, que "le pegaba muchísimo a Dennis" eran los programas *Apple Gunkies*[16] y *Nocturnal Aviation* que se emitían en la radio estudiantil del MIT.

Brian Kernighan

Brian Wilson Kernighan nació en Toronto en 1942.

Su padre era un ingeniero químico que dirigía su propio negocio, una empresa pequeña que fabricaba "distintas sustancias venenosas para granjeros". Dirigir ese negocio era "un trabajo duro" y Kernighan no tenía ningunas ganas de hacerse cargo.

Cuando era joven, a Kernighan le intrigaba la radioafición, así que, durante sus años en el instituto, construyó una pequeña radio de aficionado con código Morse a partir de "Heathkits de un tipo u otro".

Era experto en construir artilugios electrónicos Heathkit. Entre sus proyectos, en días posteriores, hubo un sistema de audio, una televisión en color y un osciloscopio.[17]

---

16. Consulte `www.dpbsmith.com/applegunkies/?%7Cag`.

17. Seguro que era igual que el mío.

Las matemáticas se le daban lo suficientemente bien en el instituto como para que su profesor le sugiriese el programa de ingeniería física en la universidad de Toronto. En su típico estilo autocrítico, describió el programa como "un programa comodín para aquellos que no sabían realmente en qué querían centrarse".

El primer ordenador que vio fue un IBM 7094 en 1963. Dijo que era una habitación grande con aire acondicionado llena de personas con aspecto de profesionales. "La gente corriente (y, en especial, los estudiantes) ni se acercaba".

Intentó aprender FORTRAN en la escuela. Estudió el manual de FORTRAN II[18] y entendió la sintaxis, pero no pudo averiguar cómo empezar.

Realizó unas prácticas en Imperial Oil (hoy Exxon) en 1963 e intentó escribir un programa en COBOL, pero no consiguió que funcionara.[19] Lo describió como una "serie infinita de sentencias `IF`".

En 1966 pasó el verano haciendo prácticas en el MIT utilizando el CTSS[20] para crear herramientas para Multics en MAD[21] (*Michigan Algorithm Decoder*).

Al año siguiente, consiguió una práctica en Bell Labs y escribió código ensamblador GE 635 "realmente compacto" para implementar una biblioteca de procesamiento de listas para FORTRAN. Esta experiencia fue la que acabó enganchándolo a la programación.

Lo contrataron de forma permanente en Bell Labs en 1969 y empezó a trabajar en varios proyectos que no tenían relación con Multics ni Unix. Pero Thompson y Ritchie tenían despachos cerca. Y también estaba cerca Richard Hamming,[22] que inculcó en Kernighan la importancia de la escritura y la del estilo.

A Hamming le gustaba decir: "Les damos un diccionario y unas reglas de gramática y decimos: 'Chico, ahora eres un gran programador'". Hamming consideraba que debería haber una noción de estilo en la escritura de programas de la misma manera que la hay en la escritura de prosa.

Fue Hamming quien despertó en Kernighan el gusanillo de la escritura y del estilo, lo cual fue muy importante más adelante.

---

18. Por Daniel D. McCracken, un nombre que resuena en los largos pasillos de mi mente.
19. Me gustaría darle la bienvenida al club. En 1970 yo también escribí un programa grande en COBOL que nunca conseguí hacer funcionar. Estuvieron a punto de despedirme de ese trabajo, pero me rescató uno de los empleados veteranos que convenció a mi jefe de que yo era mejor en ensamblador que en COBOL.
20. *Compatible Time Sharing System* (sistema de tiempo compartido compatible).
21. Si un programa MAD tenía más de un número crítico de errores de compilación, el compilador imprimía una imagen en ASCII a toda página de Alfred E. Neumann. ¿Qué? ¿Preocupado yo?
22. Sí, ESE Hamming.

MULTICS

Tenían un sistema de tiempo compartido estupendo en el MIT y decidieron que iban a hacer el siguiente mejor; el beso de la muerte.

—Ken Thompson[23]

Multics (*Multiplexed Information and Computing Service*, servicio de computación e información multiplexado) era un sistema de tiempo compartido de segunda generación que contaba con la participación de GE, Bell Labs y MIT. Multics estaba pensado para suceder al CTSS (*Compatible Time-Sharing System*, sistema de tiempo compartido compatible) en el MIT.

En 1954 John Backus describió la idea del tiempo compartido. Dijo: "Un ordenador grande podría utilizarse como varios pequeños [si hubiese] una estación de lectura para cada usuario". Los ordenadores de la época no eran lo bastante potentes para manejar ese tipo de operación. La memoria y los procesadores de tubo de vacío eran demasiado restrictivos.

Pero la idea siguió calando. En 1959 Christopher Strachey publicó un artículo, "Time Sharing in Large Fast Computers", en el que describía un sistema donde un programador podría depurar un programa en su terminal mientras otro programador en otro terminal estaba ejecutando un programa diferente. A John McCarthy, del MIT, le interesó mucho esta idea y escribió una circular que incitaba[24] al MIT a desarrollar un auténtico sistema de tiempo compartido.

En 1961 empezó a funcionar *Experimental Time-Sharing System* (sistema de tiempo compartido experimental). Al principio se utilizaba en un IBM 709,[25] pero este se sustituyó después por un 7090[26] y, más adelante, un 7094.

Esto se convirtió en el CTSS y es probable que fuese el primer sistema de tiempo compartido operativo. Entró en servicio de forma rutinaria en 1963.

CTSS fue uno de esos prototipos que se enviaron. Se convirtió en el sistema real. Pero los diseñadores ambicionaban más. Querían un sistema más grande y de más categoría. Querían Multics.

23. Vintage Computer Federation, 2019.

24. Como incitaría después a Kurtz y Kemeny en Dartmouth.

25. Un ordenador de tubos de vacío con 32K palabras de 36 bits. Ejecutaba 42.000 sumas por segundo y 5.000 multiplicaciones por segundo. Esa es la máquina en la que se desarrolló FORTRAN.

26. La versión transistorizada del 709.

La planificación inicial para Multics empezó en 1964. GE iba a construir una máquina que fuese más grande y mejor que el IBM 7094. Bell Labs y el MIT colaborarían en el software; el MIT haría la mayor parte del diseño y Bell Labs tendría un papel más centrado en la implementación.

El concepto de Multics era grande. Quizá, para su época, grandioso. Incluía asignación de memoria. Enlaces dinámicos. Archivos mapeados en memoria y memoria mapeada en archivos. Podía reconfigurarse de manera dinámica cuando se añadía o retiraba hardware sin detener el sistema.

Según Ken Thompson, era un proyecto gigantesco que producir: "El sistema de tiempo compartido que iba a acabar con todos los sistemas de tiempo compartido. El diseño era muy excesivo y no era nada rentable". Kernighan dijo que era un ejemplo del "efecto segundo sistema".[27]

El lenguaje primario pensado para Multics era PL/1, pero la dificultad para escribir el compilador y para escribir programas PL/1 incitó a Martin Richards, con la ayuda de Dennis Ritchie, a desarrollar un lenguaje mucho más simple llamado *Basic Combined Programming Language* (BCPL, lenguaje de programación básico combinado).

Al final, tras tres años de esfuerzo entre 1966 y 1969, Bell Labs decidió poner fin a su participación en el proyecto. Eso dejó a Thompson, Ritchie y muchos otros con un poco menos que hacer, aunque en Bell Labs, a finales de los sesenta, eso no era necesariamente malo.

PDP-7 Y SPACE TRAVEL

Unix se creó para mí. No lo creé como sistema operativo para otras personas. Lo creé para hacer juegos y hacer mis cosas.[28]

—Ken Thompson

En Bell Labs, más que asignar proyectos a las personas, las personas encontraban proyectos en los que trabajar, así que, cuando Multics terminó, Ken Thompson buscó otras cosas para hacer.

27. Brooks Jr., F. P. "The Second-System Effect". *The Mythical Man-Month: Essays on Software Engineering*. Addison-Wesley, 1975.

28. Vintage Computer Federation, 2019.

¿Qué haría usted? ¿Escribiría un juego de viajes por el espacio? Entre otras muchas cosas, como la astronomía de posición y la generación de música, eso fue lo que hicieron Ritchie[29] y Thompson.[30] Tuvieron esas máquinas grandes de Multics por ahí un tiempo, así que juguetearon con ellas.

Escribieron el juego de viajes espaciales para Multics y, después, otra vez para el sistema operativo estándar de GE, GECOS. Pero no les gustaba cómo funcionaba. En primer lugar, la visualización se "entrecortaba" y, en segundo lugar, una sesión de juego costaba 75 dólares en tiempo de ordenador.[31]

Sin embargo, había un PDP-732[32] poco usado de 1965 que tenía un bonito monitor de gráficos vectoriales DEC 340. La máquina servía como terminal de entrada de trabajos remota para un sistema de análisis de circuitos. Los ingenieros utilizaban lápices ópticos para dibujar[33] circuitos en el monitor y, después, los enviaba a una máquina más grande para el análisis.

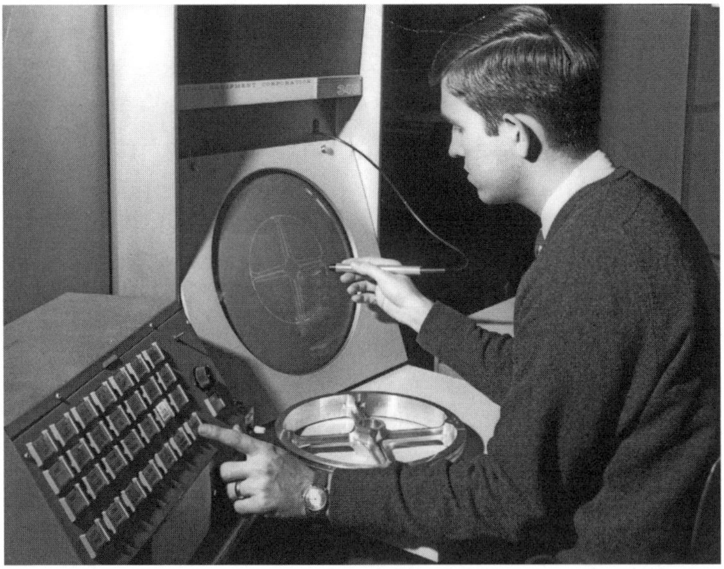

29. Mi impresión es que Thompson era el que escribía los juegos y Ritchie el que brindaba soporte con subrutinas de utilidades e infraestructura.

30. Yo también. Aunque lo mío iba más de guerra espacial que de viajes espaciales. Consulte `https://github.com/unclebob/spacewar`.

31. En aquella época, se pagaba por segundo de CPU.

32. DEC vendió unas 120 de estas máquinas en aquella época. Costaban unos 72.000 dólares en 1964. Este PDP-7 en concreto tenía el número de serie 34.

33. Sí, incluso en 1969, había terminales de gráficos con punteros. Imagino que el puntero era un lápiz óptico fotosensible.

Así, Thompson y Ritchie, escribiendo código en el ensamblador PDP-7, escribieron sus propias rutinas matemáticas de coma flotante, sus propias fuentes y subrutinas de visualización de caracteres y su propio depurador para conseguir que el juego de viajes espaciales funcionase en el PDP-7.

Ritchie describió el juego de esta manera: "Era nada menos que una simulación del movimiento de los cuerpos más importantes del sistema solar, con un jugador que guiaba una nave de acá para allá, observando el paisaje y tratando de aterrizar en los distintos planetas y lunas".

Kernighan dice: "Era un poco adictivo y me pasaba muchas horas jugando".

El hermano de Ritchie, Bill, que jugó una vez cuando era adolescente, dijo: "Recuerdo que [Ritchie] me dejó jugar una vez. De lo que más me acuerdo es de que las distancias eran tan amplias que necesitabas acelerar de verdad; luego, era imposible volver a ralentizarse con la rapidez suficiente".

Thompson también escribió un juego de guerra espacial multijugador tridimensional. El monitor del DEC 340 tenía unos prismáticos con cubierta que podías conectar.

El juego de Thompson utilizaba esa cubierta para dar a los usuarios percepción de profundidad como si estuviesen volando por el espacio y disparándose entre sí. Había varias de estas estaciones de entrada de trabajos remotas PDP-7 por Bell Labs, así que Thompson utilizó el conjunto de datos a 2000 bps (módem) para conectar dos máquinas entre sí para tener batallas espaciales entre dos jugadores.

El hermano de Ritchie, Bill, cuenta la historia: "Por supuesto, Space War era más divertido [que Space Travel]. De vez en cuando, Dennis me dejaba llevar a amigos a Bell Labs por la noche para hacer un tour y jugar a Space War".

Thompson y Ritchie hicieron el desarrollo para el PDP-7 en la máquina GECOS, que tenía un ensamblador cruzado[34] para el PDP-7. Supongo que perforaron el código fuente en tarjetas Hollerith. El GE compilaría a binario PDP-7 y perforaría una cinta de papel. Llevarían esa cinta al PDP-7 y la cargarían.

El PDP-7 tenía una palabra de 18 bits y venía de fábrica con 4K de núcleo. La máquina que Thompson y Ritchie utilizaron tenía 4K extra y un disco grande.[35] El disco era grande en el sentido físico, porque la carcasa medía 1,80 metros y el plato en sí giraba verticalmente como la hélice de un avión. Les aconsejaron que no se pusiesen delante por si acaso el disco "se soltaba".

34. Ritchie, en *The Development of the C Language*, describió esto como un conjunto de macros para el ensamblador GEMAP en el GE-635 y un posprocesador que perforaba la cinta de papel compatible con el PDP-7.

35. El DEC RB09, igual que el RD10, basado en el hardware de Burroughs.

El disco también era grande en lo referente a la capacidad, al menos para la época. Almacenaba un millón de palabras de 18 bits.

El conjunto de instrucciones del PDP-7 era muy simple.[36] Había 4 bits para el código de instrucciones (16 instrucciones), un bit de direccionamiento indirecto y 13 bits para referenciar una dirección de memoria. Por tanto, podía direccionar los 8K de forma directa:

```
== Op == I ========address=========
[][][][] [] [][][][][][][][][][][][][]
```

Había un solo registro (el acumulador) y un bit de desbordamiento (llamado enlace) que albergaba el acarreo de cualquier suma.

No había instrucciones de resta. Para restar, se negaba el sustraendo y, después, se sumaba el minuendo. El PDP-7 era una máquina de complemento a dos, así que negar el acumulador era cuestión de invertir cada bit con la instrucción CMA y, a continuación, sumar 1.

La transferencia de disco era muy rápida para la época. Podía transferir una palabra cada 2 µs. Utilizaba hardware DMA[37] para transferir las palabras a la memoria. El PDP-7 tenía un tiempo de ciclo de memoria de núcleos de 1 µs y requería 2 µs para ejecutar la mayoría de las instrucciones. Esto funcionaba porque el DMA intervenía y robaba un ciclo entre las instrucciones. Sin embargo, las instrucciones que utilizaban el bit de direccionamiento indirecto para manipular punteros requerían tres ciclos. Si una instrucción indirecta se ejecutaba mientras el DMA estaba intentando leer de o escribir en el disco, el DMA se vería obligado a esperar demasiado y se produciría un error de sincronización.

Esto planteaba un desafío para Thompson. ¿Podría escribir un algoritmo de planificación del disco que funcionase en general y, en concreto, con esta bestia exigente? Bueno, pues se dispuso a demostrar que podía.

UNIX

... y, en un momento dado, me di cuenta, sin haberlo sabido antes de ese momento, de que estaba a tres semanas de un sistema operativo.

—Ken Thompson

36. En esencia, un PDP-8 de 18 bits.

37. Acceso directo a memoria. El hardware introducía palabras del disco a la memoria sin que se requiriese la intervención del ordenador. Sin embargo, el DMA "robaba" ciclos al ordenador, así que, durante la transferencia, el ordenador y el disco competían por la memoria de núcleos.

Thompson estaba muy influido por su experiencia con Multics, que tenía un sistema de archivos con estructura de árbol, una arquitectura de procesos independientes, archivos de texto simple y un intérprete de comandos que se ejecutaba como un proceso independiente. Thompson veía el sistema de archivos como un problema de planificación y rendimiento. Quería introducir en y extraer del disco la máxima cantidad de datos en la menor cantidad de tiempo.

El reto, por supuesto, es traducir la estructura de los datos en el disco físico a archivos y directorios, y manipular esa traducción de la manera más eficiente posible.

Un disco es un plato giratorio recubierto por película magnética. Los cabezales de lectura/escritura se mueven de forma radial por la superficie del disco. Cuando se escriben los datos, esos cabezales dejan haces de puntos magnetizados en pistas circulares. Esas pistas suelen estar divididas en sectores, que no son más que arcos dentro de la pista circular. La "búsqueda" de entrada y salida de los cabezales de lectura/escritura hace que las pistas sean círculos concéntricos en los platos. Algunos discos tenían muchos platos apilados como en una vajilla. Cada plato tenía su propio cabezal de lectura/escritura.

Para acceder a algunos datos en el disco, había que saber cuatro cosas: qué cabezal seleccionar, en qué pista buscar, qué sector leer y, dentro de ese sector, dónde estaban los datos.

Thompson quería convertir ese mecanismo de escena de terror en la abstracción de un archivo, que no era más que una bonita matriz lineal de palabras de 18 bits (el PDP-7 no utilizaba bytes). Así, un archivo podía estar compuesto por muchos sectores, que podían residir en muchas pistas diferentes y en muchos platos distintos. De algún modo, tenían que enlazarse y, de algún modo, tenían que indexarse para que pudiesen encontrarse.

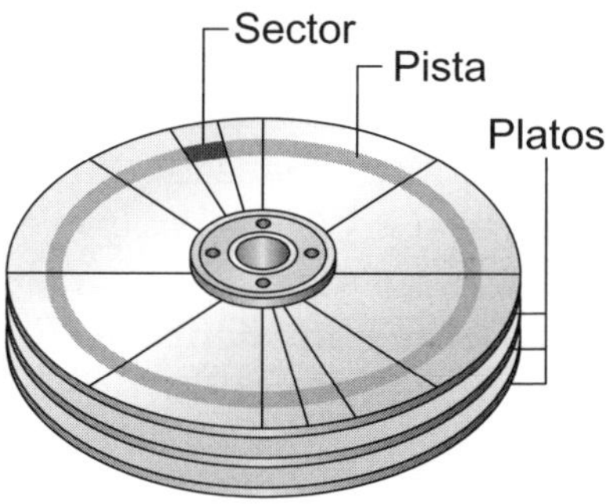

Así nació la estructura de inodos (`inode`) que se ha mantenido en Unix desde entonces. La idea era simple. A cada sector (bloque) del disco se le asignaba un entero relativo[38] (un puntero de bloque) a partir del cual podían calcularse los parámetros del cabezal, la pista y el sector. Se dejaba aparte un número fijo de bloques específicos para los nodos indexados (`inodes`), cada uno de los cuales recibía su propio número.

Cada `inode` contenía algunos metadatos,[39] seguidos de una lista de `n`[40] punteros a bloques que contenían los datos de un archivo. El último elemento del `inode` era un puntero a un bloque que contenía más punteros de bloque si el archivo requería más de `n` bloques. Un directorio era un archivo que contenía una lista de nombres y números de `inode` asociados.

Ya está. Chupado. Y todo en lenguaje ensamblador PDP-7.

Una vez que consiguió que esto funcionara, necesitaba programas para probarlo. Su objetivo era crear varios programas que compitiesen por acceder al disco y poner una carga en su algoritmo de "planificación". Esto, por supuesto, requiere cierto grado de conmutación de tareas.

Y eso nos lleva a la cita al inicio de esta sección. Porque fue en ese punto cuando se dio cuenta de que estaba a tres semanas de tener un sistema operativo.

¿Por qué tres semanas? Porque necesitaba tres programas: un editor de texto, un ensamblador y un *shell*/*kernel*. Calculaba que necesitaría una semana para cada cosa (sobre todo porque su mujer y su hijo estaban a punto de tomarse unas vacaciones de tres semanas para visitar a los padres de ella en California).

Tres semanas después, existía Unix, el hijo bastardo de Multics, nacido de un desafío de planificación del disco y unas vacaciones de tres semanas.

El Unix de aquel entonces no estaba basado en bytes. Lo dominaba la longitud de palabra de 18 bits del PDP-7. Por tanto, los archivos eran secuencias de palabras de 18 bits, pero aquello iba a cambiar pronto.

El PDP-7 no era una máquina rápida según los estándares de la época y su memoria estaba muy limitada. El SO ocupaba 4K, lo que dejaba 4K para los usuarios. Tanto Multics como el sistema GECOS se crearon en máquinas que eran diez veces más rápidas y tenían mucha más capacidad. Y, aun así, este SO pequeño y simple en el PDP-7, sin nada más que un teletipo ASR 33 como terminal, era, de algún modo, más conveniente, y más divertido, de utilizar.

38. He estado ahí. He hecho eso.

39. Describían los permisos y la propiedad del archivo.

40. Probablemente 11 en el PDP-7.

Thompson escribió un programa al que llamó scribble-text, que permitía al monitor DEC 340 actuar como un segundo terminal, permitiendo al PDP-7 manejar dos usuarios al mismo tiempo.

"Empecé a escoger a usuarios realmente impresionantes", dijo Thompson sobre ese periodo. Entre ellos se incluían Brian Kernighan, Dennis Ritchie, Doug McIlroy y Robert Morris.

Al parecer, el nombre "Unix" fue una colaboración entre Kernighan y Peter Neumann, que tienen recuerdos diferentes sobre la historia.

Kernighan pensó en reducir Multics a Unics como un juego con "multi" frente a "uni". A Neumann se le ocurrió el acrónimo: *UNiplexed Information and Computing Service* (servicio de computación e información uniplexado). Se rumorea que a los abogados de Bell Labs les parecía que Unics se parecía demasiado a la pronunciación de *eunuchs* (eunucos), así que el nombre aceptado fue Unix. Por muy divertido y productivo que fuese el sistema PDP-7, seguía siendo bastante restrictivo, así que una pandilla de usuarios empezó a presionar a Bell Labs para que les proporcionase una máquina mejor y más grande.

En aquellos días, Bell Labs nadaba en dinero.[41] La filosofía era que cualquier individuo en la empresa debería ser capaz de gastar su paquete salarial completo en lo que quisiera. Así, podían juntarse cuatro o cinco personas y comprar equipamiento considerable. Pero había que convencer a los supervisores.

Al principio, la pandilla pidió directamente un PDP-10 para investigar sistemas operativos. Habría sido una máquina gigante, con una palabra de 36 bits. También habría costado medio millón de dólares. Les dijeron bien claro que no, que no habría dinero para investigar sistemas operativos. Multics había sido un fiasco tan grande y se habían desperdiciado tantos recursos que nadie quería que se repitiese la historia.

Entonces, la pandilla maquinó y conspiró y, con la ayuda de Joe Ossanna, ideó una propuesta muy creativa.[42]

La oficina de patentes de Bell Labs tenía un problema. Escribir solicitudes de patentes con máquinas de escribir llevaba muchísimo trabajo. Las solicitudes debían tener el formato "exacto", completado con números de línea. ¿No sería estupendo si hubiese un procesador de texto computarizado que entendiese el formato "exacto" de una solicitud de patente, incluyendo los requisitos de la numeración de líneas?

---

41. En realidad, la que nadaba en dinero era AT&T. Tenía un monopolio. Para quitarse de encima a los federales, le dieron una pequeña parte a Bell Labs.

42. O, por decirlo de forma más sucinta y citando a Ken Thompson, una "mentira".

De hecho, la oficina estaba en contacto con un proveedor que prometía proporcionarles eso. El producto del proveedor no lo hacía, pero les prometía que con el tiempo...

Así pues, la pandilla de usuarios de Unix, liderada por el astuto Ossanna, propuso la compra de un PDP-11 y la creación de un software que permitiese a la oficina de patentes editar, almacenar e imprimir las solicitudes de patentes con el formato adecuado.

Era perfecto. Como dijo Thompson: "La segunda propuesta suponía ahorrar dinero, más que gastarlo. ¡Nada de sistemas operativos, en serio! Y era para otras personas. Era una victoria a tres bandas".

PDP-11

La excusa era el procesamiento de texto, pero la verdadera razón era jugar.

—Ken Thompson

Así, en 1970, se compró el PDP-11(/20).[43] La CPU llegó en verano, y los otros periféricos fueron llegando a lo largo de los siguientes meses.

Consiguieron ejecutar una versión rudimentaria de Unix orientado a bytes en un ensamblador cruzado[44] en el PDP-7. Y todo ello utilizando una cinta de papel.

Después, la máquina se quedó esperando al disco. Esperó tres meses, y todo ese tiempo estuvo enumerando los recorridos cerrados del problema del caballo en un tablero de ajedrez de 6 x 8.

La memoria del PDP-11 se direccionaba por byte, pero la arquitectura interna tenía 16 bits de ancho. Dos bytes formaban una palabra y las palabras se almacenaban en la memoria en formato *little-endian* (el byte menos significativo primero).

El ordenador tenía ocho registros internos de 16 bits. Desde el R0 al R5 estaban disponibles para su uso con propósito general. El R6[45] era un puntero a pila y el R7 era el contador de programa (la dirección de las instrucciones que estaban ejecutándose en ese momento).

43. El sufijo /20 se añadió más tarde. Esta máquina era tan nueva que DEC todavía no había pensado ni siquiera en números de modelos diferentes.

44. Escrito en B; consulte la siguiente sección.

45. Sobre todo por convención, pero algunas instrucciones lo utilizaban de manera específica.

El sustancioso[46] conjunto de instrucciones podía utilizar los registros como valores, punteros o punteros a punteros. Una instrucción también podía hacer que un registro se predecrementara o se posincrementara en 1 o 2.[47] Más adelante, aquello resultó muy útil para las expresiones `i++` e `--i` de C.

Una vez que llegó el disco, Unix se creó con mucha rapidez. El PDP-11 tenía 24K bytes de núcleo, un disco de medio megabyte y suficientes puertos de terminales para que diez empleados de la oficina de patentes introdujesen solicitudes.

Joe Ossanna escribió `nroff` y, más adelante, `troff`,[48] como herramientas primitivas de procesamiento de texto y composición tipográfica y todo estuvo listo. A la oficina de patentes le encantó.

Mientras tanto, por la noche, los chicos y las chicas de la pandilla seguían con sus juegos, pero debían jugar con cuidado, porque, si dañaban el frágil sistema de archivos, se perdería todo el trabajo que se hacía con las patentes.

La oficina de patentes estaba tan embelesada con este sistema que compró al equipo otro PDP-11 para jugar. Según Kernighan, en aquellos tiempos, el gasto de dinero en Bell Labs "no era un presupuesto, era una cuota; una licencia para gastar dinero, en cierto sentido, pero para el bien de todos".[49]

Un día, Thompson tuvo una idea basada en un artículo escrito por Doug McIlroy en 1964. En ese artículo, McIlroy sugería que los programas deberían ser conectables como mangueras.

En cuestión de horas, Thompson implementó las tuberías de Unix. Dijo que era un cambio "trivial". Después, en una sola noche, él y Ritchie modificaron todas las aplicaciones de Unix existentes eliminando mensajes verbosos de la consola. También inventaron `stderr` y enviaron ahí los mensajes de error.

El resultado final fue que las aplicaciones de Unix existentes podían conectarse mediante tuberías y actuar como filtros. El efecto de las tuberías y los filtros en el equipo de Unix fue "alucinante". Thompson se refirió a él como un "frenesí" de ideas y actividad.

46. El PDP-11 era un CISC (*complex instruction set computer*, ordenador con conjunto de instrucciones complejas).

47. Útil para incrementar punteros a la siguiente palabra.

48. Podrían decirse muchas cosas de estas herramientas. Jugaron un papel muy importante en la historia del Unix inicial, pero ese papel queda fuera del ámbito de este libro.

49. Kernighan y Thompson en VCF East 2019.

C

Intenté escribir el kernel en C y fracasé tres veces. Y, como era egoísta, le eché la culpa al lenguaje.

—Ken Thompson

La historia de C comienza con un lenguaje llamado TMG, que significa *TransMoGrifier*. TMG fue un invento de Robert McLure, que era amigo de Doug McIlroy. TMG era un lenguaje similar a yacc para generar analizadores sintácticos.

Cuando McClure se fue de Bell Labs, se llevó consigo el código fuente de TMG. Así pues, McIlroy, usando solo lápiz y papel, escribió TMG en TMG. Después, ejecutó a mano esta versión en papel de TMG y se alimentó a sí mismo TMG, generando código ensamblador para PDP-7. En poco tiempo, consiguió que TMG funcionase en PDP-7 Unix.

Thompson pensaba que ningún ordenador estaba completo sin FORTRAN, así que escribió FORTRAN en TMG. Sin embargo, el compilador generado no cabía en la partición de usuario de 4K que había asignado para PDP-7 Unix. Así pues, empezó a quitar bits del lenguaje y a volver a compilarlo hasta que el compilador generado cupo en 4K.

El lenguaje resultante no se parecía mucho a FORTRAN. De hecho, a Thompson le parecía que era más similar al lenguaje BCPL de Multics, así que lo llamó B.[50]

Quería añadir más características, pero, cada vez que lo hacía, sobrepasaba el límite de 4K. Por suerte, B era un lenguaje interpretado. Generaba un código intermedio que un intérprete pequeño podría ejecutar. Eso hacía que el lenguaje fuese lento, pero mucho más fácil de compilar. También significaba que el código ejecutable podía albergarse en un archivo y ejecutarse de manera virtual, sin intentar hacer que cupiese en la memoria.

La ejecución virtual era lenta, pero útil, como forma de volver a reducir el compilador a 4K. Cuando una nueva característica de B hacía que el compilador fuese demasiado grande, Thompson ejecutaba un nuevo compilador virtualmente y lo modificaba para generar código más pequeño, de manera que el nuevo compilador volviese a caber en 4K.

50. Una teoría alternativa es que le gustaba poner a los lenguajes el nombre de su mujer, Bonnie. Unos años antes, había escrito un lenguaje para Multics al que llamó Bon.

Eso es como agitar una lata de piedras para obtener la densidad de envasado más eficiente.

Una de esas características que Thompson añadió fue la brillante idea de Stephen Johnson de los bucles `for`[51] con "punto y coma". De aquí es de donde vino el bucle `for` de C.

Otra de esas características eran los operadores de estilo ++ y +=[52] que conocemos y amamos en C.

La sintaxis de B se parece mucho a C. De hecho, es difícil imaginar cómo Thompson obtuvo B a partir de FORTRAN. Acerca de esto, Ritchie escribió:

> "Tal y como lo recuerdo, la intención de manejar Fortran duró más o menos una semana. Lo que produjo en su lugar fue una definición de y un compilador para el nuevo lenguaje B. B estaba muy influido por el lenguaje BCPL; otras influencias fueron el gusto de Thompson por la sintaxis espartana y el espacio muy reducido en el que tenía que caber el compilador".
>
> —"The UNIX System: The Evolution of the UNIX Time-sharing System"
> *AT&T Bell Laboratories Technical Journal*, 63(8): 1577-1593.

Aquí tiene una muestra de B de la referencia de usuario de Thompson de 1972. A los programadores de C, C++, Java y C# les resultará muy familiar.

```
/* The following program will calculate the constant e-2
to about 4000 decimal digits, and print it 50 characters
to the line in groups of 5 characters. The method is
simple output conversion of the expansion

    1       1
    ——  +   ——   + ... = .111...21
    21      31

where the bases of the digits are 2, 3, 4, ... */
main() {
   extrn putchar, n, v;
   auto i, c, col, a;
   i = col = 0;
   while(i<n)
      v[i++] = 1;
```

51. El formato `for(init;test;inc)` es una de las abstracciones más hermosas de la época. Antes de eso, los bucles `for` eran construcciones horribles basadas en enteros y límites. Puaj.

52. Aunque en B, y en los inicios de C, eran =+ y no +=.

```
    while(col<2*n) {
        a = n+1;
        c = i = 0;
        while(i<n) {
            C =+ v[i]*10;
            v[i++] = c%a;
            c =/ a--;
        }
        putchar(c+'0');
        if(!(++col%5))
            putchar(col%50?' ':'*n');
    }
    putchar ('*n*n');
}
v[2000];
n 2000;
```

B era popular en el PDP-7, pero era lento y estaba limitado por la memoria, así que Ritchie decidió transferirlo al GE-635[53] en el centro informático de Murray Hill.

Cuando llegó el PDP-11 y Unix estaba operativo, Ritchie decidió transferir B al PDP-11. Sin embargo, la arquitectura del PDP-11 planteaba un problema.

B era un lenguaje que no tenía tipos explícitos. El tipo implícito de todo era la palabra. En el PDP-7, eso era un entero de 18 bits. Sin embargo, el PDP-11 era una máquina orientada a bytes, y un byte es demasiado pequeño para hacer cálculos aritméticos decentes o incluso albergar un puntero, así que Ritchie tuvo que añadir tipos al lenguaje. Los primeros tipos que añadió fueron `char` e `int`. También reescribió el compilador B para generar código máquina PDP-11. Llamó al lenguaje NB (por *New B*, nuevo B).

Ritchie unificó el procesamiento de matrices y punteros y amplió el sistema de tipos `int` y `char` para incluir punteros a punteros. Así, `char **p;` declaraba un puntero a un puntero a un `char`, y podía desreferenciarse mediante `char c = **p;`. También añadió una primera versión del preprocesador que proporcionaba `#include` y `#define`.

Era el año 1972 y, en ese momento, Ritchie consideró que el lenguaje necesitaba un nuevo nombre. Lo llamó C. Poco después, en 1973, Thompson y Ritchie decidieron que gestionar el *kernel* de Unix en ensamblador no era práctico, y que era esencial transferir Unix a C. Sin embargo, aquello resultó no ser trivial.

53. O, posiblemente, al GE-645, que era un poco más grande.

Thompson lo intentó, y fracasó, tres veces. Thompson echaba la culpa al lenguaje por los fallos, y Ritchie hacía ajustes y añadía características para "fortalecer" el lenguaje. Sin embargo, hasta que Ritchie no añadió `struct` a C, Thompson no pudo por fin transferir Unix con éxito. Respecto a esto, Thompson dice: "Antes de `[struct]` era demasiado complicado, no lograba mantenerlo todo unido".[54]

K&R

A finales de los setenta, yo trabajaba en Teradyne Central, una división de Teradyne Inc. que producía equipamiento de prueba para distintas compañías telefónicas. En una ocasión, unos compañeros y yo viajamos a Murray Hill para hablar con unos ingenieros de Bell Telephone.

En un momento de la conversación, pregunté a uno de ellos qué lenguaje estaban utilizando. El ingeniero me miró con cierta sorpresa y desdén y dijo: "C".

Yo nunca había oído hablar de "C", así que, cuando volví a casa, empecé a investigar un poco. En aquellos tiempos, las librerías tenían secciones de informática. En esa sección en una librería Kroch's and Brentano's, encontré este libro.[55]

54. Uno se pregunta cómo lo mantuvo todo unido en ensamblador.

55. Sí, esa es mi copia original, con todas las manchas y las marcas y el desgaste. Ahora la tengo guardada en una bolsa Ziploc.

La C azul grande de la portada me recordaba a las "letras grandes y simpáticas" que decían "*Don't Panic*" en la cubierta de la *Guía del autoestopista galáctico*.

Dentro había una fuente agradable, un código en minúscula de estilo casual y, lo más importante de todo, un capítulo 0.[56] Estaba claro que esos autores eran la clase de gente con la que me identificaba. Me lo llevé a casa y empecé a leer.

En aquella época, era un fanático del lenguaje ensamblador. Pensaba que los lenguajes de alto nivel eran para los débiles. Si se quería hacer algo, los auténticos programadores utilizaban ensamblador.

Sin embargo, mientras leía K&R, me di cuenta de una cosa. C era un ensamblador. Simplemente tenía una sintaxis mejor que la mayoría de los ensambladores. Pero, como todos los ensambladores, tenía todo lo que yo necesitaba. Tenía punteros, desplazamientos, AND, OR, incrementos, decrementos... Quiero decir, todas las operaciones que utilizaba a diario en un ensamblador eran ciudadanas de primera clase de C.

Me enamoré. Remodelé por completo mi visión de los lenguajes compilados. Devoré ese libro. Estudié cada página. Leí con detenimiento la tabla de prioridad de los operadores de la página 49. Pasé muchas horas, sentado en mi patio trasero junto a la hoguera,[57] analizando el asignador de almacenamiento que empezaba en la página 173.

En el trabajo, empecé a evangelizar todo lo que pude. Al principio, fue una venta difícil, pero conseguí adquirir un compilador C de Whitesmiths (una empresa fundada por P. J. Plauger) que podía generar ensamblador para el microprocesador 8080.

Escribí un montón de funciones de utilidad. Escribí un sistema operativo.[58] Escribí aplicaciones de muestra. Escribí varios proyectos con propósitos específicos para clientes, todo ello en C. Todo ejecutándose en nuestra plataforma 8080 propietaria. Estaba en el paraíso.

Se tardó un año o más, pero, al final, Teradyne Central convirtió la operación completa de su software a C.

Ese libro cambió mi vida y las de muchos, muchos otros desarrolladores de software.

---

56. ¡Que se suprimió a lo tonto en la segunda edición!

57. Mi copia todavía huele un poco a humo.

58. BOSS, que significaba *Basic Operating System and Scheduler* (planificador y sistema operativo básico... o (como dijo un compañero) *Bob's Only Successful Software* (el único software con éxito de Bob).

PERSUASIÓN

Kernighan había escrito un tutorial para B, que pudo adaptar a C con relativa facilidad. Ese tutorial logró popularidad y Kernighan consideró que era momento de hacer un libro.

Parece ser que, al principio, Ritchie era reacio a hacerlo, pero Kernighan lo persuadió para que diera su consentimiento. Kernighan escribió los primeros borradores de todos los capítulos tutoriales, mientras que Ritchie escribió el capítulo sobre las llamadas al sistema en Unix y el apéndice del manual de referencia de C.

Kernighan comparó las contribuciones de Ritchie con el propio C: "Precisas, elegantes y compactas".

Bill Plauger añadió que la precisión era "escalofriante".

Los dos autores colaboraron para perfeccionar el borrador, y Prentice Hall publicó el libro en 1978 con *copyright* de Bell Labs.

En el prefacio, los autores escribieron:

> "El sistema operativo [Unix], el compilador C y, en esencia, todos los programas de aplicaciones de UNIX (incluyendo todo el software utilizado para preparar este libro) están escritos en C. [...] en su mayor parte, los ejemplos son programas reales completos, en vez de fragmentos aislados. Todos los ejemplos se han probado directamente a partir del texto, que tiene un formato legible por máquinas".

Hoy en día, cuando escribo libros sobre software, hago que todo el código funcione en mi entorno de desarrollo integrado y, después, lo pego directamente en mi procesador de texto. Pero, en la época anterior a los procesadores de texto y los IDE, esos autores fueron pioneros en el proceso para garantizar que el código publicado era código que funcionaba.

Quién iba a decir, en 1978, que K&R sería uno de los libros de informática más vendidos, utilizados, valorados, apreciados y honrados de todos los tiempos.

SOFTWARE TOOLS

Estaba tan cautivado por K&R que, un día, mientras examinaba las estanterías de Kroch's, me topé con otro libro que llevaba el nombre de Kernighan. Lo compré sin pensármelo. El libro se llamaba *Software Tools*.

Ese libro fue otro punto de inflexión para mí. Kernighan, que sabía que FORTRAN IV era un lenguaje muy popular en aquella época, había escrito un preprocesador que compilaba a FORTRAN IV un lenguaje razonable similar a C al que llamó ratfor (Rational FORTRAN). Después, él y Bill Plauger[59] pasaron, ante mis propios ojos, a escribir la *suite* de aplicaciones de Unix en ratfor.

En aquel entonces, yo no estaba familiarizado con Unix. Había oído hablar de él, por supuesto, porque se mencionaba en K&R, pero no tenía ni idea de lo que era. *Software Tools* me hizo entenderlo de manera muy clara. La mentalidad de Unix era simple, fácil y utilizable.

Encontré una transcripción de su software en una cinta de la DECUS[60] en algún momento y la cargué en el VAX-750 que teníamos en Teradyne. Y todo volvió a cambiar. Las herramientas de estilo Unix superan con mucha diferencia a VMS (el sistema operativo de DEC).

Nunca miré atrás. Si alguna vez tenía que utilizar un PC, me aseguraba de que las herramientas y el *shell* estuviesen cargados. Me alegré cuando Apple decidió poner Unix bajo el Macintosh. Y, por supuesto, desde entonces he utilizado muchísimos sistemas basados en Linux.

¡Larga vida a Unix!

CONCLUSIÓN

La historia que acabo de contar sobre la creación de Unix y C va desde 1969 hasta 1973, quizá cuatro años en total. Por supuesto, la historia continuó después de esto, y es igual de sustanciosa e impresionante. Aun así, lo que ocurrió en esos meses lo cambió todo.

Nadie dijo a Thompson y Ritchie que hiciesen lo que hicieron. Estaban impulsados sobre todo por su propio carácter juguetón y por las necesidades de su comunidad creciente y entusiasta. Eran exploradores que trabajaban con libertad y se dejaban llevar en un entorno muy relajado y con mucho dinero para gastar. Y, por supuesto, eran brillantes.

¿Qué podía salir mal? Al fin y al cabo, solo estaban cambiando el mundo.

59. Phillip James (P. J. [Bill]) Plauger (1944-).

60. Digital Equipment Corporation User Society.

REFERENCIAS

- Anasu, L. "Dennis Ritchie '63, The Man Behind Your Technology". The Harvard Crimson, 2013. www.thecrimson.com/article/2013/5/27/the_dennis_ritchie_1963.
- Bell Labs. "Dennis M. Ritchie". Bell Labs Biography. s.f. www.bell-labs.com/usr/dmr/www/bigbio1st.html.
- Brock, D. C. "Discovering Dennis Ritchie's Lost Dissertation". Computer History Museum, 19 de junio de 2020. computerhistory.org/blog/discovering-dennis-ritchies-lost-dissertation.
- Computer History Museum. "Oral History of Ken Thompson", 1:42:55. Publicado en YouTube el 20 de enero de 2023. (Disponible en el momento de escribir este libro).
- Computerphile. "Recreating Dennis Ritchie's PhD Thesis-Computerphile", 18:32. Publicado en YouTube el 28 de mayo de 2021. (Disponible en el momento de escribir este libro).
- "Dennis Ritchie Thesis and the Typewriting Devices in the 1960s". Sitio web mantenido por la familia Ritchie. https://dmrthesis.net.
- Kernighan, B. *UNIX: A History and a Memoir*. Kindle Direct Publishing, 2020.
- Kernighan, B. W. y Ritchie, D. M. *The C Programming Language*, 2.ª Pearson Software Series, 1988. (Traducción al español: *El lenguaje de programación C*, Prentice-Hall Hispanoamericana, 1991).
- Kernighan, B. W. y Plauger, P. J. *Software Tools*. Addison-Wesley, 1976.
- Linux Information Project. "PDP-7 Definition". 2005. Actualizado el 27 de septiembre de 2007. www.linfo.org/pdp-7.html.
- Losh, W. "The PDP-7 Where Unix Began". Warners Random Hacking Blog, 2019. https://bsdimp.blogspot.com/2019/07/the-pdp-7-where-unix-began.html.
- National Inventors Hall of Fame-NIHF. "Pushing the Limits of Technology: The Ken Thompson and Dennis Ritchie Story", 3:10. Publicado en YouTube el 18 de febrero de 2019. (Disponible en el momento de escribir este libro).
- Nokia Bell Labs. "The Lasting Legacy of Dennis Ritchie: The Impact of Software on Society", 3:29:02. Publicado en YouTube el 3 de octubre de 2018. (Disponible en el momento de escribir este libro).

- Poole, G. A. "Who Is the Real Dennis Ritchie?" UnixWorld, enero de 1991. `https://dmrthesis.net/wp-content/uploads/2021/08/BLR-Article-UNIXWorld-Jan1991-A.pdf`.
- Richie McGee Family Channel. "DMR Early Influences", 11:57. Publicado en YouTube el 21 de junio de 2020. (Disponible en el momento de escribir este libro).
- Ritchie, D. M. *The Evolution of the Unix Time-sharing System*. Bell Laboratories, 1979.
- Ritchie, D. M. "The Development of the C Language". Bell Labs/Lucent Technologies, 2003. `www.bell-labs.com/usr/dmr/www/chist.html`.
- SHIELD. "The Greatest Programmers of All Time: Dennis Ritchie | Father of C Programming Language | Unix", 5:21. Publicado en YouTube el 31 de marzo de 2021. (Disponible en el momento de escribir este libro).
- Supnik, B. (rev.). "Architectural Evolution in DEC's 18b Computers", 2006. Revisado el 8 de octubre de 2006. `www.soemtron.org/downloads/decinfo/architecture18b08102006.pdf`.
- Thompson, K. "Users' Reference to B". Bell Labs Technical Memorandum, 1972. `www.bell-labs.com/usr/dmr/www/kbman.pdf`.
- Thompson, K. "How I Spent My Winter Vacation", s.f. `http://genius.cat-v.org/ken-thompson/mig`.
- Vintage Computer Federation. "Ken Thompson Interviewed by Brian Kernighan at VCF East 2019", 1:03:50. Publicado en YouTube el 6 de mayo de 2019. (Disponible en el momento de escribir esto).
- Wikipedia. "B (programming language)". `https://en.wikipedia.org/wiki/B_(programming_language)`.
- Wikipedia. "Compatible Time Sharing System". `https://en.wikipedia.org/wiki/Compatible_Time-Sharing_System`.
- Wikipedia. "Inode pointer structure". `https://en.wikipedia.org/wiki/Inode_pointer_structure`.
- Wikipedia. "Ken Thompson". `https://en.wikipedia.org/wiki/Ken_Thompson`.
- Correspondencia privada con Brian Kernighan, Bill Ritchie y John Ritchie.

Parte III

El codo de la curva

En esta parte del libro, vamos a hablar del crecimiento loco de la industria de la programación, desde los setenta hasta los 2020.

Esta es la historia de mi carrera. Los acontecimientos se van a relatar desde mi punto de vista personal. Por tanto, esta parte del libro es, en cierto modo, autobiográfica. Sin embargo, el foco está puesto en la industria de la programación, así que voy a dejar a un lado la gran mayoría de la información personal.

Esta es la historia de un joven (yo) que, a los 12 años, quedó fascinado por los ordenadores en 1964, encontró trabajo a principios de los setenta y siguió trabajando como programador y, con el tiempo, como consultor y formador, durante las cinco siguientes décadas y pico.

Lo que es más importante, esta es la historia de una industria que pasó de la adolescencia a la madurez durante el mismo periodo. La industria del software y yo, seguimos caminos similares.

Mientras lee, trate de seguir el ritmo cada vez más rápido de los avances tecnológicos. Esta historia empieza cuando el desarrollo de software era todavía bastante primitivo. Termina con IDE, máquinas virtuales, programación orientada a objetos, patrones de diseño, principios de diseño, programación funcional y mucho más.

11

Los sesenta

Los sesenta. ¿Qué decir? Fue la era de la contracultura: "*Turn on, tune in, drop out*". La guerra de Vietnam, la crisis de los misiles de Cuba, los asesinatos de John y Robert Kennedy y de Malcolm Luther King. Jimi Hendrix, Neil Young, disturbios en los campus, Kent State, sexo, drogas y *rock and roll*. Y la amenaza siempre presente de la aniquilación nuclear.

También fue la época en la que la humanidad se aventuró por primera vez en el espacio.

Yo me convertí en programador en 1964, a la edad de 12 años. Mi madre me dio un regalo de cumpleaños que todavía tengo. Era un Digi-Comp I, fabricado por E.S.R. Inc.

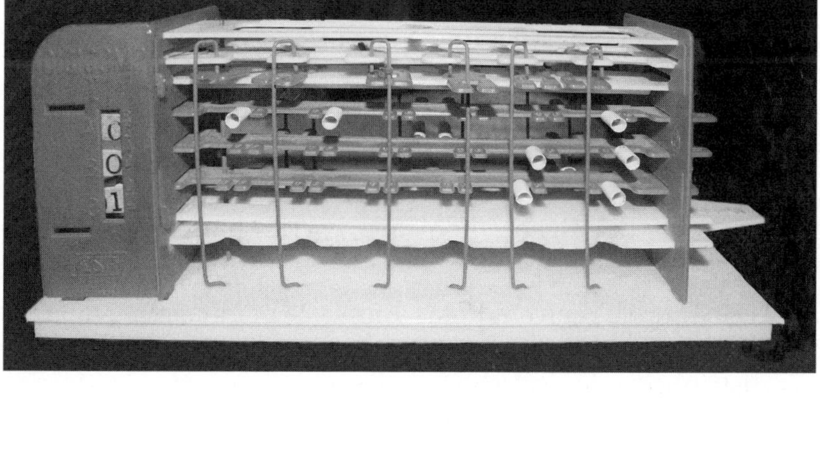

Esa maquinita me fascinaba. Tenía tres biestables que podían deslizarse hacia delante y hacia atrás y controlaban el registro de salida binaria de la izquierda. Las seis varillas metálicas son tres puertas AND de entrada que perciben las posiciones de los biestables al "sentir" los tubitos blancos que el programador coloca. La tensión de las varillas se mantiene con muelles o gomillas en la parte superior (apenas se ven). Si una varilla no está bloqueada por uno de esos tubos blancos, entonces, cuando el operador hace girar la máquina moviendo la palanca blanca en el extremo derecho hacia dentro y hacia fuera, la varilla se deslizará por una ranura y engranará un mecanismo en la parte trasera del dispositivo que puede cambiar el estado de uno o más de los biestables. En esencia, es una máquina de estados finitos de 3 bits con seis puertas AND que controlan las transiciones.

Me pasaba horas con este dispositivo, probando todos los experimentos que había en el manual de instrucciones. Esos experimentos mostraban cómo hacer que la máquina contase en binario de 0 a 7 y, después, otra vez a 0. Otro experimento contaba de 7 a 0 y, después, otra vez a 7. Había un experimento que añadía 2 bits, creando un bit de suma y acarreo (¡había que utilizar una pieza de plástico especial llamada puerta OR o combinar dos de las puertas AND para que funcionase!). Otro experimento jugaba al juego de Nim con siete piedras.

Probé todos esos experimentos una y otra vez, pero, con 12 años, no podía averiguar cómo conseguir que la máquina hiciese lo que yo quería que hiciese.

Verá, tenía un programa en mente para este programa. Lo llamé *La puerta computarizada del señor Patterson*. Era un programa simple que simulaba una sala de espera para un hombre muy sabio llamado señor Patterson que daba consejos. La puerta permitía que la siguiente persona de la sala de espera entrase una vez que el cliente anterior hubiese salido.

Quería hacer que mi Digi-Comp ejecutase este programa, pero no sabía qué patrón de tubos blancos en los biestables haría que ocurriese.

Al final del manual, había un párrafo que ofrecía el manual de programación avanzada a cualquiera que enviase un dólar a la empresa, así que envié mi dólar y esperé durante seis semanas. (Entonces no había Amazon. Seis semanas era un plazo bastante normal).

Todavía tengo ese manual, guardado en una bolsa Ziploc. Es quizá la descripción más convincente del álgebra booleana, escrita para niños de 12 años, que se pueda imaginar.

El manual no se andaba con chiquitas. En sus 24 páginas, abarcaba operaciones lógicas, tablas de verdad, diagramas de Venn, variables booleanas, propiedades asociativa y distributiva, lógica AND y OR y el teorema de De Morgan.

Después de eso, solo me aconsejaba escribir la secuencia de cambios en los bits que estaba buscando, los codificase como expresiones booleanas y redujese esas expresiones a los términos más bajos utilizando el álgebra booleana que acababa de aprender.

Este procedimiento tuvo como resultado un conjunto simple de seis sentencias AND o menos, una para las operaciones de "set" y "reset" de cada biestable. Después, el libro me enseñó cómo codificar esas sentencias como tubos blancos en los biestables.

Así pues, escribí las transiciones de bits para la Puerta computarizada del señor Patterson. Las convertí en ecuaciones booleanas. Reduje esas ecuaciones a los términos más bajos, produciendo las seis sentencias AND necesarias. Coloqué los tubos en los biestables según las instrucciones de codificación y, después, activé el ciclo de la máquina.

¡Y mi programa funcionó! ¡Era programador! La euforia absoluta causada por esa sensación de poder ilimitado (que todo programador conoce) determinó el curso de mi vida. Era programador y siempre sería programador.

Mi vecino, el señor Hall, que vivía al otro lado de la calle, se presentó un día en casa con una caja llena de 24 relés viejos. Trabajaba en TeleType y sacó esos dispositivos viejos a petición de mi padre.

Un relé es un dispositivo simple. Una bobina de alambre puede energizarse para convertirse en un electroimán. Una armadura atraída por ese imán juntará o separará los contactos eléctricos, creando o rompiendo un circuito. Esos relés podrían tener muchos de esos contactos y, por tanto, crear o romper muchos circuitos.

A los 13 años, sostenía esos dispositivos en la mano, moviendo las armaduras adelante y atrás y viendo el movimiento de los contactos. Podía ver la bobina y sabía lo que implicaba, así que encendí el transformador de un viejo tren eléctrico (48V), energicé una de las bobinas y observé cómo se movían los contactos.

Me dispuse a crear un circuito de varios relés diferentes que jugase al juego de Nim. También diseñé un sistema de relés que simularía un Digi-Comp I. Me esforcé por hacer que esos montajes de relés funcionasen, pero mis conocimientos de electrónica no eran suficientes para esa tarea, así que me suscribí a *Popular Electronics* y devoré cada número.

Aprendí sobre transistores, reóstatos, condensadores, diodos, la ley de Ohm, la ley de Kirkoff, y mucho más. Mi amigo del instituto, Tim Conrad,[1] y yo construimos muchas máquinas diferentes. Algunas con relés, otras con transistores y otras con los nuevos circuitos integrados (CI) que estaban apareciendo en el mercado.

Al final, con un esfuerzo inmenso a lo largo de muchos meses durante 1967 y 1968, utilizando transistores, circuitos integrados de inversores hexagonales, circuitos integrados de biestable dual JK y una plétora de reóstatos, condensadores y diodos, montamos una calculadora binaria de 18 bits que sumaba, restaba, multiplicaba y dividía. Ganamos el primer premio en la feria estatal de ciencias de Illinois aquel año.

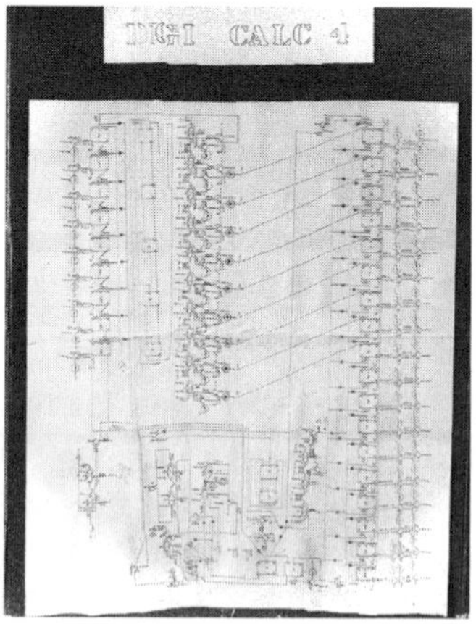

1. Mientras escribo esto, estoy en el hospital esperando para ver a mi décimo nieto, que acaba de nacer. Se llama Conrad.

ECP-18

El año anterior fue mi primer año de instituto. El departamento de matemáticas trajo un ordenador educativo para un periodo de prueba de dos semanas. No estaba pensado para los alumnos; estaba ahí para que los profesores de matemáticas pudiesen evaluar si podría utilizarse en un curso de informática.

Esa máquina era un ECP-18.[2] Como hemos visto en el capítulo 9, era una máquina construida por la empresa de Judy Allen, y esperaban colocarlas en colegios e institutos de todo el país. Era una máquina de 15 bits con 1.024 palabras de memoria almacenada en un tambor magnético. Parecía una de las consolas de la nave Enterprise de *Star Trek*. Me enamoré por completo.

Lo pusieron en el comedor, donde daba la casualidad de que yo tenía una hora de estudio. El técnico la conectó y comprobó que funcionaba. Me pegué a ese hombre[3] como una lapa. Me fijaba en todo lo que hacía. Escuchaba cada palabra que murmuraba. Veía cómo metía programas en la máquina para probarlos.

2. Consulte el capítulo 9.
3. En los últimos años, me he preguntado a menudo si quizá esa persona podría haber sido Judith Allen. Sin embargo, mis recuerdos sobre su voz insisten en que era un hombre.

Mi experiencia con el Digi-Comp I me había enseñado el sistema octal, así que, mientras el técnico introducía bits en la máquina utilizando unos botoncitos preciosos que se iluminaban al pulsarlos, me di cuenta de que estaban agrupados de tres en tres. Marcaba 1 5 1 7 2 y decía en voz baja: "Guarda el acumulador en 1 7 2".

Después, marcaba 1 2 1 7 0 y decía: "Añade 1 7 0 al acumulador".

Me vino a la mente la arquitectura de la máquina. Me resultaba evidente lo que era una dirección de memoria, que cada celda de memoria almacenaba 15 bits y que había un acumulador que se utilizaba para todas las manipulaciones de las celdas de memoria. Tenía claro que las instrucciones se almacenaban como celdas de 15 bits en la memoria y que se dividían en código de operación y direcciones.

Observar y escuchar a ese técnico durante 30 minutos abrió ante mí el nuevo mundo de los ordenadores electrónicos. De repente, sabía lo que eran.

Al día siguiente, la máquina seguía en el comedor. Estaba encendida y no había nadie cerca, así que fui corriendo y metí un programa pequeño. Era una tontería que calculaba $a + 2b$. El programa era algo parecido a esto:

```
0000 10004
0001 12005
0002 12005
0003 12006
0004 00000
0005 00010
0006 00003
```

En la ubicación 0 había una instrucción que cargaba el contenido de la ubicación 4 en el acumulador. Por alguna razón, pensaba que era importante borrar el acumulador. Las tres siguientes instrucciones añaden el contenido de la ubicación 5 dos veces, y la siguiente añade el contenido de la ubicación 6.

¡Ese era el programa! (¿Ve el fallo?). Empecé la ejecución en la ubicación 0 y el 0023 apareció en el acumulador. ¡El programa funcionaba! ¡SÍ! ¡Yo era un DIOS!

Nunca me dejaron volver a tocar la máquina. Los profesores de matemáticas se la llevaron a su despacho y eran los únicos con permiso para acercarse a ella. Pasé varios días observando desde lejos cómo enredaban con la máquina, pero, por desgracia, ni se planteaban la idea de dejar que me acercase lo bastante para pulsar un botón.

Dos semanas después, se llevaron la máquina y nunca volvieron a traerla. Fue un día muy triste.

Bueno, ¿cuál era el fallo en mi programa?

La dirección 0003 era la última instrucción ejecutable. Por alguna razón, me imaginé que el ordenador sabría que el programa había acabado y se detendría ahí. No sabía que 00000 era la instrucción de detención. Eso lo averigüé después, cuando se dejaron uno de los manuales de la máquina en una mesa en el despacho de matemáticas.

Lo que hacen los padres

Mi disgusto por la pérdida del ECP-18 no duró mucho, porque el amigo al que he mencionado antes, Tim, encontró una oficina comercial de Digital Equipment Corporation a 30 minutos de nuestra casa. Mi padre[4] nos llevaba en coche todos los sábados y Tim y yo "jugábamos" con PDP-8 que tenían de muestra. Al personal de la oficina le parecía que era buena publicidad o algo así. Además, mi padre podía ser muy convincente en estas cuestiones.

Mi padre me consiguió bastantes libros para que leyera. Incluían manuales de COBOL, FORTRAN y PL/1, y libros sobre álgebra booleana, investigación operativa y otros temas diversos. Devoré esos libros. No tenía ordenadores en los que ejecutar los programas, pero logré una comprensión limitada de los lenguajes y conceptos.

Para cuando cumplí 16 años, estaba preparado.

4. Ludolph Martin.

12

Los setenta

Los setenta estaban a punto de empezar, pero los sesenta acabaron a lo grande. Nixon fue investido presidente. Borman, Lovell y Anders a bordo del Apolo 8 acababan de volver después de haber leído un fragmento del Génesis en Nochebuena mientras orbitaban alrededor de la Luna. Los Beatles estaban a punto de sacar *Abbey Road* y la banda estaba al borde de la separación. Armstrong, Aldrin y Collins iban a viajar ese año en el Apolo 11 y un hombre pisaría la Luna por primera vez.

Los setenta vieron el nacimiento de la música disco, los *yuppies*, la primera dimisión de un presidente de EE. UU., el embargo del petróleo árabe y el "malestar" creciente entre las personas de la "Generación grandiosa".

1969

Conseguí mi primer trabajo como programador en 1969. Era un adolescente torpe de 16 años sin un concepto claro de lo que significaba tener un trabajo. Mi padre, Ludolph Martin, había entrado en las oficinas de A.S.C. Tabulating Corp. y había dicho a sus directores que iban a dar a su hijo un trabajo de verano.

Mi padre era así. Era un hombre alto, fuerte e imponente que decía lo que pensaba, no dudaba en decir a la gente lo que quería y no aceptaba un no por respuesta. También era profesor de ciencias en un instituto de secundaria, y es probable que yo sacase de ahí mi interés científico. Tras su muerte, recibimos muchas cartas de antiguos alumnos que nos contaban todos los gestos silenciosos de generosidad que mi padre había tenido con ellos.

Me contrataron a media jornada temporal, lo que significaba que no tenían intención de mantenerme ahí. Imagino que, como no podían decir que no a mi padre, eligieron la segunda mejor opción.

A.S.C estaba a solo unos kilómetros de mi casa, en Lake Bluff, Illinois, a algo menos de 50 kilómetros al norte de Chicago. Podía ir a mi nuevo trabajo en bicicleta.

Durante la primera semana, más o menos, me metieron en un armario y mandaron actualizar manuales de IBM. En aquellos tiempos, IBM enviaba actualizaciones mensuales de sus manuales técnicos. Esas actualizaciones eran paquetes de páginas con correcciones e información nueva. Mi trabajo era abrir el archivador de tres anillas donde estaba el manual y sustituir las páginas en las que había cambios. Ahí fue donde vi por primera vez "Página intencionadamente en blanco".

Había muchos manuales y muchas actualizaciones. Todos se guardaban en ese armario y, mientras yo estuve allí, nadie se llevó un manual para usarlo como referencia, así que estoy bastante seguro de que era solo un trabajo de relleno para quitarme de en medio.

Supongo que mi padre les hizo prometer que me enseñarían algo de programación. Ya sabía algo, porque había leídos los manuales de COBOL, FORTRAN y PL/1, y había escrito programas en ensamblador PDP-8 simples en mis excursiones de fin de semana a la oficina comercial de DEC con Tim Conrad. Así pues, el señor Banna, mi supervisor, me dio un libro sobre EASYCODER y me pidió que escribiese un programa muy simple.

EASYCODER era un lenguaje ensamblador de los ordenadores de la serie Honeywell H200. Ofrecía compatibilidad con código binario con las máquinas 1401 de IBM, pero era más rápido y tenía un conjunto de instrucciones más rico.

Según los estándares actuales, el conjunto de instrucciones era extraño. La memoria era direccionable por bytes, pero esos bytes no eran los bytes que usted y yo conocemos y amamos. De hecho, creo que ni siquiera los llamasen bytes. Los llamaban caracteres.

Cada carácter tenía 6 bits de longitud y también tenían un bit de marca de palabra y un bit de marca de elemento. Una palabra era cualquier cadena de caracteres que acababa con una marca de palabra. Un elemento era cualquier cadena de caracteres que acabase con una marca de elemento.

Un registro era cualquier cadena de caracteres que acabase con una marca de palabra y una marca de elemento.

Por lo general, las instrucciones aritméticas funcionaban con palabras. Así, podían sumarse dos números de 10 dígitos si cada uno de esos dos números acababa con marcas de palabra. Podían moverse elementos de un sitio a otro y podían introducirse y extraerse registros. Al menos, así es como yo lo recuerdo.

Bueno, el caso es que el programa que el señor Banna me pidió que escribiese era para uno de sus clientes: la ISSC (Illinois State Scholarship Commission, Comisión de becas del estado de Illinois). Tenían una cinta magnética con los expedientes de todos los alumnos. Mi trabajo era leer cada expediente, asignar a cada alumno un número de identificación y escribir el expediente actualizado de cada alumno en una cinta nueva. Los números de identificación eran enteros de seis caracteres que se incrementaban en uno para cada expediente sucesivo.

El señor Banna me llevó hasta un armario que tenía una pila de tarjetas perforadas dentro. La pila era bastante alta y tenía franjas como el poste de una barbería. Las franjas eran lotes de unas 150 tarjetas cada uno. Las tarjetas en cada lote eran rojas o azules, y los lotes alternaban: rojo, azul, rojo, azul...

El señor Banna me dijo que tomara el lote superior de la pila y me dio un impreso con los contenidos. Era una pequeña biblioteca de subrutinas de E/S para leer y escribir cinta magnética, imprimir y leer y perforar tarjetas. Me dijo que debería poner ese mazo al final del programa de manera que pudiese llamar a esas subrutinas desde mi programa.

Yo entendía ese concepto bastante bien, porque había hecho algo parecido con cinta de papel en la oficina comercial de DEC. Así pues, estudié el listado y el manual de EASYCODER y empecé a escribir mi programa en las hojas de codificación que me dio.

Todavía tengo un bloc de esas hojas de codificación viejas. Este era el aspecto que tenían:

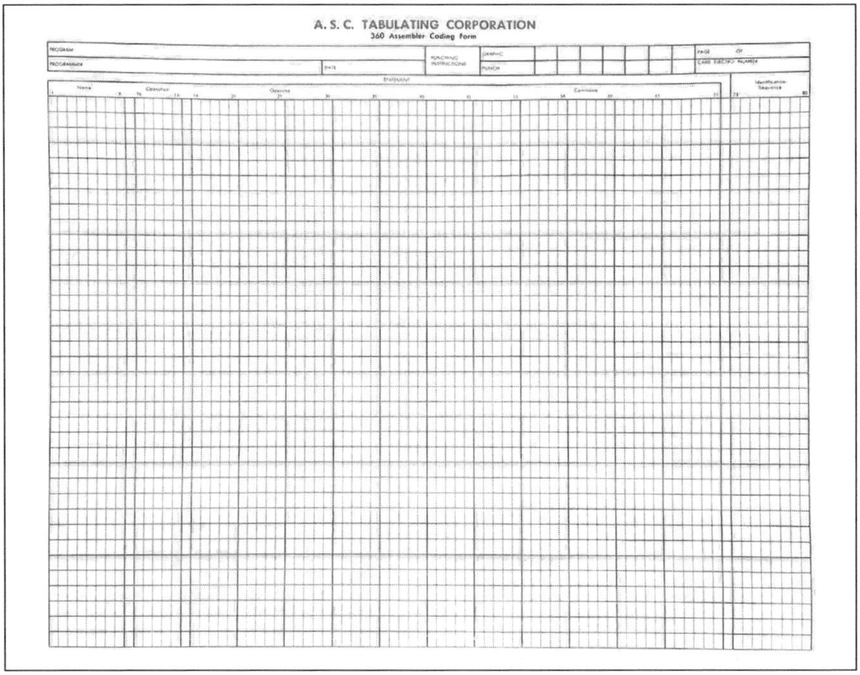

El programa era bastante pequeño. Creo que cabía en una sola hoja. Cuando lo escribí y lo comprobé, se lo entregué al señor Banna. Al día siguiente, me hizo sentarme y me enseñó todos los errores que había cometido (por ejemplo, había utilizado marcas de palabra cuando debería haber usado marcas de elemento, etc.). Hizo las correcciones en la hoja de codificación y me mandó llevarla a la sala de perforación y dejarla para que los operadores perforaran.

Al día siguiente, el mazo diminuto de 20 tarjetas, más o menos, estaba listo. El señor Banna me enseñó cómo comprobar el mazo comparándolo con las hojas de codificación y cómo utilizar una máquina perforadora para corregir errores.

Una vez que el mazo estuvo preparado, el señor Banna me llevó a la sala de ordenadores. La puerta estaba cerrada, pero él conocía el código de acceso, así que entramos. La sala tenía tres ordenadores grandes: dos IBM 360 y el H200. El ruido en la sala no era demasiado ensordecedor; los ventiladores de refrigeración eran ruidosos, pero no tanto como las impresoras de línea y los lectores/perforadores de tarjetas.

El señor Banna hizo un gesto a uno de los operadores y los dos me acompañaron al H200. El señor Banna le entregó el mazo al operador y me dijo que me fijase. Observé al operario colocar la cinta del ensamblador, poner mi mazo en el lector de tarjetas, marcaba una dirección en el panel frontal del H200 y pulsaba Run. La cinta magnética giró y el lector de tarjetas empezó a vibrar mientras leía mis tarjetas. La máquina parpadeó un poco cuando el ensamblador procesó mi código fuente y, después, se perforaron dos o tres tarjetas. Esas tarjetas contenían el ejecutable binario.

El señor Banna quitó la cinta de los alumnos de la ISSC del bastidor y se la dio al operador. El operador colocó esa cinta en una de las unidades de cinta grandes.

Después, el señor Banna sacó del bastidor una cinta con la etiqueta "borrador". Me enseñó a asegurarme de que la cinta tenía un anillo de escritura insertado en la parte trasera para que se pudiese escribir en ella.

Después, le dio la cinta de borrador al operador, que la colocó en otra unidad de cinta.

Entonces, el operador sacó el macito de tarjetas de la bandeja de salida de la perforadora, lo puso en el lector, marcó una dirección diferente en la consola y pulsó Run.

Se leyeron las tarjetas y, de inmediato, las dos cintas empezaron a girar. Todo terminó en cuestión de minutos. Las dos cintas se rebobinaron y se abrieron las unidades de cinta.

El operador puso una etiqueta en blanco en la cinta de borrador, retiró el anillo de escritura de la parte trasera y le dio la cinta al señor Banna, quien escribió la identidad de la cinta en la etiqueta con rotulador negro.

El señor Banna devolvió la cinta recién etiquetada al operador y le pidió que hiciese el volcado. El operador volvió a colocarla, marcó otra dirección en el panel frontal y pulsó Run; la cinta empezó a moverse mientras la impresora de línea vibraba.

Cuando se completó la impresión, el operador sacó la cinta de la unidad y se la dio al señor Banna. El operador arrancó el listado de la impresora y me lo dio a mí con una sonrisa y un guiño. Entonces, el señor Banna y yo volvimos a la sala de programación.

Entre los dos, repasamos las 50 páginas o así de ese listado. Era un volcado de caracteres simple de todos los registros en esa cinta. Nos aseguramos de que cada expediente tenía un nuevo campo de identificación insertado y de que los campos de identificación tenían el número correcto.

Cuando acabamos, dije: "¡El programa ha funcionado!". El señor Banna respondió: "Sí, Bob, así es. Y ahora es el momento de que te vayas".

Y ese fue el final de mi primer trabajo como programador.

1970

Cuando tenía 18 años, volví a A.S.C. e imprimí correo basura como operador de impresora *offline* en el segundo turno durante unos meses. Después, me contrataron como "analista programador". Escribí un programa de COBOL o dos, pero enseguida me impliqué en un proyecto grande de miniordenador.

El H200 ya no estaba y, en su lugar, había un GE DATANET-30. Era una máquina enorme, con un par de unidades de cinta muy primitivas y una unidad de disco gigante con varios platos que tenían 91 cm de diámetro y 1,2 cm de grosor. Cuando la encendías por primera vez, esa unidad de disco hacía temblar el suelo y sonaba como el motor de un reactor acelerando.

Esta máquina se ocupaba del sistema de contabilidad a distancia en tiempo real del sindicato Teamsters Local 705. Gestionaba aproximadamente una docena de líneas de módem conectadas a la sede de Local 705 en Chicago, donde los oficinistas introducían datos sobre miembros, empleadores y agentes. Imagino que en algún sitio se ejecutaría algo del código de los alumnos de Kemeny.

Parece ser que la directiva de A.S.C. no estaba contenta con el coste y la fiabilidad de esa vieja chatarra, así que decidieron comprar un miniordenador y reescribir todo el sistema de contabilidad desde cero. En lenguaje ensamblador, por supuesto.

Los miniordenadores eran la gran novedad. Todo el mundo estaba intentando entrar en el mercado de los miniordenadores. Desde luego, DEC era el líder, pero no le faltaban competidores. Uno de ellos era una empresa llamada Varian.

El miniordenador que A.S.C. eligió para la reescritura del sistema de Local 705 fue un Varian 620/F. He podido encontrar una fotografía de la versión L, que era casi idéntica a la F.

Esta máquina tenía 64K palabras de 16 bits de memoria de núcleos y un tiempo de ciclo de 1μs. Incluía un lector de tarjetas pequeño y asqueroso, una perforadora de tarjetas aún más asquerosa, un ASR 33 TTY, dos unidades de cinta y una unidad de disco compatible con el IBM 2314. También tenía un lote de puertos RS-232 que podían conectarse a los módems.

Los programadores de este sistema éramos yo, dos de mis amigos del instituto (Tim Conrad y Richard Lloyd), un analista de sistemas de 23 años y dos mujeres treintañeras. Formábamos un gran equipo. ¡Dios, cómo nos divertíamos! También trabajábamos muchísimas horas. A veces trabajábamos toda la noche y al día siguiente. Había semanas de 60, 70 y 80 horas.

A.S.C. estaba dirigida por un antiguo oficial de las fuerzas aéreas y llevaba el lugar como si fuese un batallón. Teníamos plazos imposibles, pero los cumplíamos a cualquier precio.

Todavía escribíamos nuestro código en hojas de codificación, pero, para entonces, mis colegas y yo habíamos aprendido por nuestra cuenta a teclear en una perforadora IBM 026, así que yo perforaba mis propios mazos de tarjetas. El código fuente de nuestro sistema se guardaba en una cinta magnética y utilizábamos un editor de línea que copiaba la cinta fuente de entrada en la cinta fuente de salida mientras leía y ejecutaba las directivas de edición de nuestras tarjetas. El ensamblador se ejecutaba en el 620 y producía cintas magnéticas viarias que podían cargarse y ejecutarse con rapidez.

Nosotros escribimos cada parte de ese sistema. No había nada de código ejecutándose en ese ordenador que no hubiésemos escrito nosotros. Escribimos el sistema operativo, el sistema de contabilidad, el sistema de gestión de los módems, el sistema de gestión de los discos y el cargador de segmentos. Escribimos cada bit que se ejecutaba en cualquier parte de esa máquina de 64K. Mis amigos y yo teníamos 18 años; dominamos ese proyecto. Hicimos lo imposible. Éramos dioses.

Después de un año y una entrega exitosa del sistema, unos cuantos de nosotros dimitimos en un ataque de ira. Sentíamos que no se nos había compensado lo suficiente por nuestro heroísmo divino.

Pasé unos seis meses reparando cortacéspedes mientras buscaba otro trabajo en programación. Por alguna razón, nadie quería contratar a un chico de 19 años que no podía conseguir una recomendación de su anterior empleador. (Consejo: ¡No dimita antes de tener otro trabajo!).

Entonces estaba comprometido e iba a casarme. Mi madre habló conmigo y me dijo con toda la amabilidad posible que era un idiota redomado (mis palabras, no las suyas). Tuve que darle la razón. Con la lección de humildad aprendida, volví arrastrándome a A.S.C. y supliqué que me devolvieran mi empleo.

A.S.C. me aceptó de nuevo, pero con una reducción salarial considerable. Pasé ahí otro año, limando asperezas y casándome. Cuando las asperezas ya se habían limado y mi joven esposa y yo estábamos afincados en un apartamento diminuto en Waukegan, Illinois, empecé a buscar un empleo nuevo. Mi amigo

Tim Conrad había conseguido trabajo en Teradyne Applied Systems (TAS) en Chicago unos meses antes y, gracias a su recomendación, me ofrecieron un puesto. Dejé A.S.C. de manera amistosa y con una recomendación y entré a trabajar en TAS a principios de 1973.

1973

TAS construía sistemas de recorte por láser controlado por ordenador. Estos sistemas contenían un enorme LÁSER infrarrojo de CO_2 de 50 KW refrigerado con agua manipulado por espejos X-Y dirigidos por galvanómetros controlados por ordenador. Quemaban líneas en reóstatos que se serigrafiaban en módulos de circuitos de cerámica. Mientras el láser grababa con cuidado las líneas en los reóstatos, su resistencia estaba monitorizada de manera continua por nuestro sistema de medida. Podíamos recortar esos reóstatos hasta tolerancias del 0,01 por ciento. ¡Qué divertido es eso para un veinteañero! ¡Ostras!

Cumplí 21 años en diciembre de 1973. Me desperté la mañana de mi cumpleaños con una llamada. Mi madre me dijo que mi padre había muerto de repente mientras dormía. Tenía 50 años. Era la era de la miniaturización y la precisión. El sistema de recorte por láser de TAS incorporaba circuitos miniaturizados al equipo de recorte y medida y utilizaba láseres de alta potencia para recortar los componentes electrónicos a valores muy precisos. Entre los productos que recortamos estaban los cristales para el primer reloj digital: el Motorola Pulsar.

Teradyne construyó su propio miniordenador, llamado M365. Estaba basado en un PDP-8, pero con palabras de 18 bits en vez de 12. Escribimos nuestro código en ensamblador en terminales de vídeo que también produjo Teradyne. ¡Se acabaron las tarjetas perforadas!

El sistema utilizaba un programa operativo maestro escrito por la empresa matriz, Teradyne, en Boston. Recibimos el código fuente del programa operativo maestro y lo modificamos mucho, añadiéndole nuestra propia aplicación. Era un gran programa monolítico. Así era como funcionaban las cosas entonces. Compartíamos y bifurcábamos el código fuente, pero no teníamos binarios comunes. Los marcos no eran un concepto. Los sistemas de control del código fuente aún no estaban en nuestro radar.

Nuestro código fuente se almacenaba en cartuchos de cinta magnética que solo podían ir en una dirección. Las cintas en los cartuchos eran bucles largos y continuos. Esas cintas no se rebobinaban; simplemente avanzaban hacia delante hasta que llegaban otra vez al principio.

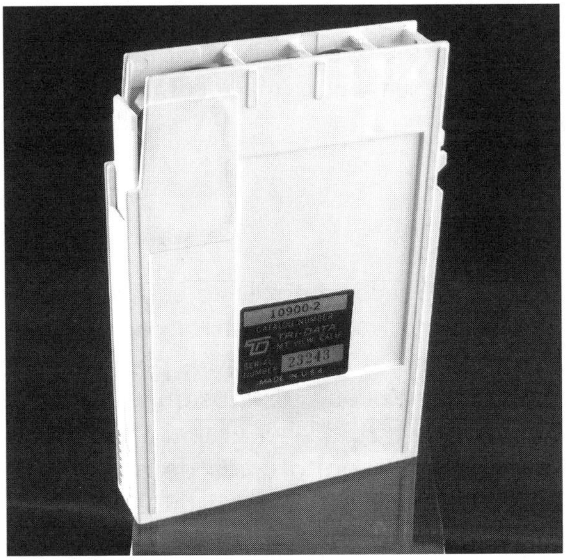

La velocidad de la unidad era lenta, así que enviar una cinta de 30 metros hasta su punto de carga podía llevar dos o tres minutos. Por tanto, los cartuchos venían en longitudes de aproximadamente 3, 7, 15 y 30 metros, y elegíamos qué longitud utilizar con bastante buen juicio. Si era demasiado corta, los datos no cabían. Si era demasiado larga, había que esperar una eternidad a que llegase al punto de carga.

Editar en un terminal de vídeo no era como editar en los IDE actuales con un ratón ni era como editar en vi con teclas de control del cursor. En vez de eso, el editor era un editor de línea similar en muchos aspectos al editor controlado por tarjetas perforadas que utilizábamos en el 620/F. Al menos podíamos desplazar el código en la pantalla, pero, para cambiar el código, había que introducir comandos de edición con el teclado. Por ejemplo, para borrar las líneas de la 23 a la 25 se tecleaba 23,25D.

La memoria de núcleos del M365, en aquella época, era del orden de 8K. Por tanto, el editor no podía cargar la totalidad del código fuente desde la cinta a la memoria. Así, para editar un archivo fuente, cargábamos la cinta fuente en una unidad y la cinta de borrador en otra. Leíamos una "página"[1] de la cinta fuente, editábamos esa página en la pantalla y, después, escribíamos esa página en la cinta de borrador y leíamos la siguiente página de la cinta fuente.

1. Una "página" no se correspondía con una página impresa; era simplemente un bloque de datos que contenía líneas de código. Tendíamos a mantener nuestras páginas pequeñas para no quedarnos sin memoria mientras editábamos.

Y, recuerde, esas cintas solo iban en una dirección, así que, una vez que escribíamos en ellas una página, no había una forma fácil de volver a echar un vistazo al código que acabábamos de modificar. Por tanto, imprimíamos nuestro código en listados largos, utilizábamos rotuladores rojos para marcar los cambios planeados en esos listados y, después, revisábamos página por página esos listados, editando cada página en secuencia.

Si todo esto suena primitivo es porque lo era. La cinta magnética solo era un poco mejor que la cinta de papel de alta velocidad. De hecho, el editor era un derivado del editor de cinta de papel original de DEC para el PDP-8. Pensaba que estaba utilizando cinta de papel.

La compilación era una tarea casi igual de primitiva. Cargábamos la cinta fuente en una unidad y cargábamos el ensamblador. El ensamblador era un derivado del ensamblador PDP-8 PAL-D[2] y requería tres pasadas por el código fuente. La primera pasada solo desarrollaba la tabla de símbolos. La segunda pasada generaba el código binario, que se escribía en la cinta de borrador. La tercera pasada generaba el listado. Para un programa razonablemente grande, el proceso llevaba 45 minutos o más.

Las cintas no eran muy fiables. Al menos una vez al día, las unidades no leían de forma adecuada una cinta. Las unidades no podían hacer copias de seguridad y releer, así que, si esto ocurría durante una compilación, el compilador abortaba el proceso. La campana en el terminal de vídeo sonaba con un simple "ding" y, después, oíamos que la impresora empezaba a generar mensajes de error.

Teníamos un laboratorio abierto con varias estaciones de edición M365 y una máquina más grande para ejecutar compilaciones. Por eso, cada vez que oíamos el "ding" y ruido de la impresora, gruñíamos y alguien tenía que ir a la máquina, esperar a que las cintas volviesen al punto de carga y, después, reiniciar la compilación. A menudo, era muy frustrante.

Los terminales de vídeo también eran bastante sensibles a la electricidad estática. En invierno, podía ser que pasásemos cerca de un terminal, nos chocásemos con él por accidente, sintiésemos el calambre y, después, oyésemos el "ding" y el ruido de la impresora y, entonces, sabíamos que habíamos arruinado la compilación de alguien. Aprendimos a movernos con cuidado cuando pasábamos al lado de un terminal. TAS era más divertida que A.S.C. Sí, seguíamos trabajando muchas horas, aunque no a un ritmo tan frenético como en A.S.C. Pero algo más ocurrió en TAS. Empecé a entender, de manera muy gradual, algunos de los conceptos del diseño de software.

2. Escrito a finales de los sesenta por Ed Yourdon.

Tim Conrad y yo debatíamos sobre esos conceptos todo el tiempo. Escribíamos todo tipo de programas interesantes que tenían poco o nada que ver con el recorte por láser. En TAS, a menudo teníamos tiempo. Tiempo para pensar, para planear, para explorar, para... jugar.

Tim y yo elaboramos algoritmos de ordenación, algoritmos de búsqueda, esquemas de indexación y esquemas de cola. No teníamos *Algoritmos fundamentales* de Knuth (1968) porque no sabíamos que existía, pero inventamos o descubrimos juntos muchos de esos algoritmos mientras escribíamos código para este proyecto interesante o aquel o el de más allá. Fueron tiempos muy emocionantes.

Descubrí que el terminal de vídeo de Teradyne tenía una especie de direccionamiento de discurso primitivo. También era muy rápido, porque se conectaba directamente al *bus* de E/S del ordenador. Así pues, me puse a hacer lo que nadie había hecho en Teradyne hasta ese momento: diseñar formularios y diseños de pantalla y escribir código para ofrecer actualizaciones en tiempo real de esos formularios y pantallas. No eran exactamente interfaces gráficas de usuario, pero mi mente estaba llena de posibilidades alucinantes.

Mientras trabajaba en TAS vi mi primera calculadora de bolsillo: la HP-35. Me quedé asombrado con aquel dispositivo. Era pequeño. Era rápido. Calculaba raíces cuadradas y funciones trigonométricas. Tenía un lector LED. Una semana los ingenieros de nuestra oficina llevaban reglas de cálculo en el cinturón. A la semana siguiente, todos tenían HP-35. El cambio estaba en el aire y se acercaba a gran velocidad.

Pensándolo ahora, debería haberme quedado en TAS; era un entorno repleto de posibilidades. Pero las personas de 21 años no son precisamente sabias. El trayecto al trabajo era largo y molesto, y yo anhelaba un cambio de escenario. Así pues, acepté un empleo en Outboard Marine Corporation (OMC) en mi ciudad natal, Waukegan, Illinois.

1974

Acepté ese trabajo porque estaba cerca de casa, tanto que podía ir en bicicleta a la oficina. No voy a decir que el empleo no era un desafío a nivel técnico; sí lo era. Pero yo no encajaba bien en la cultura de esa empresa. Me di cuenta el primer día, cuando mi jefe me mandó llevar corbata a partir de ese momento.

OMC hacía cosas como cortadoras de césped Lawn Boy y motores fueraborda Johnson para barcos. Para fabricar los motores, construyeron unas instalaciones enormes para la fundición de aluminio a presión. Caminar por aquellas instalaciones era bastante impresionante. Las máquinas de fundición a presión eran unos dispositivos grandes e imponentes, cada uno de los cuales estaba manejado por una sola persona. El molde se cerraba, se inyectaba aluminio líquido, el molde se abría y el operario sacaba la fundición de aluminio caliente del molde y la ponía en una cesta de metal grande.

Por la parte de arriba había un sistema de raíles por el cual un vehículo que transportaba un cubo enorme de aleación de aluminio fundido se desplazaba entre el horno y las máquinas de fundición individuales. Era impresionante.

Nuestro trabajo era programar un IBM System/7 para monitorizar el progreso de todas las máquinas de fundición. Contábamos el número de piezas que hacía cada máquina, cronometrábamos cada molde e informábamos de los desechos producidos. Eso se lograba mediante una red de área local enorme que conectaba las máquinas de fundición y varias estaciones de elaboración de informes en la planta con el System/7, que estaba arriba, en la sala de control, desde la que podía verse toda la planta a través de una ventana de observación.

IBM entró tarde en el juego de los miniordenadores. Habían apostado por los *mainframes*. Creo que pensaban que los miniordenadores iban a ser flor de un día. Si es así, se equivocaban. Al final, se dieron cuenta de que DEC y otras empresas de miniordenadores estaban dominando las aplicaciones de control de planta y querían un trozo del pastel, así que idearon el System/7.

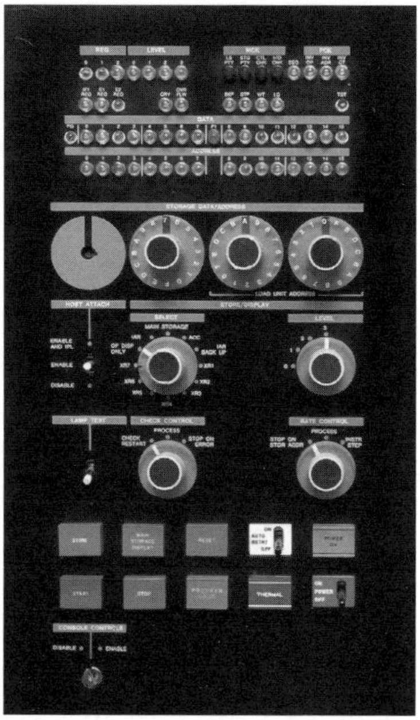

Con un solo vistazo al panel de control, ya se sabía que era un dispositivo IBM. El System/7 tenía una arquitectura de 16 bits. La memoria era de estado sólido en vez de ser de núcleos. Me parece que el nuestro era 8K. Tenía ocho registros y un conjunto de instrucciones basado en registros muy simple (RISC).[3] Tenía un tiempo de ciclo del orden de un microsegundo. Creo que el nuestro tenía una unidad de disco interna pequeña.

También era físicamente grande para la época. Un PDP-8 o un M365 cabían debajo de un escritorio. El System/7 era del tamaño del congelador de un restaurante.

OMC envió a unos cuantos de nosotros al gran edificio de IBM en Chicago, junto a las torres Marina. Allí, durante cinco días, aprendimos el ensamblador System/7. Recuerdo que la clase parecía casi un chiste. El conjunto de instrucciones era trivial para aprender. Cinco días era demasiado tiempo.

En cualquier caso, volvimos con nuestros certificados y ya éramos programadores de System/7 con credenciales. Después de haber pasado un año editando código en terminales de vídeo, de pronto retrocedí al mundo de las tarjetas

3. *Reduced instruction set computer*, ordenador con conjunto de instrucciones reducido. Era lo opuesto a la tendencia de hacer las instrucciones de los ordenadores aún más complicadas. La idea era que una máquina RISC requería menos hardware y, por tanto, podía ser más barata y rápida.

perforadas. El System/7 no tenía compilador nativo. La compilación se hacía en el gran *mainframe* IBM 370 situado en el edificio de TI a casi un kilómetro de la planta, así que tuve que volver a las hojas de codificación y las perforadoras.

El código fuente se guardaba en archivos de disco en el 370. Editábamos esos archivos utilizando el mismo enfoque antiguo de edición de línea que había utilizado en A.S.C. Perforábamos directivas de edición en tarjetas, enviábamos estas tarjetas al 370 y, después, enviábamos trabajos de compilación al 370.

El 370 era un ordenador *mainframe* muy grande que estaba en una sala de ordenadores que nunca llegué a ver. Se trataba de una máquina orientada a lotes que solo podía hacer los trabajos de uno en uno.[4] Nuestros trabajos de edición y compilación esperaban en una cola de lotes, en el disco, durante horas. Una vez que la máquina encontraba tiempo para nuestros trabajos, transmitía el binario por una conexión de red privada al System/7, donde se almacenaba en el disco interno. El listado se enviaba a una impresora remota en la sala de control.

Así pues, los programadores íbamos y veníamos desde la planta al edificio con el ordenador. Perforábamos tarjetas y cargábamos nuestros trabajos en el edificio de TI y, después, regresábamos a la planta y esperábamos a que llegase la compilación. Dependiendo de lo ocupado que estuviese el 370, esa compilación podía llevar una hora o podía llevar un día. Lo cierto es que nunca lo sabíamos a ciencia cierta.

Una vez que llegaba el archivo binario y se almacenaba con seguridad en el disco interno del System/7, podíamos ejecutarlo y probarlo. El panel frontal era nuestro depurador. Tenía un modo de ejecución de paso único y podíamos ver los contenidos de los registros en las luces. Depurábamos, marcábamos nuestros listados y, después, volvíamos al edificio de TI para volver a empezar todo el proceso.

Yo lo odiaba. Odiaba las corbatas. Odiaba la burocracia. Odiaba la ineficiencia.

Odiaba la cultura. Lo odiaba todo tanto que no conseguía obligarme a llegar al trabajo a mi hora ni a tomarme los plazos en serio. Al final, me despidieron (y me lo merecía).

Pero, antes de ese día funesto, me pasaron dos cosas buenas mientras estaba en OMC. En junio de 1975, nació mi primera hija. Y, a principios de 1976, tuve un presentimiento de cuál sería mi futuro como consultor, autor y formador.

4. Bueno, a veces podía hacer dos, pero no de la manera en que usted y yo pensaríamos hoy.

Algunos de los programadores en OMC estaban suscritos a revistas profesionales. Hasta ese momento, ni siquiera sabía que existían publicaciones así. Vi las revistas por la cafetería del edificio de TI y empecé a leerlas.

La mayoría de los artículos eran aburridos, pero uno de los artículos que leí me dejó pasmado. Era un artículo sobre algo llamado "programación estructurada". Devoré el artículo. Entendí el artículo. Fue como si se me cayese la venda de los ojos. GOTO era dañina.

No podía dejar de dar vueltas a esta idea. Estaba escribiendo código en ensamblador System/7, pero los conceptos aún se aplicaban. Las subrutinas eran buenas. Los saltos bruscos entre módulos eran malos. Estaba tan embelesado por este concepto que empecé a escribir sobre él.

¿A quién escribía? A nadie. A mí mismo. No lo sé. Simplemente, escribía. Unas semanas después, me di cuenta de que había escrito una clase de formación de un día sobre programación estructurada, así que la dejé en el escritorio del director de formación en el edificio de TI.

Para disgusto de mi jefe, quien consideraba que debería haber invertido mi tiempo en, bueno, "¿el proyecto para el que me habían contratado?", el director de formación lo organizó todo para que me subiese al avión privado de OMC e impartiese ese curso a un equipo de programación en St. Louis.

Ese fue mi primer viaje de negocios en avión, mi primera vez enseñando a un grupo de programadores y mi primera vez volando en un avión pequeño. ¡Estaba en la cima del mundo!

El viaje fue un éxito. Los programadores a los que formé estaban muy agradecidos. Y mi jefe me dijo que no volviese a hacerlo nunca.

Como he dicho, esa cultura no era para mí.

Sabía desde hacía meses que mi trabajo estaba en peligro. Lo notaba en las miradas que me lanzaba mi jefe y por el tono de su voz cada vez que hablábamos. Por eso empecé a buscar otro empleo.

Llamé a mi amigo Tim y le pregunté si había alguna oportunidad en TAS. Me dijo que había una congelación de las contrataciones[5] en aquel momento, pero que estaban creando una nueva división de la empresa matriz en Northbrook, Illinois, mucho más cerca de mi casa.

5. Quizá algunos lectores recuerden el embargo del petróleo de 1973 y la inflación y las recesiones de los setenta.

Contacté con esa nueva división, a la que habían llamado Teradyne Central, y conseguí una entrevista. Fue bien. Allí había poco personal y estaban en modo empresa emergente. Todos eran ingenieros, todos utilizaban equipos con los que estaba familiarizado y necesitaban programadores desesperadamente.

Querían contratarme; y debería haber aceptado su oferta en ese mismo momento. Pero es bien sabido que los hombres de 23 años no son sabios. Había decidido que necesitaba hacer bien al menos un trabajo. Decidí que iba a hacer que OMC funcionase. Estúpido. Estúpido. Estúpido.

Me quedé ahí hasta que, en el otoño de 1976, me pusieron de patitas en la calle.

1976

Ahí estaba. Sin trabajo. Sin carta de recomendación (¡otra vez!). Y con mi mujer embarazada de siete meses de nuestro segundo hijo.

Llamé a Teradyne Central (TC) y dije que lo había reconsiderado (después de varios meses). Me pidieron que fuese y las cosas iban bien hasta que me preguntaron por qué había dejado OMC. No tenía sentido ocultar lo que había ocurrido, así que se lo conté.

La expresión de sus caras se ensombreció varios tonos. No se esperaban algo así. Me marché sin muchas esperanzas.

Una semana después, me llamaron y dijeron que habían hablado con mi jefe en OMC. Le debo una cerveza a ese hombre. Les contó la verdad: que no encajaba en esa cultura. Les dijo que era inteligente y creativo, pero que odiaba trabajar allí y que, al final, no le había dejado otra opción. Les dijo que era muy probable que una empresa emergente me resultase mucho más motivadora. Por suerte[6] para mí, confiaron en su palabra y me contrataron.

Ese fue el trabajo que hice bien. ¡Vaya si lo hice! Esto era como estar otra vez en TAS. Era pequeño, era enérgico, era creativo. Había agendas apretadas y plazos imposibles. Pero también había tiempo. Tiempo para crear. Tiempo para leer. Tiempo para jugar. No se me ocurre un entorno mejor para que un desarrollador de software joven pueda crecer.

6. "Dios tiene una providencia especial para los tontos, los borrachos y los Estados Unidos de América". Otto von Bismarck.

El producto que vendíamos era un sistema de procesamiento distribuido para medir la calidad del sistema telefónico. Lo llamamos 4-TEL. Las compañías telefónicas estaban divididas en áreas de servicio. En aquella época, cuando alguien llamaba al 611, se le conectaba con la sede de nuestra área de servicio. El área de servicio enviaba a técnicos de reparación para arreglar los fallos en el sistema de telefonía.

Cada área de servicio cubría unas 100.000 líneas telefónicas, divididas en varias oficinas centrales. Cada oficina central gestionaba hasta 10.000 líneas y contaba con el equipo de conmutación que conectaba con los suscriptores individuales. Los cables de cobre salían de la oficina central y cruzaban el paisaje para llegar a cada hogar y negocio individual.

Nuestro sistema colocaba un miniordenador M365 central en el centro de servicio. Se llamaba *Service Area Computer* (SAC, ordenador de área de servicio). El SAC se conectaba mediante línea de módem a ordenadores M365 en cada oficina central. Ese ordenador se llamaba *Central Office Line Tester* (COLT, comprobador de líneas de la oficina central). El COLT estaba conectado a un sistema elaborado de marcación y medida que producíamos nosotros. El COLT podía marcar una línea de teléfono sin hacer que sonase, conectar con esa línea y probar las características electrónicas de CA y CC de esa línea. Al hacerlo, podíamos medir la longitud de la línea, la condición del teléfono en el otro extremo y cualquier fallo que pudiese existir en ese tramo.

El SAC tenía hasta 21 terminales que podían operarse mediante comprobadores. Un comprobador podía probar cualquier línea del área de servicio en segundos y obtener un informe completo de la condición de esa línea, junto con una recomendación sobre qué tipo de técnico de reparación sería adecuado.

Cada noche, el SAC ordenaba a cada COLT comprobar todas y cada una de las líneas en su oficina central. El COLT enviaba de vuelta un informe sobre la condición de esas líneas y el SAC imprimía un informe matutino de fallos. Así, se enviaba a los técnicos a solucionar los problemas antes siquiera de que el cliente descubriese que algo no iba bien.

Para programar este sistema de forma adecuada, tenía que pasar tiempo con ingenieros de software, ingenieros de servicios de campo, ingenieros de instalación y otros ingenieros de software. TC hacía muy pocas distinciones entre los grupos. Todos éramos ingenieros, sin más. Los ingenieros de hardware escribían software. Los ingenieros de software construían hardware. Todos hacíamos servicios de campo e instalación.

Cuando un cliente llamaba con un problema, sonaba una campana grande en el laboratorio. Cualquiera de nosotros cogía el teléfono y atendía la llamada de servicio de campo, hablando directamente con los clientes o con uno de nuestros ingenieros de servicios de campo sobre el terreno.

En resumen, era una empresa emergente; todos hacíamos de todo.

Aprendí a identificar y resolver problemas e instalar sistemas elaborados. Me arrastraba por el suelo de oficinas centrales construidas a principios de siglo. Viajaba de acá para allá a instalaciones urbanas y rurales.

Pero lo que hacía, sobre todo, era escribir código. Montones y montones de código ensamblador M365, del mismo modo que cuando estaba en TAS trabajando con Tim. Pero esta vez había mucho más código. El M365 para el SAC tenía 128K palabras de 18 bits de núcleo. El COLT tenía 8K de núcleo.

Controlar 21 terminales y una o dos docenas de COLT de manera simultánea implicaba que el SAC necesitaba algún tipo de conmutador de tareas de microprocesamiento. El personal de Boston había creado una cosita sencilla llamada MPS,[7] y le dimos mucho más uso del que creo que ellos esperaban.

El MPS era un conmutador de tareas por sondeo no preventivo. El M365 tenía un sistema de interrupción primitivo, pero no lo utilizábamos, sino que organizábamos el software en procesos que esperaban eventos mediante llamadas a subrutinas de comprobación de eventos (ECS, *event-check subroutines*). Un proceso permanecía bloqueado hasta que su ECS devolviese `true`. Si el sistema tenía 50 procesos en ejecución, 49 de ellos estarían bloqueados y uno se ejecutaría. Cuando el proceso en ejecución decidía esperar un evento, su ECS se añadía a la lista de procesos en espera y, después, todos los ECS de la lista se sondeaban en orden de prioridad hasta que uno devolvía `true` y, entonces, se ejecutaba ese proceso.

Cada pulsación en un terminal, cada carácter enviado o recibido en un módem, cada carácter generado como salida en una pantalla era un evento que algún ECS estaba buscando. Teníamos procesos en ejecución por todo ese sistema. Uno para cada terminal, para cada módem, para eventos temporizados, y mucho más. E incluso aunque el M365 solo se ejecutaba a 1 MHz, todo el sistema se ejecutaba como la seda. Sin retrasos. Sin contratiempos. Sin caracteres perdidos. Era un placer contemplarlo (la mayor parte del tiempo).

---

7. Supongo que significaba *multiprocessing* system (sistema de multiprocesamiento).

Yo estaba en el paraíso. Teníamos un sistema muy complicado con muchas partes móviles. No solo tenía que dominar todo el software tras esas partes móviles, sino que necesitaba aprender un montón de teoría electrónica para poder entenderlo todo.

Todos teníamos despachos privados o compartidos, pero, la mayor parte del tiempo, trabajábamos en el laboratorio abierto. En ese laboratorio, había personas escribiendo software, depurando software, soldando piezas a tableros, examinando la electrónica con osciloscopios, montando piezas de prueba en prototipos de circuitos y realizando una plétora de otras actividades relacionadas con la ingeniería. Como gran parte de lo que tenía que hacer implicaba hardware, tuve que aprender acerca del proceso de ingeniería de hardware y las disciplinas asociadas, disciplinas que, al final, me llevarían al software.

CONTROL DE VERSIONES DEL CÓDIGO FUENTE

Había cuatro o cinco de nosotros que éramos, sobre todo, ingenieros de software. Manteníamos el código fuente del SAC y el COLT. Nadie se especializaba. Todo el mundo trabajaba en todo.

Había una cinta fuente maestra para SAC y una cinta fuente maestra para COLT. Ambas cintas estaban subdivididas en varias docenas llamadas módulos. Si quiere, puede imaginar esos módulos como archivos fuente.

Junto al bastidor con las cintas fuente había una mesa en la que estaban los listados maestros para el SAC y el COLT. Estaban en archivadores de tres anillas, y cada uno estaba dividido en módulos mediante pestañas.

Al lado del bastidor y la mesa había un tablón de corcho que estaba dividido en vertical en una columna para el SAC y otra para el COLT. En cada columna estaban los nombres de los módulos correspondientes. Además, en el tablón de corcho había chinchetas de colores. Yo era azul. Ken era blanco. CK[8] era rojo. Russ[9] era amarillo.

Cuando queríamos hacer un cambio en un módulo, poníamos la chincheta de nuestro color en el nombre de ese módulo en el tablón. Después, abríamos el archivador de tres anillas y retirábamos el listado de ese módulo. Marcábamos ese listado como fuese necesario con un bolígrafo rojo. A continuación, cogíamos

8. Mi amigo y socio. Nos pidió que le llamásemos CK porque decía que su nombre era impronunciable para la gente de Chicago. A menudo se reía de la forma en la que yo pronunciaba mi propio nombre, como la O del medio oeste (como un médico que te pide que digas AHHHH). Más tarde, se cambió el nombre por Kris Iyer.

9. Russ era el director ejecutivo. En aquella época, escribía mucho código.

la cinta fuente maestra y hacíamos una copia de ella que funcionase. Editábamos solo nuestro módulo en esa copia, de la misma manera en la que lo hacíamos en TAS. Luego, compilábamos y probábamos, también como hacíamos en TAS. Cuando estábamos satisfechos con el funcionamiento de los cambios, cogíamos la cinta fuente maestra y la copiábamos en una nueva cinta fuente maestra, sustituyendo solo nuestro módulo. Después, borrábamos la antigua maestra y poníamos la nueva en el bastidor, reemplazábamos el listado con el nuevo listado para nuestro módulo y, a continuación, quitábamos la chincheta del tablón.

Y si se cree que de verdad hacíamos eso... ¡ay, alma de cántaro! Sí, vale, esa era la teoría. Y la seguíamos muchas/algunas veces. Pero nos conocíamos bien. Todos sabíamos en qué estaban trabajando los demás. Y todos estábamos en el mismo laboratorio la mayor parte del tiempo, así que, por lo general, simplemente avisábamos a gritos de que íbamos a trabajar en un módulo concreto. De algún modo, eso funcionaba (casi siempre).

1978

El M365 era una máquina grande que utilizaba memoria de núcleos. Era del tamaño de dos microondas. Requería mucha potencia. Tenía unidades de cinta. No estaba pensado para el entorno industrial puntilloso de una oficina central. Cuantos más de ellos enviábamos, más crecía la carga del servicio de campo. Necesitábamos una solución mejor. Los microordenadores de un solo chip eran nuevos. Intel había creado el 4004 de 4 bits en 1971, el 8008 de 8 bits en 1972, el 8080 de 8 bits, que era mucho mejor, en 1974, y el 8085, mejor aún, en 1976. Ese fue el que elegimos.

El plan era sustituir por completo el M365 COLT por un 8085 COLT. Los chicos de hardware construyeron la placa del procesador, las placas RAM de estado sólido, y las placas ROM. CK y yo nos ocupamos de traducir el código del M365 COLT a ensamblador para el 8085.

El ensamblador se ejecutaba en el M365, así que podíamos utilizar el mismo procedimiento de edición/compilación que utilizábamos para la programación del M365 regular. Teníamos una placa de circuito montada de aquellas maneras que nos permitía transferir los binarios del 8085 desde el M365 a la RAM de nuestro prototipo del 8085.

Traducir programas en lenguaje ensamblador escrito para un ordenador de un solo acumulador orientado a palabras de 18 bits al lenguaje ensamblador de un ordenador de 8 bits direccionado por bytes con varios registros era un desafío interesante, pero lo resolvimos enseguida. Creo que el proyecto entero se completó en seis meses. Incluso conseguimos que todo se ejecutase en memoria de solo lectura.

Al final, teníamos 32K de ROM y 32K de RAM apiñados en una cajita diminuta cinco veces más pequeña que el M365 COLT original. Sin unidades de cinta, con una potencia mínima, sellada herméticamente en un contenedor industrial montado en un bastidor a prueba de balas. Perfecto.

Salvo por una cosita. El programa era un monolito. Cualquier cambio pequeño en cualquier módulo hacía que todas las direcciones dentro del programa cambiasen y nos obligaban a volver a grabar y distribuir 32K de ROM. Como los chips de ROM eran de 1K cada uno, teníamos que grabar 32 chips. Eso era una pesadilla para la gente de servicio de campo y era carísimo en lo relativo a las piezas.

Mi jefe, Ken, dio con la solución. Vectores. Creábamos tablas vectoriales en RAM que apuntaban a todas las subrutinas en ROM. Nos asegurábamos de que todas las llamadas a esas subrutinas pasaban por esos vectores de RAM. Después, escribíamos un pequeño proceso de arranque que cargaba esas direcciones de subrutinas en RAM al inicio. Chupado.

Tardé tres meses en implementar eso. Fue mucho más complicado de lo que cualquiera de nosotros esperaba. Tuve que dividir en categorías todas las subrutinas, dimensionarlas todas, idear una ordenación que hiciese caber esas subrutinas en chips de 1K de ROM y asegurarme de que se llamaba correctamente a todas las subrutinas. Por extraño que parezca, lo que implementamos fue un presagio de los objetos. Cada chip de ROM tenía ahora su propia tabla virtual y todas las llamadas eran indirectas a través de esas tablas. Eso nos permitía modificar, compilar e implementar cada chip de manera independiente respecto a todos los demás.

1979

En aquel momento, teníamos muchos más programadores y una base mucho más grande instalada, y los clientes estaban exigiendo muchas más características. El cuello de botella en todo esto era el M365 y el proceso aburrido e ineficiente de edición/compilación que debíamos seguir. Era hora de hacernos con un ordenador mejor y más grande. Era hora del PDP-11.

Compramos un PDP-11/60 con dos unidades de disco extraíble RK07, una impresora, dos unidades de cinta para copias de seguridad y distribución de software y 16 puertos RS-232. Los RK07 eran discos extraíbles de 25 MB, pero nunca los extraíamos, sino que utilizábamos los 50 MB como nuestro almacenamiento principal.

Puede que no parezca mucho espacio, pero, en aquella época, era casi infinito. Recuerdo el día en que pedimos el sistema. Iba por los pasillos de Teradyne Central, riéndome a carcajadas como la Malvada Bruja del Oeste, gritando: "¡CINCUENTA MEGABYTES! ¡MUAJAJAJAJAJA!".

También pedimos varios terminales VT100. Pedí al encargado de mantenimiento que preparase una habitación pequeña con seis estaciones de trabajo, con una bonita decoración de imágenes del espacio, y colocamos ahí los VT100. Nuestro director ejecutivo nos dijo: "Los programadores no tendrán VT100 en sus escritorios". Se puede imaginar cuánto duró esa regla.

Los manuales llegaron antes que la máquina, me los llevé a casa y los devoré durante un puente. Aprendí acerca del sistema operativo RSX-11M, el editor, el ensamblador y el lenguaje de comandos DCL. Para cuando llegó la máquina, estaba preparado.

Preparamos una sala de ordenadores para la máquina y nos aseguramos de que la puerta tenía un cierre con combinación. Esa máquina era mía y nadie podía entrar en la sala sin mi aprobación. Sí, era esa clase de tío. Pero, créame, nadie más quería ese trabajo.

Poner la máquina a punto para funcionar fue una tarea considerable. Venía con un terminal DECwriter, que permanecía en la sala de ordenadores como consola principal. También incluía una cinta que contenía una versión mínima del sistema operativo RSX-11M.

Así pues, cargué el sistema operativo desde la cinta y puse en marcha el sistema mínimo. Ese sistema no sabía nada sobre los discos o los puertos RS-232. Solo conocía las cintas. Para configurar el sistema operativo para los RK07 y los puertos RS-232, había que volver a compilar y algunos archivos fuente esenciales debían modificarse.

Empecé este proceso un viernes. Terminó la última compilación y mi sistema tuvo todo listo para ejecutarse de manera adecuada en algún momento del sábado por la mañana. Fue una sesión larga, pero, al final, todos los VT100 estaban en marcha en nuestra sala de estaciones de trabajo; el mío, en el escritorio de mi despacho, también estaba funcionando bien.

Teradyne en Boston también tenía algunos PDP-11 y nos enviaron un ensamblador cruzado para el M365. Montamos una línea RS-232 especial a un M365 real para poder descargar binarios desde el 11/60. Así, el desarrollo del M365 realizó una transición gradual hacia el 11/60.

Encontré un ensamblador 8085 de Boston Systems Office (BSO). Lo utilizamos para compilar el código para el 8085 COLT. Así pues, el desarrollo del 8085 también realizó la transición.

Conseguí una cinta magnética del grupo de usuarios de DECUS que tenía todo tipo de programas geniales. Uno de ellos era un verdadero editor de pantalla llamado KED, que nos permitía editar archivos fuente en la pantalla VT100 sin preocuparnos por las páginas o por teclear comandos molestos. Se parecía un poco a vi.

El 11/60 era una máquina robusta. Tenía 256K bytes y un tiempo de instrucción de 1 µs. Los cálculos con coma fija y flotante eran muy rápidos. Soportaba con facilidad las seis estaciones de trabajo al mismo tiempo. (Siete si contamos la de mi despacho, pero, por lo general, trabajaba en la sala de estaciones de trabajo).

Sin embargo, el compilador de BSO para el 8085 acaparaba una cantidad terrible de memoria. Solo podíamos tener dos de ellos ejecutándose en un momento dado y, entonces, todos los terminales se ralentizaban mucho, así que escribí un pequeño *script* que ponía en cola las solicitudes para ese compilador y las ejecutaba en un solo archivo. Era frustrante, porque había que esperar quizá entre tres y cinco minutos para que empezase la compilación, pero, aun así, era mucho mejor que utilizar M365 para compilar todo.

Encontré un programa simple de correo electrónico para el PDP-11. Solo servía para dentro de la oficina, ya que no teníamos una conexión de red saliente. No obstante, permitía a todos los programadores y, más tarde, a todas las personas con una cuenta en el PDP-11, comunicarse por correo electrónico. Aquello era una experiencia nueva para todo el mundo, incluido yo.

REFERENCIAS

- Knuth, D. *The Art of Computer Programming, Vol. 1: Fundamental Algorithms*. Addison-Wesley, 1968. (Traducción al español: *El arte de programar ordenadores, Vol. 1: Algoritmos fundamentales*. Editorial Reverté, 2010).

13

Los ochenta

Los *baby boomers* ya habían superado la treintena y se acercaban a la cúspide de su poder. Los *yuppies* habían madurado. Era la época de la campaña política "*Morning in America*". Y las cosas estaban mejorando prácticamente en todas partes. Parecía como si nada pudiese salir mal. La ley de Moore estaba plenamente vigente. Internet crecía. A finales de la década, nacería la web, caería el muro de Berlín, acabaría la Guerra Fría y la amenaza del holocausto nuclear que había persistido tanto tiempo se desvanecería como una pesadilla que apenas se recordaba.

1980

Teradyne Central había tenido mucho éxito con la venta del sistema 4-TEL a General Telephone y United Telephone. Se trataba de contratos de muchos millones de dólares y permitieron a nuestra empresa crecer y expandirse. Pero no habíamos conseguido introducirnos en la red de telefonía más grande de todas: Bell.

Bell Telephone tenía su propio sistema de comprobación de líneas al que habían bautizado como *Mechanized Line Tester* (MLT, comprobador de líneas mecanizado). Nosotros queríamos vender nuestros COLT o SAC en áreas de servicio de Bell, así que negociamos varias sesiones de ingeniería con Bell.

Quizá se pregunte por qué Bell nos dedicaría siquiera algo de su tiempo, pero, en aquel momento, estaba envuelta en una gran batalla antimonopolio, así que tenía que dar la impresión de no tener el monopolio tanto como parecía.

En cualquier caso, mi jefe y yo viajamos a Nueva Jersey para hablar con los ingenieros del MLT. La charla no llegó muy lejos, pero hubo un momento muy especial. Le pregunté a uno de los ingenieros qué lenguaje utilizaban para programar el sistema MLT. Ese ingeniero me miró con condescendencia y dijo: "C".

Yo nunca había oído hablar de C y me picó la curiosidad, así que investigué y encontré una copia de *El lenguaje de programación C* de Kernighan y Ritchie (K&R) en una librería Kroch's and Brentano's cercana y empecé a leer. En solo unos días, me convenció por completo. ¡Debíamos hacernos con un compilador C para el PDP-11!

Encontré uno vendido por Whitesmith's, una empresa fundada por P. J. Plauger. ¡Podía compilar hasta el PDP-11, pero también al 8085! Lo puse a funcionar en el PDP-11 y empecé a escribir programas en C solo para jugar. Los programas en C se ejecutaban bien en el 11, pero conseguir ejecutarlos en el 8085 era un poco más difícil.

La biblioteca de C espera dispositivos de E/S, incluso si solo vamos a ejecutar "helloworld.c", así que tuve que escribir un subsistema E/S para el 8085. Era muy primitivo, pero funcionaba suficientemente bien y, con eso, logré que los programas en C se ejecutasen en nuestro sistema 8085.

Conseguí una copia de *Software Tools* de Kernighan y Plauger. En este libro, mostraban cómo convertir FORTRAN en un lenguaje similar a C llamado ratfor. También explicaban cómo crear muchas de las herramientas estándar de Unix en ratfor, herramientas como `ls`, `cat`, `cp`, `tr`, `grep` y `roff`.

Recordé que había visto un directorio de herramientas de software en una de las cintas de DECUS, así que la cargué y ejecuté toda la *suite*. Ahora teníamos comandos similares a Unix ejecutándose en el 11. Enseguida me convertí en un fanático de roff y durante los años siguientes escribí todos mis documentos utilizando ese maravilloso lenguaje de marcado.

Me encantaba el sistema MPS en el M365, y pensaba que deberíamos tener algo como eso para el 8085, así que escribí, en C (en su mayor parte), un clon de MPS y lo hice funcionar en el 8085. Lo llamé *Basic Operating System and Scheduler* (BOSS)[1]. Esto preparó el terreno para varios proyectos importantes que llegarían después.

---

1. En la oficina empezaron a llamarlo *Bob's Only Successful Software* (el único software con éxito de Bob).

Me había convertido en defensor de C. Predicaba sobre C en todos los lugares de la empresa a los que iba. Pero esto era un negocio de lenguaje ensamblador y la reacción más común a mi entusiasmo era: "C es demasiado lento". Estaba dispuesto a contrarrestar ese tópico con proyectos en funcionamiento, y no tuve que esperar mucho.

Me suscribí por primera vez a una revista de software en 1980: *Dr. Dobb's Journal of Computer Calisthenics & Orthodontia*. La leía religiosamente y me quedé atónito al ver, en el número de mayo de 1980, el código fuente completo del compilador Small-C de Ron Cain.

ADMINISTRADOR DE SISTEMAS

Seguí siendo el administrador de sistemas *de facto* del PDP-11. Era el tipo al que acudir si algo salía mal, el que se aseguraba de que se hacían copias de seguridad progresivas cada noche y copias completas cada semana, el que desfragmentaba los discos una vez al mes y el que se aseguraba de que estaba ejecutándose en ese sistema el software y las herramientas correctos.

Configuré unas líneas de módem para poder marcar y comprobar las cosas. Llevé a casa un VT100 y módem acoplado acústicamente para poder ocuparme del mantenimiento del sistema los fines de semana. En las ocasiones en las que debía viajar a las instalaciones de un cliente durante más de un par de días, enviaba un VT100 y un módem mediante transporte aéreo y los montaba en mi habitación del hotel.

Tenía que estar conectado.

LA PCCU

Las compañías telefónicas estaban pasando por una revolución digital, motivada por los costes del cobre. El cobre es un metal precioso y las compañías telefónicas tenían mucho cobre enterrado bajo el suelo o colgando en postes de teléfono y querían recuperar ese metal.

Por tanto, empezaron a sustituir en sus oficinas centrales los antiguos conmutadores que operaban con relés por conmutadores digitales. Un conmutador digital codifica una conversación telefónica y la multiplexa en un cable coaxial. Ese cable recorría varios kilómetros hasta un vecindario donde la unidad receptora desmultiplexaba otra vez las conversaciones a cables de cobre mucho más cortos que llegaban a los hogares y negocios a los que servían.

Como podrá imaginar, eso era poner palos en las ruedas de nuestra arquitectura SAC/COLT. La marcación todavía debía hacerse en la oficina central donde estaba el conmutador, pero la medición debía hacerse en la unidad receptora donde estaban los cables de cobre. Entonces, se nos ocurrió la idea de la *COLT Control Unit* (CCU, unidad de control del COLT), que hablaría con el conmutador en la oficina central, y la *COLT Measurement Unit* (CMU, unidad de medición del COLT), que estaría ubicada en cada unidad receptora. La CCU hablaría con las CMU utilizando módems.

Esto suponía un cambio arquitectónico importante en el sistema 4-TEL y era algo que habíamos prometido a los clientes que haríamos. Pero nuestros clientes no estaban manteniendo su plan original para la implementación y nosotros no nos sentíamos especialmente presionados para invertir nuestros recursos en ello.

Pero, entonces, un cliente pequeño instaló un conmutador digital y nos pidió que, por favor, entregásemos una CCU/CMU lo antes posible.

Mi jefe me lo dijo y me entró el pánico. Dije que aún faltaba al menos un año para que la CCU/CMU estuviese lista. Pero él me sonrió y, levantando las cejas dos veces (como solía hacer), dijo: "Ah, pero es que este es un caso especial".

El caso especial era que el cliente solo tenía dos receptores y nosotros podíamos determinar qué receptor utilizar basándonos en un dígito del número de teléfono. Mejor aún, los receptores eran en realidad oficinas centrales satélite que contaban con equipos de conmutación, así que la marcación se haría en el receptor en vez de en la oficina central principal. Por tanto, lo único que necesitábamos era un dispositivo nuevo en la oficina central para recibir comandos del SAC y todo lo que teníamos que hacer era mirar el número de teléfono y, después, dirigir esos comandos al COLT adecuado en la oficina central satélite. Chupado.

Llamamos a este dispositivo pCCU. Lo escribí todo en C, con BOSS, y lo tuve en marcha en solo unos días. Se lo enviamos al cliente y... ¡listo!

En los estimulantes días de 1980, empecé a leer muchos libros sobre software. Aquella librería Kroch's and Brentano's tenía una sección de informática cada vez más grande que visitaba dos veces por semana. Leí *Queuing Theory*, *Algoritmos fundamentales*, *Structured Analysis and System Specification*, y muchos otros. Estos libros sacudieron mi mundo.

1981

La DLU/DRU

Uno de nuestros clientes en Texas tenía una sola área de servicio que era muy grande desde el punto de vista geográfico. Texas; qué puedo decir. Era tan grande que debían tener dos centros de reparación, uno en Baytown y otro en San Angelo. El SAC estaba en San Angelo, y necesitaban alguna manera de llevar algunos de nuestros terminales del SAC a Baytown.

Los terminales del SAC estaban hechos a medida. Utilizaban una conexión en serie propietaria de muy alta velocidad. No había forma de conectarlos a módems, así que nuestra solución fue crear dos dispositivos que se conectasen mediante una línea de módem de 9600 bps. La *Display Local Unit* (DLU, unidad local de visualización) se conectaba al SAC en San Angelo. La *Display Remote Unit* (DRU, unidad remota de visualización) se enchufaba a un bastidor en Baytown, y nuestros terminales se conectarían a su puerto serie de alta velocidad. Tanto la DLU como la DRU serían 8085.

Tuvimos que crear terminales virtuales en el SAC; lo hice yo. Conocía el antiguo código del M365 SAC como la palma de mi mano. También diseñé y escribí el software de la DLU utilizando C y BOSS.

El diseño de la DLU era un sistema consumidor-productor de flujo de datos típico. Un proceso escuchaba al SAC y preparaba paquetes para enviar a la DRU. Otro proceso extraía esos paquetes de la cola y los transmitía por la línea de módem de 9.600 bps. Había algunos procesos más en ejecución para ocuparse de diversas cuestiones.

La DRU la diseñó y escribió mi protegido, Mike Carew. Mike era brillante, tenaz y terco como una mula. Solíamos jugar juntos a Dragones y mazmorras, y él siempre era el guerrero grande y fornido.[2] Su solución para el diseño de la DRU fue escribir el flujo de caracteres completo desde los módems a los terminales en un único proceso y, después, replicar ese proceso para cada terminal.

Así pues, mientras que yo tenía varios procesos pequeños y muy diferentes ejecutándose en paralelo y pasándose datos de unos a otros en colas, él tenía un proceso grande replicado para cada terminal. Los dos debatíamos sin parar acerca de estos enfoques distintos. En una ocasión, estábamos con un grupo de desarrolladores, enseñándoles acerca de los diseños internos de la DLU y la DRU, y continuamos el debate delante de los alumnos. Por supuesto, fue muy divertido.

2. Su personaje se llamaba Stilgar.

Y, por supuesto, pese a las diferencias ideológicas en los diseños, el sistema funcionaba muy bien. El cliente y la empresa estaban satisfechos.

Los cuatro años de proyectos anteriores fueron una especie de revelación para mí. Estaba empezando a entender qué eran los principios del diseño de software. La vectorización inicial de los chips ROM del 8085 me planteó la idea de la capacidad para desarrollar e implementar de manera independiente. La pCCU y, más tarde, la DLU/DRU me hizo pensar en los distintos modos de procesos cooperantes. Y, por supuesto, el lenguaje C fue un lubricante significativo para esas ideas.

Esas ideas estaban a punto de unirse en un proyecto masivo que me consumiría durante varios años.

La empresa estaba creciendo y las oficinas que teníamos en Northbrook se habían quedado pequeñas. Era hora de construir nuestro propio edificio. Se hicieron plantas, se contrataron arquitectos y comenzó la construcción. Mientras tanto, nos trasladamos a unas instalaciones temporales en Wolf Road, en Wheeling, a solo unos kilómetros. Estuvimos allí un año.

Aprovechamos la oportunidad de la mudanza para cambiar el PDP-11/60 por un VAX 750. El VAX era una máquina mucho más rápida y potente. Tenía un megabyte de RAM y un tiempo de ciclo de 320 ns. ¡Era una bestia!

Lo instalamos en la sala de ordenadores y lo conectamos todo.

Ejecutar VMS era mucho mejor que ejecutar RSX 11-M. Todos nuestros compiladores y herramientas todavía funcionaban en modo PDP-11. Nuestras dificultades con el ensamblador de BSO se disiparon porque teníamos memoria de sobra y una máquina más rápida. ¡La vida era maravillosa!

El Apple II

Mientras tanto, apareció algo nuevo en la oficina de nuestro director financiero. Ahí, en su escritorio, había un Apple II, que utilizaba para ejecutar VisiCalc, la primera aplicación de hoja de cálculo.

Esa fue la primera vez que vi un ordenador personal empleado en un entorno empresarial. También fue la primera vez que vi un ordenador en el escritorio de una persona. Estaba convencido de que habría un ordenador en mi escritorio en un futuro cercano, pero no estaba seguro de cómo iba a justificarlo.

En los dos años siguientes, fueron apareciendo más y más Apple II en la oficina, pero siempre estaban en las mesas de la gente de negocios.

Contables, directores de ventas, directores de marketing... Todos ellos necesitaban poder utilizar hojas de cálculo. Todos tenían ordenadores. Me daban envidia.

Productos nuevos

Las empresas que están creciendo necesitan productos nuevos. El director ejecutivo reunió a algunos de nosotros y nos dijo que pensásemos en qué nuevos productos podríamos producir y vender. Ahí estábamos, justo en medio de la revolución informática y la revolución de la telefonía. Las oportunidades eran ilimitadas. Mi jefe, Ken Finder, mi colega Jerry Fitzpatrick y yo fuimos elegidos para determinar una nueva dirección.

Para empezar, teníamos que espabilarnos con un montón de tecnologías, así que era hora de jugar. Dedicamos más o menos un año a crear prototipos de tecnologías de voz y a enredar con las nuevas unidades de disco ST-506 de 5,25 pulgadas y 5 MB de Seagate.

En un momento dado, pensamos en utilizar generadores de fonemas. Jerry montó de forma experimental un sencillo generador de fonemas y una interfaz telefónica y yo hice un programa en C 8085 que tomaba una frase del teclado, la descomponía en palabras, buscaba los fonemas para esa palabra y los enviaba al generador. También podía marcar un teléfono.

El 8085 extraía la biblioteca de fonemas del VAX utilizando un puerto serie y la cargaba en un árbol binario en RAM. Esa fue la primera vez que escribí un recorrido recursivo en árbol binario y me entusiasmó.

Una vez que estuvo listo, utilizamos el sistema para llamar a personas de la oficina y hacerles una serie de preguntas, como: "¿Quién fue el primer presidente de Estados Unidos?". La voz de los fonemas era muy robótica, pero, según nuestras investigaciones, era comprensible. Sin embargo, al final, optamos por una tecnología muy diferente.

Mientras tanto, yo era el administrador de sistema del VAX 750 y nos estábamos expandiendo con rapidez más allá de sus capacidades, así que planeé que en el edificio nuevo se instalase un VAX 780.

Cuando nos estábamos preparando para la mudanza, Ken, Jerry y yo concretamos nuestra visión para el nuevo producto. En el otoño de 1981, propusimos ese producto nuevo: el recepcionista electrónico (*Electronic Receptionist*, E. R.), el primer buzón de voz y sistema de gestión de llamadas digital del mundo.

1982

¿Se ha fijado en que hoy en día, cuando llama a una empresa, responde un ordenador que lee un montón de avisos legales e instrucciones molestos, como: "Si desea hablar con un médico, pulse 1; si desea concertar una nueva cita, pulse 2; si desea presentar una reclamación, pulse 3..."? No me eche la culpa de esos sistemas. Eso no es lo que quería que hiciese el E. R. Lo que quería es que el E. R. fuese un operador de teléfono tradicional a la antigua que pudiese conectarle con la persona que quisiese, sin importar dónde estuviese esa persona.

Cuando llamaba a una empresa con un E. R., este simplemente le pedía que deletrease[3] el nombre de la persona que quisiese utilizando los botones de su teléfono.[4] Después, le conectaba con esa persona, quien ya le habría dicho al E. R. en qué número de teléfono podía localizarla, y el E. R. transfería la llamada a ese número. Si el destinatario de la llamada no respondía, el E. R. recogía el mensaje y lo entregaba más tarde.

Recuerde, esto ocurrió mucho antes de la llegada de los teléfonos móviles, así que encontrar a personas que estuviesen lejos del teléfono de su escritorio era, a menudo, imposible. Con el E. R., solo había que decirle en qué teléfono se le podía localizar. De hecho, se le podían dar varias opciones e iría probando en todas.

Solicitamos una patente y tuvimos la primera solicitud de patente de un buzón de voz en EE. UU.

Ahora teníamos mucho que hacer. Había que diseñar, depurar y preparar para producción todo el hardware. Había que diseñar y escribir todo el software. Y necesitábamos un entorno de desarrollo.

Uno de nuestros mejores ingenieros, Ernie, diseñó y construyó una nueva placa de ordenador basada en el chip 80286 de 16 bits de Intel. Era un monstruo comparado con el 8085. La llamamos "Deep Thought"[5] (Pensamiento profundo). Iba a ser el ordenador principal para el E. R.

Lo equipamos con 256K de RAM y una unidad de disco Seagate ST-412 de 5,25 pulgadas y 10 MB.

---

3. ¿Recuerda la predicción de John Kemeny?
4. ... prácticamente como había vaticinado Kemeny.
5. Cómo no. Todos éramos fans de la *Guía del autoestopista galáctico*.

En aquel entonces, no había muchos sistemas operativos pequeños disponibles. El CP/M de Digital Research existía desde hacía unos años, pero necesitábamos algo con un poco más de capacidad. Su variante MP/M-86 era muy nueva, pero la probamos y parecía funcionar.

Conseguimos un ensamblador y un compilador C para el VAX 780 y armamos un entorno de desarrollo utilizando algunas de las placas estándar. Empezamos a escribir código prototipo para el E. R.

El hardware de voz y telefonía estaba controlado por un Intel 80186 que compartía memoria con Pensamiento profundo. El 80186 tenía una conexión especial a varias placas de voz/telefonía diseñadas por Jerry Fitzpatrick. Llamamos a esas placas "Deep Voice" (Voz profunda). La tecnología del audio era CVSD[6] de un solo bit. Eso nos permitía albergar cinco minutos de voz por megabyte.

Para la depuración, creé un pequeño intérprete similar a Forth que se ejecutaría en Deep Voice. Podíamos utilizarlo para hacer que la placa reprodujese determinados sonidos o archivos de voz y para responder a tonos de marcación por pulsos y otros eventos. El sistema Forth no se utilizaba en producción, pero siempre estaba ahí si necesitábamos resolver algún problema.

Necesitamos otro año y otra mudanza, pero, al final, todo cabía en un armazón del tamaño de un microondas grande y tenía un par de disqueteras de 5,25 pulgadas para la carga inicial y un RS-232 para una consola.

Xerox Star

Mientras tanto, nuestra empresa empezó a comprar nuevas estaciones de procesamiento de texto para nuestros escritores técnicos. El Xerox Star era una máquina increíble. Tenía una pantalla gráfica en blanco y negro con mapa de bits que podía representar una página entera de 21,59 por 27,94 centímetros en distintas fuentes. El cursor se controlaba mediante un panel táctil llamado "cat" (gato). Los archivos se almacenaban en disquetes de 8,5 pulgadas y se mostraban en una pantalla utilizando la metáfora de la "carpeta", algo muy similar a lo que vemos hoy.

Me fascinaba y empecé a investigar las ideas que había tras ese sistema. Aprendí acerca de ventanas, iconos, dispositivos de ratón y mucho más.

6. *Continuously variable slope delta modulation*, modulación delta de pendiente continuamente variable. Una manera muy eficiente en aquella época de codificar voz de manera digital.

1983

Justo cuando empezábamos con los detalles del E. R., Apple anunció el Macintosh 128K. Fui a una tienda de informática cercana (las Apple Store aún tardarían años en llegar) y vi uno en funcionamiento. Pude sentarme y enredar con él una hora, más o menos, e inicié MacPaint y MacWrite. ¡Me conquistó! No tardamos en tener uno en el laboratorio. Antes de acabar el año, me había comprado[7] uno para mí.

Mientras tanto, empezamos a trabajar en las entrañas del software del E. R. ¡Madre mía, cuánto nos divertimos! Lo creamos todo desde cero. Escribimos todo el software de procesamiento de voz, todo el software del buzón de voz, todo el software de gestión de archivos. Esta fue mi primera incursión significativa en el análisis estructurado y el diseño estructurado. Seguimos toda la disciplina y nos pareció que funcionaba bastante bien. No utilizamos un proceso de cascada; era más bien una metodología Kanban no regulada. Simplemente, conseguimos que las cosas funcionasen en una especie de orden racional.

Aprendí acerca de las expresiones regulares, la filosofía Unix, los principios de diseño y muchas otras cosas. Y todo aquello que estaba aprendiendo podía aplicarlo. Era electrizante.

Teníamos un E. R. funcionando en nuestra oficina y lo utilizábamos todos los días. Funcionaba muy bien. Instalamos unos cuantos E. R. aquí y allá para hacer pruebas e intentamos desesperadamente vender los dispositivos a varias empresas. Había mucho interés, pero nadie compraba. Era un producto nuevo en un mercado nuevo y nos quedamos sin pista para despegar.

Al final, la empresa canceló el proyecto y la solicitud de la patente. La patente se concedió a VMX un año después, más o menos. Y ahora hay puñeteras máquinas como el E. R. por todas partes, cabreando a todo el mundo. Quizá sea lo mejor, por mi propia paz mental, que no sean en realidad E. R, así que no me culpe a mí.

Dentro del Macintosh

En casa, compré el compilador Aztec-C para el Mac. También me hice con una copia de *Inside Macintosh*. Esa fue mi primera exposición a un marco grande y una GUI. El tamaño del libro era abrumador. La cantidad de cosas que habría que aprender era sobrecogedora. Pero la aprendí. Llegué a ser bastante bueno escribiendo programas en C en el pequeño Mac de mi casa.

7. 3.600 dólares. ¡Uf!

BBS

Los ordenadores personales estaban apareciendo por todas partes, así como los servicios de tablón de anuncios (BBS, *Bulletin Board Services*). Estos eran ordenadores pequeños en los sótanos de la gente que se conectaba a un módem de respuesta automática. Si tenía un módem, podía marcar en un BBS, recibir noticias, compartir opiniones y descargar software.

Las descargas requerían un protocolo llamado XMODEM, que no era más que un sencillo protocolo ack/nak con una simple suma de comprobación, pero funcionaba aceptablemente bien. El Mac tenía un emulador de terminal, pero no utilizaba XMODEM para descargas, así que inicié mi compilador C y escribí un pequeño *plugin* para poder cargar y descargar binarios.

Una de las primeras cosas que subí fue mi programa Wator,[8] un simulador gráfico de tiburones y peces en una relación depredador-presa. Lo subí en binario, pero incluía el código fuente y un montón de documentación. Era un tutorial sobre cómo crear programas de GUI en el Mac. Se lo descargaron muchas personas. Mi nombre empezó a sonar.

C en Teradyne

Más o menos en aquella época, los programadores de Teradyne decidieron que C iba a ser el lenguaje estándar. La preferencia por el ensamblador había quedado atrás hacía tiempo. Por tanto, contratamos a un experto en C para que viniese a impartir un curso de una semana para todo el mundo.

1984-1986: VRS

Incluso aunque abandonamos el E. R. como producto, todavía teníamos una tecnología de voz y teníamos un mercado existente en el que venderla: las compañías telefónicas. Así, se nos ocurrió una nueva idea: el *Voice Response System* (VRS,[9] sistema de respuesta de voz).

8. Wa-Tor (*Water Torus*, toro de agua), A. K. Dewdney, *Computer Recreations*, *Scientific American*, diciembre de 1984.

9. Este nombre se eligió en un concurso entre los ingenieros. Entre los candidatos estaban *Teradyne Interactive Test System* (sistema de pruebas interactivo de Teradyne) y Sam Carp (que eran las siglas de "*still another manifestation of capitalist avarice repressing the proletariat*", otra manifestación más de la avaricia capitalista reprimiendo al proletariado).

Si una ardilla mordía una línea de teléfono, el 4-TEL lo detectaba en el escaneo nocturno de todas las líneas. Por la mañana, se enviaba a un artesano[10] para la reparación. Ese técnico llamaba a un ingeniero de pruebas al centro de servicios y le pedía que comprobase la línea. Los resultados de esa prueba mostraban que la línea estaba rota y, al medir la capacitancia de la línea, hacía una estimación de dónde estaba la rotura. Esa estimación era precisa, con margen de error de unos trescientos metros.

El artesano se desplazaba a la zona aproximada, subía a un poste y llamaba a un ingeniero de pruebas otra vez para solicitar una "localización de la avería". Eso era un procedimiento que proporcionaba el 4-TEL. El ingeniero de pruebas pedía al 4-TEL que ejecutase el procedimiento. El 4-TEL daba instrucciones al ingeniero de pruebas como "Abrir la línea", "Cortar la línea" o "Conectar a tierra la línea". El ingeniero de pruebas transmitía esas instrucciones al artesano del poste. El artesano informaba cuándo se completaba la instrucción y el ingeniero de pruebas pasaba al siguiente paso del procedimiento. Al final, el 4-TEL podía indicar al artesano, con bastante precisión, la distancia, en pies, a la avería.

Como podrá imaginar, esto era de gran ayuda para el artesano. En vez de tener que recorrer cientos de metros de línea intentando encontrar el mordisco de la ardilla, 4-TEL le daba una distancia de entre 3 y 6 metros. Por otro parte, no era nada divertido para el ingeniero de pruebas, que tenía que sentarse al teléfono con el artesano, esperando sin más para pulsar el siguiente botón y transmitir las instrucciones.

El VRS permitía al artesano del poste interactuar con la localización de averías 4-TEL utilizando comandos de tonos de marcación por pulsos y salida de voz. No hacía falta involucrar al ingeniero de pruebas. Además, nuestra tecnología de buzón de voz se utilizaba para poner en colas órdenes de envío para los técnicos de reparaciones. La persona encargada de enviar a los técnicos podía cargar el trabajo de estos para ese día en mensajes de voz y el artesano podía responder con resultados utilizando un buzón de voz similar.

Todo ese software maravilloso del E. R. se reaplicó sin más a un producto que ya estábamos vendiendo. Supuso un valor añadido importante.

10. A los técnicos se les llamaba "artesanos" según la nomenclatura utilizada por las compañías telefónicas en aquella época.

Core War

En casa, mi éxito con Wator me llevó a crear una carga mejor y más grande. Era una implementación del juego Core War[11] de A. K. Dewdney. Incluía una representación gráfica de programas enfrentados, un ensamblador para los programas y algunos efectos visuales y sonoros bastante alucinantes (para la época). Subí los binarios, el código fuente y una documentación enorme a CompuServe. Muchas personas lo descargaron. Mi nombre sonaba con más fuerza.

1986

Durante un periodo de calma en la actividad de producción, empecé a leer *Smalltalk-80*, de Adele Goldberg y David Robson. Estaba fascinado por ese lenguaje. Resultó que Apple tenía una versión de Smalltalk[12] para el Macintosh. Conseguí hacerme con ella y la hice funcionar en mi Mac. Escribí varios programas pequeños en Smalltalk, y las ruedas de mi mente empezaron a girar.

Craft Dispatch System (CDS)

A nuestros clientes les gustaba tanto el VRS que nos pidieron que lo vinculásemos a su sistema de parte de incidencias. Esos sistemas eran bases de datos grandes y antiguas controladas por *mainframe*, que databan de los setenta, escritas en COBOL.

En aquella época, cuando se detectaba un fallo en una línea de teléfono, ya fuese mediante el escaneo nocturno del 4-TEL o de una queja presentada por un cliente, el servicio central creaba un parte de incidencias. Al principio, esos partes se enviaban a los probadores y los responsables de enviar a los técnicos mediante cintas transportadoras pequeñas o tubos neumáticos. En los setenta y los ochenta, los envíos pasaron a ser electrónicos y los partes se mostraban en terminales IBM 3270 de pantalla verde. Cuando un artesano de reparación terminaba un trabajo, llamaba al controlador, informaba de los resultados de esa reparación y, después, preguntaba por la siguiente incidencia. El controlador pasaba el siguiente parte a la pantalla verde y se lo leía al artesano. Nuestros clientes querían eliminar ese paso y hacer que el VRS leyese los partes a los artesanos utilizando nuestra tecnología de voz.

11. Lo publicó en su columna *Computer Recreations* en el número de *Scientific American* de mayo de 1984.

12. Kent Beck estuvo en el equipo de desarrollo de ese sistema Smalltalk.

Así nació el CDS (*Craft Dispatch System*, sistema de envío de artesanos).

Los partes de incidencias tenían varios campos fijos con valores muy predecibles. Podían incluir el nombre del cliente, su dirección, su número de teléfono, etc.

Sin embargo, el parte de incidencias también contenía bastante información con forma casi libre que necesitaban los artesanos.

Esa información de forma casi libre incluía un conjunto de abreviaturas estándar y argumentos separados por barras. Por ejemplo, el campo de forma libre podía incluir algo como /SI chasquidos altos, que significaba que había interferencias en la línea en forma de chasquidos altos.

Había literalmente cientos de ese tipo de abreviaturas de forma libre. El operador de reparaciones las tecleaba mientras estaba al teléfono con el cliente y, después, el controlador las interpretaba y se las leía al artesano. Nuestro cliente quería que el CDS fuese capaz de interpretar y leer esta información.

Sin embargo, no había comprobación de la sintaxis en esos campos de forma libre. Podían tener erratas o formatos no estándar. Todo dependía de quién los teclease y cómo se sintiese ese día. Los controladores solían ser bastante listos para entender a qué se refería el operador. Nuestro sistema iba a tener que ser capaz de hacer lo mismo, al menos para la gran mayoría de los partes de incidencias.

Datos etiquetados por campos

Necesitaba alguna manera de representar toda la información de un parte de incidencias dentro de un paquete de datos del que pudiera extraerse la información e interpretarse para convertirse a voz. Los datos eran complejos y jerárquicos. Los campos de forma libre podían tener otros campos dentro. Era una escena de película de terror.

Iba en un avión de camino a las instalaciones de uno de nuestros clientes cuando me vino una idea a la cabeza. Quizá hubiese alguna manera de codificar toda esa complejidad jerárquica en una cadena de caracteres larga que nuestro sistema pudiera descodificar para obtener la información. Y así nacieron los datos etiquetados por campos (FLD, *field-labeled data*).

La sintaxis era arcana y muy diferente, pero, por lo demás, era un equivalente aproximado de XML. Los datos jerárquicos complejos podían albergarse en una estructura en forma de árbol en la memoria y volcarse a una cadena para almacenarse en un disco o transmitirse a través de un *socket*.

Máquinas de estados finitos

El proceso del envío de técnicos y el cierre de partes de incidencias no estaba estandarizado. Cada compañía telefónica y cada área de servicio tenía sus propias ideas acerca de cuáles deberían ser los pasos de esos procesos, así que tuvimos que idear un plan para permitir a cada centro de servicio configurar con facilidad los distintos procesos.

O, más bien, ideamos un plan según el cual esa configuración pudiera especificarse en algo que no fuese código. Todavía configuraríamos el sistema para el cliente, pero no queríamos que eso se hiciese escribiendo código nuevo para cliente.

Necesitábamos configurar procedimientos simples paso a paso guiados por eventos. En algún momento, se me ocurrió la idea de especificar los procedimientos como tablas de transiciones de estados escritas en un archivo de texto. Cada línea del archivo de texto era una transición de una máquina de estados. Cada transición tenía cuatro campos: `[Estado-Actual, Evento, Siguiente-Estado, Acción]`. Una transición se leía así: "Cuando esté en el `Estado-Actual` y detecte este `Evento`, vaya al `Siguiente-Estado` y realice la `Acción`".

Los estados eran solo nombres. No tenían un significado especial. Los eventos eran cosas que nuestro sistema podía detectar, como `Digito-Pulsado`, `Teléfono-Conectado`, `Teléfono-Desconectado`, `Mensaje-Pronunciado`, etc. Las acciones eran comandos que se enviarían al *shell* MP/M-86 y se ejecutaban como si se escribiesen con el teclado. Esos comandos podían pronunciar mensajes, marcar números, grabar un buzón de voz, etc.

Los comandos de acción necesitaban comunicarse entre sí, así que inventamos un repositorio de datos basado en disco al que llamamos 3DBB. Un comando de acción podía almacenar información en el 3DBB bajo la clave del trabajo general. El siguiente comando de acción podía ir a 3DBB y recuperar esos datos para continuar el trabajo. (Y si eso le suena mucho a los servicios de usuario, bueno, pues está todo inventado).

Con los FLD almacenados en el 3DBB, de pronto teníamos una manera muy rica y flexible de que funcionasen nuestros comandos de acción. El nivel de complejidad de los trabajos que podíamos manejar se multiplicó por diez. La combinación de los FLD, el 3DBB y la estructura de máquina de estados finitos fue un gran paso a la hora de resolver problemas de interpretación de los partes de incidencias.

OO

En casa, necesitaba un nuevo proyecto. Mis investigaciones sobre Smalltalk habían hecho que me interesase en serio por la programación orientada a objetos. Me parecía que ese era el futuro.

Leí con mucha atención *El lenguaje de programación C++* de Stroustrup. Quería un compilador C++ para el VAX, pero no se podía conseguir ninguno por menos de 12.000 dólares y no podía convencer a mi jefe de gastar tanto dinero. El sistema Smalltalk en el Mac era demasiado lento para ser útil para cosas serias. Por eso, decidí escribir mi propio marco de OO en C.[13]

Progresé mucho con esto, pero la vida se interpuso y mis prioridades cambiaron de rumbo.

1987-1988: EL REINO UNIDO

En los años anteriores, Teradyne había hecho avances en la venta del 4-TEL en Europa. Al final, eso hizo que se crease un equipo de desarrollo de software en el Reino Unido. A finales de 1987, me pidieron que me mudase a Bracknell para dirigir ese equipo. A mi mujer y a mí nos pareció una oportunidad única en la vida para nuestra familia, así que aceptamos.

Me pasé el primer trimestre de 1988 supervisando la transición del equipo de CDS a una nueva dirección y traspasando el resto de mis responsabilidades como administrador de sistemas a otras personas. En abril, estábamos listos para irnos.

Nuestra etapa en Bracknell fue maravillosa. Mi mujer, mis hijos y yo experimentamos una nueva cultura y un nuevo entorno y prosperamos.

A nivel profesional, en esta posición de gestión tenía muchas menos responsabilidades en la escritura de código que antes.

Como no quería alejarme por completo de la creación de código, me autoimpuse la disciplina de ir en bicicleta al trabajo a las seis de la mañana, trabajar en código hasta las ocho y, después, asistir a reuniones y trabajar en la dirección del equipo y en cuestiones de gerencia general hasta las cuatro de la tarde.

Para entonces, teníamos una conexión DECnet entre el VAX 750 en Bracknell y el gran VAX 780 de nuestra sede en Illinois. Ese ordenador también tenía una conexión DECnet con los ordenadores de Boston. Así, los archivos podían cruzar el Atlántico (a 9,6 kbps), y el correo electrónico podía enviarse entre oficinas.

13. Matices de Bjarne Stroustrup y Brad Cox.

Uno de los proyectos en el Reino Unido era el desarrollo y la implementación de µVAX para sustituir a los M365. En EE. UU. estaba realizándose un esfuerzo similar al mismo tiempo. En realidad, el proyecto para convertir el software M365 a un sistema basado en disco como un PDP-11 llevaba en marcha desde 1983 y no había ido muy bien. El µVAX era un producto nuevo de DEC, y los clientes del Reino Unido estaban ansiosos por ejecutar en él el 4-TEL. Yo no escribí nada de código para esto. Solo asistía a reuniones y asentía mucho con la cabeza.

Seguía escribiendo proyectos caseros en C en el Mac y subiéndolos a varios servicios, como Compuserve. Uno de mis favoritos fue el juego Pharaoh para el Mac.

En general, esta parte de mi carrera estuvo menos enfocada al software y más a la gestión, pero eso estaba a punto de cambiar con mi regreso a EE. UU.

Referencias

- Goldberg, A. y Robson, D. *Smalltalk-80: The Language and its Implementation*. Addison-Wesley, 1983.
- Kernighan, B. W. y Plauger, P.J. *Software Tools*. Addison-Wesley, 1976.
- Kernighan, B. W. y Ritchie D. M. *The C Programming Language*. Prentice Hall, 1978.
- Rose, C., Hacker, B. y Apple Computer. *Apple Inside Macintosh*. Addison-Wesley, 1985.
- Stroustrup, B. *The C++ Programming Language*. Addison-Wesley, 1985. (Traducción al español: *El lenguaje de programación C++*, Addison-Wesley, 1998).

14

Los noventa

La era del optimismo y el crecimiento continuó. Estábamos en nuestro mejor momento. Pero ya empezaban a aparecer las grietas. La invasión de Kuwait por parte de Irak se combatió con el "dominio rápido" de la Operación Tormenta del Desierto. La CNN retransmitió la guerra, en directo, desde Bagdad. Pero había guerras y rumores de guerra en el Congo, Chechenia, Yugoslavia y Kosovo, entre otras.

El terrorismo estaba creciendo; el primer atentado en el World Trade Center, el atentado en Oklahoma City, el atentando en la embajada de EE. UU. y más atentados en Manchester, Inglaterra y Argentina.

En general, corrían buenos tiempos, que culminaron con la burbuja de las empresas puntocom, pero la inquietud iba creciente y todo estaba a punto de dar un giro muy feo.

1989-1992: Clear Communications

Al volver del Reino Unido, descubrí que algunas cosas habían cambiado en Teradyne. Varios de mis anteriores compañeros (y buenos amigos) se habían marchado para fundar una empresa llamada Clear Communications. Yo los seguí poco después.

¡Estábamos trabajando en SPARCstations de Sun Microsystems con monitores en color de 19 pulgadas! El SO era Unix y el lenguaje era C. Nuestro producto, Clearview, era un sistema de monitorización de comunicaciones T1. El plan era tener un gran mapa geográfico en la pantalla con la red T1 superpuesta. Las líneas T1 se dibujaban en verde, amarillo o rojo, dependiendo de su estado. Al hacer clic en una línea, aparecía el historial de errores en forma de gráficos pequeños de barras o líneas.

Era una GUI de verdad, y yo estaba en el paraíso, al menos durante el primer año.

A menudo, las empresas emergentes no experimentan el crecimiento exponencial que esperaban. Y, con frecuencia, tampoco fracasan enseguida. Lo que hace la mayoría es ir saliendo del paso. Y eso es lo que hizo Clear Communications. Fue saliendo del paso, diluyendo todas las opciones de acciones con rondas de financiación cada vez mayores. Puaj.

Sin embargo, a nivel técnico, los dos primeros años fueron excelentes. Un amigo nuestro de una empresa diferente nos proporcionó un enlace de acceso a su ordenador, que tenía un enlace duro a... ¡Internet! Nos conectábamos dos veces al día para enviar correos electrónicos y reunir Usenet (Netnews) utilizando UUCP. ¡Estábamos en línea!

En un año, más o menos, Sun lanzó su compilador C++. Teníamos mucho código escrito en C, pero el compilador C++ podía compilar eso sin problema. Así pues, empezamos a escribir código C++ junto con el código C de nuestro sistema.

Teníamos media docena de programadores, así que preparamos un curso para enseñarles C++.

Usenet

Ahora que teníamos una conexión a Internet, empezamos a leer Netnews. Me uní a los grupos de noticias comp.object y comp.lang.c++. Leí los libros de Stroustrup sobre C++, incluido el *Manual de referencia C++ con anotaciones* y mi habilidad con el lenguaje creció enseguida. Empecé a publicar artículos en esos grupos de noticias. La mayoría de las veces, esos artículos eran respuestas a preguntas que habían planteado otras personas o eran parte de muchos debates con mucha palabrería que solíamos tener. Aquella fue una de las primeras redes sociales. Era una pasada.

En medio de mis interacciones en estos grupos de noticias, me encontré con referencias a artículos publicados en una revista llamada *The C++ Report*. Me suscribí a esa revista mensual y devoré todos los números.

Los artículos los publicaba gente como Jim Coplien, Grady Booch, Stan Lippman, Doug Schmidt, Scott Meyers y Andrew Koenig. La calidad de la redacción y la edición era muy alta, y el contenido tenía un valor incalculable. Aprendí mucho de ellos.

UNCLE BOB

Billy, uno de los programadores de nuestra oficina, ponía motes a todo el mundo. El mío era "Uncle Bob" (tío Bob). Cada vez que Billy tenía una pregunta, gritaba desde el otro lado del laboratorio: "¡Uncle Bob! ¿Qué hago con esto?". Su uso del término era incesante y a mí me resultaba muy molesto.

Mientras tanto, estaba leyendo tantos libros como podía encontrar sobre el diseño orientado a objetos. Uno de los mejores de esa época era *Análisis y diseño orientado a objetos con aplicaciones*, de Grady Booch. Ese libro fue crucial. Utilizaba una convención de creación de diagramas espectacular para representar clases, relaciones y mensajes. La convención tenía este aspecto:

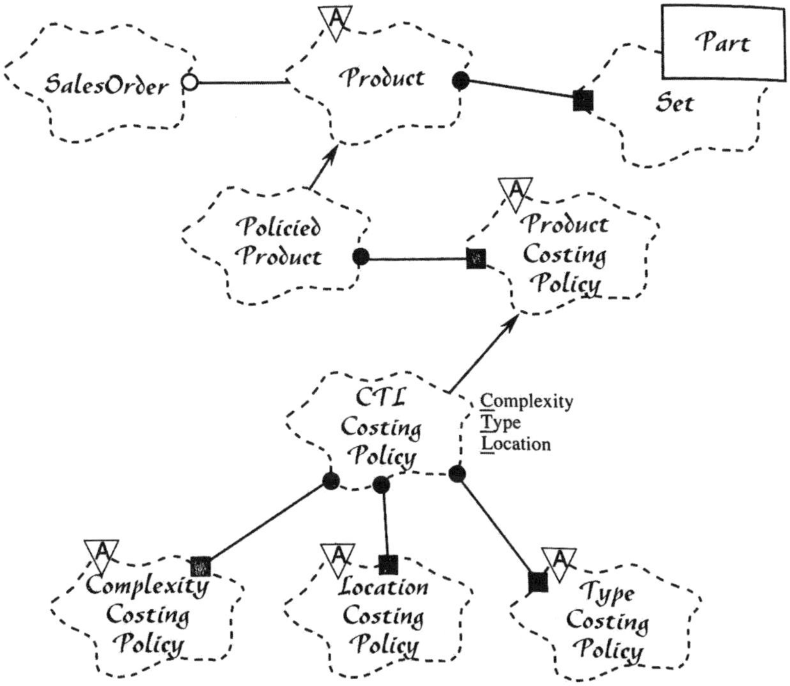

¡Esto era un concepto completamente nuevo en la representación del software! Enseguida me di cuenta de su utilidad. Y me encantaban esas nubes. Se me daba muy bien dibujar esos diagramas en las pizarras y los utilizaba para diseñar gran parte del software en el que estábamos trabajando en Clear.

Mi amigo Jim Newkirk y yo hicimos algunos viajes de negocios para hablar con proveedores y vendedores. En uno de esos viajes, hablamos con los ingenieros de software que estaban utilizando Objective-C. Yo había oído hablar de ese lenguaje, así que me senté con ellos para inspeccionar parte de su código. Me pareció interesante, pero prefería C++.

Algunos de esos viajes de negocios nos llevaron a Silicon Valley. Jim y yo aprovechábamos esos viajes para recorrer librerías especializadas en informática que eran muy comunes allí. A menudo, enviábamos a casa libros por valor de varios cientos de dólares.

1992: *The C++ Report*

Todavía estaba trabajando en Clear, pero mis intereses estaban cambiando. Estaba claro que el negocio tenía problemas, pero mi carrera estaba al alza. Seguía interactuando con los grupos de noticias y atrayendo a un número de seguidores considerable.

Empecé a presentar artículos a *The C++ Report* y, para mi sorpresa, siempre los aceptaban. Llegué a conocer bastante bien a Stan Lippman, el editor.

Aunque el trabajo en Clear era muy estimulante desde el punto de vista técnico, el negocio no lograba prosperar. Las jornadas interminables y el estrés constante nos pasaban factura.

Al final, empecé a pensar que necesitaba un cambio. Y, justo entonces, recibí una llamada telefónica que me cambió la vida.

1993: Rational Inc.

La llamada era de un cazatalentos. Tenían una oportunidad en Santa Clara, California. Yo no estaba planeando mudarme a la Costa Oeste, así que no tomé la llamada en serio hasta que dijeron que el proyecto era una herramienta CASE (*computer-aided software engineering*, ingeniería de software asistida por ordenador): una herramienta para dibujar diagramas de software.

En aquella época, no había muchas técnicas de creación de diagramas de software y en Santa Clara estaba Rational, la empresa para la que trabajaba Grady Booch.

Así que la oferta me interesó mucho más. Pedí más detalles al cazatalentos. No me dijo quién era su cliente, pero la información que me dio fue decisiva. Para cuando colgué el teléfono, ya sabía que tenía que aprovechar esa oportunidad.

Concerté una entrevista y, en efecto, la empresa era Rational y el proyecto, Rose, era una herramienta para dibujar esos adorables diagramas de nubes del libro de Booch. Fue una de las mejores entrevistas que he tenido en mi vida. Estaba claro que yo encajaba bien con ellos y ellos conmigo. Así pues, me ofrecieron un puesto, pero tenía que mudarme allí, lo cual requeriría cierto trabajo de convicción en casa.

Mi mujer estaba dispuesta a considerar la mudanza, así que Rational nos pagó una pequeña búsqueda de casa. Dos días después, estábamos convencidos de que nunca podríamos permitirnos una casa cerca de Silicon Valley. Los precios eran tres veces más altos que los de cualquier lugar en el que hubiésemos vivido antes.

La respuesta fue no. No íbamos a mudarnos.

Estaba desesperado. Tenía que haber algún modo de hacerlo. Entonces, mi mujer dijo: "¿Por qué no trabajas para ellos como consultor?". Tenía 40 años y había sido empleado durante 20 años. La idea de trabajar por mi cuenta era aterradora, pero se la planteé a Rational y estuvieron dispuestos.

Pasé tres meses en Santa Clara trabajando con el equipo de Rose en Rational y otros seis meses en casa teletrabajando. Fue una experiencia maravillosa.

Trabajábamos en C++ utilizando una base de datos orientada a objetos. Nuestros diagramas se dibujaban en monitores SPARCstation y se almacenaban en una representación de objeto. Era algo embriagador.

Me vi con Grady dos o tres veces durante ese periodo. Él vivía y trabajaba cerca de Denver, y viajaba a Santa Clara de vez en cuando. En una de esas ocasiones, le comenté la idea de un libro.

Yo quería escribir un libro sobre diseño orientado a objetos que se centrase en C++ y utilizase los diagramas de Booch. Grady se ofreció a guiarme a través del proceso de publicación y me presentó a Alan Apt, su editor en Prentice Hall.

Empecé a trabajar en algunos capítulos de muestra y Alan los envió a revisar. Cuando recibí las revisiones, me quedé de piedra al ver que uno de los revisores era James O. Coplien. Había leído su libro *Advanced C++ Programming Styles and Idioms* en 1992 y lo consideraba uno de mis héroes.

Por desgracia, su revisión no fue nada del otro mundo. Lo único que recuerdo ahora es la frase: "¡Diagramas de flujo para los noventa!". ¡Ay!

Pero seguí escribiendo y mejorando, y pronto firmé un contrato para un libro.

Mientras tanto, seguí publicando en Usenet. Un día, me di cuenta de que ya nadie me llamaba "Uncle Bob" y, por alguna razón perversa, lo echaba de menos. Por eso, puse ese nombre en la firma de mi correo electrónico que también utilizaba para mis publicaciones en Usenet. El nombre empezó a extenderse. Publicaba mucho.

1994: ETS

Después de nueve meses, terminó el contrato con Rational. La primera versión de Rose se había lanzado y era hora de pasar a otra cosa.

El pánico se apoderó de mí. ¿De dónde iba a sacar clientes? Contacté con Teradyne y tenían algunas cosas sueltas para que hiciese, pero eso no me iba a servir para pagar las facturas a largo plazo.

Y, entonces, recibí otra de esas llamadas. Era Rational, pero no el equipo de Rose, sino su oficina de programación por contrato. Tenían un cliente al que no tenían capacidad para servir y se preguntaban si me gustaría que me recomendaran.

El cliente era el Educational Testing Service en Princeton, Nueva Jersey. Viajé hasta allí y empecé a trabajar con ellos como consultor en diseño orientado a objetos y C++. Iba dos o tres días cada dos semanas. Fue un gran trabajo. ¡Princeton es una ciudad estupenda!

ETS había firmado un contrato con NCARB, el National Council of Architectural Registration Boards. Querían que el ETS crease una prueba automatizada para la certificación de arquitectos. La idea era crear una GUI que los arquitectos pudiesen utilizar para dibujar diagramas arquitectónicos. Esos diagramas se guardarían y enviarían a un sistema de puntuación que los interpretaría y puntuaría en función de sus principios arquitectónicos.

Había 18 tipos diferentes de diagramas que los arquitectos tendrían que dibujar. Incluían cosas como planos de la planta, planos del tejado, límites de propiedad e ingeniería estructural. Los programas de GUI y los programas de puntuación se ejecutarían en PC de IBM.

El plan para los programas de puntuación era utilizar una red de inferencias de lógica difusa para medir varias características en los diseños de los arquitectos y crear una nota final de aprobado o suspenso.

Para cada programa de GUI había un programa de puntuación correspondiente. Llamaron a las parejas viñetas.

El ETS había asignado a cuatro trabajadores a media jornada para este trabajo. No tenían experiencia con C++ ni el diseño orientado a objetos. Yo estaba ahí para guiarles en las partes difíciles. Tenían tres años para terminar las 18 viñetas.

Después de unos meses, me quedó claro que este equipo nunca iba a conseguir ese objetivo. Estaban demasiado distraídos con otros proyectos. Aquel proyecto iba a requerir concentración, así que convencí a mi amigo Jim de que viniese a Princeton conmigo para ofrecer una solución diferente. Él y yo formaríamos un equipo y haríamos el proyecto por ellos.

Hubo que negociar un poco, pero, un mes más tarde, teníamos un contrato de desarrollo de larga duración.

El plan era que Jim y yo trabajásemos durante varios meses en la más compleja de todas las viñetas, llamada Viñeta Grande. Esta era la viñeta que se centraba en los planos de la planta. Nuestro objetivo era hacer que los elementos de esta viñeta funcionasen y crear un marco reutilizable que permitiese que se desarrollasen otras viñetas con rapidez. Después, reclutaríamos a un equipo más grande para trabajar en las otras 17 viñetas.

Marcos reutilizables. ¡Ay, qué ingenuos éramos! Todos los libros y artículos sobre OO prometían reusabilidad. Pensábamos que éramos diseñadores de OO de primera y que crearíamos el marco reutilizable por excelencia.

Muchos meses después teníamos la Viñeta Grande en funcionamiento y teníamos lo que pensábamos que era un marco reutilizable, así que contactamos con las mejores personas que conocíamos y las reclutamos para que trabajasen con nosotros con un contrato.

Todos trabajábamos desde casa.

Los problemas empezaron desde el principio. Descubrimos que el marco reutilizable que habíamos producido no era reutilizable. Las otras viñetas no encajaban con las decisiones que habíamos tomado mientras escribíamos la Viñeta Grande. Después de varias semanas, quedó claro que, si no hacíamos algo al respecto, las otras 17 viñetas no podrían entregarse a tiempo.

Por tanto, informamos al ETS de que íbamos a cambiar de plan. El equipo se centraría en las siguientes tres viñetas y también en reajustar el marco de manera que fuese útil para esas tres viñetas. Tardamos muchos meses más, pero, al final, valió la pena. Teníamos tres viñetas que utilizaban el marco y la Viñeta Grande que, de forma independiente, utilizaba el marco antiguo.

Reclutamos a algunas personas más y empezamos a producir viñetas como churros. Cada viñeta nueva nos llevaba una fracción del tiempo porque el marco era, de verdad, reutilizable. En 1997, entregamos las 18 viñetas a tiempo. Se utilizaron durante casi dos décadas.

Resulta que, para hacer un marco reutilizable, necesitas utilizarlo realmente en más de una aplicación. ¿Quién lo iba a decir?

Mientras tanto, seguí escribiendo ese libro y lo entregué a la editorial; un poco tarde, pero a tiempo para que tuviese una fecha de *copyright* de 1995.

COLUMNA EN *THE C++ REPORT*

Para entonces, tenía dos artículos publicados en *The C++ Report*. Stan Lippman me escribió y me pidió que escribiese una columna mensual. Grady Booch había decidido dejar de escribir su columna de diseño orientado a objetos y Stan se preguntaba si yo querría hacerme cargo. Por supuesto, dije que sí.

PATRONES

Asistí a una conferencia sobre C++ en 1994. Jim Coplien estaba allí y llevaba una nota sujeta a la camisa que decía: "Pregúntame sobre patrones". Le pregunté y se quedó con mi correo electrónico. Unas semanas después, recibí un correo suyo en el que me comentaba que cuatro autores que estaban escribiendo un libro estaban buscando revisores *online*. El libro se titulaba *Patrones de diseño* y los autores eran Erich Gamma, Richard Helm, John Vlissides y Ralph Johnson. El correo de Coplien me dirigía a una copia espejo que contenía las conversaciones que estaban teniéndose sobre el libro.

En los correos de esa copia espejo, se llamaba cariñosamente a los autores GOF (*Gang of Four*, la panda de cuatro). Cada pocos días, uno u otro de los GOF publicaba la dirección de un FTP en un correo electrónico en esa copia espejo. La dirección del FTP apuntaba a un archivo PostScript que contenía uno de los capítulos en los que estaban trabajando. Eso iba seguido de una oleada de comentarios, correcciones, debates y más ejemplos. Participar en aquello fue muy estimulante.

Por supuesto, todo esto fue anterior a la Web. Tim Berners-Lee había creado el primer servidor web hacía menos de cuatro años y Marc Andreessen había lanzado Mosaic justo el año anterior. Muy pocos de nosotros conocíamos esos esfuerzos, así que el correo electrónico, los FTP y las Netnews eran nuestro principal medio de comunicación por Internet.

Uno de los correos en la copia espejo era un anuncio de que se buscaban artículos para que se presentasen en una nueva conferencia llamada PLoP (*Pattern Language of Programming*, lenguajes de patrones de programación), que iba a celebrarse en el campus de la universidad de Illinois en Monticello. Iba a organizarla The Hillside Group, que habían formado Grady Booch y Kent Beck e incluía a Jim Coplien, Ward Cunningham y muchos otros.

La conferencia estaba dedicada a la discusión y promoción de los patrones de diseño y yo tenía muchas ganas de asistir, así que presenté tres artículos diferentes y aceptaron al menos uno[1] de ellos: "Discovering Patterns in Existing Applications".

Ese artículo resumía muchos de los patrones GOF que nos dimos cuenta de que habíamos estado utilizando en el software del NCARB. También hablaba de algunos otros que yo sugería que deberían ser patrones. Por último, daba algunas pistas sobre el libro que estaba escribiendo y que iba a publicarse el año siguiente.

1995-1996: Primer libro, conferencias, clases y Object Mentor Inc.

Mi primer libro hablaba sobre algunos principios de diseño. Hacía referencias específicas al principio de abierto/cerrado y el principio de sustitución de Liskov. Había leído sobre ambos principios en los trabajos de Bertrand Meyer y Jim Coplien. También mencionaba el concepto de inversión de dependencias, aunque no lo nombraba como principio. Además, hablaba del acoplamiento de componentes, la cohesión y la estabilidad, incluso hablaba de métricas de abstracción e inestabilidad, pero no los describía de manera específica como principios. Para mí, esas ideas todavía estaban en el futuro.

Terminé ese primer libro en una oleada de actividad nocturna y lo publicaron. Fue todo un acontecimiento para mí. También me puso en el mapa a una escala mucho mayor. Empecé a dar charlas en conferencias y, cuanto más se vendía

1. No recuerdo si los aceptaron todos o no. Me parece que no. En las actas solo aparece uno.

el libro, más asistentes acudían a esas charlas. Cuantas más charlas daba, más se conocía mi nombre. Al final, las conferencias empezaron a invitarme como orador destacado.

Todavía interactuaba mucho en los grupos de noticias y cambié mi firma para indicar que estaba disponible como consultor y formador. Las llamadas empezaron a llegar. Preparé un curso de cinco días sobre C++ y lo impartí en distintas empresas por todo EE. UU. Preparé otro curso de cinco días sobre diseño orientado a objetos y lo impartí en distintas empresas de EE. UU. Incluso Teradyne me pidió que impartiese algunos, incluyendo uno en Bracknell.

PRINCIPIOS

En mayo de 1995, leí una publicación[2] en el grupo de noticias comp.object. El título era "The Ten Commandments of OO Programming" (Los diez mandamientos de la programación OO). El consejo que ofrecía no era malo, pero, después de toda nuestra actividad con el proyecto del NCARB, me parecía que era un poco ingenuo, así que respondí con mis propios 11 mandamientos, que enumeraban y sintetizaban un conjunto de principios de diseño. Aquella respuesta fue el verdadero nacimiento de los principios SOLID y de Componentes. Aunque todavía no se les había puesto nombre.

En un año, había perfeccionado, nombrado y comenzado a enseñar un conjunto de nueve principios de diseño:

- OCP (*Open/Closed Principle*), principio de abierto/cerrado.
- LSP (*Liskov Substitution Principle*), principio de sustitución de Liskov.
- DIP (*Dependency Inversion Principle*), principio de inversión de dependencias.
- REP (*Release-reuse Equivalence Principle*), principio de equivalencia de liberación/reutilización.
- CCP (*Common Closure Principle*), principio de cierre común.
- CRP (*Common Reuse Principle*), principio de reutilización común.
- ADP (*Abstract Dependencies Principle*), principio de dependencias abstractas.
- SDP (*Stable Dependencies Principle*), principio de dependencias estables.
- SAP (*Stable Abstractions Principle*), principio de abstracciones estables.

2. Consulte `https://groups.google.com/g/comp.object/c/WICPDcXAMG8`.

Enseñar, escribir y dar conferencias ocupaba gran parte de mi tiempo. Jim Newkirk asumió la carga del proyecto de NCARB mientras yo viajaba por el país dando charlas y trabajando como consultor. Mi lista de clientes era bastante impresionante. Enseñaba y asesoraba en Xerox, General Motors, Nortel, Stanford (SLAC), Lawrence Berkeley Labs y muchos otros.

Jim y yo fundamos Object Mentor Inc. Jim se ocupaba de parte de la carga de consultoría, además de todo lo del NCARB. El negocio seguía creciendo, así que contratamos a Bob Koss, un instructor experimentado de C++, para ayudar con la formación.

1997-1999: *The C++ Report*, UML y las empresas puntocom

Completamos el proyecto del NCARB, a tiempo, en 1997. Se implementó con éxito y nos ocupamos de su mantenimiento durante años.

A finales de 1997, Doug Schmidt, el editor de *The C++ Report* en aquel momento, me llamó. Dijo que iba a dejar su cargo como editor y se preguntaba si me gustaría ser su sustituto. Por supuesto, dije que sí.

Aquella fue la era del boom de las empresas puntocom. La web había explotado en toda la comunidad empresarial. Los nombres de dominios se compraban y vendían por cientos de millones de dólares. Empresas sin productos o empleados se valoraban en miles de millones. Cualquiera que afirmase estar haciendo algo en Internet era una mercancía inmediata. Fue una locura.

La respuesta de Rational ante esto fue reunir a Grady Booch, Ivar Jacobson y Jim Rumbaugh y promocionarlos para las buenas prácticas en el software. Se les conocía afectuosamente como Los Tres Amigos y empezaron a desarrollar el lenguaje unificado de modelado (UML, *Unified Modeling Language*) y el proceso unificado racional (RUP, *Rational Unified Process*).

Me involucré en la parte de UML debido a mi uso intensivo de la notación de nubes inicial de Booch que había utilizado en mi libro. Me quedé lejos de la parte del proceso porque no creía mucho en ningún tipo de proceso de software.

LIBRO 2: PRINCIPIOS DE DISEÑO

Mis ideas sobre los principios de diseño se habían solidificado[3] bastante desde aquella publicación en comp.object en mayo de 1995. Yo había terminado la separación de los principios de componentes de los principios de clases y había añadido el principio de segregación de interfaces.

Ahora me parecía que mi libro anterior estaba incompleto y era demasiado limitado. Era hora de empezar a escribir un tratado más completo y general sobre el diseño de software orientado a objetos. Contacté con mi editorial y enseguida firmamos un contrato, cuyas fechas me parecían bastante complicadas.

En general, estaba bastante ocupado. Estaba metido en casi todos los rincones de la industria. Object Mentor Inc. era muy rentable y estaba creciendo. La vida era maravillosa y se puso aún mejor.

1999-2000: PROGRAMACIÓN EXTREMA

Todo el trabajo de consultoría que estaba haciendo era técnico. Aconsejaba a la gente cómo utilizar C++ y en diseño orientado a objetos. Ese asesoramiento era bien recibido, pero muchos de mis clientes me pedían que les ayudase con el proceso. Uf.

Así pues, me senté y escribí un proceso de software al que llamé C.O.D.E. No me pregunte qué significa. No me pregunte nada al respecto. Era horrible. Mi objetivo era crear un proceso mínimo hasta el extremo que no impusiese el tipo de burocracia cruel y desmoralizante que aplastaba la creatividad y el ingenio de los programadores.

Mientras escribía esa abominación, me tambaleaba por Internet buscando a otras personas que pudiesen tener una idea mejor. En aquella época no había muchos motores de búsqueda en la web, así que "tambalearse" es la palabra adecuada. No sé cómo llegué ahí; es probable que fuese a través de una publicación en un grupo de noticias. En cualquier caso, acabé en `c2.com`, la primera wiki *online* escrita en Perl por Ward Cunningham. En esa wiki había un debate muy activo acerca de la programación extrema (eXtreme Programming, XP) de Kent Beck.

¡Guau! Eso era justo lo que estaba buscando. Era perfecto; bueno, salvo por el sinsentido ese de escribir las pruebas primero, pero, por lo demás, era justo lo que necesitaba decir a mis clientes. Estaba muy emocionado.

3. Ja, ja, ja. Pero el nombre SOLID todavía no se había elegido.

Pero, antes de que pudiese hacer nada al respecto, tuve que impartir un curso de un día en una conferencia sobre programación orientada a objetos en Múnich en febrero de 1999. Durante un descanso, salí del aula y ahí, ante mí, estaba Kent Beck. Acababa de salir de un aula donde él también estaba dando una clase. Había conocido a Kent tiempo atrás en las conferencias PLoP, así que lo reconocí enseguida y le pedí que me hablase más de la XP.

Nos sentamos juntos a comer y me entretuvo con historias de proyectos que utilizaban XP. Yo estaba entusiasmado (salvo por el sinsentido de las pruebas primero). Yo todavía era el editor de *The C++ Report*, así que le pedí que escribiese un artículo sobre la XP. Accedió y volvimos a nuestras aulas.

Kent escribió ese artículo y se publicó en el siguiente número. Tuve una recepción muy buena y yo estaba seguro de que podía remitir a mis clientes a ese artículo. Borré mi abominación C.O.D.E. y nunca más volví a pensar en ella.

Y, entonces, se me ocurrió que la formación y la consultoría sobre XP podría ser un buen negocio en el que meterse. Lo comenté con mis socios, Jim Newkirk y Lowell Lindstrom, y estuvimos de acuerdo, así que escribí a Kent y le conté nuestros planes. Le pregunté si quería participar y si podríamos reunirnos para una sesión de planificación.

Kent me invitó a su casa cerca de Medford, Oregón. Pasamos dos días conspirando para crear una oferta de negocio en torno a la XP. Esbozamos el flujo básico de un curso de cinco días y debatimos sobre varias cuestiones más.

Condujimos hasta el lago del Cráter, porque yo siempre había querido verlo. También hicimos algo de programación en pareja y me explicó el funcionamiento del sinsentido de las pruebas primero. En dos horas, los dos, escribiendo código en pasitos diminutos con las pruebas primero, teníamos un bonito *applet* de Java en funcionamiento.

Nunca había visto nada como eso. En ese momento llevaba 30 años siendo programador y nunca había pensado que vería un método completamente nuevo para escribir código. Aquello me dejó pasmado. También me impresionó mucho el hecho de que trabajamos dos horas y jamás depuramos nada. Estaba convencido. Esa era una técnica que debía dominar.

Volví a casa y Kent, Jim y yo colaboramos en la estructura de la oferta de nuestro curso. Iban a ser eventos. Recuerde, estábamos en la era de las empresas puntocom y había dinero en cualquier cosa que tuviese que ver con el software. Así pues, lo que hacía falta era justo un evento.

Alquilamos un recinto grande y contratamos a varios instructores nuevos. Íbamos a aprovechar al máximo la burbuja de las puntocom.

Llamamos al evento XP Immersion. Se trataba de un curso de cinco días de nueve de la mañana a nueve de la noche todos los días. Las primeras ocho horas eran clases magistrales y ejercicios. Después, una cena de catering. Luego, un orador invitado. Reclutamos a Martin Fowler, Ward Cunningham y varias celebridades más del mundo del software. Y celebrábamos uno de estos eventos cada tres meses, mientras continuábamos nuestro trabajo de formación y consultoría sobre C++, Java y diseño orientado a objetos.

Los eventos XP Immersions tuvieron un éxito masivo. Teníamos 60 alumnos en cada uno. Eran galas que generaban alabanzas y críticas estupendas. Estábamos en la cima del mundo.

Empezamos a recibir llamadas para ayudar a empresas a realizar la transición a la XP. Creamos una oferta de negocio muy lucrativa en torno a la formación y la consultoría. Íbamos a esas empresas durante un periodo de varios meses y enseñábamos a su personal a hacer esa cosa milagrosa llamada XP.

Referencias

- Booch, G. *Object Oriented Design with Applications*. Benjamin-Cummings Publishing C, 1990. (Traducción al español: *Análisis y diseño orientado a objetos con aplicaciones*, Alhambra Mexicana, 2001).
- Coplien, J. O. *Advanced C++ Programming Styles and Idioms*. Addison-Wesley, 1991.
- Ellis, M. A. y Stroustrup, B. *The Annotated C++ Reference Manual*. Addison-Wesley, 1990. (Traducción al español: *Manual de referencia C++ con anotaciones*, Ediciones Diaz De Santos S.A, 2004).
- Gamma, E., Helm, R., Johnson, R. y Vlissides, J. *Design Patterns: Elements of Reusable Object-Oriented Software*. Addison-Wesley, 1994. (Traducción al español: *Patrones de diseño: Elementos de software orientado a objetos reutilizables*, Pearson Educación, 2002).
- Martin, R. C. *Designing Object Oriented C++ Applications Using the Booch Method*. Prentice Hall, 1995.

15

El milenio

Querer no siempre es poder...

La década del milenio empezó con éxito, pero, en general, fue una década de incertidumbre y declive. Los ataques del 11 de septiembre, la guerra contra el terrorismo, Al-Qaeda, ISIS, Hizbulá. La segunda guerra de Irak. La guerra de Afganistán. El atentado del metro de Londres. El atentado en los trenes de Madrid. El aumento de la insatisfacción y la inquietud sociales. El miedo creciente al cambio climático. Una reorganización política. La crisis financiera de 2008. Y una economía que no terminaba de asentarse.

2000: XP Leadership

Los eventos XP Immersions iban viento en popa. Los celebrábamos cada tres meses. Dos veces al año eran en estados diferentes, el resto en nuestra oficina cerca de Chicago. Mientras tanto, el negocio de la consultoría y la formación estaba creciendo. ¡La vida nos iba bien!

En el otoño de 2000, Kent Beck convocó una reunión cerca de su casa en Medford, Oregón. La llamó XP Leadership Meeting. Me invitó a mí junto con Martin Fowler, Ward Cunningham y muchas otras celebridades de la XP. El objetivo de la reunión era decidir el futuro de la XP.

Hicimos lo típico que se hace en este tipo de reuniones. Fuimos a hacer senderismo y dar paseos en barca y nos reuníamos en salas de juntas para intercambiar ideas y discutir.

En una de esas reuniones, se propuso la idea de formar una organización sin ánimo de lucro para promocionar la XP. Muchas de las personas que había en la sala habían sido miembros de The Hillside Group y no habían disfrutado la experiencia, así que recomendaron no hacerlo. Yo no estaba de acuerdo, y lo dejé muy claro.

Cuando la reunión terminó y volvíamos a nuestras habitaciones, Martin Fowler se me acercó y me dijo que estaba de acuerdo con mi postura y sugirió que nos reuniésemos la semana siguiente, cuando estuviésemos los dos en Chicago.

Nos encontramos en una cafetería y planteamos la idea de una reunión, no solo para la XP, sino para todos los procesos "ligeros" que habían estado surgiendo en los últimos años. Nuestra idea era juntar a defensores de la XP, Scrum, DSDM, FDD y muchos otros expertos y ver si podíamos reducir nuestras ideas a una ideología base. Nuestro argumento era que todos estos enfoques tenían más en común que diferencias y que encontrar ese aspecto común resultaría útil.

Por tanto, redactamos un correo electrónico recomendando una reunión en febrero de 2001 en una isla del Caribe (Anguila) y lo enviamos a un público amplio. El asunto del correo era algo como "La cumbre sobre procesos ligeros".

Unas horas después, Alistair Cockburn me llamó y me dijo que estaba a punto de enviar un correo similar, pero que nuestra lista de invitados le gustaba más que la suya. Se ofreció a hacer todos los preparativos para montar la cumbre si accedíamos a celebrarla en Salt Lake City.

2001: Desarrollo ágil y colapso(s)

Así, un grupo de 17 expertos en software nos reunimos en el *resort* de Snowbird y escribimos el Manifiesto Ágil. No nos imaginábamos el impacto que iba a tener en la industria en general.

Poco después de aquello, se celebró la primera reunión de la Alianza Ágil en las oficinas de Object Mentor cerca de Chicago. Se formó la organización y empezamos a trabajar.

El desarrollo ágil tenía todas las papeletas para convertirse en el próximo exitazo y sabíamos que había que manejarlo con cuidado.

Pero estaban llegando nubes de tormenta. Para la primavera de 2001, estaba empezando a quedar claro que la burbuja de las empresas puntocom estaba empezando a volverse inestable. La matrícula en nuestras clases bajaba un poco y los trabajos de consultoría estaban empezando a reducirse. El negocio todavía iba bastante bien, así que nuestras perspectivas, aunque cautelosas, todavía eran bastante positivas. Pero ninguna precaución podía prepararnos para lo que ocurrió después.

El último evento XP Immersion comenzó el lunes, 10 de septiembre de 2001. Había unos 30 alumnos, más o menos, que venían de todas partes del país. El curso empezó bien y éramos muy optimistas.

El martes, todo cambió. Dos aviones 767 se estrellaron de forma deliberada contra las torres del World Trade Center, y otro en el Pentágono. Nos habían atacado y estábamos en guerra. La clase continuó. Los alumnos bajaron la cabeza y siguieron trabajando. El tráfico aéreo se canceló en su mayor parte, pero algunos vuelos especiales se mantuvieron esa semana para que la gente pudiese volver de viajes de negocios y vacaciones.

Algunos de nuestros alumnos e instructores (incluido Kent Beck) volvieron a casa en esos vuelos especiales. Los demás alquilaron coches y volvieron conduciendo a sus hogares en distintas partes del país.

En las semanas siguientes, la burbuja de las puntocom estalló a lo grande. Durante casi dos años, los cursos y los trabajos de consultoría estuvieron muertos. Tuvimos que hacer recortes en nuestro personal y nuestros salarios hasta dejarlos al mínimo. Fue como si no estuviese creándose software en ninguna parte.

Por ver el lado bueno, si es que se le puede llamar así, ahora tenía tiempo de sobra para trabajar en mi segundo libro, que ya iba con bastante retraso. El libro había crecido desde un tratado sobre el diseño orientado a objetos hasta un compendio de principios, patrones y prácticas. Había escrito cientos y cientos de páginas y aún estaba escribiendo más.

Por fin, a mediados de 2002, cogí las 800 páginas que había escrito, las reduje a poco más de 500 y las presenté como mi manuscrito final. El libro, *Agile Software Development: Principles, Patterns, and Practices*, se publicó en 2003.

2002-2008: Vagar por el desierto

Los siguientes años fueron una especie de desierto en mi carrera. Object Mentor Inc. no estaba creciendo; estaba saliendo del paso. Teníamos algunos trabajos. Había meses en los que éramos incluso optimistas respecto al futuro, pero esos periodos nunca duraban mucho. Nos manteníamos a flote gracias a la austeridad, pero el negocio nunca volvió a su estado anterior a 2001.

Intentamos esto y aquello y algunas cosas más, pero nada terminaba de salir bien. Para 2007, tenía bastante claro que los negocios limitados de formación y consultoría como el nuestro no iban a triunfar.

Lo que era aún peor, la llegada de la web y el subsiguiente colapso de las empresas puntocom habían absorbido todo el oxígeno del entorno del software y habían dejado a todo el mundo receloso. Había muy pocos avances en la tecnología del software; muy pocas ideas nuevas se difundían por la industria. Era como si hubiésemos llegado a una especie de meseta. Ni siquiera las mejoras masivas en el hardware, como el iPhone y el iPad, eran indicativas de ideas nuevas en el software. El software estaba de capa caída y yo no veía forma de escapar con la empresa intacta.

Código limpio

En medio de ese desierto, me cayó un poco de maná. Llevaba un tiempo pensando que alguien debería escribir un libro sobre una buena técnica de creación de código. Yo no me había considerado digno de escribir un libro así. Al fin y al cabo, decir a los programadores la diferencia entre buen código y mal código requiere mucho descaro. ¿Quién era yo para establecer un conjunto de reglas así?

Pero, entonces, se me ocurrió algo: llevaba cuatro décadas siendo programador. Si no lo hacía yo, ¿entonces quién? Podía, al menos, escribir un libro sobre las técnicas que me habían servido a mí a lo largo de los años, y había muchas. Así, empecé a escribir un libro titulado *Código limpio*.

La gota que colmó el vaso para Object Mentor fue la crisis financiera de 2008. Aquello fue el golpe definitivo. No teníamos reservas ni manera de sobrevivir. La empresa estaba muerta.

2009: SICP y croma

Cerrar un negocio no es divertido, pero, al final, era otra vez un consultor solitario ofreciendo mis servicios a empresas de todo el mundo.

Había suficiente para mantener a mi familia bien y feliz al tiempo que pagaba la deuda (bastante importante) que había contraído para intentar mantener Object Mentor Inc. a flote. Además, las ventas de *Código limpio* eran prometedoras.

Y, entonces, me cayó un poco más de maná. Mis comunicaciones en Internet habían ido pasando de manera gradual de los grupos de noticias a Twitter.

Alguien tuiteó la sugerencia de leer el libro *Structure and Interpretation of Computer Programs* (SICP). Encontré una copia de segunda mano en Amazon o eBay y la compré. Estuvo sin abrir en mi escritorio durante meses.

Entonces, un día, la abrí y empecé a leer. ¡Estaba embelesado! Me recorría una especie de energía extraña y devoraba cada página. Era emocionante y apasionante. Yo leía y leía y leía.

El lenguaje era Scheme, un derivado de Lisp. Yo era un programador de C/C++/Java/C# y siempre había considerado Lisp como una especie de juguete académico. ¡Madre mía, qué equivocado estaba! No podía dejar de leer.

Y, entonces, en la página 217, los autores dieron un frenazo. Me dijeron que todo estaba a punto de cambiar. Me advirtieron que el modelo completo de computación iba a ser derrocado con un riesgo importante. E introdujeron... la asignación.

Estaba anonadado. Había leído 200 páginas que eran, sobre todo, código. Había programas matemáticos, programas de manipulación de tablas, programas de manipulación de mapas de bits, algoritmos de encriptación y muchos más. ¡Y en ninguno de ellos había habido una sola sentencia de asignación! Tuve que volver atrás para comprobarlo. No podía creerlo.

¿Cómo podía ser que algo tan intrínsecamente asociado a la computación estuviese ausente en sus programas? ¿Cómo podían escribir sistemas tan elaborados sin cambiar jamás el estado de una variable? Tenía que saber más. ¡Tenía que escribir ese tipo de códigos!

En otro tuit, había visto a alguien referirse al lenguaje Clojure como Lisp basado en Java. Lo busqué y descubrí que era una creación de Rich Hickey. Había coincidido con Rich en mis debates en comp.object y comp.lang.c++ una década antes y había pensado muy bien de él en aquel momento. Por eso, me dispuse a aprender este lenguaje y las técnicas que había encontrado en SICP.

Así comenzó mi incursión en el fascinante mundo de la programación funcional.

Vídeo

Mientras tanto, me di cuenta de que las velocidades de las redes habían aumentado hasta tal punto que los vídeos en Internet eran factibles. Amazon Web Services también estaba vivito y coleando y el alojamiento de vídeos podía lograrse sin tener que comprar mi propio hardware dedicado ni conexiones a la red.

Mis charlas en conferencias siempre habían tenido mucho éxito y todavía me invitaban a dar conferencias inaugurales. Entonces, pensé que quizá debería grabarme a mí mismo dando charlas y subirlas a Internet. Quizá la gente pagase por verlas.

YouTube era muy nuevo en aquella época y no era el lugar para subir vídeos para vender. Cualquier solución de vídeo que se me ocurriese tendría que ser casera.

Así pues, compré una cámara de vídeo digital doméstica y empecé a grabarme dando charlas en mi oficina.

Las grabaciones eran horribles. Eran aburridas. Sin público, no había vida. Solo era yo hablando. Eran un cuadro.

Enseñé los vídeos a algunos familiares y amigos. Estaban de acuerdo. Aburridas.

Entonces, se las enseñé a mi hermana Holly, y me dijo: "Tienes que usar croma".

Yo no tenía ni idea de lo que era el croma, así que lo busqué.

Esto ocurrió justo en el codo de la curva de Amazon. Amazon empezó vendiendo solo libros. De vez en cuando, añadía algunos productos nuevos. Entonces, de repente, en torno a 2009, se podía comprar de todo. Encontré una pantalla verde y unas luces en Amazon y las pedí.

Monté la pantalla y las luces y me grabé de nuevo. Y, esta vez, me puse a mí mismo en la luna. Para hacer eso, tuve que comprar un software de edición de vídeo. Me llevó unos días cogerle el tranquillo, pero, después, mis vídeos en la luna empezaron a tener un aspecto bastante bueno.

Pero seguían siendo aburridos. Seguía siendo solo yo hablando.

Entonces, pensé que quizá debería escribir un guion y, en vez de grabar toda la charla de una vez, podría grabar escenas individuales. Tal vez esas escenas podrían grabarse desde diferentes perspectivas y en distintas ubicaciones. Y a lo mejor podría hacer las cosas más interesantes si cambiaba de ropa y actitud entre escenas.

Guionicé y grabé un episodio piloto de 15 minutos. Después, lo edité. Ahí fue cuando aprendí que cada minuto de vídeo producido representa una hora de esfuerzo de guionización, grabación y posprocesamiento. ¡Ese vídeo de 15 minutos representaba 15 horas de trabajo! ¡Uf!

Pero mereció la pena. Ese vídeo era emocionante. Verlo era divertido y transmitía información a quienes lo veían. Era como magia.

CLEANCODERS.COM

Hablé con mi hijo Micah, que dirigía su propio negocio boyante de software en aquella época. Le pregunté si quería que fuésemos a medias en una nueva aventura. Yo produciría varios episodios, de una hora cada uno. Él escribiría el sitio web y los servicios de alojamiento para vender y presentar esos vídeos. Aceptó y fundamos Clean Coders Inc.

2010-2023: Videos, artesanía y profesionalidad

Yo todavía viajaba por todo el mundo ofreciendo charlas, formación y servicios de consultoría, pero, cuando estaba en casa, producía episodios. Un episodio de una hora suponía 60 horas de trabajo. Eso significaba que, siendo realista, podía producir un episodio al mes.

Uno por uno, los episodios fueron apareciendo. Entonces, Micah puso en marcha el sitio web y empezamos a ofrecer los vídeos *online* en `cleancoders.com`.

Yo tenía un número de seguidores considerable en Twitter y tuiteé la dirección de la web. Y ya ve, la gente empezó a comprar los vídeos.

Resulta bastante increíble la cantidad de información que puede transmitirse en un vídeo. No solo podemos explicar, sino que también podemos hacer demostraciones de técnicas para escribir código. Podemos hacer programación en pareja virtual con los espectadores. Aquel proceso me resultaba electrizante. Podía decir más en una hora de vídeo que en 20 o 30 páginas de texto y transmitir más información de manera más fiable.

Mis espectadores parecían estar de acuerdo, porque seguían comprando los vídeos.

Para finales de 2011, teníamos unos ingresos de 100.000 dólares y nos dimos cuenta de que teníamos algo bueno.

Contraté a mi hija Angela Brooks para que se ocupase de la filmación y la edición y nos pusimos manos a la obra otra vez.

El descarrilamiento del desarrollo ágil

Mientras tanto, el movimiento del desarrollo ágil había descarrilado. Lo que había comenzado como un movimiento impulsado por programadores se había convertido en un movimiento impulsado por directores de proyecto. Se fue expulsando a los programadores del movimiento de manera gradual, pero muy efectiva.

Esto me resultó especialmente irritante, porque había tenido la esperanza, durante la última década, de que el movimiento ágil fuese la fuerza que subiese el listón para los programadores. Pensaba que llevaría a la programación a convertirse en una profesión impregnada de altos estándares, disciplinas y ética. Pero no iba a ser así.

Se me ocurrió que este nuevo medio de vídeo podría ser un enfoque mejor para transmitir las disciplinas, los estándares y la ética que subirían el listón de la artesanía de software.

La misión que tenía ante mí estaba clara.

Durante la siguiente década, con la ayuda de mi encantadora hija Angela y mi brillante hijo Micah, produje 79 vídeos de una hora cada uno.

Setenta y nueve horas de explicaciones y demostraciones. Setenta y nueve horas de mí enseñando todo lo que sabía sobre software o, al menos, todo lo que podía meter en un conjunto de vídeos.

Cada año decía que me quedaba quizá una docena de vídeos por crear, y cada año acababa ampliando eso con otra media docena, más o menos. Nunca se me ocurrió que los vídeos serían un proyecto que duraría una década.

Más libros

En esa década, escribí varios libros más:

- *El limpiador de código* recoge todos los aspectos no técnicos que dejé fuera en *Código limpio*. Fue mi primer libro sobre el comportamiento profesional.
- *La artesanía del código limpio* es un libro muy detallado sobre disciplinas, ética y estándares técnicos y no técnicos de un profesional del software.
- *Arquitectura limpia* es un libro muy técnico sobre software en general. Retoma los principios de diseño y describe los objetivos, problemas y soluciones de la arquitectura de software.
- *Desarrollo ágil esencial* es una vuelta a los orígenes del movimiento ágil y una llamada a regresar a esos orígenes.
- *Diseño funcional* es un libro muy técnico sobre cómo diseñar sistemas en un entorno de programación funcional.

La pandemia de COVID-19

La pandemia puso fin a mi carrera como formador y consultor itinerante. Bueno, todavía visito a clientes de vez en cuando, pero ya no es una parte significativa de mi negocio. La formación que llevo a cabo hoy en día se realiza a través de Zoom (y, sinceramente, intento mantener esos compromisos al mínimo).

2023: La meseta

Es posible que se haya dado cuenta de que los diez últimos años de esta historia fueron bastante dispersos. Es probable que esto se deba a la curva que experimenta la mayoría de la gente al crecer y envejecer.

Al principio de nuestra carrera, estamos casi por completo en modo entrada. Aprendemos tanto como podemos y absorbemos idea tras idea sin presentar muchas ideas nuevas. A medida que ganamos experiencia, seguimos absorbiendo ideas, pero también empezamos a presentar nuestras propias ideas, sintetizadas a partir de nuestra experiencia y las ideas que habíamos absorbido. Este proceso continúa y llega a un punto máximo cuando tenemos entre 30 y 50 años. Durante ese punto máximo, la sinergia de las ideas que salen y las ideas que entran está en su mejor momento.

Hay una cantidad tremenda de retroalimentación y actividad intelectual. Pero, a medida que pasa el tiempo, la salida de ideas sobrepasa a la entrada y la sinergia y la retroalimentación comienzan a ralentizarse. Al final, cuando nos acercamos a la jubilación, estamos dando salida a la vasta acumulación de nuestras ideas sin asimilar muchas ideas nuevas.

Puede que suene triste y tal vez no se aplique a todo el mundo, pero no es en absoluto inusual. Y, de hecho, quizá ese proceso sea el responsable de la escasez de mis comentarios en la última década.

Sin embargo, creo que también podría haber algo más. Puede que el mismo proceso sea lo que ha estado pasando en nuestra industria en general. Tal vez la programación en sí no esté generando muchas más ideas nuevas.

Puede que esta afirmación le resulte extraña. Al fin y al cabo, se han creado muchos lenguajes nuevos y emocionantes en la última década, más o menos: Golang, Swift, Dart, Elm, Kotlin y muchos más. Pero miro esos lenguajes y todo lo que veo es un puñado de ideas viejas reorganizadas en paquetes nuevos. No veo nada especialmente innovador en ninguno de ellos o, al menos, no tan innovador como C, SIMULA, incluso Java fueron en su día.

Mirémoslo de otro modo. La diferencia en la productividad de los programadores se multiplicó por 50[1] (o más) cuando dejamos de escribir código en binario y empezamos a escribir en ensamblador. Se multiplicó por entre 3 y 5 cuando realizamos la transición a lenguajes como C. El incremento fue quizá de un modesto 1,3 cuando pasamos a lenguajes orientados a objetos como C++ o Java. Quizá aumentase otro 1,1 con lenguajes como Ruby o Clojure.

A lo mejor esas multiplicaciones son inexactas, pero, desde luego, la tendencia no lo es. Las ventajas graduales de cada nuevo lenguaje se han reducido hacia cero. A mi parecer, estamos acercándonos a una asíntota.

Y la nuestra no es la única asíntota a la que nos estamos acercando. El hardware que utilizamos también ha detenido su crecimiento exponencial loco. La ley de Moore murió alrededor del año 2000. Las frecuencias de reloj han dejado

1. Consulte la sección "Compiladores: 1951-1952" en el capítulo 4.

de hacerse más rápidas. Las capacidades de la memoria ya no se duplican cada año. El aumento de la densidad de los chips se ha ralentizado a medida que nos acercamos a límites atómicos.

En resumen, los avances tanto en nuestro hardware como en nuestro software han llegado a una meseta.

Y tal vez esa sea la transición perfecta hacia la parte IV: el futuro.

Referencias

- Martin, R. C. *Agile Software Development, Principles, Patterns, and Practices*. Pearson, 2003.
- Martin, R. C. *Clean Agile: Back to Basics*. Pearson, 2019. (Traducción al español: *Desarrollo ágil esencial: Vuelta a las raíces*. Anaya Multimedia, 2020).
- Martin, R.C. *Clean Architecture: A Craftsman's Guide to Software Structure and Design*. Pearson, 2017. (Traducción al español: *Arquitectura limpia: Guía para especialistas en la estructura y el diseño de software*. Anaya Multimedia, 2018).
- Martin, R. C. *Clean Code: A Handbook of Agile Software Craftsmanship*. Pearson, 2008. (Traducción al español: *Código limpio: Manual de estilo para el desarrollo ágil de software*, Anaya Multimedia, 2012).
- Martin, R. C. *Clean Craftsmanship: Disciplines, Standards, and Ethics*. Addison-Wesley, 2021). (Traducción al español: *La artesanía del código limpio: Disciplinas, estándares y ética*, Anaya Multimedia, 2022).
- Martin, R. C. *Functional Design: Principles, Patterns, and Practices*. Addison-Wesley, 2023. (Traducción al español: *Diseño funcional: Principios, patrones y prácticas*. Anaya Multimedia, 2024).
- Martin, R. C. *The Clean Coder: A Code of Conduct for Professional Programmers*. Pearson, 2011. (Traducción al español: *El limpiador de código: Código de conducta para programadores profesionales*. Anaya Multimedia, 2019).
- Sussman, G. J., Abelson, H. y Sussman, J. *Structure and Interpretation of Computer Programs*. MIT Press, 1984.

Parte IV

El futuro

Predecir el futuro es difícil.

16

Los lenguajes

¿Con cuántos lenguajes trabajamos en la actualidad? Veamos si puedo enumerarlos:

C, C++, Java, C#, JavaScript, Ruby, Python, Objective-C, Swift, Kotlin, Dart, Rust, Elm, Go, PHP, Elixr, Erlang, Scala, F#, Clojure, VB, FORTRAN, Lua, Zig y, probablemente, varias docenas más.

¿Por qué? ¿Por qué hay tantos lenguajes diferentes? ¿De veras hay tantos casos de uso distintos para los lenguajes?

Por ejemplo, Java y C# son prácticamente idénticos. Sí, difieren en ciertos aspectos, pero, si da un paso atrás y los observa desde cierta distancia, son el mismo lenguaje. Lo mismo ocurre, en menor medida, con Ruby y Python, C y Go o Kotlin y Swift.

Por supuesto, entran en juego intereses comerciales. También hay algo de bagaje histórico implicado. Y, después, está el hecho de que, por lo visto, odiamos tanto cada lenguaje que utilizamos que siempre estamos buscando el santo grial de los lenguajes, el lenguaje para gobernarlos a todos y atarlos en las tinieblas.

Me parece que nuestra industria está atrapada en una rueda de hámster persiguiendo el lenguaje perfecto, pero sin llegar a ninguna parte.

Esto no siempre ha sido así. Hubo un tiempo en que cada lenguaje nuevo era diferente e innovador. Piense en las diferencias entre C, Forth y Prolog, por ejemplo. Esos eran lenguajes que tenían ideas. Pero, con el paso del tiempo, las diferencias entre los lenguajes nuevos se han reducido hasta el punto de acercarse a cero. ¿Es Kotlin realmente tan diferente de Swift? ¿Es Go tan distinto a Zig en realidad? ¿Hay algo que sea nuevo de verdad en cualquiera de esos lenguajes?

Sí, en los márgenes se pueden observar algunas diferencias y, quizá, el atisbo de una nueva idea. Pero, en su mayor parte, estos lenguajes y todos los nuevos no son más que reorganizaciones de ideas viejas. Me parece que nos estamos acercando al Eclesiastés de los lenguajes de software: "Vanidad de vanidades, todo es vanidad. Lo que se ha hecho se hará otra vez. No hay nada nuevo bajo el sol".

Vale, eso suena muy desalentador, pero hay otra forma de verlo. Lo que está pasándonos a nosotros ahora ha ocurrido antes en industrias diferentes.

Piense, por ejemplo, en la química. Ahora, los químicos tienen una manera estándar de representar las sustancias químicas. Hay varios estilos de notación estándar para las fórmulas químicas y las especificaciones de las reacciones. Cualquier químico entiende $2O_2 + CH_4 \rightarrow 2H_2O + CO_2$. Pero, en los primeros días de la alquimia, no había una nomenclatura estándar. Cada alquimista hacía lo que tenía ante sus ojos y escribía sus resultados con cualquier simbología arcana que se ajustase a sus necesidades.

O piense en el inglés. En los primeros días del inglés escrito, no había ortografías estándar. Los escritores utilizaban la ortografía que les pareciese mejor en ese momento, sin más. Así, en el siglo XIV, Chaucer escribió: "*Whan that Aprille, with his shorures sote, The droghte of March hath perced to the rote, And bathed every veyne in swich licour, Of which vertu engenered is the flour*".

Piense también en la electrónica. En sus primeros tiempos, no teníamos símbolos estándar para los condensadores, los reóstatos, las baterías, ni siquiera los cables. Los símbolos que utilizamos fueron estandarizándose con el tiempo de manera gradual.

La cuestión es que todas las disciplinas nuevas pasan por una explosión de ideas, notaciones y representaciones caótica pero necesaria, pero, cuando todo se asienta y se tiene la cabeza más fría, se llega a un consenso y surgen una ideología y una notación estándares. Y, una vez que eso ocurre, la torre de Babel se invierte y la comunicación entre profesionales y disciplinas aumenta. Y es entonces cuando se produce el progreso real.

Mi expectativa es que esto es lo que nos pasará a nosotros. Creo que, en algún momento de un futuro cercano,[1] prevalecerán las cabezas más frías y llegaremos, por fin, a un acuerdo para adoptar un conjunto muy pequeño de lenguajes, cada uno de ellos con su propio nicho particular de casos de uso. No me sorprendería si, de hecho, acabásemos reduciendo ese conjunto a un solo lenguaje. Me sorprendería incluso menos si ese lenguaje fuese un derivado de Lisp.

¡Imagine los beneficios de un solo lenguaje informático! Los empresarios no tendrían que ir buscando programadores que conozcan Calypso-lang. Libros, artículos e investigaciones podrían publicarse con código y cualquier programador los entendería. El número de marcos y bibliotecas se reduciría muchísimo. El número de plataformas a las que tendríamos que transferir nuestros sistemas también se reduciría.

Un único lenguaje sería una bendición considerable para los negocios de software, desde programadores a investigadores y usuarios.

En algún punto, saldremos de la rueda de hámster de los lenguajes informáticos.

Tipos

¿Deberían nuestros compiladores comprobar y aplicar los tipos de nuestros datos? ¿O los tipos de nuestros datos deberían comprobarse y aplicarse en tiempo de ejecución?

Este tira y afloja lleva décadas produciéndose, sin llegar a una resolución.

Es probable que los tipos entrasen en el mundo de la programación a través de FORTRAN. Las variables que empezaban por las letras de la I a la N eran enteros; el resto eran de coma flotante.

Las expresiones en FORTRAN eran, bien enteros, bien de coma flotante. Si intentábamos utilizar variables o constantes de tipos diferentes en una expresión, el compilador se quejaba.

C era un lenguaje no tipado. Sí, podíamos declarar el tipo de una variable, pero el compilador solo utilizaba esa declaración para la disposición de la memoria, la asignación de la memoria y las operaciones aritméticas. No usaba los tipos declarados para aplicar restricciones de tipos. Así, podíamos pasar un entero a una función que estaba esperando un número de coma flotante. El compilador

1. Según alguna definición de "cercano".

generaba ese código sin problema. En ejecución, ese programa tenía un comportamiento indefinido, lo cual significaba, por lo general, que funcionaba en el laboratorio, pero fallaba en producción.

Pascal y C++ eran lenguajes tipados estáticamente. El compilador comprobaba cada uso de un tipo declarado para asegurarse de que era apropiado. Esas restricciones reducían[2] mucho la incidencia del comportamiento indefinido.

Smalltalk, Lisp y Logo eran lenguajes tipados dinámicamente. Las variables no tenían tipos declarados. Los compiladores no aplicaban ninguna restricción de tipos. Los tipos se comprobaban en tiempo de ejecución y, si se descubría que eran inapropiados, el programa se finalizaba de una manera definida. No había comportamiento indefinido, pero podía sorprendernos una detención abrupta en tiempo de ejecución.

Java y C# son lenguajes tipados estáticamente. Ruby y Python son lenguajes tipados dinámicamente. Go, Rust, Swift y Kotlin son lenguajes tipados estáticamente. Clojure es un lenguaje tipado dinámicamente.

Y así una y otra vez. El péndulo se balancea de un lado a otro. Unas décadas preferimos los lenguajes tipados estáticamente, y otras los preferimos tipados dinámicamente.

¿Por qué no podemos decidirnos? La respuesta es que los lenguajes tipados estáticamente son difíciles y los tipados dinámicamente son fáciles. Los lenguajes tipados estáticamente son como rompecabezas. Cada pieza tiene que encajar en el lugar correcto, de la manera adecuada. Los lenguajes tipados dinámicamente son como ladrillos de LEGO o piezas de Tinkertoy. Es mucho más fácil encajar las piezas, pero, a veces, colocamos la pieza equivocada en el lugar incorrecto.

La solución a esto, en mi opinión, es un punto medio. La comprobación de tipos debería ser formal y estricta, pero debería realizarse en tiempo de ejecución cuando y donde los programadores decidan. Escribir pruebas unitarias exhaustivas, mediante una disciplina como el desarrollo guiado por pruebas, es una buena estrategia. También hay bibliotecas[3] excelentes que permiten la comprobación de tipos dinámicos completa en varios lenguajes.

Esto evitará que intentemos colocar la pieza equivocada en el lugar incorrecto, pero mantendrá la sensación de LEGO del lenguaje.

2. Pero no eliminaban este comportamiento.

3. A mí me gusta Clojure/spec.

Lisp

¿Por qué creo que Lisp es el resultado final probable de la consolidación de los lenguajes?

En primer lugar, Lisp es trivial a nivel sintáctico. Puedo escribir la sintaxis en una sola cara de una sola tarjeta de índice. La sintaxis de Lisp es casi literalmente nada más que (x y z...).

Uno de los sellos distintivos de nuestra colección de lenguajes actual es que todos tienen una sintaxis rica. Hay muchos trucos gramaticales que deben aprenderse. Esto hace que los lenguajes sean difíciles de aprender y aumenta mucho las posibilidades de cometer errores.

Una sintaxis pesada también obstaculiza el progreso de un lenguaje. Hay que añadir nuevas características a la sintaxis y la gramática del lenguaje, lo que lo hace aún más pesado y poco manejable.

Considere cómo ha cambiado la sintaxis de Java desde finales de los noventa. Piense en la sintaxis extraña de los genéricos y la sensación de que las lambdas se han añadido de manera forzada. En algún momento, estos lenguajes colapsan sobre sí mismos, sin más, en una implosión de gramática y sintaxis arcanas que oscurece las intenciones simples de los programadores.

La segunda cuestión sobre Lisp es que la parquedad de la sintaxis permite una expresividad de una riqueza extraordinaria. El lenguaje rara vez se interpone en el camino de lo que queremos decir. Esto es algo que debe experimentarse para entenderse del todo, pero aquí tiene un ejemplo simple:

```
(take 25 (squares-of (integers)))
```

En tercer lugar, Lisp no es un lenguaje de programación; es un lenguaje de descripción de datos con un tiempo de ejecución asociado que puede interpretar los datos descritos como un programa.[4] Todos los programas Lisp existen en el formato de datos del lenguaje. Los programas son datos y pueden manipularse como datos. Eso significa que podemos escribir programas que escriben y ejecutan otros programas sobre la marcha. También podemos escribir programas que se modifiquen a sí mismos sobre la marcha.

Este es un poder que se utilizó en los primeros días de la informática, antes de que pudiésemos permitirnos registros de índice o direccionamiento indirecto. Conservamos ese poder mientras programábamos en ensamblador, pero los

4. Dicho de otro modo, es una arquitectura de Von Neumann.

riesgos, al interactuar de una manera tan directa con el hardware, eran tan altos que apenas lo utilizábamos. Una vez que pasamos a lenguajes como C y Pascal, abandonamos ese poder sin darnos cuenta, en realidad.

Sin embargo, resulta que la capacidad de un programa para modificarse a sí mismo o escribir otros programas sobre la marca es muy poderosa, como bien sabe cualquier programador de macros Lisp. Ese poder amplía mucho la naturaleza expresiva del lenguaje. Y, cuando se utiliza en un entorno abstracto como Lisp, que no tiene una interacción directa con el hardware, también es bastante seguro.

Por último, Lisp es el lenguaje que se niega a morir. Hemos intentado matarlo varias veces, pero siempre acaba volviendo.

17

La IA

Todos los futurólogos están diciéndonos que estamos al borde del precipicio de una revolución de la IA. Predicen cambios y disrupciones y lanzan advertencias extremas sobre la pérdida de empleos, la pérdida de libertad y la destrucción definitiva de la humanidad. Es como si todos hubiesen visto *Terminator* demasiadas veces cuando eran jóvenes.

No, Skynet no va a despertar y a aniquilarnos a todos. No estamos ni siquiera cerca de producir una máquina que "despierte".

Eso no quiere decir que la IA, los modelos de lenguaje grandes (*large language models*, LLM), el *deep learning* y los datos masivos no sean tecnologías interesantes y fructíferas. Está claro que lo son, y es probable que sus efectos sobre nosotros sean significativos. Pero no hay nada sobrenatural en ellas y no van a acercarse a nada remotamente similar a la inteligencia y la creatividad humanas.

El cerebro humano

Por lo que sabemos, las actividades cognitivas del cerebro humano son el producto de la interacción de aproximadamente 16.000 millones de neuronas. Cada una de esas neuronas se conecta con muchos, muchos miles de otras neuronas, algunas cercanas y otras lejanas. Cada neurona es, en sí misma, un procesador de información maravillosamente complejo que se dedica sobre todo a los procesos químicos que mantienen la vida y la función de la neurona, pero también debe jugar un papel en el proceso cognitivo.

Cada neurona es un pequeño ordenador analógico que toma miles de señales de entrada y las convierte en una señal de salida que, a continuación, se transmite a cientos, por no decir miles, de otras neuronas. Las señales son de naturaleza analógica porque la información que llevan las señales que leen y producen está en la frecuencia de los pulsos que crean.

Así, si levantamos el dedo despacio, nuestro cerebro envía una secuencia de pulsos de baja frecuencia a los distintos músculos que controlan ese dedo. Cuanto más rápido queramos levantar el dedo, más alta será la frecuencia de los pulsos enviados a esos músculos.

Del mismo modo, si sentimos una ligera presión en la piel, es porque las neuronas sensoriales están enviando un torrente de pulsos de baja frecuencia a nuestro cerebro. Cuanto mayor sea la presión, más alta será la frecuencia de esos pulsos.

La traducción de las entradas de una neurona a su salida es una función compleja modificada de manera dinámica. Es muy probable que nuestra memoria y gran parte de nuestra capacidad muscular perceptiva y motora residan en esa modificación.

En resumen, nuestro cerebro es un conjunto interconectado de forma masiva de 16.000 millones de ordenadores, y todos ellos colaboran para hacer que usted sea usted.

Es difícil establecer una comparación entre un órgano tan complejo y nuestros microchips actuales, pero lo voy a intentar.

Los chips modernos son una maravilla en cuanto a su complejidad. Pueden contener más de 100.000 millones de transistores. La mayoría de ellos se dedican a actividades periféricas, como el almacenamiento en caché dinámico, el procesamiento gráfico, el control de USB, los códecs de vídeo, la RAM a corto plazo y una plétora de cosas.

Supongamos que solo 20.000 millones de transistores se dedican de verdad a la CPU en sí. Parece una suposición muy generosa teniendo en cuenta que el venerable chip Motorola 68000, de 1979, tenía (irónicamente) solo 68.000 transistores en total.

Cada uno de esos transistores es un interruptor bastante simple de encendido y apagado con dos entradas y una salida. Se comunican entre sí a través de un *bus* que permite que 64 transistores se comuniquen en cualquier momento dado, y pueden comunicarse 4.000 millones de veces por segundo. Un pequeño cálculo sugiere que la tasa de información es de 256.000 millones de bits por segundo. Más o menos. No está mal.

Sí, es una simplificación burda, pero tenga paciencia.

¿Cuántos bits lleva una neurona? No es, en realidad, una pregunta justa, porque las señales que las neuronas procesan son analógicas, pero, aun así, debe haber algún límite en la resolución. No sé cuál es ese límite, pero me parece que una suposición razonable serían 200 frecuencias distinguibles. Podría ser más o menos eso, pero, una vez más, tenga paciencia. Si las neuronas pueden llevar 200 frecuencias distinguibles, eso son unos 8 bits.

Las neuronas son dispositivos lentos. Reaccionan a los cambios en aproximadamente 10 ms. Eso son 100 cambios por segundo.

Entonces, ¿cuál es la tasa de información de un cerebro? Si cada neurona recibe señales de otras 5.000, cada neurona está integrando $5000 \times 8 \times 100$ o 4 millones de bits por segundo. Y, puesto que hay 16.000 millones de neuronas, eso son 128.000 billones de bits por segundo. Eso supone un rendimiento un millón de veces mayor que el del chip Apple M3.

Es probable que ese número esté muy equivocado. De hecho, creo que se queda corto respecto a la tasa de información real del cerebro, porque dudo que el procesador central del chip M3 utilice nada que se acerque a 20.000 millones de transistores, y no he tenido en cuenta la función de transformación compleja y modificada dinámicamente que está controlada por el procesador de información dentro de cada neurona, así que estoy tentado de dar al cerebro una ventaja de otros dos o tres órdenes de magnitud.

Pero vamos a dejar el factor de 1 millón como está. ¿Podríamos aproximarnos a la capacidad de procesamiento de un cerebro humano si acoplásemos un millón de chips M3 en una red de 100 Gb? No, porque la tasa de información de la red es de solo 100.000 millones de bits por segundo. Eso supone solo 10.000 bits por segundo por chip. Y eso significa que esos pobres chips M3 estarían hambrientos de bits; todos se verían ralentizados, más o menos, por la tasa pesada y trabada de la red.

En lo que respecta a los procesadores de información, lo que más importa es el número de interconexiones, no la frecuencia de reloj.

Bueno, ya basta, ya he dejado claro mi argumento. Nuestra tecnología actual no se acerca a la capacidad de procesamiento de información de un solo cerebro humano. Skynet no va a despertar. Las inteligencias artificiales no van a resolver el hambre en el mundo. Los LLM no van a quitarnos todos nuestros trabajos. Pero eso no quiere decir que no sean útiles.

REDES NEURONALES

Uno de los pilares fundacionales de la IA es la idea de las redes neuronales. Se llaman redes neuronales porque imitan parte de la arquitectura y las propiedades de las interconexiones y funciones de las neuronas en los sistemas biológicos.

La idea básica es que hay capas de nodos, y que cada nodo de la capa 1 está conectado a muchos nodos de la capa 2, mientras que cada nodo de la capa 2 está conectado a muchos nodos de la capa 3, y así sucesivamente. En los hemisferios cerebrales de los seres humanos, tiende a haber cuatro capas conectadas más o menos así.

Las interconexiones tienen pesos y esos pesos pueden alterarse de manera dinámica dependiendo de si la red tiene éxito según la función deseada. A menudo, el ajuste de estos pesos se denomina "entrenamiento".

En el caso más simple, cada nodo produce una salida numérica que depende de la suma de todas las entradas numéricas ponderadas. La información se introduce en el nivel N, que alimenta al nivel N-1, que alimenta al nivel N-2, etc., hasta que la salida llega al nivel 1.

Las redes simples pueden entrenarse así para hacer algunas cosas notables. Por ejemplo, podemos entrenar una red neuronal de cuatro capas para que reconozca dígitos escritos a mano codificados en un mapa de bits de 24 por 24 píxeles de 8 bits en escala de grises cada uno.[1] Una red así podría tener 784 (28 × 28) nodos de entrada, 512, 256 y 128 nodos en las capas intermedias y 10 nodos de salida, uno para cada dígito. Puede conseguirse con facilidad una exactitud de reconocimiento del 92 por ciento.

Procesar una imagen de 24 por 24 requiere una cantidad considerable de capacidad de procesamiento. Incluso en el caso más simple, necesitaría 1.780 multiplicaciones y sumas, y 1.006 comparaciones, por no mencionar las manipulaciones de

1. El conjunto de datos MNIST.

datos para ocuparse de los nodos y los bordes del grafo. Un ordenador moderno, una GPU o un hardware especialmente diseñado puede conseguir ese tipo de aritmética en fracciones pequeñas de un segundo.

Una exactitud del 92 por ciento está bastante bien para algunas aplicaciones. Obtener una mayor requeriría una red más grande y complicada. Pero no pasa nada, tenemos la memoria y la potencia computacional. Por tanto, el reconocimiento facial, el reconocimiento de objetos y la consciencia situacional no quedan fuera de la capacidad de estas redes.

Por otra parte, las redes neuronales pueden cometer errores. Toman decisiones basadas en pesos creados mediante un entrenamiento intenso, y esos pesos no pueden predecirse por adelantado. No hay una fórmula para determinar cuáles deberían ser los pesos. Lo único que podemos hacer es pasar un montón de datos por la red y esperar que hayamos cubierto todas las condiciones.

Entonces, cuando una red neuronal comete un error, ¿cómo sabemos lo que ha salido mal? ¿Podemos meternos en la red y ajustar solo un peso? ¿O tenemos que ajustarlos todos? Este último caso parece más probable, y eso hace que el problema de la depuración sea prácticamente irresoluble. Lo único que podemos hacer es volver a entrenar la red para que sea mejor y volver a la estrategia de la esperanza.

Así pues, aunque la herramienta es muy poderosa, tiene límites. Hay muchas situaciones en las que la esperanza no es una estrategia viable.

Parece claro que esta tecnología va a expandirse. Se creará nuevo hardware. Se inventarán nuevos algoritmos de aprendizaje. Se encontrarán mejores diseños de ponderación y transformación. Y eso será algo bueno, siempre y cuando recordemos también las limitaciones.

Crear redes neuronales no es programar

Aunque las redes neuronales funcionan bajo la dirección del software, la creación de redes neuronales no es programación. Diseñar y entrenar redes neuronales dimensionadas de manera adecuada para distintas aplicaciones tiene tanto que ver con la programación como con el diseño de un puente colgante. No es una actividad de programación. La generación de redes neuronales es un tipo de ingeniería muy diferente.

Los programas de hojas de cálculo los crean programadores, pero las hojas de cálculo en sí las crean contables. Los motores de redes neuronales los crean programadores, pero las redes neuronales las crean ingenieros de redes neuronales. Las redes neuronales no pueden existir sin software, pero el software puede existir sin redes neuronales.

Por tanto, aunque las herramientas que hay detrás de las redes neuronales son algo en lo que los programadores estaremos muy implicados, las redes neuronales en sí tienen poco que ver con el futuro de la programación. Son solo una de las muchas aplicaciones de las que estaremos ocupándonos en el futuro.

Cuando contrata a un programador para escribir un programa, no piensa que va a "tener la esperanza"[2] de que el programa funcione. Contrata a un programador para que le proporcione un programa que genere resultados seguros. El recurso de un programador es el determinismo. Nosotros, los programadores, no trabajamos con esperanzas;[3] trabajamos con verdades binarias. Los sistemas que creamos son deterministas. Puede que otros utilicen las salidas deterministas de los sistemas que producimos como representación de la esperanza, pero esas salidas no dejan de ser deterministas. Trabajamos con hechos definidos sin ambigüedades. Utilizamos esos hechos para crear herramientas deterministas que ayudan a otros en su lucha con las nubes amorfas de la ambigüedad.

Modelos de lenguaje grandes

Cuando mezclamos una red neuronal pequeña[4] de 4 bits, un bonito algoritmo de cadena de Markov, el contenido de la Biblioteca del Congreso, todas las páginas de la web y todos los artículos de investigación de todas las bibliotecas universitarias, podemos obtener resultados bastante sorprendentes.

Sorprendentes, pero no necesariamente inteligentes.

O, quizá, debería decir que los resultados son inteligentes a veces, pero no creativos ni únicos. Y, si los resultados son inteligentes, no se debe a una inteligencia innata dentro del software del LLM. Más bien, cualquier inteligencia que perciba será necesariamente el resultado de la inteligencia de los escritos en los que se basa el LLM.

---

2. Hay muchas esperanzas puestas en los plazos y el presupuesto, pero hay una sola definición de "programa que funciona" (bueno... esperemos).
3. ¡Eso espero, desde luego!
4. Según alguna definición de "pequeña".

Verá, un LLM es un ejemplo excelente de GIGO (*garbage in, garbage out*, entra basura, sale basura). Si, por ejemplo, entrenase software de LLM utilizando los escritos de criminales, obtendría una salida muy criminal. Si lo entrenase con los escritos de maníacos genocidas, obtendría como salida mucha manía genocida. Y si lo entrena con los escritos de personas relativamente inteligentes, recibirá como salida una inteligencia relativa (a veces).

Pero en ningún caso recibirá nada único ni creativo.

Por ejemplo, pedí a un famoso LLM que dijese algo sabio. Su respuesta fue:

```
La vida es un viaje donde la belleza no solo está en llegar al destino, sino también
en saborear cada paso del camino. Abraza las lecciones, atesora los momentos y
encuentra la sabiduría en el tapiz de experiencias que dan forma a tu historia única.
```

Si no está poniendo los ojos en blanco, es probable que tenga menos de 30 años. ¿La vida es un viaje? ¿En serio? Bueno, vale, sí, pero esa vieja metáfora lleva muchos, muchos años utilizándose y ya se ha hecho un hueco en nuestras mentes (si tenemos más de 30 años).

Le pedí al mismo LLM que dijese algo único y dijo:

```
En la sinfonía de la existencia, cada individuo es una nota y contribuye a una melodía
única en la grandiosa composición del universo. Abraza la rareza de tu propia canción,
porque es en la armoniosa diversidad de todas las notas donde se revela la verdadera
belleza de la música de la vida.
```

Lo sé. Lo siento por sus músculos oculares. Se le deben quedar bastante doloridos después de eso. Pero bueno, haga una búsqueda en DuckDuckGo de "En la sinfonía de la existencia" y verá lo única que era esa afirmación.

Es bastante fácil convencernos de que los LLM no son inteligentes. Las respuestas a las dos preguntas anteriores no pasan la prueba de Turing. Ningún humano inteligente de más de 30 años habría respondido así a esas preguntas, a menos que estuviese haciendo un *sketch* cómico sobre los modelos de lenguaje grandes.

Eso no quiere decir que los LLM no sean útiles. Está claro que lo son. A menudo, son una alternativa mejor a un motor de búsqueda. Por ejemplo, le pregunté: "¿Quién escribió: 'En la sinfonía de la existencia, cada individuo es una nota'?". Y respondió:

```
Yo.
```

¡No! ¿De verdad? ¿Se lo imagina? Nunca lo hubiese adivinado. (Cierre los ojos y apriétese las sienes unos segundos. Eso debería reducir el dolor).

Entonces, le pregunté: "¿Quién escribió sobre la sinfonía de la vida?".

Y me dijo que era una:

```
metáfora común utilizada por varios escritores, filósofos y oradores a lo largo de los
años.
```

Sí, ya lo sé. Gracias.

Pero ya basta de tonterías. Vamos a hacer algo útil con él: "Escribe un programa Java para calcular 50!". Mire usted por dónde, respondió:

```
¡Por supuesto! Calcular el factorial de 50 (50!) es un número grande y puede que no se
ajuste a los tipos de datos estándar como int o long. Por tanto, es común utilizar un
tipo de datos con precisión arbitraria, como BigInteger en Java. Este es un programa
Java simple para calcular 50! utilizando BigInteger:

import java.math.BigInteger;
public class FactorialCalculator {
   public static void main(String[] args) {
      int n = 50;
      BigInteger result = calculateFactorial(n);

      System.out.println(n + "! = " + result);
   }
   private static BigInteger calculateFactorial(int n) {
      BigInteger factorial = BigInteger.ONE;
      for (int i = 1; i <= n; ++i) {
         factorial = factorial.multiply(BigInteger.valueOf(i));
      }
      return factorial;
   }
}

En este programa:

• Utilizamos la clase BigInteger para manejar números grandes.
• El método calculateFactorial itera de 1 a 50, multiplicando el valor actual de
  factorial por el bucle variable en cada paso.
• El resultado final se imprime en la consola.

Compila y ejecuta este programa Java para ver el valor de 50! impreso en la consola.
Ten en cuenta que el resultado será un número muy grande.
```

Vale, si ignoramos el texto molesto y redundante de las viñetas al final, es bastante impresionante. Compilé y ejecuté ese programa e imprimió:

```
50! =
    30414093201713378043612608166064768844377641568960512000000000000
```

¿Cree que el LLM escribió ese código? ¿O encontró ese código en alguna parte de Internet y lo reprodujo sin más? ¿O fue algún tipo de combinación de ambas cosas?

Es más probable que fuese lo último que lo primero, aunque no pude encontrar una copia exacta, así que es probable que el LLM lo armase. Supongo que este LLM en particular está entrenado especialmente en Java y, por desgracia, el estilo de viñetas de la documentación del programa.

Vamos a probar con algo un poco más difícil: "Escribe un programa Java que multiplique su entrada por una sucesión de cada dos números primeros y cuente el número de multiplicaciones hasta que el producto supere un billón".

```
import java.util.ArrayList;
public class PrimeMultiplication {

   public static void main(String[] args) {
      long input = 2; // Entrada inicial
      long limit = 1_000_000_000_000L; // Billón
      int primeIndex = 0;

      while (input <= limit) {
         input *= getNextPrime(primeIndex);
         primeIndex += 2; // Mover a cada dos números primos
      }

      System.out.println("Final product: " + input);
      System.out.println("Number of multiplications: " + (primeIndex / 2));
   }

   private static long getNextPrime(int index) {
      ArrayList<Long> primes = new ArrayList<>();
      long num = 2;

      while (primes.size() <= index) {
         if (isPrime(num)) {
            primes.add(num);
         }
         num++;
      }
```

```
        return primes.get(index);
    }

    private static boolean isPrime(long num) {
        if (num < 2) {
            return false;
        }
        for (long i = 2; i <= Math.sqrt(num); i++) {
            if (num % i == 0) {
                return false;
            }
        }
        return true;
    }
}
```

Debo decir que estoy bastante sorprendido de que el LLM fuese capaz de analizar sintácticamente mi consulta e interpretarla de manera lo bastante correcta para generar código que funcione de verdad. También estoy bastante sorprendido por lo horrible que es ese código. Quiero decir, prueba el número 4 para ver si es primo. Recrea todos los números primos hasta el índice para cada multiplicación. Este código no lo escribió ningún programador cuerdo. Lo escribió una máquina que estaba cortando y pegando código de distintas fuentes y poniéndolo todo junto. ¿Impresionante? Sí.

¿Inteligente? No.

Un ejemplo más: "Escribe un programa Java que imprima el 97.º dígito de pi".

```
import org.apache.commons.math3.analysis.function.Constant;
import org.apache.commons.math3.util.FastMath;

public class PiDigit {

    public static void main(String[] args) {
        // Obtener el 97.º dígito de pi
        int digitIndex = 97;
        char piDigit = getPiDigit(digitIndex);

        System.out.println("The 97th digit of pi is: " + piDigit);
    }

    private static char getPiDigit(int digitIndex) {
        // Calcular pi utilizando Apache Commons Math
        double pi = FastMath.PI;
```

```
        // Convertir pi en una cadena y obtener el dígito deseado
        String piString = Double.toString(pi);
        return piString.charAt(digitIndex);
    }
}
```

Vale, no. Eso no va a funcionar. De nuevo, ningún programador cuerdo sugeriría siquiera una solución como esta. Y esa es la cuestión. El LLM no es un programador cuerdo. El LLM no está cuerdo en absoluto. De hecho, aplicar la palabra "cordura" a un LLM es un error categorial. Los LLM no están ni cuerdos ni locos, porque no son conscientes.

Pero aún pueden ser útiles: "¿Cuál es el código octal para **Ctrl-L**?".

```
El código octal para el carácter Ctrl-L (Control-L) es \f o \014. El carácter Ctrl-L
representa el carácter de control de salto de página, que se utiliza para varios
propósitos dependiendo del contexto, como saltos de página en impresoras o limpiar la
pantalla en emuladores de terminal.
```

Vale, demasiada información, pero, en esencia, es correcto. Por otra parte, el código octal para **Ctrl-L** no es `\f`. De hecho, ni siquiera es `\014`. Es solo 14_8. No he pedido la representación en C del código; solo quería saber el número octal. A veces, la especificación excesiva puede desinformar tanto como la especificación insuficiente.

Vamos a probar otra cosa: "¿En qué año se firmó la Carta Magna?".

```
La Carta Magna, también conocida como la Gran Carta, se firmó el 15 de junio de 1215,
durante el reinado del rey Juan de Inglaterra. Fue un documento histórico que recogía
ciertos derechos legales y limitaba los poderes de la monarquía. La forma de la Carta
Magna se produjo en Runnymede, cerca de Windsor, y desempeñó una función importante
en el desarrollo del derecho constitucional y la protección de las libertades
individuales.
```

Otra vez hay demasiada información. Me habría dado por contento con "1215". Por favor, que no me den un párrafo cuando pido una fecha.

"En Clojure, ¿cómo transpongo una tabla de dos dimensiones?".

```
En Clojure, puedes utilizar la función map junto con la función apply para transponer
una tabla bidimensional. Aquí tienes un ejemplo simple:
(defn transpose [table]
  (apply map vector table))

(def example-table
  [[1 2 3]
   [4 5 6]
```

```
    [7 8 9]])

(def transposed-table (transpose example-table))

(println "Original Table:")
(doseq [row example-table]
   (println row))

(println "Transposed Table:")
(doseq [row transposed-table]
   (println row))
```

```
En este ejemplo, la función transpose toma una tabla de dos dimensiones como entrada
y utiliza map y vector para transponerla. La tabla transpuesta resultante se imprime
después para una demostración.

Asegúrate de adaptar este código para que se ajuste a la estructura de tu tabla de dos
dimensiones específica si es necesario.
```

Sí, ese patrón está recién sacado de Stack Overflow. Demasiada información. Sinceramente, no necesito el ejemplito ese y el comentario del final es igual de inútil.

Sí, es bastante útil como motor de búsqueda, pero no como un autor cuerdo. La salida de los LLM no pasa la prueba de Turing. Si presenta su salida como si la hubiese escrito un ser humano, le pillarán. Incluso los LLM "saben" que:

"Escribe un párrafo acerca de por qué pillarán a una persona que presente la salida de un LLM como si la hubiese escrito un ser humano".

```
Presentar la salida de un LLM como si la hubiese escrito un ser humano supone un
riesgo debido a las características distintivas inherentes en el texto generado
mediante IA. Aunque un LLM destaca en la generación de respuestas coherentes y
relevantes a nivel contextual, carece de la comprensión matizada y la experiencia
personal que posee un escritor humano. De modo ocasional, las respuestas pueden
mostrar inconsistencias, falta de conocimientos sobre el mundo real más allá del
límite de sus datos de entrenamiento o patrones inusuales que lectores o evaluadores
atentos podrían identificar. Además, el LLM podría generar inadvertidamente
información u opiniones desfasadas o incorrectas. Es más, la falta de una voz
personal consistente y la ausencia de la perspectiva de un individuo genuino podría
despertar sospechas. En situaciones en las que la autenticidad y la credibilidad son
primordiales, presentar la salida de un LLM como si hubiese sido generada por un
humano puede suponer un riesgo de exposición, lo que enfatiza la importancia de la
transparencia en la comunicación del uso de contenido generado mediante IA.
```

La DISRUPCIÓN de los modelos de X grandes

No es difícil extrapolar desde los LLM a modelos de música grandes, o modelos de arte grandes, o modelos de discursos políticos grandes. La idea básica es la misma. Mezcle una red neuronal pequeña con una cadena de Markov pequeña y cree un modelo interconectado gigante integrando la enorme cantidad de contribuciones humanas disponibles en Internet y puede tener cualquier LxM que quiera.

¿Van a ser estos LxM disruptivos? Claro. Al menos hasta cierto punto. La gente va a intentar utilizarlos para todo tipo de fines, desde poner a actores fallecidos en películas modernas a crear el nuevo gran éxito de los Beatles ¿Y por qué no deberían?

Bueno, habrá algunas cuestiones legales que tratar sobre el tema. Es probable que los herederos de Fred Astaire tengan algo que decir sobre un nuevo vídeo musical en el que aparezca Cleopatra bailando en el techo con *old Gum*[5] mientras cantaban un dueto. Pero, al final, todo eso se resolverá, y veremos líneas en los créditos de las películas que reconozcan las contribuciones de las herencias del reparto generado por IA.

¿Van a reemplazarnos los LCM?[6] Espero que algunos de los fragmentos de código que le he mostrado le quiten esa idea de la cabeza. Sí, los LCM serán cada vez mejores. Sí, su papel como programador cambiará como resultado. Pero ese cambio no lo sustituirá.

Los LCM son herramientas, del mismo modo que C es una herramienta, igual que Clojure es una herramienta, e igual que cualquier IDE es una herramienta. Y las herramientas deben ser utilizadas por humanos.

Recuerde que los programadores originales que escribían código en binario tenían mucho miedo de que el compilador A0 de Grace Hopper, con lo horriblemente primitivo que era, los sustituyese. Y, de hecho, ocurrió lo contrario. Cuando la herramienta mejoró, creció la demanda de programadores.

¿Por qué? ¿Por qué la demanda de programadores parece crecer sin límite? ¿Por qué el número de programadores en el mundo se duplica cada cinco años?

La respuesta es, simplemente, que no hemos agotado en absoluto los usos que pueden darse a los ordenadores. El número de aplicaciones potenciales es mucho mayor que el número de aplicaciones existentes.

5. Pregunté a un LLM el apodo de Fred Astaire.

6. Modelos de código grandes, como Copilot.

Pero ¿qué hay en los humanos que los LCM no podrían sustituir? Al fin y al cabo, si los LCM son lo bastante buenos, las personas que quieran aplicaciones nuevas solo tendrán que pedir a los LCM que las escriban; ¿no lo harán?

Para nada. Y he explicado el porqué en la sección "¿Por qué estamos aquí?" al principio de este libro. Somos los gestores de detalles. Y da igual lo listos que se vuelvan la IA y los LCM, siempre habrá detalles que no podrán gestionar, y ahí es donde entramos nosotros.

Puede que, algún día, dirijamos los LCM utilizando el lenguaje natural. Puede que señalemos la pantalla y digamos: "Mueve este campo a la derecha un cuarto de pulgada y cambia el fondo a un gris claro". Puede que incluso digamos cosas como: "Reorganiza esta pantalla para que se parezca más a las pantallas de la aplicación Whoop-de-Doo". Quizá utilicemos muchos gestos y notaciones y simbología nuevos. Pero seguiremos siendo los programadores, porque somos los que se ocupan de los detalles. Y siempre, siempre habrá detalles.

18

El hardware

El hardware en el que se ejecuta nuestro software ha cambiado de manera drástica desde los primeros días de la informática. Hoy es 17 de diciembre de 2023. Se ha tardado menos de dos siglos en llegar hasta aquí desde la gigantesca e inacabada Máquina Diferencial. Han pasado solo 80 años desde el mastodonte electromecánico Harvard Mark I, 71 años desde el UNIVAC I, 60 años desde el IBM 360, 54 años desde el PDP-11, 40 años desde el Macintosh, 35 años desde el ordenador portátil, 20 años desde el iPod, 17 desde el iPhone, 13 desde el iPad y 9 desde el Apple Watch.

Es posible calcular el enorme aumento de la capacidad computacional representada por ese periodo de 200 años. Pero esas cifras no tendrían sentido para nosotros, porque quedan fuera de cualquier escala que pueda concebir un ser humano. El número de multiplicadores es demasiado amplio. Pero voy a intentarlo.

Piense en la Máquina Diferencial. Podía realizar seis restas en un segundo. Mi portátil es mil millones de veces más rápido. Eso es 1×10^9.

La Máquina Diferencial podía almacenar seis números. Mi portátil puede almacenar eso multiplicado por 300.000 millones. Eso es 1×10^{11}.

La Máquina Diferencial habría pesado unos 3.600 kilos. Mi portátil pesa 1,8[1] kilos. Eso es 2×10^3.

1. Según ChatGPT.

Es probable que la Máquina Diferencial hubiese costado 25.000 libras en 1820. Solo ese peso en plata valdría unos 10 millones de dólares hoy, y el poder adquisitivo es más del orden de 3 millones de dólares. Mi portátil cuesta unos 3.000 dólares. Eso es 1×10^3.

Ya hemos llegado a 25 órdenes de magnitud y no hemos tenido en cuenta la facilidad de uso, el coste de las operaciones, el coste del mantenimiento y otros muchos factores que no puedo ni imaginar.

¿Cómo de grande es 1×10^{25}? Bueno, es muy muy grande. Si dispusiésemos esa cantidad de átomos de carbono, de extremo a extremo, abarcarían una distancia de unas 100 unidades astronómicas, más o menos donde está ahora mismo el Voyager 2.

La cuestión es que el cambio en la capacidad computacional es nada menos que astronómico, pero esa tasa de crecimiento se ha ralentizado.

LA LEY DE MOORE

Hace sesenta años,[2] George Moore, el director de I+D en Fairchild Semiconductor, predijo que el número de componentes en los chips semiconductores se multiplicaría por 2 cada año. Cada año desde entonces, esa regla se ha mantenido, más o menos. En 1968, un transistor medía 20 µm. Ahora estamos acercándonos a 2 nm. Al elevar al cuadrado esa diferencia para obtener la densidad, obtenemos un incremento de 1×10^8 o $\sim 2^{27}$. Eso implica que la densidad solo se ha duplicado una vez cada dos años. Sin embargo, los chips en sí se han vuelto más grandes en ese periodo, así que el aumento del número real de componentes se aproxima más a la estimación de Moore.

¿Continuará esto? Quién sabe. La gente puede ser bastante inteligente, pero abundan los retos. Un cable de 2 nm de diámetro solo tiene unos 20 átomos de ancho y es una longitud de onda que queda muy dentro de la parte de rayos X del espectro. A esa distancia, los efectos del túnel cuántico pueden degradar el "aislamiento"[3] entre los cables. Basta con decir que parece que el límite final de la densidad parece estar bastante cerca.

2. 1965.

3. ¿Podemos hablar siquiera de "aislamiento" en esa escala?

Las frecuencias de reloj, por su parte, dejaron de crecer hacer 20 años. Llegaron a unos 3 GHz y, después, chocaron con un muro físico. La realidad no ha cambiado en 20 años y no parece probable que cambie en el futuro. Así pues, parece que estamos atascados en los 3.000 millones de operaciones por segundo.

Eso significa que, para aumentar la capacidad computacional bruta, vamos a tener que incrementar el número de ordenadores y averiguar cómo conectarlos de una manera eficiente. Esa es la razón por la que hemos visto múltiples núcleos en chips de procesadores y también una de las razones principales por las que la computación en la nube se ha vuelto tan importante.

Núcleos

Durante un tiempo, pensábamos que el número de núcleos en un procesador se duplicaría cada año, más o menos. Al principio, vimos los chips de doble núcleo y, después, los chips de cuatro núcleos, pero el crecimiento exponencial de los núcleos no se ha producido. Hay varias razones para esto, pero quizá la más significativa sea que esos núcleos deben comunicarse mediante un *bus* interno que también está limitado a 3 GHz. El almacenamiento en caché puede mitigar, pero no eliminar, esta limitación. Además, el uso de algoritmos paralelos no es trivial y, a menudo, no es posible.

La nube

Los ordenadores en la nube tienen un tipo de limitación similar. Deben compartir información a través de la red. Una red de 400 Gbps es bastante rápida, pero se comparte entre varios ordenadores. Y el problema del paralelismo sigue existiendo.

La meseta

Todos estos factores sugieren que estamos en una asíntota o que estamos acercándonos a ella. La capacidad computacional bruta puede aumentar con el número de ordenadores físicos, pero la capacidad computacional accesible para cualquier aplicación dada puede estar acercándose a un límite. Puede que haya aplicaciones más allá de la capacidad de nuestras amplias redes de máquinas con arquitectura de Von Neumann.

Pero quizá los ordenadores cuánticos vengan al rescate.

ORDENADORES CUÁNTICOS

El universo es un ordenador gigante. No, no me refiero a que todos seamos juguetes en un videojuego trascendente para adolescentes, sino a que el universo funciona según leyes físicas que operan en tiempo real. El universo, a través de esas leyes físicas, determina las respuestas a preguntas a cuya resolución tendríamos que dedicar millones de horas de computación en la nube de simulación.

Por ejemplo, el universo resuelve el problema de la gravitación de múltiples cuerpos del sistema solar en tiempo real. ¿No estaría bien que pudiésemos utilizar el universo como un ordenador para resolver nuestros problemas?

Por supuesto, hemos utilizado esa estrategia muchas veces en el pasado. Los ordenadores analógicos simplemente utilizan las leyes físicas del universo que son análogas a los problemas que queremos resolver. Lo único que tenemos que hacer, en un ordenador analógico, es establecer esas leyes análogas para resolver nuestros problemas y, después, dejarlas actuar.

Eso es un poco más difícil de lo que parece y tiende a hacer que cada ordenador analógico sea específico para determinados tipos de problemas. Los ordenadores analógicos no son máquinas para propósitos generales. Sería extraordinariamente difícil, por ejemplo, configurar un ordenador analógico para que se comportase como un procesador de texto. De hecho, hace falta un ordenador analógico con la complejidad del cerebro humano para concebir siquiera un procesador de texto.

Los ordenadores cuánticos son similares a los ordenadores analógicos. La idea es determinar un problema que sea análogo a la manera en que se conforman las partículas cuánticas y, después, hacer que las partículas cuánticas resuelvan ese problema.

Esto también suena más fácil de lo que es. En primer lugar, es difícil (muy difícil) mantener los estados cuánticos necesarios. Suele requerir temperaturas cercanas al cero absoluto y niveles muy altos de vacío. En segundo lugar, no es fácil en absoluto configurar un dispositivo que sea capaz de combinar N partículas cuánticas de manera que mantenga sus estados cuánticos durante cualquier cantidad de tiempo útil. Por último, hay relativamente pocos problemas que se presten a soluciones cuánticas. Entonces, ¿por qué nos interesan tanto los ordenadores cuánticos?

Las leyes de la mecánica cuántica ofrecen una posibilidad prometedora.

Las partículas cuánticas pueden existir en una superposición de estados. Si establecemos una partícula en una superposición de estados de entrada y sometemos a esa partícula a un proceso físico que altera su estado, la partícula resultante estará en una superposición de todos los estados de salida posibles. Eso es paralelismo, con una trampa. Sí, con una sola operación, podemos convertir N estados de entrada en superposición en N estados de salida en superposición; pero, cuando medimos el estado de salida de la partícula, la superposición se colapsa y solo se revela uno de los posibles estados de salida. Así pues, un ordenador cuántico debe configurarse para sacar partido con inteligencia del paralelismo inherente sin medirlo. Eso no es moco de pavo.

Tal vez un día veamos ordenadores cuánticos que puedan ser útiles para resolver algunos problemas interesantes, pero los ordenadores cuánticos no son la panacea que hará que la capacidad computacional recupere el crecimiento exponencial que vimos en la primera mitad del siglo XX.

19

La web

Han pasado tres décadas desde el nacimiento de la *World Wide Web*. En ese tiempo, ha pasado de ser un simple protocolo orientado a objetos a convertirse en un mastodonte masivo controlado con JavaScript/HTML/CSS que todos conocemos y fingimos amar.

Pero es horrible, ¿no? Me refiero a que lo que queremos hacer en la web y lo que las herramientas que utilizamos nos permiten hacer son dos cosas muy diferentes.

La web nació para compartir texto; hoy en día, eso es lo último que queremos hacer. No necesitamos otro lenguaje de marcado. No necesitamos conocer las hojas de estilo. Todo lo que queremos es lo que está más allá del HTML.

El futuro de la web, desde mi punto de vista, se basará en el procesamiento distribuido simple. Cargaremos programas en nuestras estaciones de trabajo que se comunican con servidores utilizando un bonito lenguaje de datos.

Muchos sitios web funcionan más o menos así en la actualidad. Enviamos JavaScript a los navegadores web y nos comunicamos con servidores utilizando JSON. Más o menos.

Yo visualizo algo bastante diferente. Creo que, al final, tendremos motores Lisp ejecutándose en nuestras estaciones de trabajo y en nuestros servidores, y el formato de los datos intercambiado entre ellos será Lisp. Porque, recuerde, Lisp no es un lenguaje de programación, sino un lenguaje de formato de datos con un motor que puede interpretar esos datos como un programa. Siempre y cuando todos los nodos de la red estén de acuerdo con ese formato de datos y ese motor, podrán compartir datos y programas igualmente.

Eso significa que no habrá diferencias entre el entorno web y el entorno de escritorio. De hecho, la distinción desaparecerá. No utilizará su navegador favorito, porque los navegadores no existirán. No tendrá que enredar con HTML, CSS o JSON, porque esas cosas tampoco existirán. Estará solo ejecutando programas en su estación de trabajo y en servidores sin ninguna línea divisoria obvia.

En resumen, la web desaparecerá de nuestra percepción. Piense, por ejemplo, en los sesenta.

Cuando yo era un chaval, un teléfono era un dispositivo que se colocaba en un escritorio o en una pared. Tenía un número de teléfono que estaba asociado a nuestra casa. Yo no tenía un número de teléfono; lo tenía mi casa.

Hablar por teléfono me limitaba a una ubicación geográfica específica. De hecho, me limitaba a un área de unos 3 metros de diámetro. Al fin y al cabo, el teléfono estaba unido a la pared y la longitud del cable era relativamente corta. Mi padre equipó nuestros teléfonos de las paredes con cables ultralargos para que pudiésemos llegar a cualquier parte de la cocina mientras hablábamos por el teléfono de la cocina, aunque teníamos que dejar el teléfono si queríamos abrir armarios que estaban lejos.

El teléfono se dividía en dos partes: la base y el auricular. Nos llevábamos el auricular a la oreja y la boca y la base permanecía en la pared o en la mesa.

Cuando sonaba el teléfono, ¡era emocionante! No sabíamos quién era. Para saber quién llamaba, había que responder y decir: "¿Dígame?". Por tanto, cuando el teléfono sonaba, responder era una prioridad. Podría ser importante.

Podía ser la abuela, mi amigo Tim..., así que, cuando sonaba el teléfono, dejábamos lo que estuviéramos haciendo para responder.

Memorizábamos números de teléfono. Nos sabíamos los de todos nuestros amigos. Nos sabíamos los de los negocios a los que llamábamos con frecuencia. Mi padre utilizaba una máquina para hacer etiquetas y ponía los números de la mayoría de nuestros amigos y los negocios a los que llamábamos a menudo en la pared de la cocina. También teníamos guías telefónicas enormes con una lista de números de cualquier persona y cualquier negocio de nuestra área de cobertura telefónica.

Esa área de cobertura telefónica estaba definida por nuestra central telefónica y nuestro prefijo. La cantidad que se cobraba dependía de la distancia a la que llamásemos. Si llamábamos dentro de nuestra central telefónica, el coste era mínimo. Llamar fuera de nuestra central telefónica era una llamada con tarifa especial que costaba bastante más. Llamar fuera de nuestra área era una llamada de larga distancia y podía resultar carísimo. Una llamada de muy larga distancia, por ejemplo, de Chicago a San Francisco (donde vivía mi abuela) requería que el operador participase y crease una conexión de circuitos especial. Esas llamadas eran muy muy caras, y la calidad era bastante baja.

También teníamos televisiones en 1960. Eran electrodomésticos relativamente grandes que se ponían en el suelo o en una mesa en una o dos habitaciones de nuestras casas. Por lo general, había una en la sala de estar y tal vez otra en el dormitorio principal.

La resolución era baja, había todo tipo de interferencias y había que pensar en la dirección en la que apuntaba la antena. Teníamos un dispositivo pequeño que rotaba la antena en nuestro tejado para poder recibir Chicago o Milwaukee.

Teníamos cinco canales: WGN, ABC, NBC, CBS y PBS. Los emitían las emisoras locales. Los programas se emitían a horas muy específicas en canales muy concretos, que se recogían en una lista en *TV Guide*, una revista a la que podíamos suscribirnos y que se publicaba cada semana. Había que encender la televisión antes de que empezase el programa y esperar ahí hasta que comenzase. Si otra persona quería ver un programa que se emitiese a la misma hora, tenía que utilizar una televisión diferente. Ha habido muchas peleas entre hermanos por hacerse con el control de la televisión.

En la actualidad, nosotros tenemos un número de teléfono. Se mueve con nosotros. Donde quiera que vayamos, nuestro número de teléfono nos sigue, porque llevamos el teléfono encima.

En realidad, no pensamos mucho en números de teléfono, porque llevamos una agenda telefónica en el teléfono. Solo tenemos que decirle: "Llama a Bob". Tampoco pensamos mucho en la distancia. Vale, debemos tener cuidado si llamamos a otro país, pero los prefijos ya no significan nada; son solo parte del número de teléfono.

Si queremos que nos traigan una pizza, le decimos a Siri que llame a la pizzería. Si queremos averiguar que la tienda local de una cadena tiene una marca de helado, le decimos a Siri que llame a esa tienda concreta en nuestra ciudad.

Todavía conocemos la existencia de los números de teléfono, pero, la mayor parte del tiempo, los ignoramos. Tenemos la expectativa de que, al final, todos acabarán desapareciendo de nuestra percepción.

Vemos la televisión en el teléfono. Por lo general, no tenemos que esperar a que emitan el programa; seleccionamos el programa que queremos ver y lo vemos. Tres hermanos sentados en un sofá pueden estar viendo tres series diferentes en sus teléfonos mientras comen palomitas del mismo bol.

Lo importante de este ejemplo es que, en los sesenta, la infraestructura dominaba la aplicación. Los números de teléfono, los teléfonos, la programación en televisión y las televisiones en sí mismas eran todo parte de la estructura. No había una buena forma de separar la infraestructura de la aplicación.

Hoy en día, las aplicaciones están separadas casi por completo de la infraestructura. No somos conscientes de las torres de telefonía. No somos conscientes de las redes de telecomunicaciones masivas. La mayoría de los usuarios no tienen ni idea de cómo funciona todo eso. La infraestructura ha desaparecido de nuestra percepción.

Esto es lo que ocurrirá con la web. La infraestructura de la web es, en la actualidad, muy evidente. Utilizamos navegadores y tecleamos o hacemos clic en URL; vemos tablas y fuentes reconocibles. Toda esa infraestructura acabará desapareciendo de nuestra percepción. Para que eso ocurra, HTML, CSS e incluso los navegadores tendrán que desvanecerse. Lo que quedará serán programas que se ejecutarán en ordenadores que se comuniquen entre sí, y espero que todo sea en Lisp.

20

La programación

¿Cómo va a ser la programación en el futuro? ¿La sustituirá la IA? ¿Seremos al fin capaces de programar dibujando diagramas en vez de escribiendo código? ¿Llevaremos monóculos de realidad aumentada y dictaremos código de manera subliminal mientras estamos sentados en sillas de masaje tomando batidos de kale y setas?

Mi mejor conjetura acerca de cómo será la programación dentro de 50 años es mirar cómo era la programación hace 50 años. Hace 50 años, en 1973, estaba escribiendo sentencias `if`, bucles `while` y sentencias de asignación en archivos de texto y, después, compilándolos y probándolos. Por tanto, puedo asumir que, dentro de 50 años, si vivo hasta los 120 y sigo programando, estaré escribiendo sentencias `if`, bucles `while` y sentencias de asignación en archivos de texto y compilándolos y probándolos.

Si pudiese hacerle volver atrás en el tiempo 50 años, le sentase delante de mi estación de programación y le mostrase cómo editar, compilar y programas, usted sería capaz de hacerlo. Le horrorizarían el hardware primitivo y el lenguaje rudimentario, pero sería capaz de escribir el código.

Del mismo modo, si alguien me transportase a dentro de 50 años y me enseñase cómo utilizar las herramientas de programación de esa época, creo que sería capaz de escribir el código.

El hardware de hace 50 años era mucho más primitivo que MacBook Pro, pero durante los últimos 50 años hemos estado trazando la curva exponencial de la ley de Moore. Creo que hemos llegado al final de esa curva, así que dudo que en los próximos 50 años veamos una mejora de más de 20 órdenes de magnitud respecto a la que experimenté en los últimos 50. Sin embargo, estoy seguro de que el hardware seguirá mejorando, incluso si lo hace a un ritmo menor que el exponencial. Por tanto, creo que me dejará asombrado, pero no intimidado.

LA ANALOGÍA DE LA AVIACIÓN

Los primeros 50 años de la aviación nos llevaron desde naves frágiles hechas de madera, tela y alambre a aviones comerciales transatlánticos. Fue un periodo de crecimiento exponencial loco impulsado por la economía, la política y la guerra.

Los segundos 50 años fueron un periodo de mejora gradual. Los aviones comerciales transoceánicos de hoy se parecen mucho a aquellos primeros aviones comerciales. Sí, claro, ha habido mejoras significativas. Sin embargo, la diferencia entre un Boeing 777 y un De Havilland Comet de principios de los cincuenta está en los detalles, no en el tipo o la categoría, mientras que la diferencia entre el Wright Flyer y el Comet es categórica hasta el extremo.

Creo que nuestro hardware informático está en la etapa del De Havilland Comet. La categoría se ha establecido. El hardware de los próximos 50 años mejorará esa categoría, quizá tanto como las mejoras entre el Comet y el 777, pero no es probable que salga de esa categoría.

PRINCIPIOS

En los últimos 50 años del software se han visto pocas mejoras, por no decir ninguna, en los principios básicos. Los tres paradigmas principales (estructurada, funcional y orientada a objetos) ya existían cuando llegó 1970, antes de que hubiesen acabado los primeros 30 años del software y antes de que los últimos 50 hubiesen comenzado siquiera. Por supuesto, ha habido algunos refinamientos que merecen la pena; considero que los principios SOLID pertenecen a esa categoría, pero los fundamentos de los que derivan esos principios ya estaban asentados.

No espero ver un cambio radical en los principios de software en los próximos 50 años. Puede que los nombres cambien y que se reorganicen algunas cosas aquí y allá. Tal vez SOLID dé lugar a NEMATODE o alguna otra reclasificación de los principios, pero, sea cual sea la forma que adopten los principios en los próximos 50 años, seguirán derivándose de los fundamentos establecidos antes de 1973.

Esos primeros 30 años del software, de 1940 a 1970, fueron similares al periodo entre el Wright Flyer y el Messerschmitt Bf 109. Se habían establecido los cimientos, pero los principios aún no se habían nombrado ni enumerado.

Métodos

Los últimos 50 años han sido el periodo de los métodos. HIPO,[1] el método de cascada, el modelo en espiral, Scrum, el FDD, la XP y todo el concepto del desarrollo ágil se crearon en la segunda mitad del siglo. El desarrollo ágil es el claro ganador de esa competición y creo que en los próximos 50 años veremos refinamientos, pero no revoluciones.

Disciplinas

En los últimos 25 años se ha producido un incremento de las disciplinas de programación, como el TDD, *Test and Commit or Revert* (`T&&C||R`), programación en pareja o en grupo e integración continua/distribución continua (CI/CD). Prácticamente todas estas disciplinas se habilitaron al mejorar la tecnología. El TDD y la CI/CD habrían sido impensables en 1973. La programación en pareja o en grupo no era inusual, pero no se consideraba una disciplina.

Creo que los próximos 50 años serán un periodo en el que ampliaremos y perfeccionaremos estas disciplinas. Ya ha habido varias publicaciones que han movido el listón en este sentido. Una de las más recientes es *¿Ordenar primero?*, de Kent Beck. Está en la lista creciente de esas publicaciones.

Ética

Mi conjetura, y mi esperanza, es que los próximos 50 años de nuestra profesión emergente darán lugar a un verdadero conjunto de ética, estándares y disciplinas profesionales. He escrito mucho sobre esto en mis trabajos anteriores y es probable que vuelva a tratar ese asunto concreto.

1. Una vieja técnica de IBM: *hierarchical input, process output* (entrada jerárquica, salida de proceso).

En este momento, la ética apenas se menciona en la literatura sobre software, pero creo que eso debe cambiar. Ahora hay demasiadas cosas que dependen del comportamiento ético de los programadores.

Hoy en día, toda nuestra civilización depende, para su existencia cotidiana, del software. Si los sistemas de software del mundo se cerrasen de repente, creo que el número de muertes que se producirían en las semanas posteriores haría que el de cualquier otro momento anterior de la historia pareciese pequeño.

Por desgracia, creo que el estímulo que impulsará una revolución ética en el software será algún tipo de accidente grave o programa maligno. Ya hemos visto demasiados de esos y con una gravedad que crece de manera inevitable. En algún momento, se cruzará un umbral, y la ética, los estándares y las disciplinas de una auténtica profesión se adoptarán de manera voluntaria o se nos impondrán por la fuerza. Espero que sea lo primero. Me da miedo que sea lo último.

Referencias

- Beck, K. *Tidy First?: A Personal Exercise in Empirical Software Design*. O'Reilly Media, 2023. (Traducción al español: *¿Ordenar primero? Un ejercicio personal en diseño de software empírico*. Anaya Multimedia, 2024).

Epílogo

Conocí a Tom Gilb en Noruega alrededor de 2005. Es un tipo alto e imponente, con una mente aguda, un ingenio ágil y cortesía de un caballero refinado. Él y su encantadora esposa me invitaron a una comida en su cabaña con vistas a un hermoso fiordo. Tuvimos muchas conversaciones interesantes.

Tom está aquí casi desde el principio. Ha conocido a muchas de las personas sobre las que he escrito en este libro y ha trabajado con ellas. No se me ocurre nadie mejor para que escriba un epílogo que cierre el libro.

Reflexiones sobre el contenido

Leí el manuscrito con mucha atención y, como buen programador orientado a los detalles, me divertí encontrando erratas y otros fallos en el manuscrito para devolvérselo a Uncle Bob. Y a él, como buen programador, le gustó y arregló los "fallos".

¡Esta es una contribución maravillosa a la historia de la informática! Lo sé porque he vivido gran parte de ella en paralelo a Uncle Bob. Conseguí mi primer trabajo con IBM en Oslo en 1958 en la oficina de servicios con tarjetas perforadas. Y créame, esas conexiones en los tableros de conexiones eran programas, y esas máquinas electromecánicas de IBM, algunas de ellas anteriores a la guerra, eran las predecesoras de los ordenadores y la programación actuales. Este libro deja eso históricamente claro.

Yo, al igual que Uncle Bob, dediqué gran parte de mi carrera a la consultoría, la enseñanza y la asistencia a conferencias sobre informática. La importancia de esto es que pude conocer y cenar con muchas de las personas que aparecen en este libro. Así pues, este libro trata sobre mis amigos profesionales, y puedo decir que es una historia fiel a la realidad. De hecho, está muy bien escrito e investigado. Así es como ocurrieron las cosas de verdad.

Anécdotas e historias personales

A las personas mayores (en 2024, tengo 83 años) nos encanta compartir nuestras historias, si alguien quiere escucharlas.

¿Cuántos de nosotros nos arrepentimos de no haber pedido a nuestros padres y abuelos que nos contasen más historias sobre su pasado?

Uncle Bob, los personajes de ese libro y yo somos sus "mayores" profesionales. Puede llamarme "abuelo Tom".

No solo somos mayores, sino que tenemos una variedad enorme de experiencia. Nos encanta compartir nuestras ideas y las de nuestros amigos y "mayores".

Podemos ahorrarle un montón de sufrimiento, pero preferimos que aprenda por las malas.

Esperamos que, al escribir esto, podamos hacerle llegar esta sabiduría antes o después. Quizá dentro de unas décadas, cuando sea más maduro.

Nunca olvidaré a Grace Hopper, sobre el escenario, enseñándonos la longitud de un nanosegundo luz utilizando un trozo de lana de 30 centímetros que sacó del bolso. Después, utilizando un rollo de alambre de 300 metros que llevaba en una bolsa, ilustró la longitud del microsegundo luz. Normalmente, se sentaba al fondo de la sala a hacer punto hasta que le tocaba hacer su presentación.

Más tarde, me pidieron que diese la Conferencia Grace Murray Hopper anual en la universidad de South Bank, en Londres. Ella se había ocupado de la charla personalmente durante años, diciéndonos "lo que nos aguarda en el futuro", como se esperaba de ella. Pero, como nos ocurre ahora a Uncle Bob y a mí, ya no estaba para viajar, y las charlas por Zoom no eran una opción. Así pues, me ocupé de la conferencia, pero decidí que no podía "predecir el futuro" como podía Grace.

Por eso, basé mi charla en principios eternamente ciertos, que probablemente seguirían siendo ciertos 100 años después, sin importar lo que ocurriese en el mundo real[1] (¡una apuesta segura!). Principios como este:

> *El principio de la diana invisible*
>
> *Todos los atributos del sistema críticos deben especificarse con claridad. Por lo general, las dianas invisibles son más difíciles de alcanzar (salvo que sea por casualidad).*

Me sentía culpable por incumplir el "contrato implícito de la predicción del futuro", así que llamé a Grace y le envié por fax una copia de mi conferencia para que la aprobase. Fue un alivio que a ella le gustase bastante. Grace entendía el poder de los buenos principios, pero estaba bastante más preocupada por los dolores en sus huesos cascados: un futuro que probablemente "predijo" para sí misma y, ahora, para mí, y quizá para Uncle Bob.[2]

Conocí a Edsger Dijkstra en la puerta de su casa de Nuenen, en Holanda. Acabo de enterarme por un biógrafo de que E. D., en una nota en su diario sobre el día en que nos conocimos, me describía como un "consultor arrogante". Me pregunto cuántos "Dijkstras" (unidades de arrogancia, como se menciona antes

1. Gilb, T. *Principles of Software Engineering Management* (Addison-Wesley), 1988; `www.researchgate.net/publication/380874956_Ch_15_Deeper_perspectives_on_Evolutionary_Delivery_later_2001_known_as_Agile_in_Gilb_Principles_of_Software_Engineering_Management`.

2. ¿Predecir? Por supuesto. ¿Experimentar? No tanto. ;-). —Uncle Bob

en el libro) es eso. Quizá los lectores recuerden también de un capítulo de este libro que Dijkstra y Zonnefeld, utilizando la disciplina de la programación dual, derrotaron a mi viejo amigo y cliente,[3] Peter Naur, de Dinamarca, en la compleción de un compilador ALGOL 60 que funcionase.

En una publicación de la INCOSE (*International Council on Systems Engineering*, Organización Internacional de Ingeniería en Sistemas), yo había sugerido que los programas duales pero distintos podían ser una buena idea por varias razones.[4] Dos académicos del Reino Unido respondieron en la siguiente publicación que "no creían en las ideas de Gilb sobre el software distinto", sino que "creían en las ideas de la programación estructurada (es decir, "No Go To", imagino) de Dijkstra". Fíjese en el término "creer"; ¡nada de ciencia para los académicos, solo una elección de dirección religiosa!

Estaba en Holanda por negocios y me autoinvité a la casa de Dijkstra. En la puerta, le pregunté: "¿Cuál cree que es el paradigma de software más potente: el software distinto o la programación estructurada?". Lo consideró un momento y dijo: "Será mejor que entre y defina más las cosas antes de que podamos hablar del tema". Bien, me encanta lo "bien definido". Soy un programador.

Después, me explicó con orgullo cómo él y Jacob Anton "Jaap" Zonneveld habían programado sus propias versiones "distintas" (NO copiadas) del compilador ALGOL y habían comparado notas para detectar problemas como fallos. De este modo, vencieron a Naur y los daneses en la carrera por crear el primer compilador ALGOL 60 que funcionase, como se explica en este libro.

Entonces dije: "Profesor Dijkstra, creo que he leído casi todo lo que ha escrito y nunca he visto ninguna mención a la programación dual y distinta".

Él respondió: "No, claro que no. Nunca he documentado eso. Verá, yo soy ingeniero, y entendemos muy bien esos conceptos de sistemas redundantes. Pero vivo en el mundo de la informática académica, y ellos no entenderían ni apreciarían semejantes métodos de ingeniería práctica, ¡así que, para evitar confundirlos, me quedo callado!".

¡Guau![5]

---

3. Me pidió utilizar mis métodos de modelado en Planguage para seleccionar un nuevo ordenador para la universidad de Copenhague.

4. Gilb, T. "Parallel Programming". *Datamation* 20 (10): pp. 160-161, 1974, y muchos artículos y publicaciones subsiguientes. Consulte también mi nota acerca de la consecuente influencia sobre el software nuclear en `www.researchgate.net/publication/234783638_Evolutionary_development`.

5. Consulte `https://media1.tenor.com/images/9cac53aacc654f9987015ae7028614a4/tenor.gif?itemid=12339782`.

Una historia más. Peter G. Neumann. ¿Recuerda? Respecto a lo que contaba su padre sobre su cena en Múnich junto a Hitler y su círculo, justo antes del intento de revolución nazi y el encarcelamiento de Hitler,[6] y... más. El padre de Peter, tratante de arte, fue listo y se marchó en cuanto fue posible.

Esto me recuerda una historia de mi padre (100 patentes), quien compartía abogado con el Tramposo Dick Nixon, y oyó por casualidad a su abogado común decir: "Intentemos llevar a Dick a la presidencia, porque podemos controlarlo" (¡es una historia real, pero me estoy desviando del tema!).

Cuando Peter me conoció en una conferencia y se dio cuenta de que yo vivía en Noruega, me dijo que en el desván de su familia había un manuscrito en borrador sin publicar acerca de las experiencias de su padre con varios clientes artistas famosos (alrededor de los años veinte), incluido Edvard Munch, mi favorito. Había un capítulo entero sobre Munch. Enseguida le dije al conservador del Museo Munch que tenían que adquirirlo para el registro histórico. Me temo que no lo hicieron. ¡Lo último que supe es que seguía en el desván de la casa familiar de Peter!

Bueno, pues, respecto a ese libro, escribí un correo electrónico a Peter (en el Scientific Research Institute International, emérito, con noventa y pocos años) y le pregunté si se había salvado el manuscrito y, si era así, si podría enviarme una copia o el original para que yo la llevase en mano al conservador del Museo Munch (después de que lo leyese y lo copiase). ¡No se pierda la continuación de este drama histórico internacional![7]

Pero, con respecto a ese libro, descubrí que Peter concedió una entrevista en 2010 al *New York Times*[8] titulada "Killing the Computer to Save It" ("Matar al ordenador para salvarlo").

Este es el párrafo inicial:

> "Muchas personas citan el aforismo de Albert Einstein: 'Todo debería hacerse lo más simple posible, pero no más simple'. Sin embargo, solo unos pocos han tenido la oportunidad de hablar sobre el concepto con el físico durante el desayuno".

---

6. Adolf Hitler fue condenado por su papel en el *Putsch* de la Cervecería del 8 de noviembre de 1923.

7. Peter respondió que el manuscrito está ahora en el Museo de Arte Moderno de Nueva York.

8. Consulte `www.nytimes.com/2012/10/30/science/rethinking-the-computer-at-80.html?pagewanted=all&_r=0`. (El artículo es gratis si ignora los intentos de hacerle pagar). "El doctor Neumann, que se mudó a EE. UU. en 1923, recuerda que su padre contaba que una vez, comiendo en un restaurante de Múnich, donde tenía una galería, se encontró sentado al lado de Hitler y algunos de sus socios nazis. Poco después, dejó el país para trasladarse a Estados Unidos". (¡Tipo listo! Un *early adopter*).

El único indicio que el artículo, y dos horas de comida con un genio, nos da sobre la "inclinación por la simplicidad" de Einstein es esta (y tenga en cuenta que, como señala la entrevista, Neumann es un gran melómano y sabemos que Einstein se relajaba con un violín):

> "La conversación universitaria del doctor Neumann fue el principio de un romance para toda la vida con la belleza y los peligros de la complejidad, algo a lo que Einstein aludió durante el desayuno.
>
> '¿Qué opina de Johannes Brahms?', preguntó el doctor Neumann al físico.
>
> 'Nunca he entendido a Brahms', respondió Einstein. 'Creo que Brahms se dejaba la piel en intentar ser complicado'".

Me interesan mucho la complejidad y la simplicidad, pero este no es mi libro, así que voy a ofrecer una opinión muy breve sobre mi propia teoría de la complejidad.

Las personas que creen que los sistemas son complejos y difíciles de entender no están equipadas con las herramientas adecuadas, llamadas tecnoscopios.[9] Le he dado 100 maneras de descodificar la complejidad.

Ahora, esa cita sobre la simplicidad atrajo mi atención. Porque en mi libro PoSEM,[10] en la página 17, la citaba como el "principio de sobresimplificación de Einstein".

Años después, en una conferencia sobre ingeniería de requisitos en Texas, se me acercó un joven y me preguntó si podría proporcionar una fuente adecuada para la cita. Por supuesto, respondí: "Bueno... todo el mundo sabe que Einstein lo dijo" (como P. G. Neumann y el *NYT* todavía pensaban en 2019, y ambos tienen mucho cuidado con las fuentes, ¿no?).

Entonces, el joven sugirió que la respuesta podía estar en un libro sobre Einstein titulado *God Does Not Play Dice*. Condujimos una hora hasta una librería, compramos el libro, lo leí por la noche (no había escáneres digitales disponibles) y... no encontré nada.

Entonces, ese joven tan servicial (¡es increíble lo que hacemos en las conferencias de software!) sugirió que un profesor suyo, en Princeton, solía dar paseos con Einstein (sombras de escenas de la película *Oppenheimer*), así que tal vez él

9. Consulte `www.gilb.com/offers/YYAMFQBH`.

10. Principio de sobresimplificación de Einstein: "Las cosas deberían ser lo más simples posible, pero no más simples". Consulte `www.researchgate.net/publication/225070548`.

podía encontrar la fuente. Por tanto, llamó a su profesor durante la conferencia y obtuvo la respuesta medio correcta: eso no estaba en los papeles de Einstein, estaba en la entrevista realizada por *Newsweek* el 17 de mayo cerca del final de su vida.

Bueno, nunca encontramos ese número de *Newsweek*, pero encontramos un artículo[11] de la revista *Life* impreso justo antes de la muerte de Einstein (no puedo fingir que éramos cercanos llamándolo Al. Siempre me dirigí a W. Edwards Deming, cuando lo llevaba al ballet en Londres [¡de verdad!], como doctor Deming, no Will ni Bill ni Ed). Puede que resulte apropiado señalar aquí que tuve varias conversaciones privadas instructivas con el doctor Deming sobre el ciclo PDSA, en relación con los ciclos del desarrollo ágil, en 1983. Pero quizá debería preguntarme sobre eso en otro momento.[12]

Ahí tampoco encontrará la cita de Einstein sobre la simplicidad. Pero está claro que Einstein tenía simpatía por la simplicidad, aunque no fuese esa cita exacta. (¿Le apetece oír una historia larga y aburrida?).

Entonces, releí en 2010, años más tarde, *La sociedad de la mente*, de Marvin Minsky (SÍ, el Minsky del MIT AI), de 1986, y encontré la cita dudosa de Einstein sobre la simplicidad.

Busqué a Minsky. Me sorprendió descubrir que seguía vivo. Murió en 2016, con este titular: "Marvin Minsky, 'padre de la inteligencia artificial', muere a los 88 años".

Le pregunté si podía darme la fuente de la cita de Einstein sobre la simplicidad. Esta es nuestra correspondencia:

> "Domingo, 6 de junio, 2010, 5:13 PM, Tom Gilb <tomsgilb@gmail.com> escribió:
>
> Profesor Minsky:
>
> Acabo de empezar a releer *La sociedad de la mente*. Me he dado cuenta de que es probable que su cita de Einstein sea incorrecta y no pueda atribuirse a una fuente escrita verificable. Yo cometí el mismo error.
>
> Consulte el libro de Calaprice *Albert Einstein. El libro definitivo de citas* para ver su conclusión".

11. Consulte `https://books.google.no/books?id=dlYEAAAAMBAJ&pg=PA62&source=gbs_toc_r&redir_esc=y&hl=no#v=onepage&q&f=false`.

12. Consulte Gilb, T. "Deeper Perspectives on Delivery", en *Principles of Software Engineering Management*. `www.researchgate.net/publication/380874956_Ch_15_Deeper_perspectives_on_Evolutionary_Delivery_later_2001_known_as_Agile_in_Gilb_Principles_of_Software_Engineering_Management`.

Minsky respondió:

> "¿Qué es esta referencia? ¿Puede decirme cuál es su conclusión?
>
> Cuando salió mi libro, un archivo de Einstein en Jerusalén me pidió la fuente, porque no la encontraban.
>
> Respondí que no recordaba dónde la había oído, pero que había conocido a Einstein cuando estaba en Princeton en 1950-1954, y quizá le había oído decir eso, o algo así. También podría ser que hubiese cometido un error, porque me costaba entender su acento extranjero muy marcado, así que es posible que dijese algo más simple, pero no MUCHO más simple".[13]

¡Ay, ojalá yo hubiese dicho eso también! Pero lo dijo Minsky.

Alice Calaprice vio este correo. ¡Tenía acceso de investigación a todos los archivos de Einstein en Princeton! Me dijo que Minsky debía de ser una persona muy humilde. Podría haberse puesto la medalla de haberlo oído del propio Hombre, pero lo evitó con destreza. ¡Por suerte para mí! Siga leyendo. (¡Más historia larga y aburrida!).

Siempre quise decir algo tan profundo como eso:

> "Las cosas deberían ser lo más simples posible, pero no más simples".

Me suena como un principio de ingeniería de software, ¿o no es esa la esencia de todo este libro?

Hmmm. Bueno, por ser tan arrogante como Dijkstra, o quizá incluso más, he decidido que yo, y solo yo, dije eso. ¡Demuestre que me equivoco si puede! ¡No fue Einstein! ¡Está en la página 17 de mi libro con *copyright* de 1988! Supere eso.

Créame, tengo un montón más de historias largas y aburridas, pero están en mis libros.

Por supuesto, si Minsky hubiese tenido acceso a ChatGPT-4, como tengo yo 14 años después, quizá hubiese descubierto la verdad. Encontré:

> "La cita que se atribuye comúnmente a Einstein, 'Las cosas deberían hacerse lo más simples posible, pero no más simples', es una paráfrasis, más que una cita directa. La fuente verificada más cercana es una conferencia que Einstein dio en Oxford en 1933, en la que dijo: 'Apenas puede negarse que el

13. El énfasis lo pongo yo (Uncle Bob).

objetivo supremo de toda teoría es hacer los elementos básicos irreductibles tan simples y tan escasos como sea posible sin tener que renunciar a la representación adecuada de un solo dato de experiencia'.

Esta versión parafraseada captura la esencia de la filosofía de Einstein sobre la simplicidad en las teorías científicas, haciendo hincapié en la importancia de reducir la complejidad sin caer en la sobresimplificación. Es probable que la versión popularizada evolucionase con el tiempo a través del uso repetido y la adaptación realizada por otros hasta ser más concisa y memorable".

Descubrimos esto hace años, sin ayuda de la IA. Bueno, con una búsqueda en Internet.[14]

Reflexiones sobre el contenido

Este libro (contenido, calidad, densidad y ámbito) es increíble y, aun así, está claro que Uncle Bob es consciente de que solo está arañando la superficie.

Pero quiere que seamos conscientes del entorno inicial de la programación, el hardware y los costes: los sistemas, no solo el código. Y hace un gran trabajo.

Incluso yo, que conocía y conozco a las personas y he vivido una vida paralela a la de Uncle Bob, me encontré con que estaba aprendiendo constantemente cosas nuevas e interesantes que no sabía sobre viejos amigos y colegas profesionales.

¡No se nos da muy bien lo de conocer a nuestros padres! ¡Lo siento, papá y mamá!

Perspectiva del autor del epílogo

Mi perspectiva es que Uncle Bob ha capturado un periodo de la historia de una manera realista y detallada, de manera que generaciones posteriores puedan hacerse una idea de "cómo era en realidad".

Volviendo a la "simplificación" (vale, viene otra historia larga y aburrida): uno de mis primeros trabajos como "el último mono" (como los que tuvo Uncle Bob al principio) en IBM en 1958 consistía en meterme en una habitación sin ventanas, se suponía que durante unos días, y contar el *stock* físico de conectores para el inventario.

14. Consulte el texto de la conferencia de Einstein en Oxford en 1933 en `www.jstor.org/stable/184387?origin=JSTOR-pdf`.

Esos conectores era herramientas básicas para las instrucciones de programación en los primeros ordenadores. Me di cuenta de que los conectores de diferentes longitudes y colores eran cada uno una variación del mismo peso, así que tomé muestras de los pesos de cada color/longitud. Entonces, pesé todos los conectores de cada color y calculé (a mano, con una calculadora mecánica Facit) el total.

Y así, con arrogancia, terminé en una hora, más o menos. Vale, era joven, humilde y dócil, y esperaba que me dejasen salir de la habitación sin ventanas.

Más tarde descubrí que, por lo general, puedo simplificar una tarea dada al menos diez veces si rediseño el proceso o el producto. Los ingenieros llaman a esto diseño para costes.[15]

DISCUSIÓN SOBRE FUTURAS TENDENCIAS

Uncle Bob ha hecho un gran trabajo especulando sobre el futuro. Quizá tan bueno como el de la asombrosa Grace. No me atrevería a intentar ser clarividente, pero este libro es una lectura interesante y la opinión de una persona bien informada y experimentada.

Pero como Uncle Bob sabe y afirma: es difícil predecir, sobre todo el futuro. Esto está relacionado con el "antiguo problema de la programación", tratado en muchos de los casos del libro, de mantener una fecha límite para la programación.

He aprendido muchas ideas potentes sobre esto, pero voy a hacerle un resumen (y luego puede ir a leer mi libro gratuito, *Cost Engineering*).

- Condiciones para las estimaciones de los costes: No puede entender los costes hasta que entienda los costes de sus diseños, y no puede entender sus diseños a menos que considere todos sus objetivos y restricciones de valor.[16]
- Diseño para costes: Puede decidir sus propios costes mediante el "diseño para costes" mejor que mediante la "estimación de costes" cuando esa estimación se basa en el conjunto, por lo general malo, de requisitos

15. "Cost Engineering: How to Get 10X Better Control over Resources and Value for Money" (`https://tinyurl.com/CostEngFree`), incluye algunas ideas de software muy potentes olvidadas por la mayoría, como el método de IBM Cleanroom, de Mill.

16. Gilb, T. "Guides: A Broader and More-Advanced 'Constraints' Theory". *Theory of Guides (ToG)*, 83 páginas, agosto de 2023, gratuito. `https://www.dropbox.com/scl/fo/4amgzl6wuieo8vfy4hgk0/h?rlkey=rkkszv3yrtrv0twoprdnnm5pl&dl=0`.

combinado con una ingeniería de diseño igual de mala. Esas malas entradas no le proporcionan una base para calcular un rango de costes razonable.

- Ajuste gradual de los costes: La mejor manera de controlar los presupuestos financieros y el tiempo de los plazos es el proceso de software ágil diseñado por Harlan Mills en la División de Sistemas Federales de IBM: el método Cleanroom.[17] ¡Vaya que si era disciplinado! Con sus plazos fijos con penalización y la oferta de precio fijo más bajo para software espacial y militar de última generación, acababan "siempre a tiempo y por debajo del presupuesto". Y es un ciclo de ajuste de diseño y de aprendizaje. ¡El arquitecto está al tanto!

Era "ágil como debería ser", así que la pregunta es: ¿por qué no ha aparecido en este libro?

Una historia corta: cuando Harlan Mills (considerado un genio de la ingeniería de software) leyó mi libro de 1976, *Software Metrics*, me escribió por correo ordinario:

> "¿Por qué no está todo el mundo haciendo esto?".

Más tarde, cuando lo traje a Oslo para una charla, le pregunté cómo se le ocurrió el método Cleanroom Evolutionary (es decir, ágil). En un trozo de papel, mientras ambos escuchábamos otra conferencia, aventuré una respuesta:

> "Vio la analogía con un cohete inteligente que intenta ajustarse para alcanzar un caza evasivo".

> Él escribió (aún tengo una foto de ese trozo de papel):

> "Sí, en parte".

> Y sonrió.

Todavía estamos haciéndonos esa pregunta (¿por qué no está todo el mundo haciendo métricas e ingeniería?). Roma no se construyó en un día, como se suele decir. Un individuo al que respeto en Snowbird (Manifiesto Ágil) ha debatido

17. Linger, R. C., Mills, H. D. y Witt, B. I. *Structured Programming: Theory and Practice.* Addison-Wesley, 1979. El Harlan D. Mills Collection es un libro completo de prácticas de ingeniería de software muy disciplinadas con un historial excepcional en la práctica. Consulte la biblioteca completa de Mills en `https://trace.tennessee.edu/utk_harlan/9`.

conmigo en público en *IEEE Software*[18] acerca de la viabilidad de las métricas. Me siento como si estuviese intentando, al igual que el doctor Semmelweis, convencer a los médicos reticentes para que se descontaminen las manos.

LLAMADAS A LA ACCIÓN O PENSAMIENTOS PARA CONCLUIR

Por supuesto, los estudiantes de informática, ingeniería de software, gestión e historia de la tecnología se beneficiarán de incluir este libro entre sus lecturas.

Espero que este libro inspire a otros en la industria del software a escribir sus propias historias para enriquecer nuestra perspectiva disponible.

Todos tenemos una historia que contar, y alguna parte de ella es asombrosa.

REFERENCIAS

- Gilb, T. *Software Metrics*. Winthrop Publishers, 1976.
- Minsky, M. *The Society of Mind*. Simon & Schuster, 1986. (Traducción al español: *La sociedad de la mente*, Ediciones Galápago, 1986).
- Shiang, D. A. *God Does Not Play Dice*. Open Sesame Productions, 2008.

18. Gilb, T. y Cockburn, Alistair. Point/Counterpoint. *IEEE Software*, 25(2): pp. 64-67, 2008. `https://ieeexplore.ieee.org/document/4455634`. Esta sección es parte de un número especial sobre los requisitos de calidad del software. El primer artículo, "Metrics Say Quality Better than Words", está escrito por Tom Gilb. El segundo artículo, "Subjective Quality Counts in Software Development", está escrito por Alistair Cockburn. El libro de Tom Gilb *Software Metrics* (Winthrop Publishing, 1976) fue la inspiración para llegar al CMMI Nivel 4. A través de Ron Radice e IBM CMM, `www.dropbox.com/scl/fi/1zff9owastior8ybcu1rq/IEEE-Point-Counterpoint-Cockburn-2008.pdf?rlkey=4hkgrsvmin2s58l747p1d60py&dl=0`.

Glosario de términos

***2001: Odisea del espacio*:** Película épica de ciencia ficción de 1968 escrita por Arthur C. Clarke y dirigida por Stanley Kubrick. El ordenador consciente a bordo de una nave espacial se vuelve loco y asesina a toda la tripulación salvo a una persona, que lo desconecta mientras suena *Daisy Bell*. Esta película determinó el estándar para las películas de ciencia ficción durante décadas.

ACM, *Association of Computing Machinery*: Fundada en 1947 como consecuencia imprevista del simposio sobre maquinaria de cálculo digital a gran escala celebrado en Harvard y organizado por Howard Aiken.

Análisis Montecarlo: La idea detrás del análisis Montecarlo es bastante simple. Uno de los inventores de la técnica, Stanislaw Ulam,[1] lo describió utilizando el juego del solitario. Quería saber, después de mezclar una baraja de cartas, cuáles eran las probabilidades de éxito. En vez de intentar calcularlas utilizando matemática combinatoria, uno podía simplemente jugar 100 partidas y contar los éxitos. Por supuesto, Ulam no estaba intentando resolver el solitario. Estaba trabajando en armas nucleares en Los Álamos en 1946. Él y John von Neumann utilizaron la técnica para estudiar la difusión de neutrones a través de una ojiva de fisión. Puesto que el trabajo era secreto, le pusieron un ingenioso nombre en clave: Montecarlo.

1. Uno de los mejores y más antiguos amigos de John von Neumann.

ARMAC (1956): Una mejora del FERTA. Podía ejecutar 1.000 instrucciones por segundo, porque se utilizaba un pequeño banco de memoria de núcleos para almacenar temporalmente las pistas en el tambor. Esta máquina tenía 1.200 tubos y consumía 10 kilovatios.

ARRA (1 y 2) (1952): La primera y la segunda versión del ordenador para el que fue contratado Dijkstra en el Centro de Matemáticas de Ámsterdam. El primero era electromecánico y fue un fracaso. El segundo utilizaba tubos de vacío y fue un éxito. Llamaron a ambos ARRA para ocultar el primer fracaso. Era una máquina binaria con dos registros en funcionamiento y 1.024 palabras de 30 bits de memoria de tambor, y podía ejecutar unas 40 instrucciones por segundo.

***Automatic Computing Engine* (ACE) (1950):** Diseñada por Alan Turing en 1945, esta máquina nunca llegó a construirse (del todo), pero muchas máquinas más pequeñas derivadas de ella, como el DECUE, sí. La ACE piloto se construyó en el Laboratorio Nacional de Física del Reino Unido en 1950. Tenía algo menos de 1.000 tubos de vacío y 12 líneas de retardo de mercurio, cada una de las cuales albergaba 32 palabras de 32 bits.

Base de datos orientada a objetos: En 1989, se escribió el Manifiesto de los Sistemas de Bases de Datos Orientadas a Objetos.[2] Describía una idea para almacenar objetos en un disco. Así nacieron todas las bases de datos orientadas a objetos que surgieron en los noventa. La idea principal era similar a la memoria virtual. Un objeto podría almacenarse en un disco, pero el programa debería ser capaz de acceder a él como si estuviese en la RAM. Se inventaron muchas técnicas ingeniosas para lograr ese objetivo. Sin embargo, con el cambio de milenio, esa idea se desvaneció prácticamente.

BCPL (1967): El *Basic Combined Programming Language*, creado por Martin Richards y Ken Thompson, era un derivado del CPL (*Cambridge Programming Language*). BCPL se escribió para el IBM 7094. Es el lenguaje en el que se escribió el primer programa "Hello World".

Bletchley Park: Finca y casa de campo inglesa donde se estableció la Escuela Gubernamental de Código y Cifrado en la que Alan Turing y muchos otros descifraron los códigos de la máquina Enigma alemana durante la Segunda Guerra Mundial. Era la ubicación de los ordenadores electromagnéticos Bombe que se utilizaron en aquella tarea. También es la ubicación de los ordenadores de tubo de vacío Colossus utilizados para descifrar los códigos "pez sierra" alemanes.

2. Consulte `www.sciencedirect.com/science/article/abs/pii/B9780444884336500204`.

***Boom* de las puntocom:** A finales de los noventa, Internet estaba empezando a ser viable a nivel comercial. Había empresas emergentes y emprendedores a punta de pala. Era fácil conseguir inversiones. Cualquier idea relacionada con Internet valía 100 millones de dólares. Y, de repente, se acabó, y el mercado del software cayó en picado. Ya había indicios a mediados del año 2000; pero el 11 de septiembre de 2001 fue la sentencia de muerte. El mundo cambió ese día.

Circuito integrado: Aunque se inventó a finales de los cuarenta, este dispositivo no fue viable a nivel comercial hasta finales de los sesenta. Un circuito integrado es un único "chip" de silicio sobre el que se depositan muchos transistores y otros componentes a través de un proceso fotográfico. En los primeros días, eso permitía que docenas de transistores cupiesen en un espacio de unos pocos milímetros cuadrados. En el transcurso de las décadas, la ley de Moore llevó la densidad de los transistores por una curva exponencial. En la actualidad, el número de transistores por milímetro cuadrado se mide por cientos de millones. Ese incremento en la densidad redujo de manera radical el precio y el consumo de energía por transistor. Los ordenadores empezaron a utilizar circuitos integrados a mediados de los sesenta. Ordenadores portátiles, de sobremesa, teléfonos y otros dispositivos digitales actuales dependen de ellos de forma crítica. Nuestro entorno digital actual sería imposible sin ellos.

***Colossus: El proyecto prohibido*:** Película de ciencia ficción de 1970 en la que un superordenador estadounidense y uno ruso colaboran para apoderarse del mundo y esclavizar a la raza humana.

Copia espejo: En los noventa, una copia espejo era una dirección de correo a la que se podía enviar algo, y reenviaba el mensaje a todas las personas en la lista del espejo.

Core Wars: Juego de ordenador creado por D. G. Jones y A. K. Dewdney. Se popularizó en el número de marzo de 1984 de *Scientific American* (`https://corewar.co.uk`). El juego simula un ordenador simple en el que dos programas se turnan para ejecutar una instrucción cada vez. El objetivo es que un programa haga que el otro falle. Escribí una versión de esto en C para el Macintosh en 1985 (consulte `https://corewar.co.uk/cwmartin.htm`).

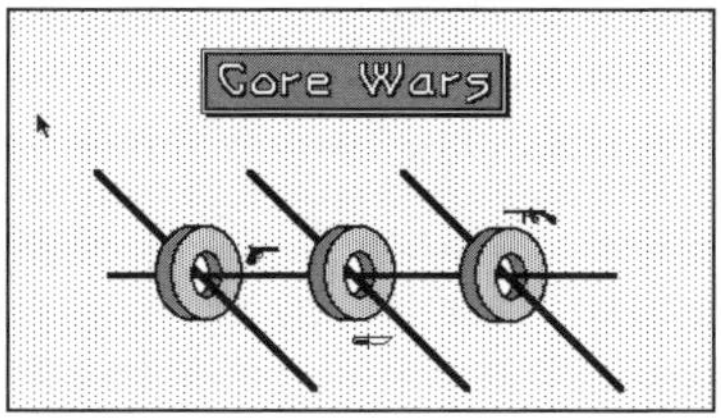

***Cortocircuito*:** Comedia de ciencia ficción de 1986 protagonizada por Aly Sheedy, Steve Guttenberg y Fisher Stevens. A un robot militar se le cruzan los cables y se convierte en un ser sensible (suspiro) y con elevados valores morales (doble suspiro).

CP/M: *Control Program/Monitor*. Lanzado por Digital Research Inc. en 1974, fue uno de los primeros sistemas operativos monousuario basados en disquete comerciales diseñado para microordenadores, en concreto el Intel 8080. Tenía una interfaz de línea de comandos muy simple que permitía a los usuarios copiar archivos, hacer listas de directorios y ejecutar programas.

CVSD: *Continuously variable slope delta modulation*, modulación delta de pendiente continuamente variable. Fue una estrategia propuesta en 1970 para codificar la voz en un flujo de bits en serie. Se requería una tasa de bits de 16-24 kb/s para codificar voz con un límite de ~3 KHz. Esto permitía varios bits por longitud de onda de audio. Cada bit representaba un incremento (1) o un decremento (0) en la onda. Los bits secuenciales de la misma polaridad aumentaban la cantidad del incremento o el decremento. Así, la pendiente de la onda era continuamente variable.

DECnet: Digital Equipment Corporation lanzó DECnet en 1975. Era un conjunto de software y protocolos de red diseñados para conectar los PDP-11 juntos a una red. Siguió evolucionando durante los setenta y hasta bien entrados los ochenta a medida que los PDP-11 y los VAX se hacían cada vez más populares. Al final, se vio reemplazado por los protocolos TCP/IP utilizados en Internet.

DECwriter: Lanzado por Digital Equipment Corporation en 1970, el DECwriter era un teclado/impresora que se utilizaba como consola para muchos miniordenadores y microordenadores. El mecanismo de impresión era una matriz de puntos y podía imprimir 30 caracteres por segundo en papel continuo perforado. La anchura típica del papel era de 80 caracteres. Hacía un zumbido de lo más satisfactorio al imprimir.

DEUCE (1955): *Digital Electronic Universal Computing Engine*. Construido por English Electric, DEUCE era una versión reducida del diseño de la ACE de Turing. Contenía 1.450 tubos de vacío. Tenía una memoria de tubos Williams que contenía 384 palabras de 32 bits y una memoria de tambor con 8K palabras. El tiempo de acceso era de aproximadamente 32 µs y 15 ms, respectivamente. La E/S era, sobre todo, tarjetas perforadas. Al final, se vendieron un total de 33.

Disco RK07: La unidad de disco RK07 fue introducida por Digital Equipment Corporation en 1976. Fue un periférico común para el PDP-11, y utilizaba paquetes de discos extraíbles de plato dual de 14 pulgadas, cada uno de los cuales podía albergar ~27 MB. Los platos giraban a 2.400 rpm, y el tiempo de acceso era de aproximadamente 42 ms, la mayor parte de los cuales correspondían al tiempo de búsqueda medio de 36 ms. Las pistas en las tres superficies de datos tenían una separación de 384 por pulgada. La unidad de disco en sí pesaba más de 135 kilos y tenía el tamaño de un lavavajillas doméstico.

Disquete: Inventados inicialmente por IBM a finales de los sesenta como discos de arranque para el System/370, al final estos discos se utilizaron para miniordenadores y, sobre todo, microordenadores en los ochenta. Empezaron como discos de 8 pulgadas hechos de una película fina de Mylar revestida de un óxido magnético. Se alojaban dentro de una funda de plástico que permitía que el disco girase a baja velocidad y permitían el acceso de un cabezal de lectura/escritura. Las versiones posteriores se redujeron a 5,25 pulgadas y, después, a 3,5 pulgadas.

EDSAC: *Electronic Delay Storage Automatic Calculator*. El EDSAC estaba inspirado en el borrador de Von Neumann del EDVAC y lo construyó Maurice Wilkes en el Laboratorio de Matemáticas de la universidad de Cambridge en 1949. Es muy probable que fuese el segundo ordenador de programas almacenados. Es la máquina que inspiró a Edsger Dijkstra cuando asistió a una clase en Cambridge impartida por Wilkes. La máquina tenía 512 palabras de 17 bits almacenadas en líneas de retardo de mercurio. Tenía un tiempo de ciclo de 1,5 ms y requería cuatro ciclos para una multiplicación.

Educational Testing Service (ETS): Fundado en 1947 y situado en Princeton, Nueva Jersey, el ETS es la organización de pruebas y evaluación educativa privada más grande del mundo. Me contrataron a principios de los noventa como consultor de C++ y desarrollo orientado a objetos. Con el tiempo, nos contrataron a Jim Newkirk y a mí para escribir la *suite* de software para el sistema de NCARB.

EDVAC: *Electronic Discrete Variable Automatic Computer*. El EDVAC se construyó en la Escuela Moore de Ingeniería Eléctrica de la universidad de Pensilvania y lo propusieron John Mauchly y J. Presper Eckert en 1944 con un presupuesto inicial de 100.000 dólares. Se entregó al Laboratorio de Investigación Balística en 1949. Tenía 1.024 palabras de 44 bits almacenadas en líneas de retardo de mercurio, un tiempo medio de suma de 864 µs y un tiempo de multiplicación de 2,9 ms. Contenía 5.937 tubos de vacío y pesaba casi 9 toneladas. Fue la máquina acerca de la cual Von Neumann escribió su informe en borrador. La popularidad de ese informe hizo que el concepto de los programas almacenados, en general, se llamase "arquitectura de Von Neumann".

Ferrante Mercury (1957): Un ordenador comercial primitivo. Incluía cálculos con coma flotante y memoria de núcleos con 1.024 palabras de 40 bits respaldada por cuatro tambores, cada uno con 4.096 palabras. El tiempo de ciclo del núcleo era de 10 µs. Las sumas de coma flotante llevaban 180 µs, y una multiplicación requería 360 µs. Utilizaba 2.000 tubos de vacío y el mismo número de diodos de germanio. Pesaba algo más de 1.130 kilos.

FERTA (1955): Una versión un poco mejor del ARRA (2). La memoria se amplió a 4.096 palabras de 34 bits en tambor y la velocidad se duplicó a ~100 instrucciones por segundo.

FTP, protocolo de transferencia de archivos: Inventado por Abhay Bhushan en 1971, era el software y el protocolo que se utilizaba para transferir archivos por Internet. Yo solía usarlo para descargar archivos PostScript cuando revisaba el libro *Patrones de diseño*.

GE DATANET-235: Introducida en 1964, esta máquina, que ocupaba una habitación, tenía una palabra de 20 bits y podía direccionar directamente 8K palabras. La memoria de núcleos tenía un tiempo de ciclo de 5 µs. La máquina tenía un tiempo de suma de 12 µs y podía multiplicar o dividir en ~85 µs.

Esta máquina se ocupaba del trabajo duro del procesamiento de datos y, a menudo, servía como *back end* para un DATANET-30. La programación se realizaba principalmente en ensamblador. También era la máquina *back end* para el Dartmouth Time Sharing System que ejecutaba BASIC.

GE DATANET-30: Introducido en 1961, fue una de las primeras máquinas destinadas a las telecomunicaciones. Era un ordenador para propósitos generales que ocupaba una habitación, pero el hardware interno soportaba 128 puertos de comunicación serie asíncronos a velocidades de hasta 2.400 bps. Los datos serie tenía que ensamblarlos el software bit a bit, así que gran parte de la capacidad de la máquina se dedicaba a ese fin. Por suerte, la mayoría de las comunicaciones de datos de la época no superaban los 300 bps (30 caracteres por segundo), lo que dejaba tiempo para otro procesamiento. La memoria de núcleos podía tener 4K, 8K o 16K palabras de 18 bits, y tenía un tiempo de ciclo de ~7 µs. La programación se hacía principalmente en ensamblador. Esta máquina era el *front end* para el Dartmouth Time Sharing System que ejecutaba BASIC.

GE DATANET-635: Introducida en 1963, se trataba de una máquina de palabras de 36 bits que ocupaba una habitación y podía direccionar 256K palabras. Tenía ocho registros de índice y un registro de acumulador de 72 bits. La memoria de núcleos tenía un tiempo de ciclo de 2 µs. La unidad aritmética incluía matemáticas de coma fija y coma flotante. Podía ejecutar COBOL, FORTRAN y ensamblador.

GIER (1961): *Geodætisk Instituts Elektroniske Regnemaskine*. Fue un ordenador danés, y uno de los primeros en estar transistorizado por completo. El núcleo contenía ~5K palabras de 42 bits y había 60K palabras en el tambor. Podía ejecutar ALGOL, tenía un tiempo de suma de 49 µs y pesaba ~450 kilos.

Honeywell H200: Introducido en 1963, fue un competidor muy popular del IBM 1401 que ocupaba una habitación. Era compatible en binario con el 1401, pero tenía el doble de velocidad y un conjunto de instrucciones ampliado. El H200, que era una máquina orientada a caracteres de 6 bits que utilizaba aritmética decimal, podía ejecutar COBOL, FORTRAN y RPG; era capaz de direccionar 512K caracteres; tenía un tiempo de ciclo de ~1 µs.

IBM 701: Lanzada en 1952, esta máquina de 4.000 tubos de vacío tenía hasta 4K palabras de 36 bits de memoria de tubos Williams. El tiempo de ciclo de memoria era de ~12 µs. La multiplicación y la división requerían 456 µs. Se construyeron unos 20. Cada uno pesaba unos 11.300 kilos y se alquilaba por ~14.000 dólares al mes. Consulte Computer History Archives Project

("CHAP"). "Computer History 1953 IBM 701 Rare promo 1953 first of IBM 700 Series Mainframes, tubes EDPM". Publicado en YouTube el 6 de abril de 2024. (Disponible en el momento de escribir este libro).

IBM 704: Introducida en 1954, esta máquina de tubos de vacío que ocupaba una habitación tenía 4K de memoria de núcleos de 36 bits. Tenía tres registros de índice, un acumulador y un registro multiplicador/cociente. Podía hacer operaciones con coma fija y coma flotante. El tiempo de suma de coma flotante era de 83 µs. Tanto FORTRAN como Lisp se desarrollaron para esta máquina. Debido al gran número de tubos de vacío (potencialmente, miles) en la instalación de un 704, el tiempo medio entre fallos podía ser de solo 8 horas, lo que hacía que compilar programas FORTRAN grandes fuese un problema. Se produjeron un total de 123.

IBM 709: Entregada en 1958, era una versión mejorada del IBM 704. Todavía utilizaba tubos de vacío. La memoria de núcleos era de 32K de 36 bits, y tenía un tiempo de suma de 24 µs y un tiempo de multiplicación de coma fija de 200 µs. Duró poco tiempo, porque el 7090 transistorizado salió un año después.

IBM 7090/7094: Instalada por primera vez en 1959, era una versión del 709 basada en transistores pero que todavía ocupaba una habitación. Como el 709, la memoria de núcleos contenía 32K de palabras de 18 bits. El tiempo de ciclo del núcleo era de ~2 µs, y el procesador era unas seis veces más rápido que el 709. El 7094 era el doble de rápido. Estas fueron las máquinas de referencia de principios de los sesenta. Es la máquina que aparecía en la película *Figuras ocultas*. Se produjeron miles, y cada uno se vendió por unos 2 millones de dólares.

Intel 8080/8085: Lanzado por Intel en 1974, el 8080 enseguida se convirtió en el microordenador de referencia para toda la industria. El 8080 era un solo circuito integrado con ~6.000 transistores. Era un procesador de 8 bits con un espacio de direcciones de 16 bits (64K bytes), podía alcanzar los 2 MHz y, por lo general, se conectaba a una memoria de estado sólido, en lugar de a una memoria de núcleos. El 8085 salió unos meses después. Podía funcionar con una frecuencia de reloj dos veces mayor y tenía algunas instrucciones adicionales, E/S serie integrada y algunas interrupciones adicionales. Se vendieron muchísimos millones.

Intel 8086/186/286: Lanzado en 1978, fue uno de los primeros microprocesadores de 16 bits. El chip tenía ~29.000 transistores. El espacio de direcciones estaba segmentado en bancos, lo que le daba acceso a un megabyte completo, y la frecuencia de reloj era de 5-10 MHz. Este es el chip que se utilizó en el PC de IBM original. El 80186 se introdujo en 1982. Tenía 55.000 transistores y podía operar a una frecuencia de entre 6 MHz y 25 MHz. Estaba pensado para utilizarse como controlador E/S y, por tanto, tenía un montón de cosas relacionadas con E/S, incluyendo un controlador de DMA, un generador de reloj y líneas de interrupción. El 80286 también se lanzó en 1982. Tenía ~120.000 transistores e incluía hardware de gestión de memoria, lo que le permitía acceder a 16 MB. Por tanto, era ideal para aplicaciones de multiprocesamiento. Podía operar a una frecuencia de entre 4 MHz y 25 MHz.

JOHNNIAC (1953): *John von Neumann Numerical Integrator and Automatic Calculator*. Era un ordenador muy primitivo construido por RAND Corporation, que tenía 1.024 palabras de 40 bits almacenadas en selectrones (una especie de almacenamiento electrostático vagamente similar a los tubos Williams). Se trataba de una máquina simple de una sola dirección con un registro acumulador y sin registros de índice. Pesaba casi 2.300 kilos.

***Juegos de guerra*:** Película de ciencia ficción de 1983 en la que un joven, interpretado por Matthew Broderick, y su novia, interpretada por Ally Sheedy, hackean un ordenador del gobierno llamado WOPR (sí, ya lo sé, el imaginario...) y empiezan una guerra nuclear entre EE. UU. y la URSS. Los adolescentes deben encontrar al programador original (cuya contraseña para el WOPR era el nombre de su hijo fallecido, "Joshua") para hacer que convenza al WOPR (o Joshua) de que detenga la guerra. La película termina con una partida de tres en raya. Ya puede dejar de poner los ojos en blanco.

Lenguaje unificado de modelado (UML): Financiado por Rational Inc., incentivado por el *boom* de las empresas puntocom y creado de forma colaborativa por Grady Booch, Ivar Jacobson y Jim Rumbaugh (Los Tres Amigos) a mediados de los noventa, era una notación rica para representar decisiones de diseño de software. Sustituyó las nubes de Booch por rectángulos. Hoy en día, la notación todavía me resulta útil de vez en cuando. Era lo más en su época, pero ahora no lo es tanto.

LGP-30 (1956): *Librascope General Purpose*. Era un ordenador comercial de la época, una máquina que tenía 4.096 palabras de 31 bits cada una, almacenadas en un tambor magnético. Contaba con 113 tubos de vacío y 1.450 diodos de estado sólido.[3] Se trataba de una máquina de una sola dirección con multiplicación y división integradas. Tenía una frecuencia de reloj de 120 KHz y un tiempo de acceso a memoria de entre 2 ms y 17 ms. Se vendía por 47.000 dólares.

M365: Creado por Teradyne Inc. a finales de los sesenta, era un procesador de una sola dirección de 18 bits reminiscente del PDP-8. La última parte de los sesenta fue una época en la que muchas empresas decidieron construir sus propios ordenadores, en vez de comprarlos. Teradyne no fue una excepción. Era una máquina adorable. El tamaño de página era de 4K y el espacio de memoria total era de medio megabyte, aunque nunca utilizamos tanto. Ay, cómo me gustaría encontrar uno de los viejos manuales de instrucciones. Eran azules y cabían en el bolsillo de la camisa.

Manchester Baby: Un ordenador de tubos de vacío pequeño y muy primitivo construido en la universidad de Manchester en 1948. Diseñado, sobre todo, como un vehículo para probar la memoria de tubos Williams, era una máquina de 32 bits con 32 palabras de memoria. Pese a esa limitación, es probable que fuese el primer ordenador electrónico de programas almacenados en ejecutar un programa. Con el tiempo, el diseño evolucionó al Manchester Mark I y, después, al Ferranti Mark I, que fue el primer ordenador disponible a nivel comercial.

Máquina de escribir IBM Selectric: Introducida en 1961, la Selectric se convirtió en la máquina de escribir profesional de referencia durante varias décadas. También se utilizó como corazón de la mayoría de las consolas IBM System/360/370. El cabezal de impresión era una bola hemisférica

3. La lógica de diodos es una manera exigente y hambrienta de crear puertas AND y OR.

con 88 caracteres repujados. En lugar del mecanismo tradicional en el que se movía el carro del papel, era el cabezal de impresión el que se desplazaba a lo largo del papel.

Memoria de disco IBM 2314: El paquete de discos 2314 se diseñó para el IBM System/360, pero muchos otros fabricantes de ordenadores crearon unidades de disco compatibles. Se utilizó entre 1965 y 1978. El paquete tenía 11 platos con 20 superficies de grabación. Pesaba unos 4,5 kilos y, por lo general, giraba a 2.400 rpm. La capacidad de memoria era de aproximadamente 40 MB.

Memoria de disco: Discos finos con un revestimiento magnético, por lo general apilados unos encima de otros como platos en una cafetería. Los discos giraban y los cabezales se movían de manera radial por las superficies. Los cabezales podían leer y escribir los datos magnéticos que se escribían en pistas concéntricas en las superficies.

Memoria de líneas de retardo de mercurio: Una forma muy temprana de memoria utilizada a finales de los cuarenta y principios de los cincuenta. Una línea de retardo era un tubo largo lleno de mercurio líquido, con un altavoz en un extremo y un micrófono en el otro. Los bits se bombeaban al altavoz y viajaban de modo acústico a través del líquido hasta que eran recibidos por el micrófono, en cuyo punto se reciclaban electrónicamente de vuelta al altavoz. Tanto la velocidad del sonido como la impedancia acústica del mercurio dependían de la temperatura. Por tanto, los tubos se mantenían a 40° C para que la impedancia se correspondiese con los micrófonos y altavoces piezoeléctricos y la velocidad fuese de ~1.450 m/s. Una línea de retardo de unos 360 kilos, de un metro de longitud, podría almacenar 500 bits con un tiempo de acceso inferior a un milisegundo.

Memoria de núcleos: Pasó a ser habitual a principios de los cincuenta y ya era casi universal para los sesenta. Los núcleos eran anillos muy pequeños de ferrita (una mezcla de hierro en polvo y cerámica) colocados alrededor de una rejilla de cables. La corriente que pasa a través de los cables puede magnetizar los núcleos en una de dos direcciones. La corriente opuesta invertirá el magnetismo, induciendo una pequeña corriente en un cable diferente que puede amplificarse y detectarse. Los bits individuales podían escribirse y leerse en microsegundos, así que la memoria de núcleos era muy rápida para la época. No había prácticamente límites en el número de núcleos, así que podían crearse memorias muy grandes. La memoria de núcleos hizo posible tener megabytes de RAM. A lo largo de los cincuenta y bien entrados los sesenta, la memoria de núcleos era cara porque el proceso para crearla implicaba una cantidad considerable de trabajo manual. Determinados cables debían pasarse a mano a través de los núcleos diminutos. Con el tiempo, el proceso se automatizó y los costes se redujeron de un dólar por bit a un centavo por bit.

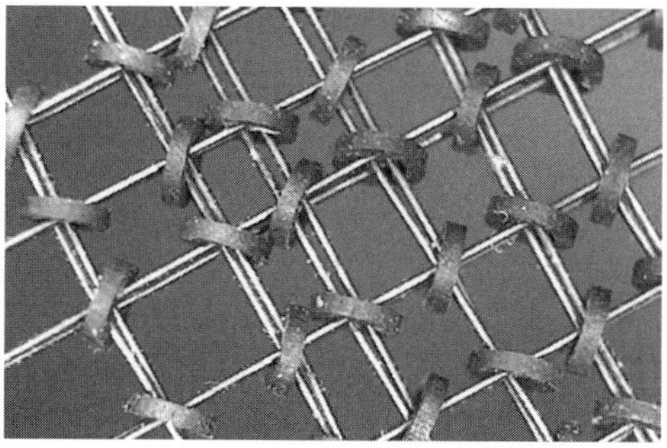

Memoria de película delgada: Similar en algunos aspectos a la memoria de núcleos, salvo porque el material magnético se depositaba al vacío en forma de puntos sobre finas placas de cristal y las líneas de activación y de detección se superponían mediante técnicas de circuitos impresos. La memoria de película delgada era rápida y fiable, pero cara.

Memoria de tambor: Una forma de memoria magnética que precedió a los discos. Un tambor es un cilindro metálico con un revestimiento magnético en la superficie. El tambor gira por debajo de los cabezales móviles. Los cabezales pueden leer y escribir datos magnéticos en la superficie del tambor. También pueden moverse de forma longitudinal por el eje largo del tambor. Así, los datos se escribían en pistas circulares a lo largo de la longitud del tambor. Los cabezales podían posicionarse de manera longitudinal y radial. Cuantos más cabezales hubiese, más rápido era el tiempo de acceso. De hecho, con muchos cabezales, la lectura y la escritura en paralelo eran posibles. Los discos sustituyeron a los tambores porque ocupaban mucho menos espacio físico y, por lo general, no son tan pesados.

Memoria de tubo Williams (CRT): Algunos de ustedes recordarán las antiguas televisiones en blanco y negro de los cincuenta y los sesenta. El monitor era un tubo de rayos catódicos (CRT por sus siglas en inglés). Se trata de un tubo de vacío con un cañón de electrones en la parte trasera y una pantalla de fósforo en la parte delantera. El haz de electrones se mueve por la pantalla al variar un campo magnético o eléctrico cerca del cañón. Donde el haz toca la pantalla, el fósforo brilla. Así, una imagen puede rasterizarse por la pantalla mediante la variación de la intensidad del haz a medida que recorre con rapidez la pantalla. El haz de electrones deja atrás una región de carga en la pantalla. Esa carga puede percibirse midiendo la corriente del haz la siguiente vez que pase por esa región. Así, la pantalla puede utilizarse para "recordar" bits de información. Puesto que el haz puede dirigirse de inmediato a cualquier parte concreta de la pantalla, la memoria es de acceso aleatorio. Así, es mucho más rápido que las líneas de retardo de mercurio. Sin embargo, los tubos se degradan con el tiempo, y están limitados a unos 2.000 bits de almacenamiento. Algunos tubos Williams tenían pantallas visibles sobre las que podían verse los contenidos de la memoria de primera mano. Alan Turing solía leer los resultados de sus programas directamente desde la memoria mirando pantallas así. La memoria de tubos Williams era común en las máquinas de finales de los cuarenta y principios de los cincuenta, incluyendo ordenadores como el IBM 701 y el UNIVAC 1103.

MP/M-86: *Multi-Programming Monitor Control Program*. Lanzado por Digital Research Inc. en 1981, fue un sistema operativo de disco multiusuario para el microordenador Intel 8086. Podía manejar múltiples terminales y múltiples usuarios de manera concurrente y tenía un lenguaje de línea de comandos muy simple para copiar archivos, hacer listas de directorios y ejecutar programas.

National Council of Architects Registry Board (NCARB): Esta organización, fundada en 1919, examina y concede licencias a los arquitectos de EE. UU. Sus licencias se reconocen en muchos otros países. El NCARB contrató al ETS para crear la *suite* de software de evaluación que Jim Newkirk y yo, con varias personas más, escribimos entre mediados y finales de los noventa.

PAL-III Assembler: Un ensamblador de cinta de papel para el PDP-8 escrito por Ed Yourdon cuando era muy joven y trabajaba en Digital Equipment Corporation.

Parque Jurásico: Un buen libro de Michael Crichton, convertido en una buena película de Steven Spielberg en 1993. Unos científicos clonan dinosaurios al obtener ADN de mosquitos atrapados en ámbar antiguo. Los dinosaurios escapan y empiezan a comerse a la gente. Dos niños salvan la situación hackeando un "sistema Unix" que había sido programado por el malvado programador Dennis Nedry.

PDP-7: Introducido por Digital Equipment Corporation en 1965, era un miniordenador basado en transistores. Tenía un conjunto de instrucciones de una sola dirección y memoria de núcleos con un tiempo de ciclo de ~2 µs que albergaba entre 4K y 64K de palabras de 18 bits. La frecuencia de reloj interna era de medio megahercio. Podía incluir un disco, DECtape, Teletipo ASR 33, monitor vectorial y lector/perforadora de cinta de papel de alta velocidad. Pesaba ~500 kilos y tenía el tamaño del congelador de un restaurante. Estas máquinas se vendían por 72.000 dólares. Se enviaron un total de 120 unidades.

PDP-8: Introducido por Digital Equipment Corporation en 1965, el PDP-8 se convirtió en el miniordenador de referencia de finales de los sesenta y principios de los setenta. Se produjeron muchos modelos diferentes. El 8 "convencional" original era una máquina basada en transistores con memoria de núcleos que contenía 4K de palabras de 12 bits. El tiempo de ciclo era de ~2 µs y la frecuencia de reloj interna era de medio megahercio. Se programaba principalmente en ensamblador, pero había una variante FORTRAN y un intérprete parecido a BASIC llamado FOCAL. A lo largo de su vida, hubo varios sistemas operativos, pero el OS/8 fue el más popular. La máquina básica incluía un

Teletipo ASR 33. Otras características incluían DECtape; lector/perforadora de cinta de papel de alta velocidad, unidades de disco primitivas, expansión de memoria hasta 32K y multiplicación y división en hardware. El coste mínimo del sistema era de 18.000 dólares. Se vendieron más de 50.000 unidades.

PDP-11: Digital Equipment Corporation lanzó el primer PDP-11 en 1970. Al final, se vendieron unos 600.000. El 11 tenía una arquitectura de direccionamiento por bytes de 16 bits basada en circuitos integrados. La primera memoria era de núcleos, pero se cambió a memoria de estado sólido con el paso de las décadas. En el PDP-11, 64K bytes eran directamente direccionables, y los modelos posteriores permitían mucho más al utilizar bancos de memoria.

El primer modelo fue el 20, que se vendía por 11.800 dólares. Hubo muchos otros modelos, hasta llegar al 70, que soportaba 4 MB de memoria de estado sólido y tenía protección de memoria integrada, coma flotante y E/S muy rápida. Por lo general, estos sistemas se soportaban en memoria de disco y utilizaban memoria de cinta para las copias de seguridad.

***Perdidos en el espacio*:** Serie de televisión de ciencia ficción de 1965 basada ligeramente en *La familia Robinson*. Una familia se pierde en el espacio e intenta desesperadamente volver a casa. El robot, construido por los mismos ingenieros que crearon al robot Robby de *Planeta prohibido*, se convirtió en un icono por decir "Peligro, Will Robinson" y "No tiene sentido" mientras agitaba sus brazos corrugados de forma aleatoria.

Perforadora IBM 026: Anunciada en 1949, estas perforadoras de tarjetas de tamaño escritorio fueron las principales perforadoras controladas con teclado durante más de 20 años. El teclado incluía mayúsculas, números y algunos signos de puntuación. Las tarjetas se extraían de forma automática de un alimentador de entrada y a través del mecanismo perforador controlado por el teclado y, después, se apilaban en un receptor de salida.

Pharaoh: Mientras estaba en Teradyne en los setenta, había un juego escrito ALCOM llamado Pharaoh. Lo modifiqué enormemente y pasé mucho tiempo jugando. En 1987, decidí escribir el juego otra vez, en C, para mi Mac 128. Cuando estuvo completo, lo subí a CompuServe o algo de eso. Circuló por ahí. La mayoría de la gente lo odiaba. A algunos les gustaba. Puede descargarlo en `www.macintoshrepository.org/5230-pharaoh`. En el momento de escribir esto, había una valoración muy divertida de 2018 disponible en: Tanara Kuranov (Gamer Mouse). "Gamer Mouse-Pharaoh Review-Macintosh". Publicado en YouTube el 20 de febrero de 2018.

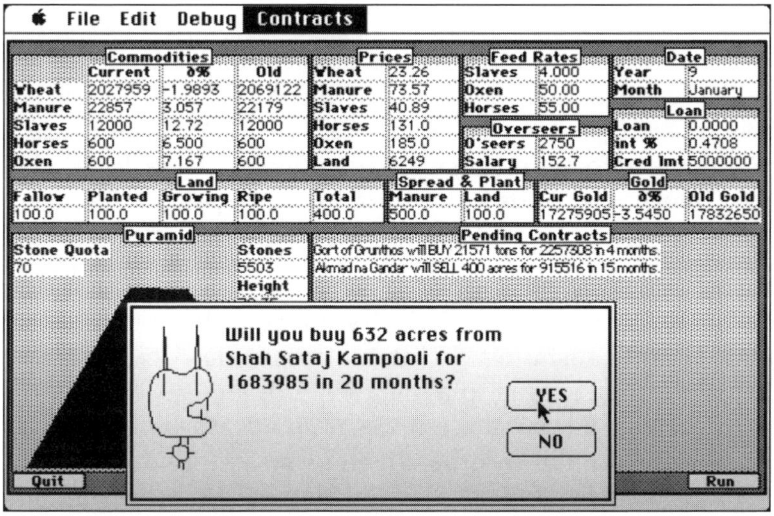

Planeta prohibido: Película de 1956 (y mi película favorita de todos los tiempos). El robot Robby es un personaje importante y tiene la personalidad de un mayordomo inglés.

PostScript: Inventado en 1984 por Adobe, PostScript es un llamado "lenguaje de descripción de páginas". Basado en Forth, este lenguaje era la manera común de enviar trabajos de impresión desde un ordenador a una impresora láser a finales de los ochenta y los noventa. El ordenador convertía el trabajo de impresión en un programa PostScript y lo enviaba a la impresora. La impresora ejecutaba ese programa, lo que hacía que la impresora imprimiese páginas. Con el tiempo, PDF sustituyó a PostScript.

Proceso unificado racional (RUP): Incentivados por el *boom* de las empresas puntocom y financiados por Rational Inc., Grady Booch, Ivar Jacobson y Jim Rumbaugh (Los Tres Amigos) colaboraron para crear un proceso de desarrollo de software rico y diverso. Rational empezó a comercializar la idea en 1996. Al final, RUP se vio sobrepasado por el movimiento ágil y, sobre todo, por Scrum y la programación extrema.

Programación extrema (XP): Inventada por Kent Beck a mediados de los noventa y popularizada en su libro *Una explicación de la programación extrema,*[4] la XP es el mejor definido de los procesos ágiles. Está compuesta por un conjunto de aproximadamente una docena de disciplinas divididas en tres partes: negocio, equipo y técnica. Es el proceso que introdujo conceptos como el desarrollo guiado por pruebas, la programación en parejas, la integración continua y muchos más.

RAM: Memoria de acceso aleatorio. Esta es la memoria donde las palabras individuales (bytes) son directamente direccionables y accesibles. Los tubos Williams, la memoria de núcleos y la memoria de estado sólido son ejemplos. La línea de retardo, el disco y el tambor no son RAM, porque el acceso debe esperar a que los datos estén posicionados debajo del lector. En la actualidad, la memoria interna de todos los ordenadores es RAM.

Red T1: Sistema de transmisión 1, introducido en 1962 por Bell System. Era una estrategia de comunicaciones en serie digitales de larga distancia. Una sola línea T1 transmitía bits a 1,544 Mbit/s. Se utilizaba para llevar discurso digitalizado a larga distancia. Veinticuatro canales de discurso a 64 kbit/s podían multiplexarse en una sola línea T1. A finales de los ochenta y entrados los noventa, era común para las empresas conectarse a Internet con una línea T1. Los precios de alquiler se situaban en torno a miles de dólares al mes, pero la tasa de datos valía la pena para organizaciones grandes. Para los años 2000, los precios se habían reducido a menos de 1.000 dólares. Y, entonces, con mucha rapidez, surgieron otras opciones disponibles.

ROM: Memoria de solo lectura. Por lo general, es RAM que no puede cambiarse. Ha habido muchas variedades a lo largo de los años. Hoy en día, la ROM es casi siempre un circuito integrado de algún tipo, en el que las conexiones internas se han grabado permanentemente o se han alterado mediante

4. *eXtreme Programming eXplained*, Addison-Wesley, 1999. (Traducción al español: *Una explicación de la programación extrema*, Addison-Wesley, 2002).

programación. Esto se denomina a veces PROM, que significa memoria programable de solo lectura. Algunas PROM pueden borrarse mediante la exposición a luz ultravioleta de alta intensidad.

ROSE: En 1990, Grady Booch escribió *Análisis y diseño orientado a objetos con aplicaciones*.[5] El libro presentaba una notación para describir diseños orientados a objetos. Esta notación se hizo muy popular y la empresa en la que trabajaba Grady, Rational Inc., decidió crear una herramienta CASE (*computer-aided software engineering*, ingeniería de software asistida por ordenador) para permitir a los programadores crear diseños así en SPARCstations. El nombre del producto era ROSE. Yo trabajé un año como contratista en el equipo de ROSE a principios de los noventa.

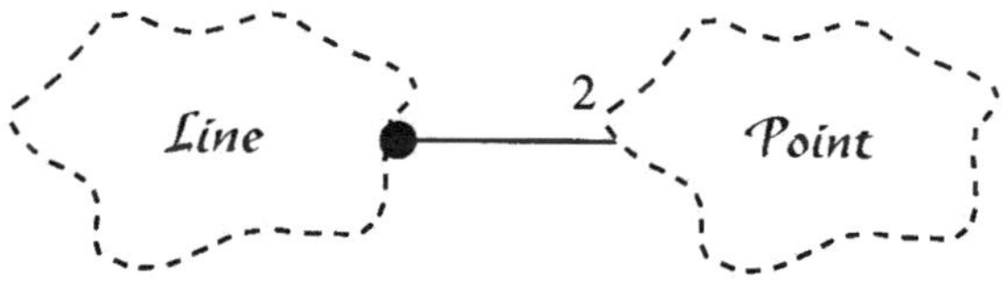

RS-232: Un estándar eléctrico de 1960 para la comunicación serial. Este estándar, utilizado a menudo para enviar y recibir datos entre un ordenador y un terminal de datos o para enviar datos de un ordenador a una impresora, solía combinarse con un formato de datos para la transmisión serial de bytes o caracteres.

RSX-11M: Lanzado por Digital Equipment Corporation en 1974, fue un sistema operativo de disco popular para el PDP-11. Podía gestionar múltiples terminales de usuario y múltiples procesos de usuario de manera concurrente. Tenía un lenguaje de línea de comandos relativamente simple llamado MCR (*Monitor Console Routine*).

SPARCstation: Introducido por Sun Microsystems en 1989, el SPARCstation era un ordenador de estación de trabajo del tamaño de una caja de pizza. Incluía un teclado, un ratón y (por lo general) un monitor CRT en color de 19 pulgadas. Ejecutaba Unix, por supuesto. La frecuencia de reloj empezó en 20 MHz y, con el tiempo, subió a 200 MHz. La RAM solía ser de entre 20-128 MB o más. El procesador era una máquina RISC (un ordenador con conjunto de instrucciones reducido). Esta máquina fue la principal estación de trabajo del software de los noventa.

---

5. *Object-Oriented Design with Applications*, Benjamin-Cummings, 2000. (Traducción al español: *Análisis y diseño orientado a objetos con aplicaciones*, Alhambra Mexicana, 2001).

ST506/ST412: Shugart (Seagate) Technology introdujo ST506 en 1980 y ST412 un año después. Se trataba de pequeñas unidades de disco que tenían un plato contenido de forma interna de algo más de 13 centímetros que giraba a 3.600 rpm. Tenían un tiempo de búsqueda de ~50-100 ms y una tasa de transferencia de ~60-100 kb/s. La unidad ST506 podía almacenar 5 MB y la ST412 podía almacenar 10 MB. Costaban algo más de 1.000 dólares y pesaban casi 5,5 kilos. A menudo se utilizaban como periféricos para microordenadores.

SWAC (1950): *Standards Western Automatic Computer*. Construido por y para la Oficina Nacional de Normas (en la actualidad, Instituto Nacional de Estándares y Tecnología de EE. UU.), el SWAC constaba de 2.300 tubos de vacío y tenía 256 palabras de 37 bits almacenadas en tubos Williams. El tiempo de suma era de 64 µs y el de multiplicación, de 384 µs.

Tablero de conexiones: Muchas máquinas antiguas se "programaban" mediante la conexión de cables eléctricos en los orificios adecuados en determinados paneles. Piense en una centralita telefónica. Las máquinas complejas podían tener miles de interconexiones así.

Teletipo ASR 33: El teletipo Automatic Send/Receive Modelo 33 de Teletype Corporation fue el terminal informático de referencia desde finales de los sesenta hasta bien entrados los setenta. Operaba a 10 caracteres por segundo y, por lo general, estaba controlado por un flujo de bits en serie orientado a bytes. Tenía teclado, impresora, lector de cinta de papel y perforadora de cinta de papel. Gruñía todo el tiempo cuando estaba encendido y sonaba como un martillo neumático cuando hacía impresiones y perforaciones. El lector y la perforadora de cinta de papel tenían una anchura de ocho canales. La cinta de papel era amarilla y aceitosa (creo que para mantener la perforadora lubricada).

Transistor: Inventado en Bell Labs a finales de los cuarenta, un transistor es un dispositivo pequeño de estado sólido que puede controlar el flujo de electricidad de una manera similar a un tubo de vacío. Cambios pequeños en una entrada pueden generar cambios grandes en la salida. Así, estos dispositivos pueden utilizarse como amplificadores e interruptores. Su tamaño reducido y su bajo consumo energético revolucionaron la industria informática a finales de los cincuenta e hicieron posibles los miniordenadores de los sesenta. Suelen estar hechos de semiconductores, como el silicio o el germanio.

Tubo de vacío: Inventado en 1904 por John Ambrose Flemming, este simple dispositivo puede controlar el flujo de corriente eléctrica. Cambios pequeños en una entrada pueden provocar cambios grandes en la salida. Así, estos dispositivos pueden utilizarse como amplificadores o conmutadores. Es necesario calentar al rojo vivo un filamento dentro del tubo para que el dispositivo funcione. Eso hace que los dispositivos sean frágiles y poco fiables y consuman mucha energía, lo cual limita mucho su uso en los ordenadores. Un ordenador con unos pocos miles de tubos puede tener un tiempo medio entre errores de unas horas.

UART: Transmisor receptor asíncrono universal. Un UART era un dispositivo electrónico que convertía datos de tamaño byte en un flujo en serie capaz de transmitirse utilizando RS-232. Los datos en serie entrantes se convertían en caracteres individuales y los caracteres salientes volvían a convertirse en un flujo de datos en serie.

UNIVAC 1103: Esta máquina gigante de 19 toneladas, lanzada en 1953 y diseñada, en parte, por Seymour Cray, tenía 1.024 palabras de 36 bits contenidas en memoria de tubos Williams. También tenía una memoria de tambor que albergaba 16K palabras. Ambas memorias contaban con direccionamiento directo. Se trataba de una máquina binaria que utilizaba aritmética de complemento a uno. Se programaba principalmente en ensamblador y había varios intérpretes de coma flotante.

UNIVAC 1107: Una máquina basada en transistores introducida en 1962 y que ocupaba una habitación. Contaba con 128 registros internos que utilizaban memoria de película delgada que era seis veces más rápida que el tiempo de ciclo de 4 µs de la memoria de núcleos. La memoria de núcleos contenía 65K de palabras de 36 bits y la memoria de tambor podía albergar 300K palabras. Se programaba en FORTRAN IV y ensamblador y pesaba algo menos de 3 toneladas. Se vendieron 36 unidades en total.

UNIVAC 1108: Una máquina basada en transistores introducida en 1964 que ocupaba una habitación. Utilizaba circuitos integrados para sus registros internos. Los registros internos permitían la reubicación dinámica de programas y el hardware de protección de memoria permitía la multiprogramación segura. La memoria de núcleos tenía un tiempo de ciclo de 1,2 µs y se organizaba en hasta cuatro bancos del tamaño de un armario de 64K palabras de 36 bits. Se produjeron 296 en total.

Usenet/Netnews: Una red social basada en texto inventada por Tom Truscott y Jim Ellis en 1979. Usenet se transmitía por Internet mediante NNTP (*Network News Transport Protocol*, protocolo para la transferencia de noticias en red) y satélites (máquinas de marcación) utilizando UUCP. Los temas se dividían en varios cientos de grupos de noticias. Los usuarios se suscribían a los grupos de noticias que les interesaban. Los suscriptores podían leer artículos publicados en esos grupos y podían responder o escribir artículos nuevos. El nuevo software lector, sobre todo en Emacs, permitía que los artículos y las respuestas se organizasen en hilos. Durante el periodo de Usenet se creó la ley de Godwin. Yo solía participar en los grupos de noticias comp.object y comp.lang.c++.

UUCP: Protocolo de copia de Unix a Unix, una *suite* de programas y protocolos informáticos que permitía que se transmitiesen archivos entre sistemas basados en Unix (y otros) mediante conexiones telefónicas. A finales de los ochenta y bien entrados los noventa, fue la base de sistemas de acceso remoto por marcación telefónica satelital para acceder correo electrónico y Usenet. Las tareas planificadas en esos sistemas se conectaban de forma periódica a una máquina que tenía acceso a Internet. Esta utilizaba UUCP para transferir todos los correos y noticias en cola a esa máquina y, después, descargaba todas las noticias y los correos entrantes. Eran comunes las largas cadenas margarita de máquinas que utilizaban UUCP. Cada una transfería a la siguiente hasta que llegaban a una máquina de la red troncal de Internet. Muchas de estas conexiones telefónicas se negociaban de manera informal entre amigos y socios.

VAX 750/780/µ: Digital Equipment Corporation introdujo el VAX/780 en 1977. Era un sistema informático basado en circuitos integrados que ocupaba una habitación. El procesador era de 32 bits y, con un tiempo de ciclo de 200 ns, podía ejecutar medio millón de instrucciones por segundo. El conjunto de instrucciones era muy rico. La memoria tenía asignación de hardware y permitía la paginación y el intercambio de memoria virtual. La máquina estaba diseñada para operaciones multiusuario y de multiprocesamiento y era competencia directa para el IBM System/360. El sistema operativo era VMS, un sofisticado sistema operativo de disco con gestión de memoria virtual y una amplia variedad de opciones de E/S. El 750 se introdujo en 1980. Era una versión más pequeña y lenta del 780, y funcionaba a la mitad de velocidad. El μVAX se introdujo en 1984. Esta pequeña bestia, la mitad de lenta que el 750, cabía sin problema debajo del escritorio (sin periféricos) y podía cargarse con 16 MB de RAM.

VT100: Introducido por Digital Equipment Corporation en 1978, este teclado y monitor de tubos de rayos catódicos monocromático de 80x24 fue el terminal de referencia para miniordenadores y microordenadores durante la mayor parte de una década. Pesaba unos 9 kilos y costaba menos de 1.000 dólares. Se vendieron millones.

Wator: Un juego de ordenador diseñado y popularizado por A. K. Dewdney en el número de diciembre de 1984 de *Scientific American*. El juego es una simulación depredador/presa simple entre tiburones y peces dentro de un océano 2D toroidal. Escribí una versión de este juego en C para el Macintosh y la subí a un tablón de anuncios, o quizá a CompuServe, en 1984, más o menos. Desde entonces, he escrito otras muchas versiones; la más reciente está en uno de los capítulos de *Diseño funcional*. El código fuente está disponible en `https://github.com/unclebob/wator`. Puede obtener el original para el Mac 128 en `www.macintoshrepository.org/3976-wator`.

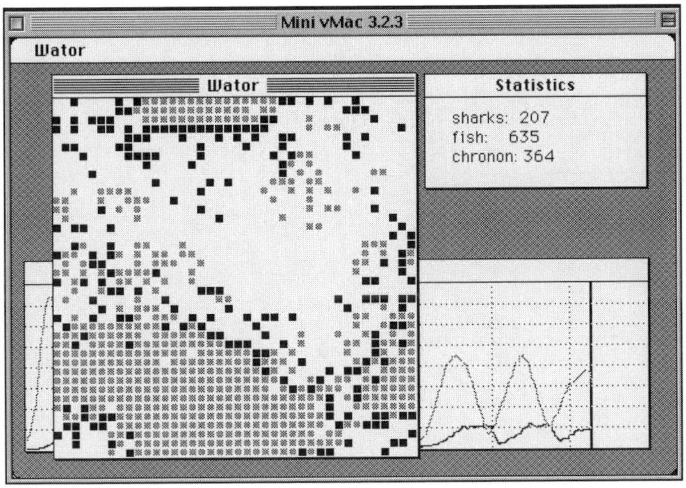

Whirlwind: Desarrollado por el MIT en 1951, este fue uno de los primeros ordenadores en tiempo real. Se diseñó para controlar simuladores de vuelo y tenía una arquitectura en paralelo. La memoria de núcleos se inventó para esta máquina: tenía 5.000 tubos de vacío y 1K de núcleo y una anchura de 16 bits. Pesaba 10 toneladas y consumía 100 KW.

X1 (1959): Sucesor del ARMAC. Era una máquina totalmente transistorizada con hasta 32K palabras de 27 bits. Los primeros 8K del espacio de direcciones eran de memoria de solo lectura y contenían programas de arranque y un ensamblador primitivo. La máquina también tenía un registro de índice. El tiempo de ciclo de memoria era de 32 µs, y el tiempo de suma era de 64 µs. Por tanto, podía ejecutar más de 10.000 instrucciones por segundo.

Reparto de actores secundarios

Ackermann, Wilhelm (1896-1962): Matemático y lógico alemán que obtuvo su doctorado en Gotinga. Ayudó a David Hilbert con su obra sobre los principios de la lógica matemática. Quizá sea más conocido entre algunos informáticos por la función de Ackermann, que a veces se utiliza como punto de referencia para la velocidad. Permaneció en Alemania durante la guerra y acabó su carrera siendo profesor de instituto.

Aiken, Howard Hathaway (1900-1973): Físico estadounidense formado en la universidad de Wisconsin, en Madison. Obtuvo un doctorado de Harvard y fue el diseñador conceptual del Harvard Mark I Automatic Sequence Controlled Calculator. Comandante de la Reserva de la Marina, convenció a la Marina para que financiase ese dispositivo gigantesco, y a IBM, para que lo construyese. Lo gestionaba o, mejor dicho, lo gobernaba, como si fuese un navío y él fuese su capitán. Esa fue la máquina en la que aprendió a programar Grace Hopper.

Airy, Sir George Biddell (1801-1892): Matemático y astrónomo inglés. Ocupó el cargo de Profesor Lucasiano de Matemáticas entre 1826 y 1828, y fue el séptimo astrónomo real. Fue una de las némesis de Babbage.

Amdahl, Gene (1922-2015): Físico teórico, informático y emprendedor estadounidense de ascendencia sueca. Como estudiante de posgrado, participó en la construcción del ordenador WISC en la universidad de Madison. Se unió a IBM y trabajó en el 704 y el 709, y llegó a ser arquitecto principal del System/360. Creó Amdahl Corp., competencia de IBM, que logró alcanzar más de 1.000 millones de dólares en ventas para 1979. Emprendió varias aventuras empresariales más con éxito. Acuñó el término "ley de Amdahl", que define límites en las ventajas del procesamiento en paralelo.

Beck, Kent (1961-): Inventor de la programación extrema (XP) y autor de *Una explicación de la programación extrema*.[1] También ha inventado disciplinas como el desarrollo guiado por pruebas (TDD) y test & commit | | revert (TCR). Ha sido una gran fuerza en la industria del software y ha escrito muchos libros, dado muchas charlas y fomentado muchas ideas beneficiosas. Fue uno de los fundadores originales de The Hillside Group y ofreció un gran apoyo al movimiento de los patrones de diseño en los noventa.

Bell, Alexander Graham (1847-1922): Ciudadano del Reino Unido que se trasladó a Boston e inventó el primer teléfono práctico (a menos que crea al alférez Chekov de *Star Trek*). Después, comercializó el producto y acabó fundando Bell Telephone.

Bemer, Robert William (1920-2004): Experto en aerodinámica e informático estadounidense. Trabajó durante un tiempo en Douglas Aircraft. En IBM, inventó COMTRAN, que fue absorbido por COBOL. Trabajó para John Backus durante los años de FORTRAN y con Grace Hopper durante los años de COBOL. En ocasiones, se le conoce como el padre de ASCII, y casi lo despidieron de IBM por proponer el concepto de tiempo de compartido. Mientras estaba en Rand Corporation, Kristen Nygaard lo convenció de que le proporcionase un UNIVAC 1107 a cambio de los derechos para distribuir SIMULA.

Berkely, Edmund Callis (1909-1988): Informático estadounidense y cofundador de la ACM, fundador de *Computers and Automation*, la primera revista de informática, autor de *Giant Brains, or Machines That Think*[2] e inventor de los juguetes informáticos Geniac y Brainiac. Como actuario en Prudential Insurance, fue fundamental en la adquisición de uno de los primeros ordenadores UNIVAC. Se hizo amigo de Grace Hopper y escribió una carta de "intervención" para ayudarla a superar su alcoholismo.

Blaauw, Gerrit Anne (1924-2018): Informático holandés, cristiano devoto y socio de Dijkstra, Aiken y Amdahl. Ayudó a Dijkstra en el Centro de Matemáticas de Ámsterdam con el ARRA y el FERTA y, más tarde, fue un diseñador clave del IBM System/360. Defendió, y ganó, la causa del byte de 8 bits.

1. *eXtreme Programming eXplained*, primera edición, Addison-Wesley, 2000. (Traducción al español: *Una explicación de la programación extrema*, Addison-Wesley Iberoamericana España, 2002).

2. John Wiley and Sons, 1949.

Bloch, Richard Milton (1921-2000): Programador informático estadounidense que trabajó con Grace Hopper en el Harvard Mark I. Se convirtió en director de la división informática de Raytheon, vicepresidente de desarrollo corporativo en Auerbach Corp., vicepresidente de la división de sistemas avanzados en GE y presidente y director ejecutivo de Artificial Intelligence Corporation y Meiko Scientific Corporation.

Böhm, Corrado (1923-2017): Matemático e informático italiano. Fue coautor, junto con Giuseppe Jacopini, de "Flow Diagrams, Turing Machines, and Language with Only Two Formation Rules".[3] Este artículo ayudó a Dijkstra a formular las reglas de la programación estructurada.

Booch, Grady (1955-): Autor de muchos libros, el más conocido de los cuales es *Análisis y diseño orientado a objetos con aplicaciones*.[4] Colaboró con Ivar Jacobson y Jim Rumbaugh (juntos, recibían el nombre de Los Tres Amigos) para crear el lenguaje unificado de modelado (UML) y el proceso unificado racional (RUP). Trabajó como científico jefe en Rational Inc. y se convirtió en miembro de la ACM en 1995, miembro de IBM en 2003 y miembro del IEEE en 2010.

Boole, George (1815-1864): Matemático, filósofo y lógico autodidacta inglés, inventor de álgebra booleana.

Brooks, Angela (1975-): Mi primogénita y mi leal ayudante durante la última década y media.

Brooks, Frederick Phillips Jr. (1931-2022): Físico y matemático estadounidense. Obtuvo su doctorado en Harvard bajo la supervisión de Howard Aiken. Se unió a IBM en 1956 y se convirtió en director de desarrollo del software del System/360 y el OS/360. Acuñó el término arquitectura de ordenadores. Además, fue el autor de *The Mythical Man Month*[5] y varios libros más. También acuñó la ley de Brooks ("añadir más efectivos a un proyecto retrasado lo retrasará más"), además del término "efecto segundo sistema" para referirse al intento, por lo general infructuoso, de sustituir un sistema pequeño y simple por un sistema desmesurado y complejo.

Byron, Lord George Gordon (1788-1824): Padre de Ada King, condesa de Lovelace. Está considerado como uno de los mayores satíricos y poetas románticos de Gran Bretaña. Fue bastante prolífico, pero es conocido sobre

3. *Communications of the ACM* 9, n.º 5, mayo de 1966.

4. *Object-Oriented Design with Applications*, Benjamin Cummings, 1990. (Traducción al español: *Análisis y diseño orientado a objetos con aplicaciones*, Alhambra Mexicana, 2001).

5. Addison-Wesley, 1975, 1995.

todo por el personaje de Don Juan y *Melodías hebreas*. También era un capullo integral. Engañaba a todo el mundo: su esposa, su hija, sus otras amantes, sus banqueros y sus acreedores. Vaya, que era un auténtico gusano. Una vez pasó un tiempo con Mary Shelley y la inspiró para escribir *Frankenstein*, así que a lo mejor eso lo dice todo.

Campbell, Robert V. D. (1916-?): Teniente comandante de la Marina durante la Segunda Guerra Mundial. Fue reclutado como el primer programador del Harvard Mark I. Trabajó con Grace Hopper, más tarde fue empleado de Raytheon y, después, se convirtió en dirección de investigación en Burroughs. Entre 1966 y 1984, trabajó en MITRE en la planificación a largo plazo de las Fuerzas Aéreas. No he podido encontrar la fecha de la muerte.

Cantor, Georg (1845-1918): Matemático ruso e importante contribuidor en la teoría de conjuntos. Inventor de los números transfinitos, en su época fue ridiculizado como un charlatán científico y corruptor de la juventud. David Hilbert lo defendió con vehemencia. Al final, la Royal Society le concedió el máximo honor en el campo de las matemáticas: la medalla Sylvester.

Church, Alonzo (1903-1995): Matemático e informático estadounidense. Es conocido sobre todo por el cálculo lambda, que utilizó para demostrar que el tercer reto de Hilbert, demostrar que las matemáticas son decidibles, era imposible. Lo logró antes que Turing con solo unas semanas de diferencia. Después de aquello, se convirtió en tutor de la tesis de Turing. Juntos crearon la tesis Church-Turing, que demostraba que el cálculo lambda y la máquina de Turing eran equivalentes a nivel matemático y que cualquier función computable es computable por esos medios.

Coplien, James O. (Cope) (1955-): Autor de *Advanced C++ Programming Styles and Idioms*[6] y muchos otros libros. Fue miembro fundador de The Hillside Group para promocionar la comunidad de los patrones de diseño a principios de los noventa.

Cunningham, Ward (1949-): Conocido como el padre de los consultores de software. Fue el mentor de Kent Beck y uno de los primeros defensores del desarrollo ágil, la programación extrema (XP), la programación en parejas y el desarrollo guiado por pruebas (TDD). Inventó la wiki y creó la primera wiki *online* (`c2.com`). Es una persona que tiene un montón de ideas que regala sin más. Otros han tomado muchas de esas ideas y las han explotado.

6. Addison-Wesley, 1992.

Darwin, Charles (1809-1882): Científico y naturalista británico. Propuso la teoría de la evolución a través de la selección natural en un artículo presentado en 1859. Más tarde ese mismo año, publicó *El origen de las especies*. Ese libro sacudió el mundo (y aún lo sacude hoy en día en determinados círculos).

DeCarlo, Charles R. (1921-2004): Matemático e ingeniero estadounidense de ascendencia italiana. Sirvió en la Marina durante la guerra. Llegó a ser ejecutivo de IBM y formó parte del equipo de FORTRAN. Con el tiempo, se convirtió en el apreciado presidente del Sara Lawrence College.

De Morgan, Augustus (1806-1871): Matemático y lógico británico. Introdujo el término "inducción matemática". Formuló las leyes de De Morgan y realizó contribuciones al campo de la probabilidad.

Dickens, Charles (1812-1870): Novelista inglés muy conocido por novelas como *Oliver Twist*, *Nicholas Nickleby*, *David Copperfield*, *Historia de dos ciudades* y *Grandes esperanzas*. Aunque quizá su personaje más famoso sea Ebenezer Scrooge, el héroe y villano de *Cuento de Navidad*.

Dirac, Paul Adrien Maurice (1902-1984): Físico teórico inglés y ganador del premio Nobel (el galardonado en física más joven en su momento). Fue uno de los Profesores Lucasianos de matemáticas de Cambridge. Por recomendación de Einstein, lo invitaron a unirse al IAS de Princeton en 1931. Predijo la existencia de la antimateria y formuló las ecuaciones que describen los fermiones. Esa ecuación ($i\gamma \cdot \delta\psi = m\psi$) está inscrita en su lápida en la Abadía de Westminster y la han llamado la ecuación más hermosa del mundo. Tuvo una influencia enorme en la mecánica cuántica y acuñó el término "electrodinámica cuántica". Se ha dicho que fue tan influyente en la física como Newton o Einstein. Se trasladó a Florida en 1970 y fue profesor de la universidad estatal de Florida.

Eckert, John Adam Presper Jr. (1919-1995): Ingeniero eléctrico estadounidense. Diseñó, junto a John Mauchly, el ENIAC y el UNIVAC I. Fue cofundador de la EMCC (Eckert-Mauchly Computer Corporation), y permaneció en ella cuando fue adquirida por Remington Rand, que se fusionó con Sperry Corp. Y, después, con Burroughs Corp., hasta que, al final, se convirtió en Unisys. Se jubiló de Unisys en 1989, pero siguió trabajando como consultor hasta su muerte. Durante toda su vida, sostuvo que la arquitectura Von Neumann debería llamarse arquitectura Eckert.

Einstein, Albert (1879-1955): Físico teórico de origen alemán y ganador del premio Nobel. Es conocido sobre todo por sus dos teorías de la relatividad y la fórmula $E = mc^2$ (que en realidad es $E^2 = (mc^2)^2 + (pc)^2$, pero qué más da).

Publicó cinco artículos destacables en 1905 (su "año milagroso"). Uno era sobre la teoría especial de la relatividad, otro demostraba la existencia de los átomos y otro demostraba la existencia del fotón y la cuantización de la energía. Comenzó una visita larga a EE. UU. en 1930. En 1933 se dio cuenta de que, como judío, no podía volver a Alemania, así que se quedó en EE. UU. y, al final, aceptó un puesto en Princeton. Pacifista convencido, fue quien firmó la carta para Roosevelt abogando por la creación de la bomba atómica. Qué cosa tan curiosa.

Euclides (~300 a. C.): Matemático de la Antigua Grecia considerado el padre de la geometría. Es el autor de *Los elementos*, una serie de libros que estableció los fundamentos de la geometría utilizando el modelo de teoremas derivado de la aplicación lógica de cinco postulados primitivos.

Faraday, Michael (1791-1867): Científico autodidacta inglés que indagó en temas de química, electricidad y magnetismo. Entre otras muchas cosas, descubrió el efecto de la inducción electromagnética e inventó un motor eléctrico primitivo. Cuenta la leyenda que mostró ese motor al primer ministro, quien le pregunto para qué servía. Él respondió que no lo sabía, "pero algún día podrá gravarlo".

Feynman, Richard (1918-1988): Físico teórico estadounidense. Realizó contribuciones importantes a la mecánica cuántica. Es conocido por sus conferencias y libros y trabajó en el Proyecto Manhattan en Los Álamos como líder del grupo de la división teórica de Hans Bethe. Juntos, desarrollaron la fórmula Bethe-Feynman para calcular el rendimiento de fisión. Ayudó a establecer el sistema de cálculo utilizando máquinas de tarjetas perforadas de IBM (Kemeny trabajó en este grupo). También ayudó a determinar la causa del desastre del transbordador espacial Challenger en 1986.

Finder, Ken (~1950-): La persona que me contrató en Teradyne en 1976. Siguió siendo mi jefe y mi mentor durante una década, más o menos. Me enseñó mucho sobre matemáticas, ingeniería y decencia. Fue él quien inventó el esquema vectorial para organizar los chips de ROM del 8085 COLT. También fue director del producto E. R.

Fitzpatrick, Jerry (~1960-): Mi buen amigo y compañero en Teradyne. Diseñó la tarjeta Deep Voice para el E. R. y escribió *Timeless Laws of Software Development*.[7] En la actualidad, es consultor de software.

7. Software Renovation Corp., 2017.

Fowler, Martin (1963-): Amigo, socio e informático y autor consumado. Fue una de las piezas clave en los movimientos de la programación extrema y el desarrollo ágil. Ha escrito como autor o coautor una plétora de libros muy influyentes, incluyendo *Refactoring*,[8] pero mi favorito es *Analysis Patterns*.[9]

Fulmer, Allen (1930-): Educador estadounidense. Recibió su máster de ciencias en ingeniería eléctrica y una licenciatura en física en la universidad estatal de Oregón. Es el inventor de los ordenadores educativos ECP-18 y SPEDTAC. Como profesor de la universidad estatal de Oregón, ayudó a Judith Allen a introducirse en la programación informática y le ofreció ser su socia en el negocio del ECP-18.

Gödel, Kurt Friedrich (1906-1978): Matemático y lógico alemán. Destrozó la noción de Hilbert de la completitud y la consistencia de las matemáticas. Se trasladó a Viena en 1932, pero fue sospechoso de ser judío. En 1938, Austria pasó a ser parte de Alemania y se determinó que era apto para el servicio en el ejército alemán, así que él y su esposa viajaron al este a través de Rusia, Japón, el océano Pacífico y Norteamérica para llegar hasta Princeton. Ese era el camino largo, pero, en aquel entonces, Europa estaba envuelta en la guerra. En Princeton, Einstein y él se hicieron buenos amigos y solían dar largos paseos juntos.

Goldbach, Christian (1690-1764): Matemático, teórico de números y abogado prusiano. Fue amigo por correspondencia de Euler, Leibnitz y Bernoulli e hizo muchas contribuciones al campo. En la actualidad, es recordado por su famosa conjetura, todavía no demostrada, de que todo número natural par superior a dos es la suma de dos números primos.

Goldberg, Richard (1924-2008): Matemático estadounidense. Trabajó en IBM con John Backus en FORTRAN.

Goldstine, Herman Heine (1913-2004): Informático estadounidense. Trabajó con John Mauchly para proponer y, después, construir el ENIAC en Princeton. Por casualidad, conoció a Von Neumann en el andén de una estación de tren en 1944 e hizo alguna mención al ENIAC. Trabajó en los ordenadores EDVAC e IAS en Princeton, se unió a IBM a finales de los cincuenta y se convirtió en miembro de IBM en 1969.

Groves, Leslie Richard Jr. (1896-1970): Teniente general (honorario) del Ejército que dirigió la construcción del Pentágono y el Proyecto Manhattan. Perdió el favor de Eisenhower debido a su "mala educación, falta de sensibilidad,

8. Addison-Wesley, 1999.
9. Addison-Wesley, 1997.

arrogancia, desprecio por las normas y maniobras para ascender sin corresponderle". Dejó el Ejército y se convirtió en vicepresidente de Remington Rand, donde tuvo que ocuparse de la adquisición del EMCC y el UNIVAC.

Haibt, Lois B. Mitchell (1934-): Graduada de Vassar y becaria de verano en Bell Labs. Se unió a IBM y aprendió a programar el 704. Trabajó con John Backus en FORTRAN y fue la primera empleada de IBM en teletrabajar media jornada tras formar una familia. Después de aquello, trabajó de manera intermitente para IBM y también fue contratista y consultora. En la actualidad reside en Chicago.

Hamming, Richard Wesley (1915-1998): Matemático estadounidense y ganador del premio Turing que trabajó en Bell Labs en la misma época que Dennis Ritchie, Ken Thompson y Brian Kernighan. Trabajó en Los Álamos en el Proyecto Manhattan y ayudó a programar las calculadoras de tarjetas perforadas de IBM. Más tarde, en Bell Labs, inventó un esquema para especificar códigos de detección y corrección de errores en transmisiones digitales (conocidos códigos Hamming).

Heisenberg, Werner Karl (1901-1976): Físico teórico alemán ganador del premio Nobel y pionero de la mecánica cuántica. Estuvo en Gotinga con Hilbert y Von Neumann. El "principio de incertidumbre" lleva su nombre. Fue científico principal en el programa de armas nucleares nazi pese al hecho de que le habían acusado de ser un "judío blanco", es decir, un ario que actúa como un judío. En 1939 le dijo a Hitler que crear una bomba era posible, pero llevaría años. La opción nunca llegó a trabajarse de manera activa.

Herrick, Harlan Lowell (1923?-1997): Matemático estadounidense empleado de IBM durante 30 años. Trabajó con John Backus en el primer compilador de FORTRAN.

Herschel, John (1792-1871): Polímata inglés y buen amigo de Babbage. Fue presidente de la Sociedad Astronómica. Catalogó miles de estrellas dobles y muchas nebulosas. Promovió la noción de que la ciencia era inductiva y se basaba en la observación. Realizó importantes avances en el campo de la fotografía. Puso nombre a muchas de las lunas de Saturno y Urano y fue el primero en utilizar fechas julianas en astronomía.

Hickey, Rich (1971-): Creador del lenguaje Clojure. Ha sido un orador popular e influyente en muchas conferencias. Una de mis charlas favoritas es "Hammock Driven Development".[10] Lo conocí por primera vez *online* en

10. ClojureTV. "Hammock Driven Development-Rich Hickey". Publicado en YouTube el 16 de diciembre de 2012. (Disponible en el momento de escribir este libro).

el grupo de noticias comp.lang.c++. Después, se convirtió en director de tecnología de Cognitect y, más tarde, en ingeniero distinguido en Nubank, que adquirió Cognitect en 2020. Ya se ha retirado, pero me atrevería a decir que volveremos a oír de él.

Hopper, Vincent Foster (1906-1976): Marido de Grace Hopper. Profesor de estudios ingleses en la universidad de Nueva York, sirvió en las Fuerzas Aéreas del Ejército durante la Segunda Guerra Mundial. Fue consultor para Barron's y autor de varios libros académicos.

Hughes, Robert A. (1925?-2007): Matemático estadounidense que ayudó al Lawrence Livermore National Laboratory a configurar problemas de física en el UNIVAC I y el IBM 701. También trabajó con John Backus en FORTRAN.

Humboldt, Alexander von (1769-1859): Polímata alemán y defensor de la ciencia. Es el autor de *Cosmos, o ensayo de una descripción física del mundo* (en alemán, *Kosmos. Entwurf einer physischen Weltbeschreibung*), en el que buscaba unificar las ciencias y la cultura. Con el tiempo, su trabajo le llevó a la ecología, la preocupación por el medio ambiente e incluso el estudio del cambio climático.

Iyer, Kris (CK) (1951-): Un buen amigo y compañero en Teradyne y, más tarde, mi jefe en Clear Communications. Empezó en Teradyne en 1977 y colaboramos estrechamente en el SAC y el COLT durante un par de años. Los dos tradujimos juntos el M365 COLT al 8085.

Jacopini, Giuseppe (1936-2001): Coautor, junto a Corrado Böhm, de "Flow Diagrams, Turing Machines, and Language with Only Two Formation Rules". Este artículo ayudó a Dijkstra a formular las reglas de la programación estructurada.

Jacobson, Ivar (1939-): El primer autor nombrado de *Object-Oriented Software Engineering*.[11] Colaboró con Grady Booch y Jim Rumbaugh (el trío era conocido como Los Tres Amigos) para crear el lenguaje unificado de modelado (UML) y el proceso unificado racional (RUP). También trabajó en telefonía en Ericsson.

Johnson, Stephen C. (1944-): Informático estadounidense que trabajó en Bell Labs durante más de 20 años. Autor de yacc (basado en el trabajo de Knuth sobre los analizadores sintácticos LR), lint y spell, se quedó fascinado por los ordenadores de niño cuando su padre lo llevó a la Oficina Nacional de Normas (en la actualidad, Instituto Nacional de Estándares y Tecnología de EE. UU.)

11. *Object-Oriented Software Engineering: A Use Case Driven Approach* (Addison-Wesley, 1992).

y vio uno allí. Era del tamaño de una casa y es probable que fuese el SWAC. Más tarde, trabajó para varias empresas emergentes y fue clave en la creación del *front end* del MATLAB.

Kay, Alan Curtis (1940-): Informático, guitarrista de jazz y diseñador teatral. Trabajó en Xerox PARC y es el creador de Smalltalk. Acuñó el término "programación orientada a objetos". Concibió el concepto de Dynabook (hoy llamamos a eso iPad), y fue clave en la creación de la interfaz de usuario WIMP (*Windows-Icon-Mouse-Pointer*, ventanas-icono-ratón-puntero).

King, William, conde de Lovelace (1805-1893): Marido de Ada King Lovelace. Animó a Ada a colaborar con Babbage, pero fue frustrándose cada vez más con la grave ludopatía de su esposa. Al parecer, la abandonó después de que ella, en su lecho de muerte, le confesase que había tenido una aventura.

Klein, Felix Christian (1849-1925): Matemático alemán conocido por su trabajo en la geometría no euclidiana y la teoría de grupos. "Inventó" la botella de Klein (el equivalente tridimensional de la banda de Möbius). Estableció el centro de investigaciones matemáticas de Gotinga y reclutó a David Hilbert, que acabaría dirigiéndolo.

Knapp, Anthony W. (1941-): Matemático galardonado estadounidense. Mientras trabajaba para Kemeny en Dartmouth, viajó con Tomas Kurz para convencer a GE de que donase el sistema informático sobre el que se construirían BASIC y el Dartmouth Time Sharing System. Obtuvo su doctorado en matemáticas por Princeton en 1965. Después, fue profesor en Cornell y, más tarde, en la universidad estatal de Nueva York, en Stony Brook. Es un autor prolífico de teoría matemática. Una de sus publicaciones habla de las curvas elípticas, en las que se basan varias tecnologías criptográficas, incluyendo Bitcoin y Nostr.

Knuth, Donald (1938-): Informático estadounidense y autor del famoso compendio de libros que todo informático debería tener y leer, titulado *El arte de programar ordenadores*.[12]

Koss, Bob (1956-): Experimentado profesor de C++ y diseño orientado a objetos a mediados de los noventa. Fue el tercer empleado de Object Mentor Inc. Como los dos íbamos de acá para allá impartiendo clases, nos conocimos en el aeropuerto O'Hare de Chicago y tuvimos nuestra entrevista de trabajo con una cerveza. Hemos pasado juntos por muchas cosas buenas y malas. Colaboró en varios de mis primeros libros.

12. *The Art of Computer Programming*, Addison-Wesley, 1968. (Traducción al español: *El arte de programar ordenadores*, Editorial Reverté, 2010).

Laning, J. Halcombe Jr. (1920-2012): Informático estadounidense. Coescribió, con Zierler, un compilador algebraico (llamado George) para el Whirlwind en el MIT. Ese lenguaje inspiró a Backus para crear FORTRAN. Más adelante, trabajó en los sistemas de orientación espacial del programa Apolo. Diseñó los sistemas operativos Executive y Waitlist para el computador de navegación del módulo lunar. Su diseño fue lo que salvó la misión del Apolo 11 de los errores 1201 y 1202. Después, se convirtió en subdirector asociado del laboratorio de instrumentación del MIT.

Lasker, Emanuel (1868-1941): Matemático y ajedrecista alemán de renombre mundial. Obtuvo su doctorado en matemáticas en Gotinga; Hilbert fue su tutor. Fue campeón mundial de ajedrez durante 27 años. Él y su esposa, ambos judíos, abandonaron Alemania en 1933 cuando Hitler llegó al poder. Aceptaron una invitación para vivir en la URSS. Abandonaron la URSS en 1937 para vivir en EE. UU.

Leigh, Augusta Maria (1783-1851): Hermanastra y amante ocasional de Lord Byron. Hay algunas pruebas de que su hija Elizabeth fue fruto de esos encuentros.

Lindstrom, Lowell (1963-): Un buen amigo y compañero en Teradyne y Object Mentor Inc. Fue el director de negocio de OM entre 1999 y 2007.

Lippman, Stan (1950-2022): Editor de *The C++ Report* en la época en la que empecé a leerla. Trabajó con Bjarne Stroustrup en los primeros días de C++. Fue autor de varios libros, incluyendo el primer autor de *The C++ Primer,*[13] que se publicó a finales de los ochenta y va por su sexta edición. Más tarde trabajó con Disney, Pixar y la NASA.

Lyell, Charles (1797-1875): Geólogo escocés autor de *Principles of Geology*. Fue un firme defensor del gradualismo, la idea de que la Tierra cambia despacio debido a procesos físicos consistentes y lentos.

Martin, Ludolph (1923-1973): Mi padre. Hijo de un ejecutivo rico de una empresa siderúrgica estadounidense, sirvió en el Pacífico durante la Segunda Guerra Mundial como médico del ejército en la Marina. Estuvo en el centro de la acción en Guam y Guadalcanal. Prometió a Dios que, cuando volviese sano y salvo, dedicaría su vida a servir a los demás. Recibió como herencia acciones de la empresa siderúrgica, lo que proporcionaba dividendos generosos que le permitían mantener su estilo de vida de clase media alta, así que se hizo profesor de ciencias de instituto. La empresa siderúrgica quebró en los sesenta

13. Addison-Wesley, 1989.

y tuvo que apañárselas para llegar a fin de mes con el sueldo de profesor. Eso lo llevó a beber, pero, más tarde, se unió a AA y consiguió superar esa horrible adicción. Murió a los 50 años, dejando pocos bienes. La suya es una historia de una persona rica que acabó teniendo poco y del coraje para enfrentarse a una montaña de problemas y superarlos. Lo veo todos los días devolviéndome la mirada cuando me miro en el espejo.

Martin, Micah (1976-): Mi segundo hijo. Es cofundador de 8th Light Inc., además de cofundador de `cleancoders.com` y Clean Coders Studio. Lo contraté como programador aprendiz en Object Mentor Inc. a finales de los noventa. Después, se convirtió en programador sénior y es un profesor consumado.

Mauchly, John William (1907-1980): Físico estadounidense. Diseñó, junto a J. Presper Eckert, el ENIAC y el UNIVAC I. También fue miembro fundador y presidente de la ACM y fundador de Mauchly Associates, que introdujo en la industria el método de la ruta crítica.

McCarthy, John (1927-2011): Informático y matemático estadounidense de ascendencia lituana e irlandesa. Galardonado con el premio Turing, fue una especie de niño prodigio que se saltó los dos primeros años en Caltech y acabó siendo expulsado por no asistir a las clases de educación física. Volvió tras un periodo en el Ejército y obtuvo su licenciatura en matemáticas. Asistió a una conferencia de John von Neumann en Caltech, que le cambió la vida. Fue el inventor (de forma casi inadvertida) del lenguaje Lisp.

McClure, Robert M. (fechas no disponibles): Trabajó en Bell Labs y fue el inventor de TransMoGrifier (TMG), un compilador primitivo similar a yacc. Se utilizó una versión de TMG para crear el lenguaje B, que, con el tiempo, se convirtió en C.

McIlroy, Malcom Douglas (1932-): Matemático, ingeniero y programador estadounidense. Trabajó en Bell Labs con Dennis Ritchie, Ken Thompson y Brian Kernighan. Fue uno de los primeros usuarios de Unix en el PDP-7. Inventó el concepto de "tuberías" que Thompson integró en Unix y, más adelante, participó en el diseño de lenguajes como Snobol, PL/1 y C++.

McPherson, John C. (1911-1999): Ingeniero eléctrico estadounidense que, durante la guerra, ayudó a montar la instalación de ordenadores de tarjetas perforadas en el Laboratorio de Investigación Balística de Aberdeen. Fue director de ingeniería y vicepresidente de IBM. Participó en la planificación de la SSEC y en el proyecto de FORTRAN con John Backus.

Menabrea, Luigi Frederico (1809-1896): Matemático, general militar y estadista italiano. De joven, asistió a una conferencia de Babbage sobre la Máquina Analítica en Turín. Giovani Plana le encargó que escribiera unas notas sobre esa conferencia. Esas notas fueron las que Ada tradujo al inglés, y a las que ella misma añadió después sus famosas notas.

Meyer, Albert Ronald da Silva (1941-): Estudiante de doctorado en Harvard con Dennis Ritchie. En la actualidad es profesor emérito de informática de Hitachi America en el MIT.

Meyer, Bertrand Dr. (1950-): Inventor del lenguaje Eiffel y la disciplina del diseño por contrato. Es el autor de *Construcción de software orientado a objetos*[14] y el creador del principio de abierto/cerrado. Sus escritos fueron muy influyentes en los primeros tiempos de la programación orientada a objetos. Es un académico francés que ha ocupado cargos en varias universidades europeas.

Millbanke, Ann Isabella (Annabella) (1792-1860): Esposa de Lord Byron, aunque por poco tiempo. Reformadora de la educación y filántropa, que fue también una madre horrible para su hija Ada, tenía un don para las matemáticas y su marido la llamaba su "princesa de los paralelogramos".

Minkowski, Hermann (1864-1909): Matemático y profesor alemán, y uno de los profesores de Einstein. Hilbert lo consideraba su "amigo más fiable". Realizó aportaciones significativas a la relatividad general y concibió el concepto del espacio-tiempo de cuatro dimensiones.

Moore, Gordon (1929-2023): Cofundador y presidente emérito de Intel Corporation. Es famoso por la ley de Moore, en la que afirmaba, en 1965, que la densidad de los circuitos integrados se duplicaría cada año durante los siguientes diez años.

Morris, Robert H. Sr. (1932-2011): Criptógrafo e informático estadounidense que trabajó en Bell Labs con Doug McIlroy. Fue uno de los primeros usuarios de Unix en el PDP-7. Escribió la utilidad original de cifrado (crypt) para Unix, y él y Doug McIlroy utilizaron TMG para crear una versión temprana de PL/1 (llamada ELT) para el proyecto Multics.

Naur, Peter (1928-2016): Astrónomo e informático danés. Obtuvo el premio Turing en 2005. Trabajó en ALGOL 60, renovó la notación de John Backus y consiguió que la adoptase el comité de ALGOL. Esa notación pasó a conocerse como BNF, que, al principio, significaba "forma normal de Backus", pero que Donald Knuth rebautizó como "notación de Backus-Naur".

---

14. *Object-Oriented Software Construction*, Prentice Hall, 1988. (Traducción al español: *Construcción de software orientado a objetos*, Prentice Hall, 2002).

Neumann, Klára Dán von (1911-1963): Matemática húngara-estadounidense y esposa de John von Neumann. Fue una de los primeros programadores informáticos auténticos. Trabajó en Los Álamos y utilizó el MANIAC I para realizar cálculos nucleares. También utilizó el ENIAC mejorado para llevar a cabo simulaciones Montecarlo para aplicaciones nucleares y meteorológicas.

Neumann, Peter Gabriel (1932-): Matemático e informático estadounidense. Trabajó en Bell Labs y ayudó a inventar el nombre Unix (*UNiplexed Information and Computing Service*).

Newkirk, James (Jim) (~1962-): Buen amigo y socio empresarial durante los noventa. Fue el principal promotor del proyecto de NCARB. Juntos cofundamos Object Mentor Inc. Antes de eso, habíamos trabajado juntos en Teradyne y Clear Communications.

Noether, Amalie Emmy (1882-1935): Matemática judía alemana descrita por Einstein y otros como la mujer más importante en la historia de las matemáticas. Su trabajo más famoso es el teorema de Noether, en el que demostró que todas las simetrías en la naturaleza corresponden a leyes de conservación. Fue miembro importante del departamento de matemáticas de Gotinga y trabajó con Hilbert y Klein. Se marchó a Bryn Mawr College en Pensilvania en 1933 cuando los nazis llegaron al poder.

Nutt, Roy (1930-1990): Programador que trabajó en FORTRAN con John Backus. Fue cofundador de Computer Sciences Corporation (CSC).

Oppenheimer, Julius Robert (1904-1967): Físico teórico estadounidense conocido como el padre de la bomba atómica. Fue el director científico del Proyecto Manhattan en Los Álamos, se convirtió en el director del IAS en Princeton en 1947, y se le retiraron sus acreditaciones de seguridad por miedo a que tuviese inclinaciones comunistas.

Ossanna, Joseph Frank Jr. (1928-1977): Informático e ingeniero eléctrico estadounidense. Ayudó a idear el plan de procesamiento de texto para adquirir un PDP-11 para Unix. Escribió nroff y troff y fue uno de los primeros evangelistas de Unix.

Pauli, Wolfgang Ernst (1900-1958): Físico teórico austríaco, ganador del premio Nobel y uno de los primeros contribuidores a la mecánica cuántica. Fue el creador del principio de exclusión de Pauli, y es conocido también por el llamado "efecto Pauli", por el cual cualquier equipo experimental se estropeaba con su sola presencia. Propuso la existencia del neutrino, pero no le puso nombre. Fue paciente de Carl Jung, con quien después colaboró. Se unió al IAS de Princeton en 1940.

Peel, Sir Robert (1788-1850): El dos veces Primer Ministro de Reino Unido (1834-1835, 1841-1846) también fue Ministro de Hacienda y Ministro del Interior. Fundador de la Policía Metropolitana y, por tanto, considerado el padre de la policía moderna en Reino Unido. Con respecto a Charles Babbage, dijo una vez: "¿Qué vamos a hacer para deshacernos del señor Babbage y su máquina de cálculo?". -1842.

Phillips, Charles A. (1906-1985): Coronel de las Fuerzas Aéreas de EE. UU. y director de investigación de sistemas de datos en el Departamento de Defensa. Fue el primer presidente del Conference on Data Systems Languages (CODASYL), el grupo que creó COBOL. Acuñó la frase "*Do not fold, spindle, or mutilate*!" ("¡No doblar, ensartar ni cortar!").

Plana, Giovani (1781-1864): Astrónomo y matemático italiano. Fue presidente del departamento de astronomía de la universidad de Turín. Invitó a Babbage a Turín a presentar sus ideas sobre la Máquina Analítica. Prometió publicar notas sobre esa presentación, pero las circunstancias de la vida no se lo permitían y, al final, le encargó esa tarea a Luigi Menabrea.

Plauger, Philip James (Bill) (1944-): Físico, ingeniero, emprendedor y autor de ciencia ficción estadounidense. Es el fundador de Whitesmith's Ltd., donde se dice que "inventó" la programación en parejas. Es coautor, junto a Brian Kernighan, de *Elementos de estilo de programación*.[15]

Richards, Martin (1940-): Informático británico en Cambridge que trabajó con Ken Thompson para crear el lenguaje BCPL.

Roget, Peter Mark (1779-1869): Físico y teólogo británico, fue quien publicó el *Tesauro de Roget*.

Rumbaugh, James (1947-): Primer autor nombrado de *Modelado y diseño orientados a objetos*.[16] En ese libro, la metodología OMT (*Object Modeling Technique*) se describe junto a una notación que era común en los noventa. Colaboró con Grady Booch e Ivar Jacobson (Los Tres Amigos) para crear el lenguaje unificado de modelado (UML) y el proceso unificado racional (RUP).

Russell, Bertrand Arthur William (3.er conde Russel) (1872-1970): Matemático y filósofo británico. Es famoso por la paradoja de Russell, que planteaba un reto considerable a la reducción de todas las matemáticas a unos pocos postulados

15. *Elements of Programming Style*, McGraw Hill, 1974. (Traducción al español: *Elementos de estilo de programación*, Diana, 1980).

16. *Object-Oriented Modeling and Design*, Prentice Hall, 1991. (Traducción al español: *Modelado y diseño orientados a objetos*, Prentice Hall, 1996).

y un conjunto de teoremas utilizando lógica pura. Fue coautor junto a Alfred North Whitehead de *Principia Mathematica*, un trabajo importante que utilizaba la teoría de tipos con cierto éxito. Obtuvo el premio Nobel de literatura. Pacifista durante la mayor parte de su vida, su enfoque inicial sobre el ascenso de los nazis fue la conciliación, pero, para 1943, Hitler lo había convencido de que, a veces, la guerra es el menor entre dos males. Qué cosas.

Sayre, David (1924-2012): Cristalógrafo revolucionario y líder en las imágenes por difracción. Trabajó con John Backus en FORTRAN; Backus se refería a él como el segundo de a bordo. Trabajó en IBM durante 34 años y fue un pionero de los sistemas operativos de memoria virtual y la microscopía y la difracción de rayos X. (Este tipo no era ningún vago).

Schmidt, Doug Dr. (~1953-): Editor de *The C++ Report* durante un tiempo, antes de pasarme el testigo a mí. Era muy activo en la comunidad de los patrones de diseño y orador habitual en conferencias sobre software. Fue el autor inicial del marco ACE. Ha tenido una carrera académica estelar (consulte `www.dre.vanderbilt.edu/~schmidt/`).

Schrödinger, Erwin Rudolf Josef Alexander (1887-1961): Físico austríaco que realizó importantes contribuciones a la mecánica cuántica en sus inicios, lo que le valió el premio Nobel. Es recordado en la cultura popular por inventar la paradoja del gato de Schrödinger. Abandonó Alemania en 1933 por el desdén que sentía por el antisemitismo, pero el hecho de que viviese con su esposa y con su amante hizo que le resultase difícil encontrar una posición permanente en Europa. Se trasladó a Austria, pero tuvo que retractarse de su rechazo al nazismo; después, se retractó de esa retractación al ser cuestionado por Einstein. Al final, él y su esposa huyeron a Italia.

Seeber, Robert Rex Jr. (1910-1969): Inventor estadounidense. Trabajó para Howard Aiken en el Harvard Mark I y, después, en IBM, donde fue arquitecto de ordenadores. Inventó el SSEC y contrató a John Backus, al que le parecía genial.

Shelley, Mary Wollstonecraft (1797-1851): Autora de *Frankenstein* y amiga de Lord Byron.

Sheridan, Peter B. (?-1992): Científico investigador en IBM que trabajó con John Backus en FORTRAN.

Snyder, Elizabeth Holberton (Betty) (1917-2001): Informática estadounidense. Una programadora original del ENIAC, trabajó para EMCC y ayudó a crear el UNIVAC I. Inventó el compilador SORT/MERGE y fue supervisora de programación avanzada para el laboratorio de matemáticas aplicadas de la Marina. Participó en la definición de COBOL y, más adelante, en la Oficina Nacional de Normas, participó en las especificaciones F77 y F90 de FORTRAN.

Somerville, Mary (1780-1872): Científica, escritora y polímata escocesa; amiga de Annabella Byron y tutora ocasional de la hija de Annabella, Ada. Fue ella quien presentó a Ada y Babbage. Estudió la relación entre la luz y el magnetismo y el movimiento de los planetas. Participó en la predicción de la existencia del planeta Neptuno basada en las perturbaciones orbitales de Urano. Publicaron su trabajo en *Proceedings of the Royal Society*. También fue amiga de Michael Faraday, quien colaboró con ella en algunos experimentos.

Strachey, Christopher S. (1916-1975): Informático británico que trabajó en Standard Telephones and Cables (STC) durante la guerra, utilizando analizadores diferenciales. Más adelante, interesado en los ordenadores, escribió un juego de damas para el Pilot ACE (una versión reducida del ACE), pero no logró hacer que funcionase en ese entorno limitado. En 1951, con ayuda de Turing, consiguió que funcionase en el Manchester Mark I. Más tarde, logró que el Ferrante Mark I reprodujese algunas canciones, incluyendo *God Save the King* y *Baa Baa Black Sheep*. En 1959 escribió un artículo trascendental sobre el tiempo compartido.

Stroustrup, Bjarne (1950-): Matemático e informático danés, e inventor de C++. Lo inspiró el SIMULA 67 mientras estudiaba en Aarhus y Cambridge.

Szilard, Leo (1898-1964): Físico e inventor húngaro. Concibió (y patentó) la reacción de fisión nuclear en cadena en 1933 y trabajó con Enrico Fermi en la fisión nuclear controlada. Escribió el borrador de la carta que él y Einstein enviaron a Roosevelt abogando por la construcción de la bomba atómica. Pensaba que la existencia demostrada de un arma así convencería a Alemania y Japón de que se rindiesen.

Teller, Edward (1908-2003): Físico nuclear húngaro estadounidense judío. Obtuvo su doctorado dirigido por Heisenberg en Leipzig. Padre de la bomba de hidrógeno, abandonó Alemania en 1933 cuando los nazis llegaron al poder. Vivió a caballo entre Inglaterra y Copenhague durante dos años y, después, se trasladó a EE. UU. Oppenheimer lo reclutó en Los Álamos, donde trabajó en el Proyecto Manhattan. Nunca fue un pacifista, siempre defendió el poder nuclear, tanto para la paz como para la defensa. Fue uno de los primeros en identificar el riesgo del cambio climático debido a la quema de combustibles fósiles. Bromeó diciendo que la protesta de Jane Fonda contra el poder nuclear tras el accidente de Three Mile Island le provocó un infarto en 1979. Ese hombre era un excéntrico.

Ulam, Stanislaw Marcin (1909-1984): Matemático, físico nuclear e informático polaco judío. Fue coinventor, junto a John von Neumann, del análisis Montecarlo. Trabajó en el Proyecto Manhattan y fue codiseñador de la bomba de hidrógeno Teller-Ulam. Once días antes de que los nazis invadiesen Polonia, él y su hermano Adam, de 17 años, subieron a un barco que iba a EE. UU. El resto de su familia fue asesinada en el Holocausto.

Veblen, Oswald (1880-1960): Matemático estadounidense y profesor en Princeton. Ayudó a organizar el IAS (Institute for Advanced Study, Instituto de Estudios Avanzados) y trabajó para obtener financiación para reclutar a los mejores científicos de Europa para el IAS. Tuvo un éxito considerable en esta misión, aunque Hitler ayudó mucho. Respaldó la propuesta para construir el ENIAC.

Watson, Thomas John Sr. (1875-1956): Embaucador estadounidense que, en 1914, tras muchas aventuras nefarias, se convirtió en presidente de una división de Computing-Tabulating-Recording Company (CTR) y en 1924 le cambió el nombre por International Business Machines (IBM). Si quiere leer una historia interesante de verdad, hay cosas peores que estudiar a este canalla y hombre de negocios extraordinario.

Weyl, Hermann Klaus Hugo (1885-1955): Matemático y físico teórico alemán. Obtuvo un doctorado en Gotinga bajo la supervisión de David Hilbert. Fue colega de Einstein y Schrödinger en Zúrich. En 1930 sustituyó a Hilbert en Gotinga, pero se marchó a Princeton en 1933 cuando los nazis llegaron al poder. Realizó muchas contribuciones relevantes a las matemáticas y la física de partículas.

Wheatstone, Sir Charles (1802-1875): Científico e inventor inglés que estudió la electricidad y fue el primero en medir su velocidad. Realizó contribuciones importantes en muchos campos, incluyendo la telegrafía, la óptica y la teoría eléctrica.

Whitehead, Alfred North (1861-1947): Matemático y filósofo inglés. Fue coautor, junto a Bertrand Russell, de *Principia Mathematica*. Después, dirigió su carrera más hacia la metafísica y fue un defensor de que la noción de la realidad no se basa en la existencia material, sino en una secuencia de eventos dependientes.

Wigner, Eugene Paul (1902-1995): Matemático y físico teórico húngaro estadounidense ganador del premio Nobel. Fue uno de los ayudantes de Hilbert en Gotinga. Él y Hermann Weyl introdujeron la teoría de grupos en la física. Participó en la reunión que dio lugar a la carta de Einstein a Roosevelt abogando por la construcción de la bomba atómica y, más tarde, trabajó en el Proyecto Manhattan. Aceptó un puesto en Princeton en 1930 junto a John von Neumann.

Wirth, Nicklaus Emil (1934-2024): Informático e ingeniero electrónico suizo. Creó el lenguaje de programación Pascal y fue autor de muchos libros estupendos, de los cuales mi favorito es *Algoritmos + Estructuras de datos = Programas*.[17] Él fue quien, en 1968, cambió el nombre del artículo de Dijkstra sobre GOTO y lo publicó como una carta al editor en *CACM*[18] titulado "Goto Statement Considered Harmful" ("La sentencia Go To considerada nociva").

Wijngaarden, Adriaan van (1916-1987): Ingeniero mecánico y matemático holandés que dirigió el Centro de Matemáticas durante la creación de los primeros ordenadores (ARRA, FERTA, ARMAC y X1). Contrató a Dijkstra después de conocerlo en un curso de Cambridge sobre el EDSAC. Participó en la definición de ALGOL, pero no escribió nada del compilador de Dijkstra y Zonneveld.

Yourdon, Edward Nash (1944-2016): Matemático, informático, experto en metodología de software y miembro del Salón de la Fama de la Informática. Fundó Yourdon Inc., una empresa de consultoría que promovía la programación estructurada, el diseño y las técnicas de análisis en los setenta y los ochenta.

Zierler, Neil (?-): Informático estadounidense. Coescribió, junto a J. Halcombe Laning, un compilador algebraico (llamado George) para el Whirlwind en el MIT. Ese lenguaje inspiró a Backus para crear FORTRAN. Participó en la creación de Lisp en el MIT. En la actualidad, realiza investigaciones de matemáticas aplicadas en el Centro de Investigación de Comunicaciones de Princeton.

Zonneveld, Jacob Anton (Jaap) (1924-2016): Matemático y físico holandés. Se convirtió en ayudante científico en el Centro de Matemáticas de Ámsterdam y trabajó con Dijkstra en el primer compilador ALGOL 60 que tuvo éxito. Más tarde, dirigió un grupo de investigación de software en el NatLab de Philips.

17. *Algorithms + Data Structures = Programs*, Prentice Hall, 1976. (Traducción al español: *Algoritmos + Estructuras de datos = Programas*, Ediciones del Castillo, S.A., 1999).

18. *Communications of the ACM*, vol. 11, n.º 3, marzo de 1968.

ÍNDICE ALFABÉTICO

B

C

D

E

F

G

H

I

J

K

L

M

P

Q

R

S

T

U

V

W

X

Y

Z